高等职业教育铁道供电技术专业系列教材

U0794283

铁路变配电所运行检修与施工

李佳琦　王向利 ○ 编著

西南交通大学出版社
·成 都·

图书在版编目（CIP）数据

铁路变配电所运行检修与施工 / 李佳琦，王向利编著. —成都：西南交通大学出版社，2023.8
ISBN 978-7-5643-9441-7

Ⅰ. ①铁… Ⅱ. ①李… ②王… Ⅲ. ①电气化铁道－牵引变电所－检修－高等职业教育－教材②电气化铁道－牵引供电系统－工程施工－高等职业教育－教材 Ⅳ. ①U22

中国国家版本馆 CIP 数据核字（2023）第 154057 号

Tielu Bian-Peidiansuo Yunxing Jianxiu yu Shigong

铁路变配电所运行检修与施工

李佳琦　王向利 / 编著

责任编辑 / 张文越
封面设计 / 原谋书装

西南交通大学出版社出版发行
（四川省成都市金牛区二环路北一段 111 号西南交通大学创新大厦 21 楼　610031）
发行部电话：028-87600564　　028-87600533
网址：http://www.xnjdcbs.com
印刷：成都勤德印务有限公司

成品尺寸　185 mm × 260 mm
印张　19.5　　字数　484 千
版次　2023 年 8 月第 1 版　　印次　2023 年 8 月第 1 次

书号　ISBN 978-7-5643-9441-7
定价　54.00 元

课件咨询电话：028-81435775
图书如有印装质量问题　本社负责退换
版权所有　盗版必究　举报电话：028-87600562

再版前言

本书是在 2019 年出版的《高速铁路牵引变电所》的基础上修订而成的。《高速铁路牵引变电所》自 2019 年出版以来，得到了铁路职业院校及国铁集团的认可。在此期间，我国的职业教育有了更新的发展，规模也得到了进一步的扩大，职业教育的培养目标与任务也得到进一步明确。为适应新时代、新要求，我们对该书进行了改编。

本书为西安铁路职业技术学院与中国铁路西安局集团有限公司供电部校企合作开发教材，结合高速铁路发展现状，根据高等职业教育特点及现场运行实际情况编写，注重基本概念、基本原理、设备基本结构的分析，注重新知识、新技术的引入，注重培养应用型技术人才。例如：在“变压器”这一节中，重点分析了高铁 AT 供电方式下牵引变压器内部绕组的联结型式；在“变电所故障分析和处理”这一章里，详细介绍了查找二次回路故障的方法，可在变电检修中广泛应用。

本书共分 10 章，介绍了供电系统概述、牵引变电所高压电气设备、电气主接线、变电所接地与防雷、二次回路、所用电系统、变电所常用材料、牵引变电所的运行、故障分析及处理、变电设备安装。

本书在原版的基础上，增加了数字资源，配套的 PPT 教学课件及在线课程视频都以二维码形式在书中呈现。对应的在线开放课程可登录智慧树网站“牵引变电所运营与维护”课程学习观看（http://coursehome.zhihuishu.com/courseHome/1000074927#teachTeam）。

本书由西安铁路职业技术学院李佳琦、中国铁路西安局集团有限公司供电部王向利编著，西安铁路职业技术学院娄刘娟、刘明晓，中国铁路西安局集团有限公司宝鸡供电段牛桦，中国铁路西安局集团有限公司安康供电段李康参与了部分章节的编写。在再版过程中，中国铁路西安局集团有限公司西安供电段王翠提出了许多宝贵建议。在此表示衷心的感谢。

由于编者水平有限，教材中难免有不妥和疏漏之处，恳请读者提出宝贵意见。

编 者

2023 年 5 月

前　言

高速铁路牵引供电系统多采用 AT 供电方式，所使用的变压器及变电站设备与普通铁路相比均有不同。

本书结合高速铁路发展现状，根据高等职业教育特点及现场运行的实际情况编写，注重基本概念、基本原理、设备基本结构的分析，注重新知识、新技术的引入。在编写时，编者与中国铁路西安局集团有限公司供电部合作，注重培养应用型技术人才。

本书分九章，介绍了牵引变电所主要电气设备、变电所的电气主接线、变电所接地与防雷、二次回路、所用电系统、变电所常用材料及牵引变电所的运行及故障分析及处理。本书内容相对全面，体系结构规范，每章后有小结与习题，便于学生学习。

本书由西安铁路职业技术学院李佳琦，中国铁路西安局集团有限公司供电部王向利担任主编，西安铁路职业技术学院娄刘娟担任副主编。西安铁路职业技术学院娄刘娟编写了第一章、第二章第二节、第四章；西安铁路职业技术学院李佳琦编写了第二章第一、三、八、九节、第五章、第六章；西安铁路职业技术学院刘明晓编写了第二章第四、五、六、七节、第三章；中国铁路西安局集团有限公司宝鸡供电段牛桦编写了第七章；中国铁路西安局集团有限公司西安高铁基础设施段李康编写了第八章第一、二、三节；中国铁路西安局集团有限公司供电部王向利编写了第八章第四节和第九章。

由于编者水平有限，教材中难免有不妥和错误之处，诚恳欢迎读者提出宝贵意见。

编　者

2019 年 5 月

目　录

第一章　供电系统概述

第一章课件

第一节　电力系统的一般概念

电能是当代社会最重要，也是最方便的能源。电能具有许多优点：① 可以十分经济又方便地进行输送和分配；② 可以很方便地与其他形式的能量互相转换；③ 在使用中易于被操作和控制，使得其自动化生产、输送和在各个领域中的普及应用易于实现。因此电能广泛应用于工农业、交通运输、商业贸易、通信以及人民的日常生活中。以电作为动力，可以促进农业生产机械化和自动化，保证产品质量，大幅度提高生产效率。还要指出，提高电气化程度，以电能代替其他形式的能，是节约能源消耗的一个重要途径。

电力系统简介

一、电力系统的组成

电力系统是由发电厂、电力网和用电设备组成的统一整体。

电力网是电力系统的一部分。它包括变电所、配电所及各种电压等级的电力线路。与电力系统相关联的还有动力系统。动力系统是电力系统和“动力部分”的总和。所谓“动力部分”，包括火力发电厂的锅炉、汽轮机、热力网、用热设备和水力发电的水库、水轮机以及原子能发电厂的核反应堆、蒸发器等。所以，电力系统是动力系统的一个组成部分。

图 1-1 是电力系统示意图。

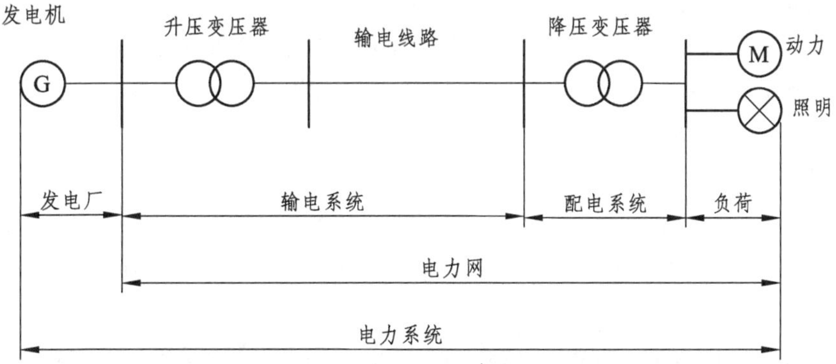

图 1-1　电力系统示意图

（一）发电厂

发电厂（或称发电站）是将各种形式的能量转换为电能的特殊工厂。它的产品是电能。

根据所利用的一次能源的不同，发电厂分很多种类型。目前，我国接入电力系统的发电厂主要是火力发电厂、水力发电厂和核发电厂。

1. 火力发电厂

火力发电厂又称火电站或火电厂。火电厂的能源有煤、石油或天然气。我国火电厂的主要能源是煤。有的火力发电厂除了供应电能外，还向电厂附近的工矿企业或居民区供应热能，这种发电厂称为热电厂。

2. 水力发电厂

水力发电厂又称水电站或水电厂。水力发电厂的能源是水。它是将水流的位能通过水轮发电机转换为电能。水电站又分为三类：堤坝式水电站（如长江三峡水电站）、引水式水电站（在具有相当坡度的河段上游筑一低坝，拦住河水，然后用引水道将水直接引到厂房内，通过水轮发电机将水能转换为电能）、混合式水电站（堤坝式和引水式水电站的组合）。

3. 核发电厂

核发电厂又称核电站或核电厂。它的发电原理和火力发电原理相类似，只是热能的产生方式不同而已。核电站能源是核能燃料铀或钍，它利用原子能燃料裂变产生的大量热能进行发电。

火力发电和水力发电在我国电能生产中占有很大的比例，除此之外，还有风力、地热和太阳能发电等。

（二）变电所或变电站

变电所是接受电能、变换电压和分配电能的场所。其主要设备有电力变压器、母线和开关设备等。根据变电所任务的不同，可将变电所分为升压变电所和降压变电所两大类。升压变电所的主要任务是将低电压变换为高电压，一般建在发电厂；降压变电所的主要任务是将高电压变换到一个合理的电压等级，一般建立在靠近负荷中心的地点。根据在电力系统中的地位和作用不同，降压变电所又分枢纽（或区域）变电所、地区变电所和工业企业变电所等。只用来接受和分配电能而不承担变换电压任务的场所，称为配电所，多建于工厂内部。用来将交流电流转换为直流电流，或将直流电流转换为交流电流的电能变换场所，常称为变流站。

（三）输电线路

电力线路是输送电能的通道。因为发电厂距电能用户较远，所以需要各种不同电压等级的电力线路。电力线路作为把发电厂、变电所和电能用户联系起来的纽带，将发电厂生产的电能源源不断地输送到电能用户。

通常，电压为 220 kV 以上的电力线路称为输电线路。电压为 220 kV、110 kV 及以下的电力线路，称为（高、中、低压）配电线路。

（四）电能用户

在电力系统中，一切消费电能的用电设备均称为电能用户或用电负荷。按用途，用电设备可分为动力用电设备、工艺用电设备、电热用电设备、照明用电设备和试验用电设备等。

按用户的重要程度和对供电可靠性的要求，用电负荷可分为三类，即一级负荷、二级负荷、三级负荷。负荷等级不同的用户对供电可靠性的要求有所差别。

1. 一级负荷

一级负荷是用户负荷中对供电可靠性要求最高的负荷，这类负荷中断供电将造成人身伤亡、重要设备严重损坏、重要产品大量报废、生产秩序被打乱并长期不能恢复或使城市生活发生严重混乱。对这类负荷，必须有两路以上的独立电源供电。电气化铁路的牵引供电系统即属于一级负荷。

2. 二级负荷

对二级负荷中断供电将造成产品产量及质量严重下降。对这类负荷，应有两路电源供电且当任何一路电源失去后，能保证全部或大部分二级负荷的供电。当负荷较小或地区供电条件困难时，才允许由一路 6 kV 及以上的专用架空线供电。

3. 三级负荷

三级负荷是指不属于一级负荷和二级负荷的其他负荷，这类负荷对供电可靠性要求不高，可以允许非连续性供电，如工厂的附属车间，小镇和农村的公共负荷等。对这一级荷的短时供电不会造成重大的损失。这类负荷通常用一路电源供电。

二、电力系统运行的特点和要求

（一）电力系统运行特点

（1）电能不能大量储存。

电能的生产输送、分配和消费是同时进行的，发电厂任何时刻生产的电能，必须等于同时刻用电设备消耗的电能与电力系统本身所消耗的电能之和。

（2）电力系统暂态过程非常短暂。

发电机、变压器电力线路和电动机等设备的投入和切除都是瞬时完成的。电能从一地点输送到另一地点所需的时间，仅千分之几秒甚至百万分之几秒。电力系统由一种运行状态到另一种运行状态的过渡过程也是非常短暂。

（3）与国民经济各部门及人民日常生活有极为密切的关系。

（二）对电力系统的基本要求

电力系统是由电能的生产、输送，分配和消费的各个环节组成的一个整体，与别的工业系统相比，电力系统的运行具有如下明显特点。

（1）可靠性。

供电安全可靠是对电力系统最基本的要求。一旦供电中断将导致生产停顿、生活混乱，甚至危及人身和设备安全，造成严重的经济和政治损失。

（2）良好的电能质量。

电压和频率是标志电能质量的两个重要指标。我国规定：额定频率为 50 Hz，允许偏差（±0.2 Hz ~ ±0.5 Hz）：各级额定电压允许偏差一般为±5% U_n。电压或频率超过允许偏差范围，不仅对设备的寿命和安全运行不利，还可造成产品减产或报废。

（3）波形是电能质量的另一个重要指标，理想状态的电力系统电压是 50 Hz 严格的正弦波，但系统中大量非线性电力元件的存在，导致高次谐波的出现，使得电压电流波形产生畸变，严重影响电气设备的运行。高次谐波已经成为公共电网的一大“公害”，国家对公共电网中的谐波也有明确的规定。

（4）灵活性。

电力系统接线力求简单，并应能适应负荷变化的需要，灵活、简便迅速地由一种运行状态转换到另一种运行状态，在转换过程中不易发生误操作；能保证正常维护和检修工作安全方便地进行。

（5）经济性。

所谓经济性是指投资少、年运行费用低。在满足必要的技术要求的前提下，应力求经济。

（6）发展性。

为适应建设事业的发展，对电压等级、设备容量、安装场地等应留有定的发展余地。

（7）尽可能减小对生态坏境的有害影响。

保证安全可靠地发、供电是对电力系统运行的首要要求。在运行过程中，供电的突然中断大多数由事故引起。必须从各方面采取措施以防止和减少事故的发生，例如要严密监视设备的运行状态和认真维修设备以减少事故，要不断提高运行人员的技术水平以防止人为事故。为了提高系统的运行安全可靠性，还必须配备足够的有功功率电源和无功功率电源；完善电力系统的结构，提高电力系统抗干扰的能力，增强系统的运行的稳定性；利用计算机系统的运行进行安全监视和控制等。

三、电力系统的额定电压和额定频率

额定电压，通常指电器设备铭牌上标出的线电压。电器设备都是按照指定的电压和频率设计制造的。这个指定的电压和频率称为电器设备的额定电压和额定频率。当电器设备在该电压和频率下运行时，能获得最佳的技术性能和经济效果。

为了成批生产和实现设备互换，各国都制定有标准系列的额定电压和额定频率。我国规定工业用标准额定频率为 50 Hz（工频）；国家标准规定，交流电力网和电力设备的额定电压等级较多，但考虑设备制造的标准化、系列化，电力系统额定电压等级不宜过多，具体规定如表 1-1 所示。频率能否维持不变主要取决于系统中有功功率的平衡，频率偏低，表示系统发出的有功功率不足，应设法增加发电机出力。系统电压主要取决于系统中无功功率的平衡，无功不足，则电压偏低，应增加发电机励磁。

从表 1-1 中可以看到，同一个电压级别下，各种设备的额定电压并不完全相等。为了使各种互相联系的电器设备都能运行在较有利的电压下，各电气设备的额定电压之间有一个相互配合的问题。

表 1-1　各级电网中的额定电压

类　别	电力网和用电设备额定电压	发电机额定电压	电力变压器额定电压	
			一次绕组	二次绕组
低压配电网/V	220/127 380/220	230 400	220/127 380/220	230/133 400/230
中压配电网/kV	3 6 10 —	3.15 6.3 10.5 13.8 15.75 18 20	3 及 3.15 6 及 6.3 10 及 10.5 13.8 15.75 18 20	3.15 及 3.3 6.3 及 6.6 10.5 及 11 —
高压配电网/kV	35 65 110 220	— — — —	35 65 110 220	38.5 69 121 242
输电网/kV	330 500 750	— — —	330 500 750	363 550 —

电力线路的额定电压和系统的额定电压相等，有时候把他们称为网络的额定电压。

发电机的额定电压与系统的额定电压为同一等级时，发电机的额定电压规定比系统的额定电压高 5%。

变压器的额定电压的规定略为复杂。一次侧绕组的作用相当于受电设备，其额定电压与系统的额定电压相等，但直接与发电机连接时，其额定电压与发电机的额定电压相等。二次绕组的作用相当于供电设备，考虑其内部电压损耗，额定电压规定比系统的额定电压高 10%，如果变压器的短路电压小于 7%或直接（包括通过短路离线路）与用户联系时，则规定比系统的额定电压高 5%。为了适应电力系统运行调节的需要，通常在变压器的高压绕组上设计有分接抽头。分接抽头用百分数表示，即表示分抽头与主轴抽头电压的差值为主轴抽头电压的百分之几。对同一电压及的变压器，升压变压器和降压变压器，即使分接头百分值相同，分接头的额定电压也不同。

第二节　牵引供电系统简介

电力牵引供变电系统是指从电力系统或一次供电系统接受电能，通过变压、变相或换流（将工频交流变换为低频交流或直流电压）后，向电力机车负荷提供所需电流制式（交流或直流）的电能，并完成牵引电能传输、配电等全部功能的完整系统。牵引供电系统的性能直接影响列车牵引功率的发挥和牵引传动控制系统的性能。

一、电流制的发展

电力牵引供电系统按照向电力机车提供的电流性质分为直流制和交流制，交流制又分工频单相交流制和低频单相交流制。工频指工业标准频率，即 50 Hz 或 60 Hz，低频指低于工业标准频率的频率，应用最多的为 50 Hz 的三分之一。各种电流制的电力牵引供电系统的设备有很大的差别。

电力牵引特点及发展概况

直流制应用最早，19 世纪末电力牵引开始用于铁路干线时，应用的就是直流制。目前在英、法、日、苏等国，直流制仍然大量存在。直流制是将电力系统的三相交流电降压并变换为直流电供应接触网。接触网电压有 1 200 V、1 500 V、3 000 V 等多种。由于电力机车电压受直流牵引电动机换向条件的限制，接触网电压很难大幅度提高，所以直流制要沿接触网输送大量电流，在接触网上一般须用两根铜接触导线，并应用铜承力索，另加一些平行的铝加强导线来分流，耗费有色金属量较大。另外，为了保持接触网的电压水平，沿线路每隔 10 ~ 30 km 须设置一个牵引变电所。直流制的这些弱点，推动了交流制的研究。

20 世纪初，工频三相交流制和低频单相交流制相继出现。工频三相交流制曾在意大利应用，由接触网输送三相中的两相，另一相接地。后因两相接触网结构复杂、维护困难被淘汰。低频单相交流制则在德国、瑞典、瑞士等国得到发展。这种电流制接触网电压一般为 15 kV，在电力机车上降压，使用单相整流子牵引电动机。交流制的接触网比直流制的简单得多，牵引变电所的设置间距也加长。采用低频的主要原因是整流子牵引电动机换向困难，不适宜于在工频运转。低频制需要低频电源，所以低频制电气化铁路必须建设专用低频发电厂，或者在牵引变电所将电力系统送来的工频电流降压并变换成低频电流。早年采用电动发电机组来变换频率，后来改用静止式变频器，设备比直流制复杂。单相整流子牵引电动机也不如直流牵引电动机构造简单和容易维护。

1933 年匈牙利建成一条工频单相交流制电气化铁路，接触网电压为 16 kV，电力机车上采用旋转式变相频机和三相异步电动机。这种电力机车由于构造复杂，没有得到推广。1955 年，法国在电力机车上采用静止式整流器和直流牵引电动机获得成功，工频单相交流制才在各国推行开来。原来采用直流制的日本、苏联、英国、印度等国也相继采用工频单相交流制。这种交流制接触网电压一般为 25 kV，接触网构造进一步简化，牵引变电所的设置间距扩大为 30 ~ 70 km。电力机车上静止式整流器最初应用引燃管，后来普遍采用硅半导体整流器。整流技术的进步，是工频单相交流制获得广泛应用的一个重要原因。中国铁路采用额定电压 25 kV 为工频单相交流制。TB 10621—2014《高速铁路设计规范》明确规定接触网的标称电压为 25 kV，长期最高电压为 27.5 kV，短时（5 min）最高电压为 29 kV，设计最低电压为 20 kV。这样规定是因为供电电压高于最低电压（20 kV）即可保证动车组运行，但该电压并不能保证动车组功率完全发挥。目前 IEC62313（等效 EN50388）《轨道交通供电系统和机车车辆运行匹配技术标准》已提出“平均有效电压”的概念，该参数是评估电压与机车性能关系的重要指标。受电弓的平均有效电压达到 22.5 kV 及以上时，动车组才能发挥最佳性能。

二、牵引供电系统的组成

工频交流单相电力牵引供电系统主要由牵引变电所、牵引网、分区所、开闭所等部分组成；牵引网实行单相供电，由馈电线（简称馈线）、接触网、轨道电路及回流线等组成。我国规定牵引网额定电压为 25 kV，额定频率为 50 Hz。交流电气化牵引供电系统组成结构如图 1-2 所示，牵引供电构成的回路是：牵引变电所—接触网—电力机车—钢轨和大地—回流线—牵引变电所。城市轨道交通的直流电力牵引供电系统则由主变电所、直流牵引变电所、牵引网等组成。

牵引供电系统的组成

（一）交流牵引供电系统

1. 牵引变电所

牵引变电所是交流工频单相电力牵引供变电系统的重要环节，它完成变压、变相和向牵引网供电，并实现三相交流一次供电系统与单相电力牵引系统的接口与系统变换。牵引变电所停电后，可由相邻变电所实现越区供电，但牵引网电压水平将下降。

根据交流牵引网的不同供电方式和牵引变电所为抑制单相牵引负荷造成电力系统的不对称影响，可采用不同接线方式与结构的主变压器，区分为单相牵引变电所（含 V/V 形接线方式主变压器）、三相牵引变电所（如 YNd11 接线主变压器）、三相—二相牵引变电所。相对于牵引网不同供电方式而言，则区分为直接供电方式、直供+回流线的供电方式、带吸流变压器的供电方式、自耦变压器供电方式、同轴电力电缆供电方式。

2. 接触网

按电力机车集电方式的不同，接触网可分为：架空单线式、架空复线式和接触轨（第三轨）三种方式。交流电气化铁道多采用架空单线式；城市无轨电车则采用架空复线式，第三轨方式则普遍应用于地下铁道。

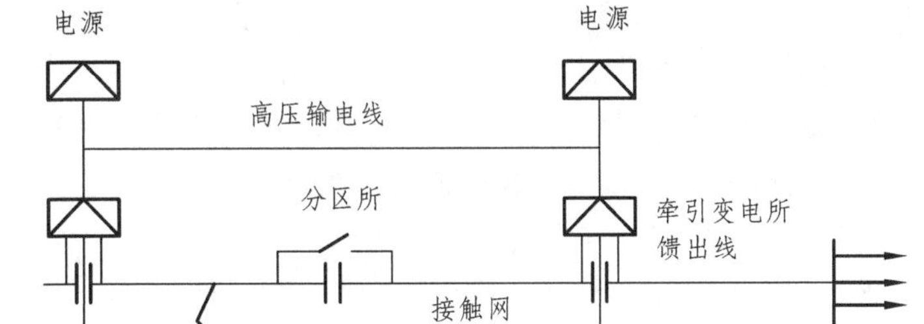

图 1-2　交流牵引供电系统示意图

正常供电时，由牵引变电所馈线到接触网末端的一段供电线路，称为供电分区，也称供电臂。由于牵引负荷常处于运动之中，对于接触网的要求除了提供数量足够并符合质量标准的电能外，还应保证牵引负荷受流的稳定性。

3. 馈电线

馈电线是连接牵引变电所和接触网的导线，也称馈出线。馈电线一般采用钢芯铝绞线，将变电所的电能输送给接触网。

4. 回流线

回流线是牵引供电回路中的一部分，是将轨道和牵引变电所主变压器接地相之间连接的导线，通过其将流经电力机车的负荷电流引入变电所。

5. 轨道

轨道除了作为电力机车的导轨外，同时是牵引供电系统中回流电路的一部分，在供给机车的电流中有一部分是流入大地的，轨道的作用就是将大地中的回流导人变电所。

6. 分区所

交流电气化铁道上为了增加供电的灵活性，提高运行的可靠性，在两个牵引变电所的供电区中间常加设分区所。分区所的作用如下：

（1）可以使两相邻的供电区段实现并联工作或单独工作。当实现并联工作时，分区所的断路器闭合，否则打开。

（2）当相邻牵引变电所发生故障而不能继续供电时，可以闭合分区所的断路器，由非故障牵引变电所实行越区供电。

（3）双边供电的供电区内发生牵引网短路事故时，可由分区所的断路器切除事故点所在处的一半供电区，非事故段仍可照常工作。

7. 开闭所

交流电力牵引系统开闭所，实际上是起配电作用的开关站，在牵引网有分支引出时，为不影响电力牵引安全，保证可靠供电而设置带保护断路器等设施的控制场所。一般是在下面两种情况或系统中设置。

一种情况是在离牵引变电所较远的铁路枢纽地区，由于站线多，接触网相应复杂，客货列车运行、编组和机车进出库作业繁忙，致使该地区故障几率增多。为保证枢纽供电可靠性，缩小事故范围，一般将接触网横向分组及分区供电，由开闭所的多路馈线向接触网各分组和分区供电。

另一种情况是在 AT 供电方式的复线牵引网供电臂中间设置开闭所，由于 AT 供电方式供电电压增高（2×25 kV），供电臂距离增长，可达 40-50 km，为提高供电灵活性，缩小事故停电范围和降低牵引网电压损失和电能损失，需要在牵引变电所与分区所之间增设开闭所。

8. AT 所

当牵引供电系统采用自耦变压器供电方式时，需在沿线 10 ~ 15 km 设置一台自耦变压器，自耦变压器站简称 AT 所，是 AT 牵引网的重要组成部分。

9. 分相绝缘器和分段绝缘器

分相绝缘器又称电分相，串接在接触网上，目的是把两相不同的供电区分开，并使机车光滑过渡，主要用在牵引变电所出口处和分区所处。分段绝缘器又称电分段，分为纵向电分段和横向电分段，前者用于线路接触网上，后者用于站场各条接触网之间。通过其上的隔离开关将有关接触网进行电气连通或断开，以保证供电的可靠性、灵活性和缩小停电范围等。

（二）直流牵引供电系统

1. 主变电所

主变电所从电力系统的区域变电所或城市降压变电所接受电能，向地铁、城市轨道交通沿线直流牵引变电所、降压变电所集中供电，并以环网或双电源进线方式保证牵引、电力负荷的不间断供电。主变电所一般设在电气化线路两端或中间，供电电压为 10 ~ 35 kV。条件允许时也可从城市降压变电所直接向直流牵引变电所供电。

2. 直流牵引变电所

直流牵引变电所从环网供电线路的双电源受电，经整流机组变压器降压、分相后，按一定整流接线方式由大功率硅整流器（或可控整流器）把三相交流电变换为与直流牵引网相应电压等级的直流电，并向电动机组或电动车辆供电，如图 1-3 直流牵引供电系统示意图。

地铁、城市轻轨交通直流牵引变电所有时常与向车站、区间供电的降压电力变电所合并，形成牵引、降压混合变电所。此时，主电路和电气设备与一般直流牵引变电所相比有所不同。

在有再生电能需向交流电网返送的情况下，直流牵引变电所必须增设可控硅逆变机组，其功能和设备也相应增加，运行、技术都较复杂。直流牵引变电所距离仅几公里，一般不设分区所和开闭所。

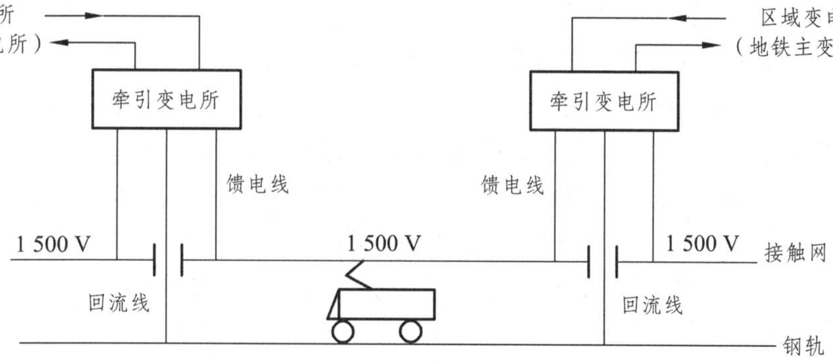

图 1-3　直流牵引供电系统示意图

三、牵引供电方式

牵引供电方式

（一）牵引变电所对牵引网的供电方式

牵引变电所向牵引网供电有单边供电和双边供电两种方式。接触网通常在相邻两个牵引变电所中间断开，分成两个供电臂。如每一个供电臂只能从一端的牵引变电所取得电流的供电方式称为单边供电；如相邻牵引变电所的两个同相供电臂可从两个牵引变电所获取电能，这种供电方式称为双边供电。

1. 单边供电

我国单线电气化铁路全部采用单边供电，如图 1-4 所示。单边供电与其他区段无联系，当某一供电臂内的接触网发生故障时，只影响本供电臂，而不影响其他供电臂的正常供电，从而缩小了事故范围，并且继电保护设置简单。

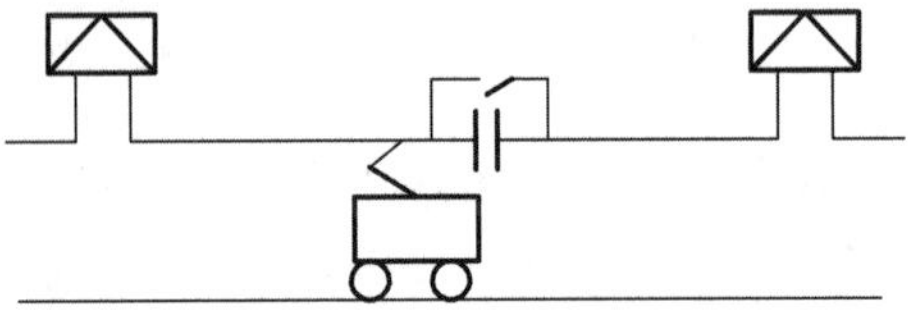

图 1-4　单边供电方式原理图

对于复线电气化区段的供电臂末端设有分区所，将上下行接触网通过断路器实现单边上下行同相并联供电，如图 1-5 所示。该供电方式能均衡上下行供电臂的电流，降低接触网损耗，提高电压水平。

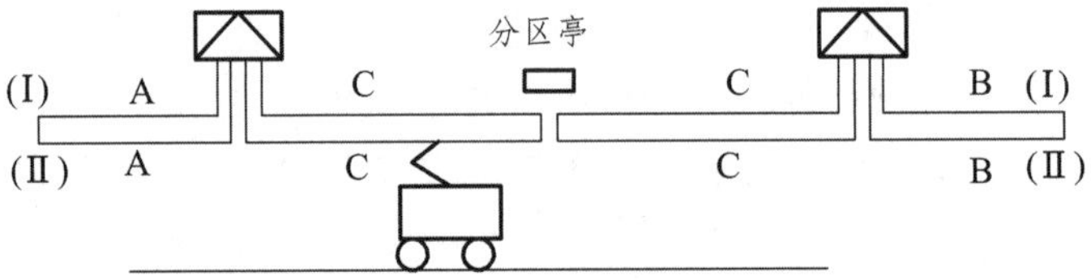

图 1-5　复线区段单边上下行同相并联供电方式原理图

2. 双边供电

双边供电是由相邻两个牵引变电所同时向其间的接触网供电，在供电臂末端分区所连接起来。两边供电时，电力机车从两个牵引变电所取流，每条馈电线的电流相对减小，降低了牵引网中的电压损失和电能损失，而且牵引变电压器和接触网悬挂的负载较均匀，同时由于电力机车两边的供电电流方向相反，故可以减小对通信线路的电磁感应干扰。但这种供电方式还存在着一些问题，如牵引变电所低压侧双边供电，对电力系统来说，相当于在低压侧联网，若不是同一个电力系统供电的牵引变电所，低压侧禁止联网，即使同一个电力系统供电，接触网双边供电后形成环网，当牵引变电所电源侧线路发生故障时，由低压向高压反馈，会造成继电保护设置困难，严重时，原边电压升高，造成设备损坏。

（二）牵引网对电力机车的供电方式

针对牵引网的结构，采用不同的技术措施和装备，以减少牵引网对邻近通信线路的干扰，降低牵引网的电压损失和电能损失，提高电气化铁路效益，从而形成了牵引供电系统不同的供电方式。目前单相工频 25kV 牵引网供电方式主要有直接供电方式（TR）、带回流线的直接供电方式（TRNF）、带吸流变压器（BT）供电方式、自耦变压器（AT）供电方式和同轴电力电缆（CC）供电方式。

1. 直接供电方式

直接供电方式是在牵引网中不加特殊防护措施的一种供电方式。电气化铁路最早大都采用这种供电方式，它的一根馈线接在接触网上，另一根接在钢轨上，如图 1-6 所示。

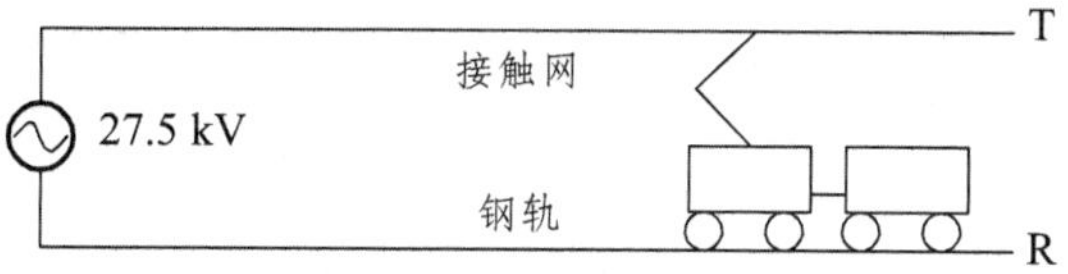

图 1-6　直接供电方式

这种供电方式最简单，投资最省，牵引网阻抗较小，能耗也较低。供电距离单线一般为 30 km 左右。电气化铁路是单相负荷，机车由接触网取得的电流经钢轨流回牵引变电所。由于钢轨和大地不是绝缘的，一部分电流经钢轨流入大地，因此对通信线路产生电磁感应影响，这是这种供电方式的缺点。直接供电方式一般用在铁路沿线无架空通信线路或通信线路已改用地下屏蔽电缆的区段。

2. 带回流线的直接供电方式

直接供电方式牵引网结构简单经济，主要缺点是它会对沿线通信线产生电磁干扰影响。这限制了它的应用。为了减轻牵引网的电磁干扰影响，可在接触导线平行位置增加金属回流线，隔一距离设置连接导线将回流导线与钢轨并联，从而构成回流导线和钢轨—地回路的回流设施，这种供电方式就是带回流线的直接供电方式，如图 1-7 所示。

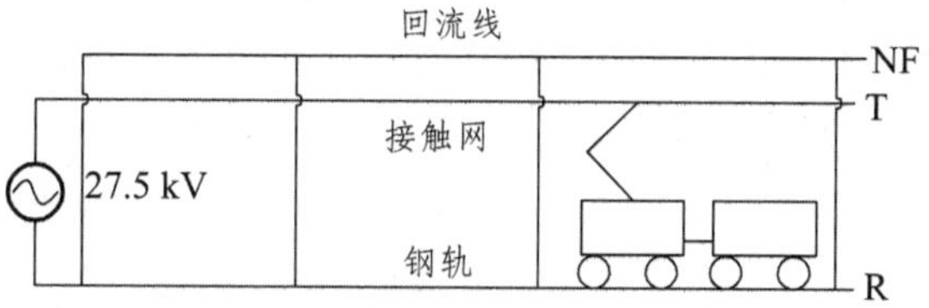

图 1-7　带回流线的直接供电方式

带回流线的直接供电方式，机车电流一部分通过钢轨和大地流回牵引变电所（约 70%），其余通过回流线流回牵引变电所（约 30%）。由于流经接触网的电流和流经回流线的电流虽然大小不等，但方向相反，且安装高度比较接近，两者对铁路沿线通讯设施的电磁干扰影响趋于抵消，因此牵引网本身具备防干扰功能。在接地方面，接触网支柱通过回流线实现集中接地，回流线每隔一个闭塞分区通过吸上线（铝芯或铜芯电缆，常用 VLV-70 和 2×VLV-150）与信号扼流圈中性点连接（吸上线间距 3 ~ 4 km）。

3. 带吸流变压器（BT）供电方式

1）BT 供电方式的工作原理

BT（Boost Transformer）供电方式又称吸流变压器供电方式，在我国早期电气化铁路中有采用，其主要目的是提高牵引网防干扰能力，但随着通信线路电缆化和光缆化，防干扰矛盾越来越不突出，其生命力也已大大降低，该种供电方式目前已经基本不采用。工作原理如图 1-8 所示。

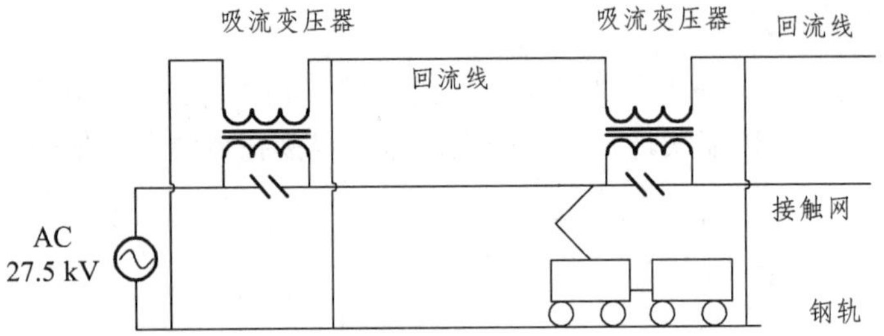

图 1-8　BT 供电方式原理图

图中，牵引网每隔一段距离在牵引网的接触导线和回流线接入变比为 1∶1 的吸流变压器 BT，其原边串入接触网中（在绝缘锚段关节处），次边串入回流线中，吸流变压器的间隔为 3 ~ 4 km，在两个吸流变压器的中间设有吸上线，用于将钢轨中的牵引电流吸入回流线。当牵引负荷电流经 BT 原边时，其副边产生很大的互感电流，迫使负荷电流沿回流线流回牵引变电所而不经钢轨和大地，从而极大地减弱了牵引网周围的磁场，有效降低了牵引电流对邻近通信线路的干扰影响。

2）BT 供电方式存在的主要问题

吸流变压器—回流线供电方式存在着在机车所处的 BT 间隔内在一定范围内失去吸流防护效果的现象，即："半段效应"，在该 BT 段内接触网与回流线中的电流并不相等，防干扰效果并不明显，而在其余 BT 段内两者的电流大小相等，方向相反，防干扰效果非常明显。

但是，由于 BT 变压器自身存在较大的阻抗，且安装密度较大，其在牵引网中引起的电压损耗也较大。因此，在同等条件下，BT 供电方式变电所间距小于其他供电方式，且每 3 ~ 4 km 在接触网内存在断口，断口两端因 BT 自阻抗而存在一定的电压差，机车通过该断口时可能会产生电火花，导致接触网的使用寿命缩短。

4. AT 供电方式

在牵引网中并联自耦变压器而形成 AT 供电方式，AT 供电方式除具有显著的降低电气化铁路对外界的电磁干扰外，还具有现行其他供电方式所不具备的技术优势而被许多国家采用。

1）AT 供电方式工作原理

AT 供方式原理图 1-9 所示，牵引变电所牵引侧电压为单相 55 kV 或两相 2×27.5 kV，AT 表示变比为 2∶1 的自耦变压器，牵引网接触线 T 和正馈线 F 接在自耦变压器原边，构成 55 kV 供电回路，而钢轨与自耦变压器的中点连接，使接触网和钢轨间的电压仍然保持为 27.5 kV。因此，在列车与变电所之间形成长回路，由列车所在的 AT 段形成短回路，由于长回路电压提高了一倍，在相同的牵引功率下牵引网上电流减小，使得电压损失、功率损失都大大下降，因而 AT 供电系统运行的技术指标得到大大的改善。自耦变压器的容量，视铁路运量及 AT 间隔大小而定，通常 AT 间距为 8 ~ 12 km，自耦变压器的容量为 2 000 ~ 3 000 kVA。

由于自耦变压器存在阻抗且容量有限，因而远离机车的 AT 也提供部分牵引电流，致使全部供电区的轨道—地回路中都有电流流通，并相应地存在地中电流，导致对邻近通信线路产生电磁感应影响。但由于 AT 阻抗很小（一般为 0.45 Ω），因而机车所处 AT 段以外的每台 AT 所向机车供给的牵引电流较小，可有效降低全线的感应影响，其防护效果与 BT 供电方式相当。

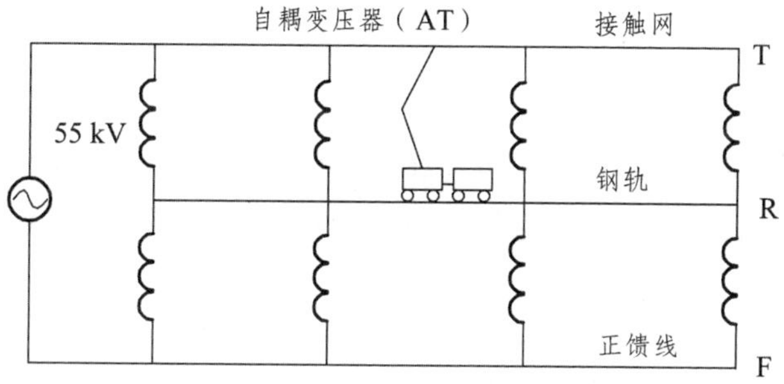

图 1-9　AT 供电方式原理图

2）AT 供电方式的主要技术特性

（1）牵引网传输功率和电压水平提高，由于 AT 原边为二倍接触网电压，只有 1/2 牵引电流通过接触网和正馈线，有利于牵引网传输较大功率。同时，牵引网的电压损失和功率损失大幅度降低，可提高电压水平，增强运营的经济效益。

（2）牵引网电压提高为 2×25 kV 后，牵引变电所的间隔可增大为 90 ~ 100 km（比 BT 供电方式增大 3 倍），变电所主变压器副边绕组和相应的开关设备绝缘水平提高，牵引网单位阻抗比 BT 方式有较大降低，但牵引网结构复杂，并在沿线设置若干台自耦变压器及相应的开关设备和避雷器等（称为 AT 站），使牵引网系统（含 AT 站）的造价增大，维护运行工作增多。

（3）对通信线防干扰特性和效果较好，且接触导线不需断口，有利于列车高速运行。

总之，采用 AT 供电方式时，应作牵引供电系统的全面综合技术经济比较，尽量发挥它的技术优势。在高速重载电气化区段 AT 供电方式有较大的适用性，也可按不同地区采用 AT 方式和带回流线的直接供电方式相结合的综合供电方式。

5. CC 供电方式

CC 供电方式是一种新型的供电方式。同轴电力电缆沿铁路线路埋设，其内芯线作为馈电线与接触网并联连接，外部导体作为回流线与钢轨并联连接。每隔 5 ~ 10 km 作一个分段，如图 1-10 示。由于馈电线与回流线在同一电缆中，间隔很小，而且同轴布置，使互感系数增大，因同轴电力电缆的阻抗比接触网和钢轨的阻抗小得多，牵引电流和回流几乎全部经由同轴电力电缆中流过。因此电缆芯线与外部导体电流相等，方向相反，二者形成磁场相互抵消，对邻近通信线路几乎无干扰。由于阻抗小，供电距离长。

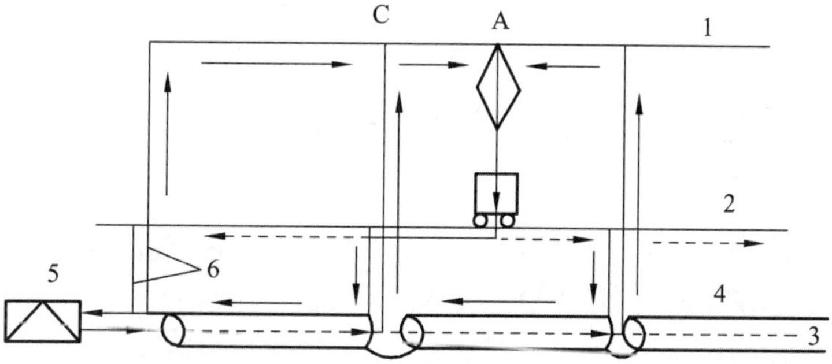

1—接触网；2—钢轨；3—同轴电缆内芯；4—同轴电缆外芯；
5—牵引变电所；6—连接导线。

图 1-10　CC 供电方式原理图

6. 牵引网对电力机车的供电方式的特点

1）AT 供电方式特点

（1）2×25 kV 系统，供电电压比直供方式高一倍，电压损失降为 1/4，牵引网单位阻抗约为直供方式的 1/4（实际略高），电能损失小，显示了良好的供电特性。（55 kV 阻抗归算至 27.5 kV，阻抗 1/4，压损 1/4）

（2）牵引变电所的间距大，易选址，减少了外部电源的工程数量和投资。

（3）减少了电分相数量，有利于列车的高速运行。

（4）牵引网回路是平衡回路，防干扰效果，可改善电磁环境，并减少防干扰费用。

（5）牵引网系统需设正馈线，较一般直供方式复杂，但在重负荷区段不必设加强导线，可与直供方式相当；变电系统较直供方式减少了牵引变电所的数量，但需设 AT 所，一般A T 间距为 10 ~ 20 km，开关设备需用双极。

（6）牵引网结构复杂，导线数量多，对跨线建筑物和隧道净空要求高，投资较大，保护和维护难度较大。

2）带回流线的直接供电方式

（1）1×25 kV 系统，变电设施较为简单，接触网在一般情况下（重负荷除外）也比较简单，但在接触网使用加强导线的情况下，牵引网结构与 AT 供电方式相当。

（2）在牵引网的电压损失和电能损失方面较 AT 供电方式大。

（3）牵引变电所的间距较小，增加了电分相数量，外部电源的工程数量和投资较大。

（4）牵引网回路不完全是平衡回路，防干扰性能较差，需增加防干扰费用。

（5）供电回路结构简单，运行可靠，投资和维修量低。

（6）适用于防干扰问题不突出和外部电源投资相对较小的区段及运输繁忙干线、重载和高速线。

3）高速铁路常采用的供电方式

总之，技术上 AT 和带回流线直供方式均能满足 300 km/h 及以上高速牵引。两者相比，AT 供电方式更能适应大功率负荷的供电，同时电分相数目减少。但 AT 供电方式接触网结构复杂，供变电设施较多，运营维护难度较大。

高速铁路牵引供电方式应采用 AT 供电方式或带回流线的直接供电方式。

第三节　牵引供电系统的外部电源

牵引供电系统的外部电源来自公用电力系统的电力网，限制电力网送电能力的因素有导线发热、电压损、功率和能量损耗、稳定破坏四个方面。这四个方面都是由电流引起的。解决方法就是提高供电电压，减小电流。但是电压提高会导致电器设备的投资增大。因此，选择一个合适的电压电压等级牵引变电所设计中的一项重要工作。电力网的电压等级一般根据输送功率和输电距离来选择，其应用的大致范围可参照表 1-2。

表 1-2 电力网电压与输送功率、输电距离的关系

额定电压/kV	输送功率/MVA	输送距离/kM
110	10 ~ 50	50 ~ 150
220	100 ~ 150	100 ~ 300
500	1000 ~ 1500	150 ~ 850

我国第一条电气化铁路宝凤段 1961 年建成开通时，牵引变电所外部电源即采用 110 kV 电源供电，随后建成的其他电气化铁路一直习惯采用 110 kV，应该说均保证了安全、可靠供电。对于高速铁路牵引负荷增大较为明显。一般来说，时速 350 kM/h 铁路按间隔 3 min，16 辆编组运行时，牵引变电所的负荷瞬间可达 170 MVA，高峰小时可达 130 MVA。由于牵引负荷电流大，波动比较剧烈，谐波含量丰富，并且属于单项负荷，为了增大电网对谐波、负序的承受力，减少牵引变电所母线电压的波动，降低输电线路损耗，保证输电线路的动态、静态稳定，需牵引变电所进线电压等级与负荷匹配。

结合负荷需要和电网发展，牵引变电所进线电压等级选择 220 kV。目前在我国西北地区因无 220 kV 电压等级，因此西北地区电压等级可选择 330 kV。牵引变电所进线电压等级选择 220 kV/330 kV，由于系统具有较强的负序和谐波承受能力，有利于牵引变压器采用单相接线。

在我国目前已经实施的武广、郑西、石太、京石、石武、京津、京沪、合武等客运专线、高速铁路均采用 220 kV 电压等级；郑西客运专线河南省境内采用 220 kV 电压等级，陕西省境内采用 330 kV 电压等级。

一、单边供电

单边供电是指牵引变电所的电能只能由电力系统中的一个方向送来，如图 1-11 所示。A_1、A_2、A_3 为发电厂，B_1、B_2、B_3 为地区变电站，C_1、C_2、C_3 为牵引变电所。图中三牵引变电所只能从右侧的发电厂 A_1 用两路输电线供电。而发电厂 A_1 又通过地区变电所 B_2、B_3 与发电厂 A_2、A_3 相连，构成一个可靠的供电网络，保证任一电源故障，都不会中断供电。

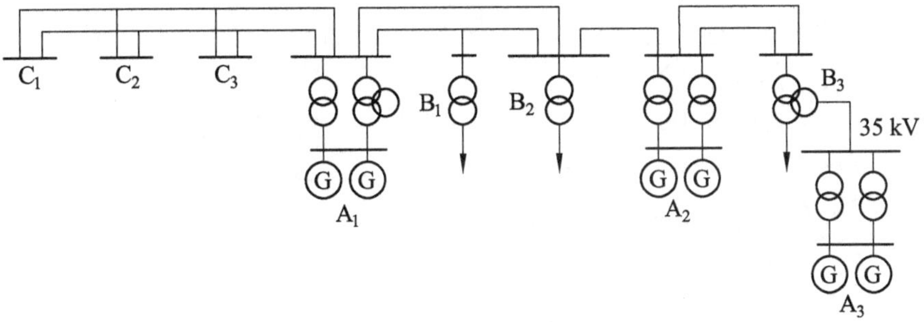

图 1-11 牵引变电所的单边供电方式

二、双边供电

双边供电就是指牵引变电所的电能由电力系统中的两个方向送来，如图 1-12 所示。

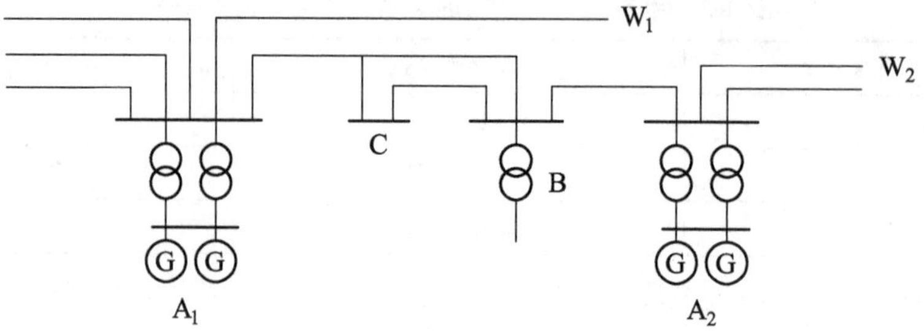

图 1-12　牵引变电所的双边供电方式

图中 A_1、A_2 为发电厂，B 为地区变电站，C 为牵引变电所，C 的两侧都有电源，左侧发电厂 A_1 用一条输电线给牵引变电所送电，并供电给地区变电所 B，而变电所 B 又由发电厂 A2 供电，并由一条专用输电线供给牵引变电所 C。

三、环形供电

环形供电是指若干个发电厂、地区变电所通过高压输电线连接成环形电力网，而牵引变电所处于环形电力系统中的一段环路之中。

本章小结

一、电力系统

电力系统是由发电厂、电力网和用电设备组成的统一整体，电力网是电力系统的一部分，它包括变电所配电所及各种电压等级的电力线路，与电力系统相关联的还有动力系统，动力系统是电力系统和“动力部分”的总和。

电力系统运行具有电能不能大量储存、电力系统暂态过程非常短暂、与国民经济各部门及人民日常生活有极为密切的关系等特点。

电力系统的可靠性、电能质量、波形、灵活性、经济性、发展性以及对生态坏境影响等是对电力系统的要求，其中可靠性是最基本的要求。

额定电压，通常指电器设备铭牌上标出的线电压。我国规定工业用标准额定频率为 50Hz（工频）；国家标准规定，交流电力网和电力设备的额定电压等级较多，但考虑设备制造的标准化、系列化，电力系统额定电压等级不宜过多。

二、牵引供电系统

电力牵引供变电系统是指从电力系统或一次供电系统接受电能，通过变压、变相或换流后，向电力机车负荷提供所需电流制式的电能，并完成牵引电能传输、配电等全部功能的完整系统。

电力牵引供电系统按照向电力机车提供的电流性质分为直流制和交流制，交流制又分工频单相交流制和低频单相交流制。工频指工业标准频率，即 50 Hz 或 60 Hz，低频指低于工业标准频率的频率，应用最多的为 50 Hz 的三分之一。各种电流制的电力牵引供电系统的设备有很大的差别。

工频交流相电力牵引供电系统主要由牵引变电所和牵引网组成。牵引网实行 单相供电由馈电线、接触网、轨道电路及回流线等组成。牵引网上还安装有分相绝缘器、分段绝缘器等设备。供电系统中还设有分区所、开闭所等。

牵引变电所是交流工频单相电力牵引供变电系统的重要环节，它完成变压、变相和向牵引网供电等功能，并实现三相交流一次供电系统与单相电力牵引系统的接口与系统变换。

架空接触网是一种悬挂在电气化铁道钢轨上方并和轨面保持一定距离的链型或单导线系统，专为电力机车或电动车组提供电力的特殊供电回路，机车通过受电弓与接触网滑动接触取得电能。

交流电力牵引供电系统因牵引网对抑制通信干扰采取的技术措施不同而采取不同的供电方式。牵引供电系统的供电方式主要包括直接供电方式、带回流导线的供电方式、带吸流变压器（BT）的供电方式，以及 2×25 kV 自耦变压器（AT）供电方式。牵引网的供电方式则包括单边供电、上下行并联供电和双边供电方式。

三、牵引供电系统的外部电源

铁路是国民经济的大动脉，必须保证其连续性，一旦中断运输，将造成重大的经济损失与严重的社会影响，因此电力牵引在我国为一级负荷，因此要求每个牵引变电所必须有两个独立电源供电，或者由两路非同杆架设的输电线路供电，其中每路输电线应能承担牵引变电所的全部负荷。两路电源互为备用或一主一备，即一路可长期供电，另一路由于某种原因只能作为短期备用。当供电电源故障时，备用电源应能立即投入。

复习思考题

1. 电力系统由哪些部分组成?电力负荷如何分级？电力牵引负荷属于哪类？
2. 电力牵引供电系统的组成？
3. 我国电气化铁路采用何种牵引供电制式？
4. 牵引变电所的作用是什么？
5. 牵引网的供电方式有哪几种？
6. 牵引供电系统对外部电源供电的要求？

第二章　牵引变电所高压设备

第二章课件

变电系统的设备可分为一次设备和二次设备两大类。一次设备是指直接生产、输送、分配电能的电气设备。二次设备是指对一次设备的工作状况进行监视、测量、控制、保护、调节所需要的电气设备，如监控装置、继电保护装置、自动装置、信号器具等。

牵引变电所高压设备包括变压器、互感器、断路器、隔离开关、避雷器等一次设备，完成对电能的电压和电流的变换、集中和分配，将 110 kV、220 kV 或 330 kV 的电能降压后送至接触网，使接触网上电压为 27.5 kV，给电力机车供电。

第一节　变压器

变压器是牵引变电系统中最重要的一次设备，其主要功能是变换电压、传输电能，将一次侧的电能通过电磁能量转换的方式传输到二次侧，同时根据应用的需要将电压降低，完成电能的输送和分配。本节将介绍高铁牵引变电所的牵引变压器、所用电变压器以及 AT 供电方式下使用的 AT（自耦）变压器。

一、变压器概述

变压器的分类

变压器按绕组数目分有双绕组变压器、三绕组变压器、多绕组变压器、自耦变压器等。按电源相数分有单相变压器、三相变压器、多相变压器等。按冷却方式分有干式变压器和油浸式变压器等。

每台变压器都在醒目的位置上装有一个铭牌，上面标明了变压器的型号和额定值。所谓额定值，是指制造厂按照国家标准，对变压器正常使用时的有关参数所做的限额规定。在额定值下运行，可保证变压器在设计时限内可靠地工作，并具有优良性能。

（一）型号

变压器的型号通常由表示相数、冷却方式、调压方式、绕组等材料的符号，以及变压器容量、额定电压、绕组连接方式组成。表示方法如下所示。

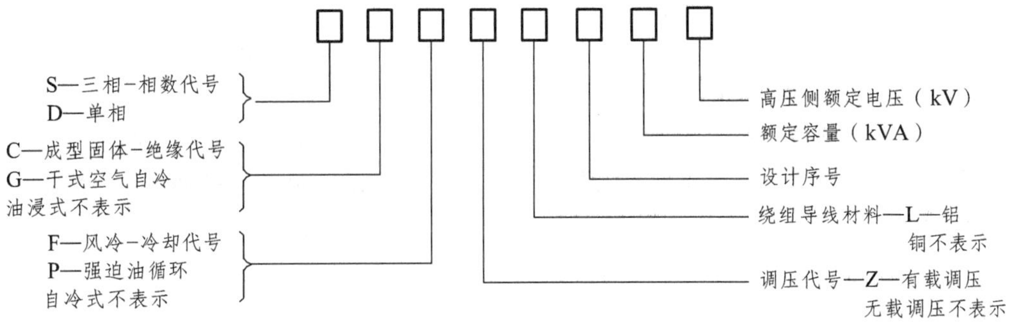

例如：SFZ9-120000/220 表示三相油浸式风冷有载调压铜线变压器，额定容量为 120 000 kV·A 高压侧额定电压为 220 kV。

变压器的主要技术参数

（二）变压器的主要技术参数

（1）额定容量 S_N：额定状态下变压器输出的单相或三相总视在功率，单位为 kV·A。

（2）额定电压 U_N：变压器长时间运行时，设计条件所规定的电压值（线电压，单位为 kV）。

（3）额定电流 I_N：变压器在额定电压和额定环境温度下各部分温升不超过允许值的长期允许通过电流，单位为 A。

（4）空载损耗 P_o：又称铁损，是指变压器一个绕组加上额定电压，其余绕组开路时，在变压器中消耗的功率。变压器的空载电流很小，它所产生的铜损可忽略不计，所以空载损耗可认为是变压器的铁损。

（5）负载损耗 P_L：又称短路损耗或铜损，指变压器一侧加电压而另一侧短接，使电流为额定电流时，变压器从电源吸取的有功功率。

（6）额定温升：变压器绕组或上层油面的温度与变压器外围空气的温度之差。

（7）空载电流 $I_0\%$：变压器一次侧施加额定电压，二次侧断开运行，一次绕组通过的电流称为空载电流或励磁电流，通常以额定电流的百分数表示。

二、牵引变压器

牵引变压器是牵引变电所的核心，高铁牵引变电系统多采用 AT 供电方式，将 220 kV 或 330 kV 的电能降至 27.5 kV 或 27.5 kV×2。牵引变压器一般采用固定备用方式，正常运行时，一台（组）运行，另一台（组）备用。

（一）牵引变压器的结构

牵引变压器为油浸式变压器，其关键结构是铁芯和绕组。变压器结构示意如图 2-1 所示。

变压器的结构与巡视

1. 铁芯

铁芯是变压器最基本的组成部件之一，是变压器的磁路部分，变压器的一、二次绕组都在铁芯上，为提高磁路导磁系数和降低铁芯内涡流损耗，铁芯通常用 0.35 mm，表面绝缘的硅钢片制成。铁芯分铁芯柱和铁轭两部分，铁芯柱上套绕组，铁轭将铁芯连接起来，使之形成闭合磁路。

为防止运行中变压器铁芯、夹件、压圈等金属部件感应悬浮电位过高而造成放电，这些部件均需单点接地。为了方便试验和故障查找，大型变压器一般将铁芯和夹件分别通过两个套管引出接地。

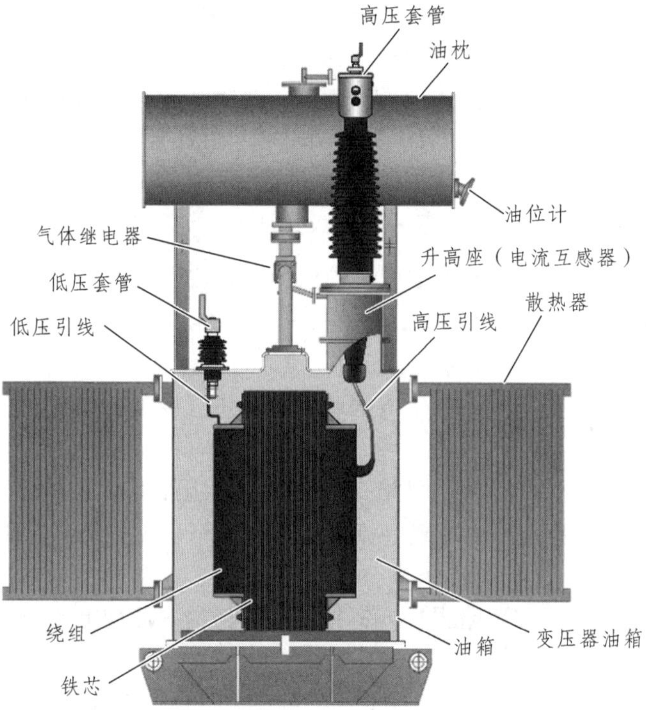

- 变压器（油浸式）
  - 器身
    - 铁芯
    - 绕组
    - 绝缘
    - 引线（包括调压装置、引线夹件等）
  - 油箱
    - 油箱本体
    - 附件（包括油枕、油门闸阀等）
  - 冷却装置（包括散热器、风扇、油泵等）
  - 保护装置（包括防爆阀、气体继电器、测温元件、呼吸器等）
  - 出线装置（包括套管等）

图 2-1　油浸式变压器结构示意图

2. 绕组

绕组也是变压器的最基本的部件之一。它是变压器的电路部分，一般用绝缘纸包裹的铜线或者铝线绕成。接到高压电网的绕组为高压绕组，接到低压电网的绕组为低压绕组。

大型电力变压器采用同心式绕组。它是将高、低压绕组同心地套在铁芯柱上。通常低压绕组靠近铁芯，高压绕组在外侧。这主要是从绝缘要求容易满足和便于引出高压分接开关来考虑的。变压器高压绕组常采用连续式结构，绕组的盘（饼）和盘（饼）之间有横向油道，起绝缘、冷却、散热作用。

3. 绝缘材料及结构

变压器的绝缘材料主要是电瓷、电工层压木板及绝缘纸板。变压器绝缘结构分为外绝缘和内绝缘两种：外绝缘指的是油箱外部的绝缘，主要是一次、二次绕组引出线的瓷套管，它构成了相与相之间和相对地的绝缘；内绝缘指的是油箱内部的绝缘，主要是绕组绝缘和内部引线的绝缘以及分接开关的绝缘等。

绕组绝缘又可分为主绝缘和纵绝缘两种。主绝缘指的是绕组与绕组之间、绕组与铁芯及油箱之间的绝缘；纵绝缘指的是同一绕组匝间以及层间的绝缘。

4. 分接开关（调压装置）

变压器的调压方式分无载调压和有载调压两种。需停电后才能调整分接头电压的称无载调压；可以带电调整分接头电压的称有载调压。牵引变压器采用无载调压方式。

分接开关的作用是：保证电网电压在合理范围内变动。分接开关一般从高压绕组中抽头，因为高压侧电流小，引线截面积及分接开关的接触面可以减小，减少了分接开关的体积。

5. 油箱

油箱是油浸式变压器的外壳，变压器的铁芯和绕组置于油箱内，箱内注满变压器油。常见油箱有箱式油箱（一般用于中小型变压器）和钟罩式油箱（用于大型变压器）。

变压器油的作用就是绝缘和冷却。为防止变压器油的老化，必须采取措施，防止油受潮，减少与空气的接触。

6. 储油柜

储油柜也称作油枕，有常规油枕和金属波纹管油枕之分，当变压器油的体积随油温的升降而膨胀或缩小时，油枕就起着储油和补油的作用，以保证油箱内始终充满油。油枕的体积一般为变压器总油量的 8% ~ 10%。

常规油枕有三种形式：敞开式、隔膜式和胶囊式。大型变压器为了保证变压器油的性能，防止油的氧化受潮，一般采用隔膜式和胶囊式，以避免油与空气直接接触。

近年来牵引变压器的储油柜大部分都使用金属波纹管式，有一小部分用胶囊式，隔膜式储油柜正逐步在淘汰，敞开式储油柜仅在小容量的电力变压器上使用。

油枕上装有油位计，现在一般采用磁力油位计，变压器的油位计和变压器油的温度相对应，用以监视变压器油位的变化。

7. 呼吸器

呼吸器，如图 2-2 所示，安装在油枕与空气连通的管道末端。常见的变压器呼吸器主要由一根铁管、玻璃容器及油杯组成，玻璃容器内装干燥剂（如硅胶），油杯内装有一定量绝缘油。当变压器储油柜内的空气随变压器油的体积膨胀或缩小时，排出或吸入的空气都经过呼吸器，呼吸器内的干燥剂吸收空气中的水分，对空气起干燥、过滤作用，从而保持变压器油箱内绝缘油的清洁。吸器内的干燥剂变色超过二分之一时应及时更换。

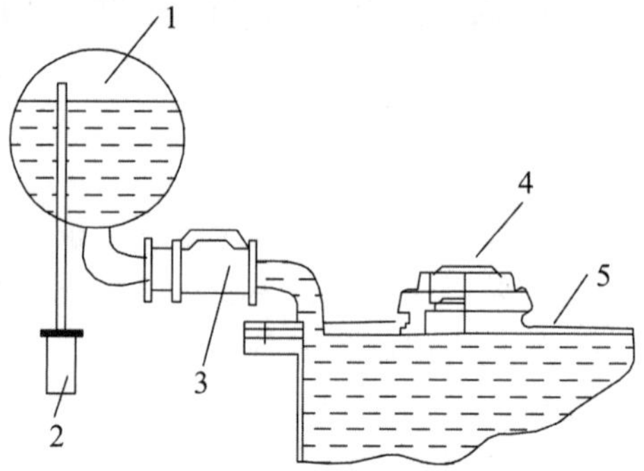

1—油枕；2—呼吸器；3—瓦斯继电器；4—压力释放阀；5—油箱。

图 2-2　油浸式变压器油枕部分结构

8. 冷却装置

变压器运行时产生的铜损、铁损等损耗都会转变成热量，使变压器的有关部分温度升高。

变压器的冷却方式有：油浸自冷式（ONAN）；油浸风冷式（ONAF）；强迫油循环风冷式（OFAF）；强迫油循环水冷式（OFWF）。冷控系统是根据变压器运行时的温度或负荷高低手动或自动控制投入或退出冷却设备，从而使变压器的运行温度控制在安全范围。

9. 压力释放器（阀）

压力释放器装于变压器的顶部，如图 2-2 所示。变压器一旦出现故障，油箱内压力增加到一定数值时，压力释放器动作，释放油箱内压力，从而保护了油箱本身。在压力释放过程中，微动开关动作，发出报警信号，也可使其接通跳闸回路，跳开变压器电源开关。此时，压力释放器动作，标志杆升起，并突出护盖，表明压力释放器已经动作。当排除故障后，投入运行前，应手动将标志杆和微动开关复归。压力释放器动作压力有 15、25、35、55 kPa 等各种规格，根据变压器设计参数选择。

10. 气体继电器

气体继电器也称瓦斯继电器，它是变压器的主要保护装置，安装在变压器油箱与储油柜的连接管上。有 1% ~ 1.5%的倾斜角度，以使气体能流到瓦斯继电器内，当变压器内部故障时，由于油的分解产生的油气流，冲击继电器下挡板，使接点闭合，跳开变压器各侧断路器。若空气进入变压器或内部有轻微故障时，可使继电器上接点动作，发出预报信号，通知相关人员处理。瓦斯继电器上部装有试验及恢复按钮和放气阀门。瓦斯继电器上部有引出线，分别接入跳闸保护及信号。瓦斯应有防雨罩，防止进水。瓦斯继电器应定期进行动作和绝缘校验。

11. 温度计

温度计由温包、导管和压力计组成。将温包插入箱盖上注有油的安装座中，使油的温度能均匀地传到温包，温包中的气体随温度变化而胀缩，产生压力，使压力计指针转动，指示温度。

变压器还安装有 PT100（铜铂合金）的电阻，该电阻阻值随温度呈线性变化，可以在控制室观察变压器温度。变压器的温度计除指示变压器上层油温以外，另一个作用是作为控制回路的硬接点启动或退出冷却器、发出温度过高的预告信号。

12. 绝缘套管

变压器绕组的引出线从油箱内穿过油箱盖时，必须经过绝缘套管，以使带电的引出线与接地的油箱绝缘。因电压等级不同，绝缘套管有纯瓷套管、充油套管和电容套管等形式。

纯瓷套管多用于 10 kV 及以下变压器，它是在瓷套管中穿一根导电铜杆，瓷套内为空气绝缘，27.5 kV 也是纯瓷套管；充油套管多用在 35 kV 级变压器，它是在瓷套管充油，在瓷套管内穿一根导电铜杆，铜杆外包绝缘纸。

110 kV 及以上电压等级一般采用全密封油浸纸绝缘电容式套管。套管内注有变压器油，不与变压器本体相通。

（二）牵引变压器的结线型式

高速铁路设计规范上要求，牵引变压器的结线型式应采用单相结线或三相 V，v（x）结线，困难条件下可采用其他结线型式。

牵引变压器的结构型式

1. 纯单相结线

纯单相牵引变电所中的两台牵引变压器的结线型式完全一样。如图 2-3 所示为变压器纯单相结线图。单相变压器的高压侧引出端为 A、X，低压侧引出端为 a、x。在实际应用中，单相牵引变压器的高压端子 A、X 分别接至三相系统的两个相线上，低压端子 a 接至接触网 T 线上，x 接至正馈线 F 线上。

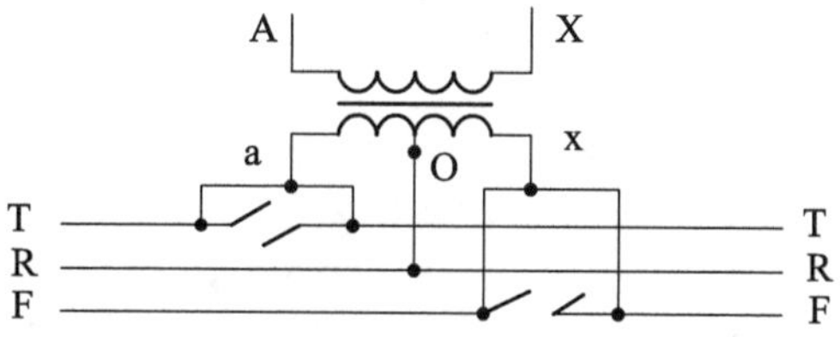

图 2-3　纯单相结线

纯单相接线的主要优点是变压器容量得到充分利用，且变电所的主接线简单，设备少，占地面积小，投资少。缺点一是单相负荷在三相系统中形成负序电流较大，虽经换相连接在总体上可减少对三相系统的影响，但在局部的影响是较大的，故只用于电力系统容量较大，地方电网较发达地区，铁路的负荷电流对它们来说所占比例可忽略不计。

2. 单相 Vv 结线

如图 2-4 所示为变压器单相 Vv 结线图。两台单相变压器高压侧的首端 A1、A2 分别接在不同的两个相线 A、C 上，而末端 X1、X2 接于剩下的一个相线 B 上，成为公共端。低压侧两个末端 x1、x2 为公共端，接于接地网和钢轨，两个首端 a1、a2 分别接于接至接触网 T 线上和正馈线 F 线上。

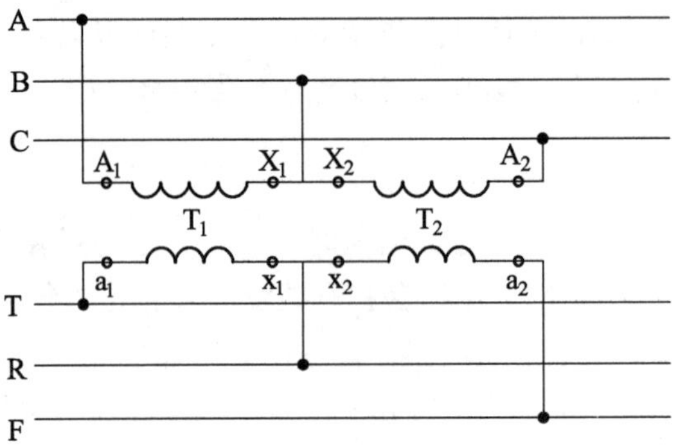

图 2-4　单相 Vv 结线

3. 三相 Vv 结线

三相 Vv 结线是将两台 Vv 结线的单相变压器安装在同一个油箱内，相关部件进行了一些简单组合，其实质是两台单相 Vv 结线的变压器。如图 2-5 所示为变压器三相 Vv 结线图。两台单相变压器的高压侧端子分别为 A1、X1、A2、X2，在变压器油箱内已将 X1 与 X2 连接在一起，这样引出油箱外只有 3 个端子。A1 引出线标为 A，X1 与 X2 引出一个公共端子标为 B，A2 引出线标为 C；低压侧四个端子 a1、x1、a2、x2 分别引出油箱，可根据供电需要成正 V（Vv6 接线）和反 V（Vv0 接线），如图 2-6 所示。

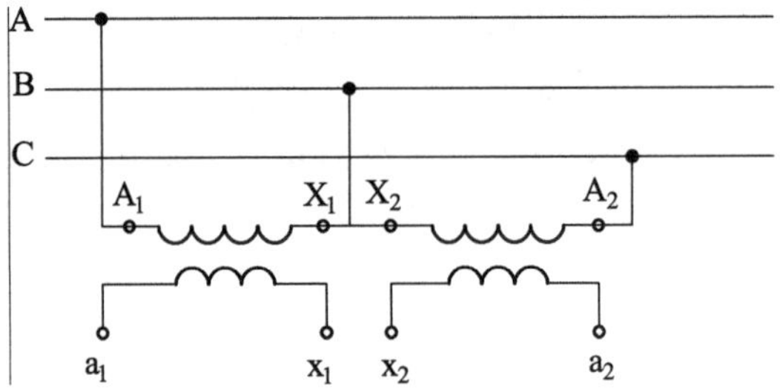

图 2-5　三相 Vv 结线

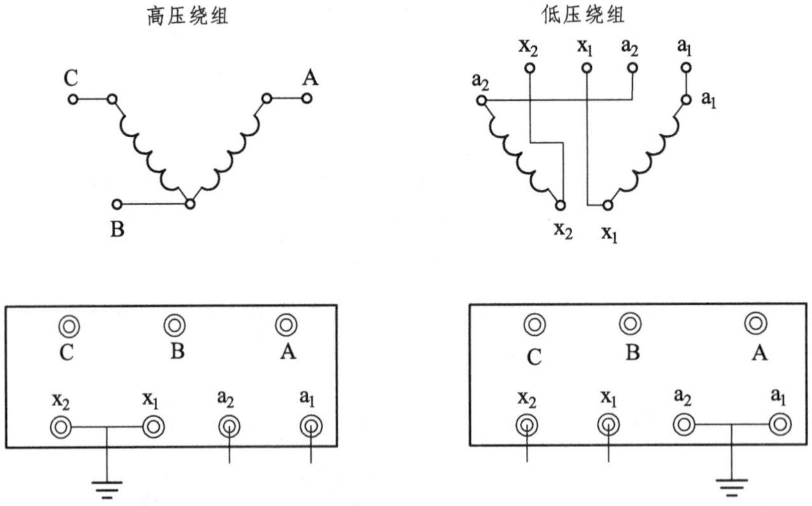

（a）Vv0　　　　（b）Vv6

图 2-6　三相 Vv 结线变压器端子及结线示意图

4. 三相 Vx 结线

高速铁路 AT 供电方式中的牵引变电所使用最多的是 Vx 结线牵引变压器，结线图如图 2-7 所示。Vx 结线牵引变压器现有共箱式和分箱式两种形式，如图 2-8 所示。共箱式将两单相绕组置于同一个油箱内，构成 Vx 结线；分箱式两单相绕组分别设置于不同的油箱内，拼接成 Vx 结线。分箱式现大量应用于 220 kV AT 供电方式，且均为分设油枕方式，解决了运输重量问题，但牵引变电所场坪较大。

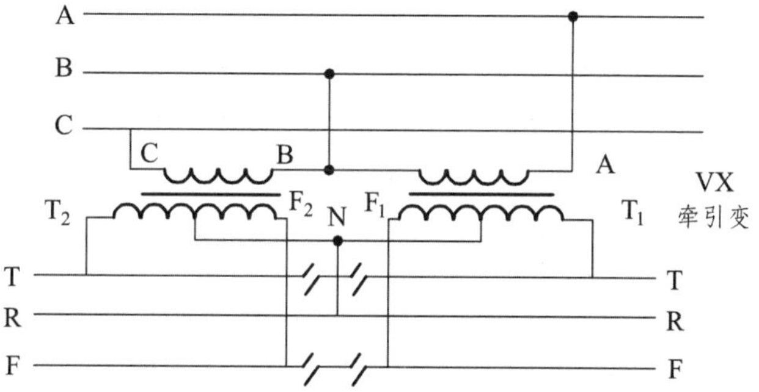

图 2-7　三相 Vx 结线

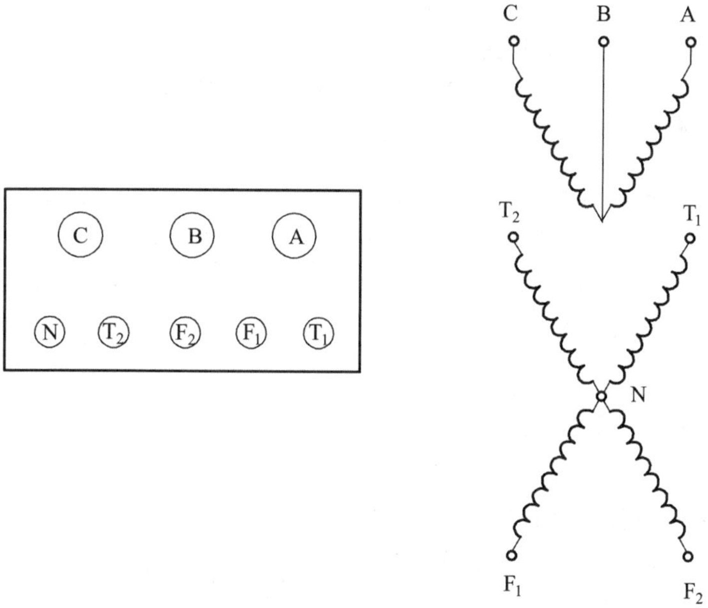

（a）共箱式

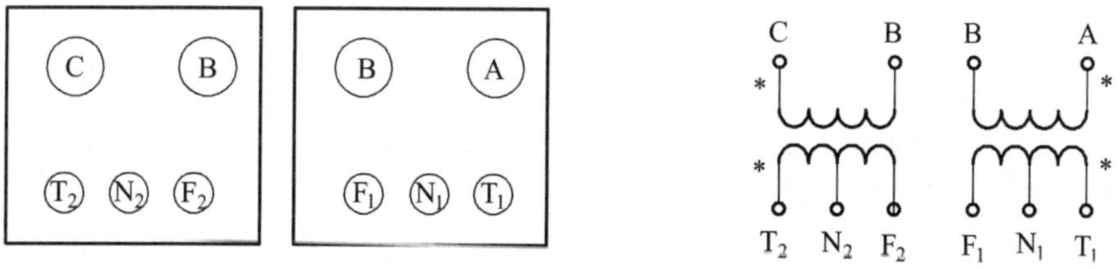

（b）分箱式

图 2-8　Vx 结线的不同形式

5. 三相 Yd 结线

在普速铁路的牵引变电所中，牵引变压器的连接绕组为 YNd11 标准结线组。图 2-9 为三相牵引变压器结线图。三相牵引变压器的高压侧接成 YN 结线方式，三相绕组端子 A、B、C 分别接 110 kV 电网的 A、B、C 相，也可根据换相的要求接其他相，端子标号有可能与系统相别不符。中性点 N 通过隔离开关 QS 接地。变压器的低压侧（牵引侧）绕组接成三角形，C 相端子总是接接地网和钢轨，a 端子和 b 端子总是分别接至牵引侧两相母线上，分别向牵引变电所两侧的牵引网供电。

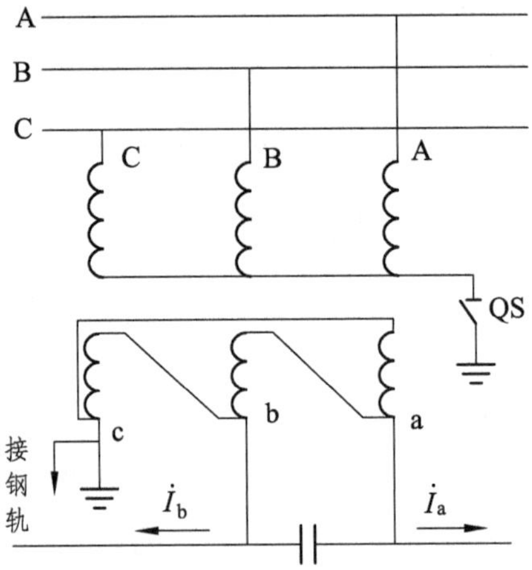

图 2-9　三相牵引变压器结线

由于每一个中性点接地都构成零序电流回路的一个分支对电力系统故障时的零序电流形成分流，使零序保护的动作受到影响。所以中性点何时需要接地应根据地方电力调度的命令确定，通常 QS 是断开的。为了减小操作过电压对变压器的影响，在变压器送电和停电的瞬间必须合上中性点接地隔离开关。

三、所用电变压器

所用电变压器，或称自用电变压器，简称所用变或自用变，是一般的配电变压器，起降压作用，为变电所内的照明、通信设备、测控保护设备、开关电器的操动机构等设备提供电源。高铁牵引变电所一般设置两台所用电变压器，分别从 27.5 kV 母线和 10 kV 电力贯通线上引入电源，降压至 380/220 V。两台所用电变压器可以互为备用。

所用电变压器一般为油浸式或干式变压器。油浸式变压器在牵引变压器的内容中已述，这里主要介绍干式变压器。干式变压器与油浸式变压器相比，由于不再以油作为绝缘介质，避免了在运行中发生故障而导致变压器油发生火灾和爆炸的危险，也不存在渗漏油或是变压器油老化的问题，一般为户内式。

干式变压器的绝缘耐热等级有：B、F、H、C；耐热温度有：130 °C、155 °C、180 °C、220 °C。绝缘等级是指其所用绝缘材料的耐热等级，分 A、E、B、F、H、C 级。绝缘等级具体允许温升标准如表 2-1 所示。

表 2-1　各绝缘等级具体允许温升标准

绝缘等级	A	E	B	F	H	C
最高允许温度/°C	105	120	130	155	180	220
绕组温升限值/°C	60	75	80	100	125	150

（一）干式变压器的结构

干式变压器的结构如图 2-10 所示，基本结构包括铁心、高低压线圈（绕组）、铁心夹件、支撑件、防护外壳、风冷装置和热保护装置等。

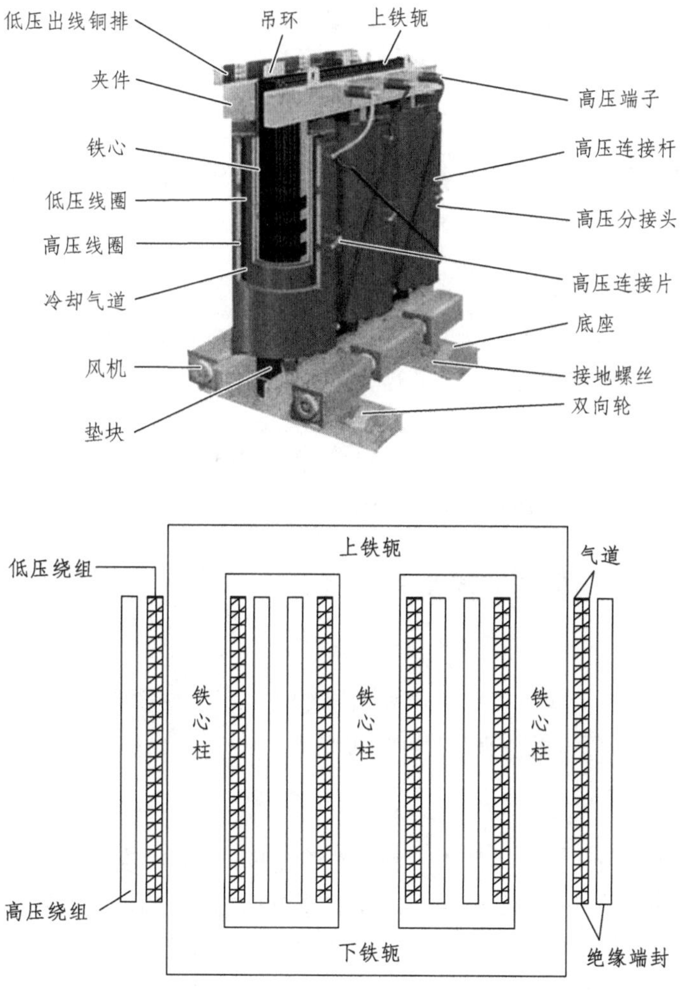

图 2-10　干式变压器的结构示意图

1. 铁心

铁心由硅钢片叠成，卷铁心变压器的铁心系由硅钢带绕制而成。采用优质冷轧晶粒取向硅钢片，铁心硅钢片采用 45°全斜接缝，使磁通沿着硅钢片接缝方向通过。

2. 绕组

绕组包括高压绕组和低压两组，可采用缠绕式、环氧树脂加石英砂填充浇注、玻璃纤维增强环氧树脂浇注（即薄绝缘结构）、多股玻璃丝浸渍环氧树脂缠绕式等，一般多采用玻璃纤维增强环氧树脂浇注，因为它能有效的防止浇注的树脂开裂，提高了设备的可靠性。

高压绕组一般采用多层圆筒式或多层分段式结构，低压绕组一般采用层式或箔式结构。

3. 紧固件及支撑件

紧固件与支撑件用来固定、支持铁芯。

4. 绝缘

绝缘体包括初、次级绝缘，匝间绝缘和与铁芯间，与外壳间绝缘。所用材料：DMD、网格、无碱无蜡玻璃纸带、环氧树脂等。

5. 温控器

温控器的作用是进行三相巡检，控制冷却风机的启停，超温报警，超温跳闸，并可以远距离向计算机终端输出信号。

6. 风机

风机的作用是提高空气的流动速度，降低变压器本体在运行时产生的热量而引起的温度升高，保证变压器能正常连续运行。

每台干式变压器配备一台温度巡回显示报警仪表，温控仪表对变压器三个绕组的温度巡回检测、当温度上升到给定值时自动启动散热风机、当温度继续上升到危险值时自动切断负载，从而实现保证变压器安全运行的基本功能。

（二）所用电变压器的结线型式

1. 单相 Ii0

联结组别为单相 Ii0 的变压器即为单相双绕组变压器，二次绕组电压 U_2 与一次绕组电压 U_1 之间的相位关系为 0°。一般接在 27.5 kV 母线上。

2. 三相 Yyn0

联结组别为三相 Yyn0 的变压器为三相双绕组变压器，一次绕组和二次绕组均结成星型联结，且二次绕组有中性点引出。0 表示一次绕组线电压相量为 12 点钟方向，二次绕组线电压相量也指向 12 点钟。绕组结线形式如图 2-11 所示，一般接在 10 kV 电力贯通线上。

3. 三相 Dyn11

联结组别为三相 Dyn11 的变压器为三相双绕组变压器，一次绕组结成三角形联结，二次绕组结成星型联结，且二次绕组有中性点引出。11 表示一次绕组线电压相量为 12 点钟方向，二次绕组线电压相量指向 11 点钟，即一次绕组线电压超前二次绕组线电压 30°。绕组结线形式如图 2-12 所示，一般接在 10 kV 电力贯通线上。

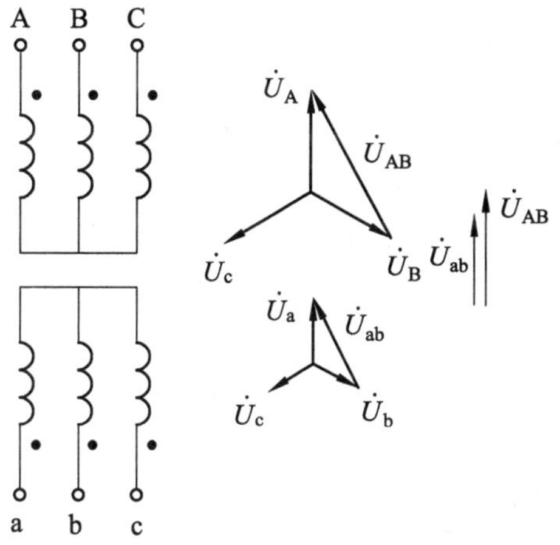

（a）接线图　　　　（b）相量图

图 2-11　Yyn0 结线方式

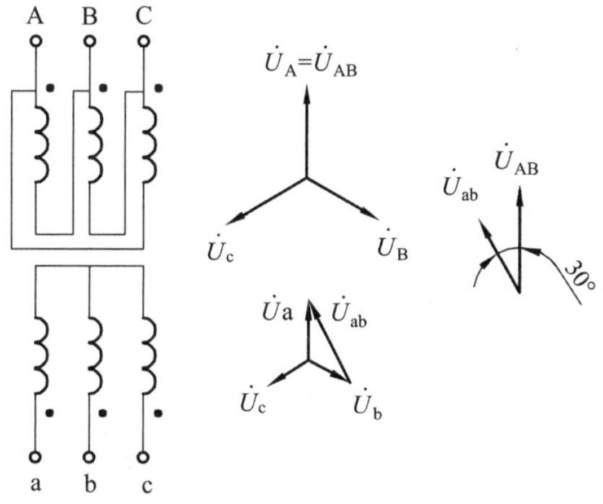

（a）接线图　　　　（b）相量图

图 2-12　Dyn11 结线方式

四、自耦变压器

高速铁路多采用 AT 供电方式，AT 即为自耦变压器，如图 1-10 所示，将自耦变压器两端子分别接至接触网和正馈导线上，中性点接至钢轨，利用自耦变压器串联绕组和公用绕组中的电流大小相等、方向相反及自耦变压器的低阻抗特性，迫使机车回归电流通过正馈导线流回牵引变电所，从而提高供电系统电流分布的对称性，以减轻对通信线路的磁感应影响；利用接触网和正馈导线对地电压极性相反的特点，提高供电系统电压分布的对称性，抑制对通信线路的电感应影响，以实现防干扰的效果。

AT 所内的自耦变压器均为单相油浸式变压器，一般设置两台，一台使用，另一台备用。

（一）自耦变压器结构特点

普通双绕组变压器的一、二次侧绕组之间仅有磁的耦合，并无电的连接。而自耦变压器的一次侧和二次侧共用一个绕组。一、二次侧绕组之间既有磁的耦合还有电的连接。单相自耦变压器的结构示意图和原理接线图如图 2-13 所示。

从结构上看，自耦变压器每相铁芯柱上套着两个同心绕组，里面的绕组为 u_1u_2，外面的绕组为 U_1U_2，两绕组绕向一致，并且相互串联，出线端 U_2 与 u_2 为同一点引出。可见，U_1U_2 绕组匝数为 N_1，称为高压绕组；u_1u_2 绕组匝数为 N_2，称为低压绕组，u_1u_2 绕组是二次侧绕组又是一次侧绕组的一部分，又称公共绕组；U_1u_1 绕组匝数为 N_1-N_2，称为串联绕组。下面以降压自耦变压器为例进行分析。

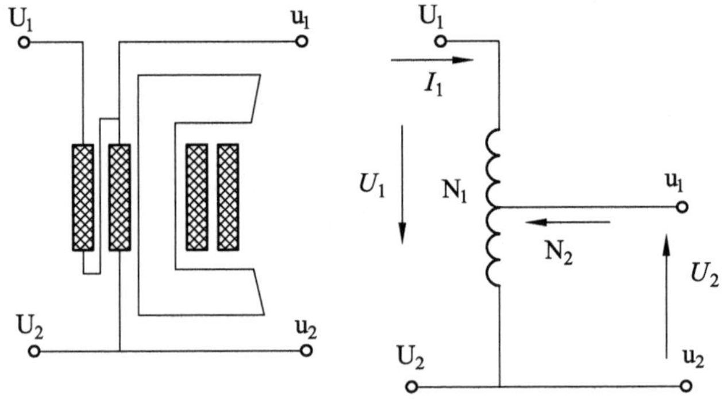

（a）结构示意图　　（b）原理接线图

图 2-13　自耦变压器

（二）自耦变压器基本电磁关系

1. 电压关系

当高压绕组 U_1U_2 两端加电源电压 U_1，若忽略漏阻抗压降，则低压侧电压为

$$U_2=\frac{U_1}{N_1}N_2=\frac{U_1}{k_a}\qquad k_a=\frac{N_1}{N_2}=\frac{U_1}{U_2}$$

式中，k_a 为自耦变压器的变比。

根据双绕组变压器分析的结果，按图 5-1 选定的正方向，可写出自耦变压器高、低压侧平衡方程式。高压侧电动势平衡方程式为

$$\dot{U}_1=-\dot{E}_1+\dot{I}_1Z_{U_1u_1}+\dot{I}_1Z_{u_1u_2}\qquad Z_{U_1u_1}=r_{U_1u_1}+jx_{U_1u_1}\qquad Z_{u_1u_2}=r_{u_1u_2}+jx_{u_1u_2}$$

低压侧电动势平衡方程为

$$\dot{U}_2=\dot{E}_2-\dot{I}Z_{u_1u_2}$$

式中，$\dot{U}_1$、$\dot{U}_2$——高压侧电压和低压侧电压；

$\dot{E}_1$、$\dot{E}_2$——高、低压侧的感应电动势；

$\dot{I}_1$——一次侧电流；

$\dot{I}$——公共绕组电流；

$Z_{U_1u_1}$——串联绕组漏阻抗；

$Z_{u_1u_2}$——公共绕组漏阻抗。

2. 电流关系

在忽略空载电流的情况下，根据磁动势平衡关系，有

$$\dot{I}_1 N_1 + \dot{I}_2 N_2 = 0$$

$$\dot{I}_1 = -\frac{N_2}{N_1}\dot{I}_2 = -\frac{1}{k_a}\dot{I}_2$$

上式表明，一、二侧电流相位相反。对于降压自耦变压器，变比 $k_a>1$，故数值上 $I_1<I_2$。

公共绕组 u_1u_2 中的电流为

$$\dot{I} = \dot{I}_1 + \dot{I}_2 = -\frac{N_2}{N_1}\dot{I}_2 + \dot{I}_2 = \left(1-\frac{1}{k_a}\right)\dot{I}_2$$

可知，一、二次侧电流相位相反，公共绕组中的电流 $\dot{I}$ 与二次侧电流相位相同，因此三个电流数值上的关系为

$$I_2 = I_1 + I$$

这说明，自耦变压器的输出电流 I_2 由两部分组成，其中串联绕组 U_1u_1 流过的电流 I_1 是由于高、低压绕组之间有电的连接，从高压侧直接流入低压侧的；公共绕组 u_1u_2 流过的电流 I 是通过电磁感应作用传递到低压侧的。

3. 容量关系

在分析容量关系时，先要明确自耦变压器的额定容量 S_N（也称铭牌容量），它指的是自耦变压器的输入容量，也等于自耦变压器的输出容量，其额定值为 $S_N=U_{1N}I_{1N}=U_{2N}I_{2N}$；还要明确自耦变压器的绕组容量（也称电磁容量），指的是公共绕组或串联绕组的电压与电流的乘积。

对于双绕组变压器，变压器容量等于绕组容量；但对于自耦变压器，绕组容量小于变压器容量。原因分析如下。

额定负载运行时，自耦变压器容量为

$$S_N=U_{1N}I_{1N}=U_{2N}I_{2N}$$

串联绕组（U_1u_1 绕组）的容量为

$$S_{U1u1} = U_{U1u1}I_{1N} = \frac{N_1 - N_2}{N_1}U_{1N}I_{1N} = \left(1-\frac{1}{k_a}\right)S_N$$

公共绕组（u_1u_2 绕组）的容量为

$$S_{u1u2} = U_{u1u2}I = U_{2N}I_{2N}\left(1-\frac{1}{k_a}\right) = \left(1-\frac{1}{k_a}\right)S_N$$

可知，串联绕组 U_1u_1 与公共绕组 u_1u_2 的绕组容量相等，均为自耦变压器的容量的 $1-1/k_a$ 倍。由于自耦变压器变比 $k_a>1$，则（$1-1/k_a$）<1，因此，自耦耦变压器绕组容量小于额定容量。

此外，低压侧输出容量可表示为

$$S_2 = U_2 I_2 = U_2(I_1 + I) = U_2 I_1 + U_2 I$$

可见输出容量由两部分组成：一部分为电磁容量 U_2I，即公共绕组 u_1u_2 的绕组容量，它通过电磁感应作用传递给负载；另一部分为传导容量 U_2I_1，它通过电的直接连接传导给负载。

（三）性能特点

（1）低阻抗性能：自耦变压器漏抗是影响 AT 供电方式防干扰性能好坏的主要因素，漏抗越小，防干扰性能越好。

（2）采用全密封胶囊式储油柜，可有效避免变压器油于空气接触，延长了变压器油在无维护条件下的使用寿命，减少了维护工作量。

（3）抗短路能力：变压器承受短路电流的能力，既可以承受牵引网近端、远端频繁短路的能力，还要保证变压器（任何抽头位置）在二次测完全短路的条件下，短路电流作用下，不会造成变压器的任何热和机械损伤，同时牵引变压器在额定状态下运行时短路后绕组最热点温度不超过 250 °C。

（4）过负荷能力：变压器过负荷能力符合 GB/T15164-1994《油浸电力变压器负荷导则》的要求。

第二节　互感器

一、互感器概述

互感器是电流互感器和电压互感器的统称，是一种特殊的变压器。它将一次回路的高电压和大电流按比例变换成标准低电压（100 V 或 $100/\sqrt{3}$ V，额定值或标准小电流（5 A 或 1 A，额定值），以便向测量仪表、保护设备及自动控制设备提供信号。

（一）互感器的作用

（1）将高压，大电流统一变换成标准的低压、小电流，作为二次设备的交流电源，与测量仪表和计量装置配合，可以测量一次系统的电压、电流和电能；同时电压互感器二次侧额定电压为 100 V 或 $100/\sqrt{3}$ V，电流互感器二次额定电流为 5 A 或 1 A，从而便于测量仪表和继电器的标准化和小型化。

（2）互感器与继电保护装置配合，构成对电网各种故障的电气保护和自动控制。

（3）将二次电气设备（仪表、继电器线圈等）与高压、大电流的一次设备电路隔离，解决绝缘问题，以保证操作人身和二次设备的安全。

（二）互感器的类型

互感器分为电流互感器和电压互感器两大类。电压互感器可在高压和超高压的电力系统中用于电压和功率的测量等。电流互感器可用在交换电流的测量、交换电度的测量和电力拖动线路中的保护。

互感器的分类

1. 电流互感器

1）按用途分类

（1）测量用电流互感器。在正常工作电流范围内，向测量、计量等装置提供电网的电流信息。

（2）保护用电流互感器：在电网故障状态下，向继电保护等装置提供电网故障电流信息。

2）按绝缘介质分类

（1）干式电流互感器：由普通绝缘材料经浸漆处理作为绝缘。

（2）浇注式电流互感器：用环氧树脂或其他树脂混合材料浇注成型的电流互感器。

（3）油浸式电流互感器：由绝缘纸和绝缘油作为绝缘，一般为户外型。

（4）气体绝缘电流互感器：主绝缘由气体构成。

3）按电流变换原理分类

（1）电磁式电流互感器：根据电磁感应原理实现电流变换的电流互感器。

（2）光电式电流互感器：通过光电变换原理以实现电流变换的电流互感器。

4）按安装方式分类

（1）贯穿式电流互感器：用来穿过屏板或墙壁的电流互感器。

（2）支柱式电流互感器：安装在平面或支柱上，兼做一次电路导体支柱用的电流互感器。

（3）套管式电流互感器：没有一次导体和一次绝缘，直接套装在绝缘的套管上的一种电流互感器。

（4）母线式电流互感器：没有一次导体但有一次绝缘，直接套装在母线上使用的一种电流互感器。

2. 电压互感器

1）按用途分类

（1）测量用电压互感器：在正常电压范围内，向测量、计量装置提供电网电压信息。

（2）保护用电压互感器：在电网故障状态下，向继电保护等装置提供电网故障电压信息。

2）按绝缘介质分类

（1）干式电压互感器：由普通绝缘材料浸渍绝缘漆作为绝缘。

（2）浇注绝缘电压互感器：由环氧树脂或其他树脂混合材料浇注成型。

（3）油浸式电压互感器：由绝缘纸和绝缘油作为绝缘，是我国最常见的结构型式。

（4）气体绝缘电压互感器：由气体作主绝缘，多用在较高电压等级。

3）按相数分类

（1）单相电压互感器。

（2）三相电压互感器。

4）按电压变换原理分类

（1）电磁式电压互感器：根据电磁感应原理变换电压，原理与基本结构和变压器相似，我国多在 220 kV 及以下电压等级采用。

（2）电容式电压互感器：由电容分压器、补偿电抗器、中间变压器、阻尼器及载波装置防护间隙等组成，用在中性点接地系统里作电压测量、功率测量、继电防护及载波通信用。

（3）光电式电压互感器：通过光电变换原理以实现电压变换，还在研制中。

5）按使用条件分类

（1）户内型电压互感器：安装在室内配电装置中。

（2）户外型电压互感器：安装在户外配电装置中。

6）按一次绕组对地运行状态分类

（1）一次绕组接地的电压互感器：单相电压互感器一次绕组的末端或三相电压互感器一次绕组的中性点直接接地。

（2）一次绕组不接地的电压互感器：单相电压互感器一次绕组两端子对地都是绝缘的；三相电压互感器一次绕组的各部分，包括接线端子对地都是绝缘的，而且绝缘水平与额定绝缘水平一致。

7）按磁路结构分类

（1）单级式电压互感器：一次绕组和二次绕组（根据需要可设多个二次绕组同绕在一个铁芯上，铁芯为地电位。

（2）串级式电压互感器：一次绕组分成几个匝数相同的单元串接在相与地之间，每一单元有各自独立的铁芯，具有多个铁芯，且铁芯带有高电压，二次绕组（根据需要可设多个二次绕组处在最末一个与地连接的单元。我国在电压等级常用此种结构型式。

（3）组合式互感器：由电压互感器和电流互感器组合并形成一体的互感器称为组合式互感器，也有把与组合电器配套生产的互感器称为组合式互感器。

（三）互感器的发展历程

互感器最早出现于19世纪末。随着电力工业的发展，互感器的电压等级和准确级别都有很大提高，还发展了很多特种互感器，如电压、电流复合式互感器、直流电流互感器，高准确度的电流比率器和电压比率器，大电流激光式电流互感器，电子线路补偿互感器，超高电压系统中的光电互感器，以及 SF_6 全封闭组合电器（GIS）中的电压、电流互感器。在电力工业中，要发展什么电压等级和规模的电力系统，必须发展相应电压等级和准确度的互感器，以满足电力系统测量、保护和控制的需要。

目前，我国电力系统中采用的互感器多数为以电磁感应原理为基础的电磁式互感器，但电容式电压互感器在220 kV及以上的变电所中广泛采用。

（四）互感器与系统的连接

互感器是电力系统中一次电路和二次电路的联络元件。图2-14所示为互感器与系统的连接图。电流互感器的一次绕组串联在一次主电路中，其二次绕组侧串接测量仪表、继电器或自动装置的电流线圈；电压互感器的一次绕组侧绕组与被测量电路并联，二次绕组与测量仪表、继电器等的电压线圈并联。

图2-14中，TV、TA分别为电压互感器和电流互感器，V、A、kW · h分别为电压表、电流表和电度表。

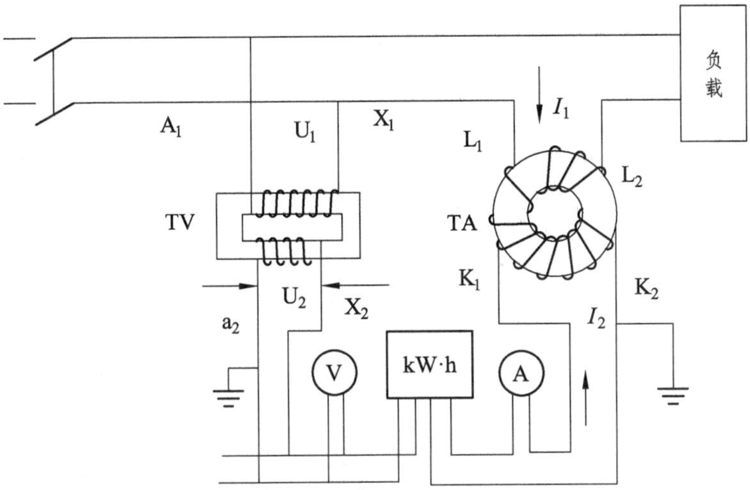

图 2-14　互感器与系统的连接图

二、电流互感器

电流互感器的文字符号为 TA，它的功能是变换电流，即将一次侧的大电流变换为二次侧的小电流。其二次侧的额定电流多为 5 A，少数为 1 A 或 0.5 A。

本节介绍是电磁式电流互感器。

（一）电流互感器的基本原理

电流互感器，如图 2-15 所示，是利用变压器一、二次电流成比例制成的，其工作原理、等效电路也与一般变压器相同。I_1、I_2分别为原副边的电流，W_1、W_2分别为原、副边绕组匝数。

将电流互感器额定电流比定义为一、二次绕组的额定电流之比，即

$$K_i = I_1 / I_2 = W_2 / W_1$$

其特点是一次绕组串联在被测电路中，且匝数很少，二次绕组接电流表、继电器电流线圈等低阻抗负荷，近似短路。一次电流（既被测电流）和二次电流取决于被测线路的负荷，与电流互感器二次侧的负荷无关。由于二次侧接近短路，所以一、二次电压都很小，励磁电流也很小。

当运行中的电流互感器二次侧开路时，此时一次电流不变，二次电流等于零，则二次侧电流产生的去磁磁通也消失了。这时，一次电流全部变成励磁电流，使互感器铁芯饱和，磁通也很高，将产生以下后果：

（1）由于磁通饱和，二次侧感应出很高的电压，且波形改变，对人身和设备造成严重危害。

（2）由于铁芯磁通饱和，使铁芯损耗增加，产生高热，会损坏绝缘。

（3）会在铁芯中产生剩磁，使互感器电流误差（也称比误差）和角误差增大，失去准确性。

因此，电流互感器二次侧不允许开路，为防止二次侧开路，电流互感器二次回路中不允许接熔断器，不允许在运行时未经旁路就拆下电流表、继电器等设备。

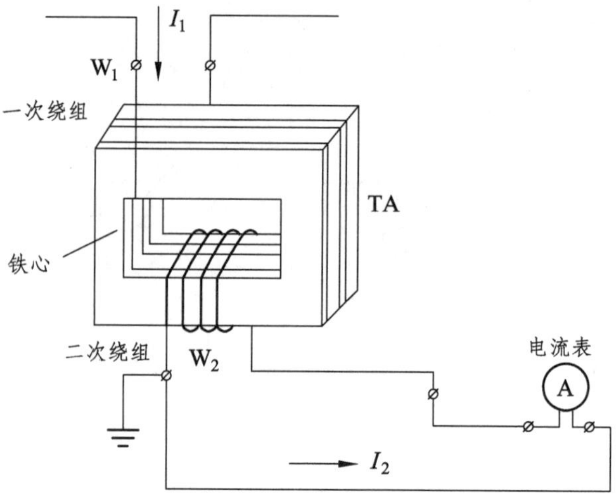

图 2-15　电流互感器

（二）电流互感器的技术参数

电流互感器的技术参数

电流互感器的主要技术参数有变比、角误差和比值误差、准确度、动稳定倍数与热稳定倍数、10%倍数等。

1. 额定电流变比

电流互感器二次侧额定值都为 1 A 或 5 A，所以其变比取决于一次额定电流，常用分数形式标出，分子表示一次绕组的额定电流，分母表示二次绕组的额定电流。例如，变流比为 800/5，则表示电流互感器的一次侧额定电流为 800 A，二次侧额定电流为 5 A，电流比为 800。

2. 比值误差与角误差

比值误差 $\Delta I\%$ 是指电流互感器副边测得的一次电流近似值 $K_i I_2$ 和一次设备的额定值 I_{1N} 之差对一次电流额定电流值 I_{1N} 的百分比。与变压器一样，电磁式电流互感器也存在励磁电流，比值误差因此产生。其数学表达式：

$$\Delta I\% = (K_i I_2 - I_{1N}) / I_{1N} \times 100\%$$

角误差是指旋转 100° 后的二次电流相量 I_2 与一次电流相量 I_1 之间的夹角。

3. 准确度

电磁式电流互感器的比值误差与角误差是不可能避免的，所以在应用中必然存在准确度问题。电流互感器在一次额定电流下，二次复负荷越大，这比误差和角误差就越大；当一次电流低于电流互感器额定电流时，互感器的误差和角误差也会随之增大。在某一准确级工作时的标称负荷，就是互感器二次侧在这个负荷下，其比误差不超过这一准确等级所规定的数值。

常用电流互感器的准确等级为 0.1、0.2、0.5、1、3、5、5p、10p 共 8 个级别。

不同的准确度具有不同的应用范围，一般 0.1 级、用于实验室的精密测量，0.2 级、0.5 级均可用于计量，1 级用于指示性测量，3 级、5 级用于非精密测量，p 级为保护。

4. 容量

TA 的二次容量 $S_N = I_{2N}^2 \cdot Z_2$，因为二次侧额定电流为 5 A 或 1 A，电流互感器容量也可以用二次侧负载阻抗 Z_2（Ω）来表示。使用时应注意使其二次侧负载不超过其额定负载，否则准确度等级降级，列如：准确度 0.2 级 TA，$S_N = 10\ \text{V}\cdot\text{A}$，当 $S_N = 15\ \text{V}\cdot\text{A}$ 时当准确度等级降为 0.5 级。

5. 动稳定倍数与热稳定倍数

动稳定电流是指一次主电路发生短路时，互感器能承受的无机械损伤的最大一次电流峰值。动稳定倍数就是动稳定电流与电流互感器一次额定电流的比值。动稳定倍数的大小表示了电流互感器承受短路电流电动力作用的能力。

热稳定电流就是指互感器二次侧绕组短路时，在规定时间内承受短路电流热作用而无损伤的一次电流值。热稳定倍数就是热稳定电流与电流互感器一次额定电流的比值。热定倍数的大小表示了电流互感器承受短路电流热作用的能力。

6. 10%误差曲线

10%误差曲线主要用于继电保护用的电流互感器，电流互感器一次电流成倍增长时，其铁芯磁通将饱和，励磁电流急剧增加，因此误差也迅速增加。为了保证继电器保护装置在主电路出现短路故障时可靠动作，规定用于保护的电流互感器比值误差最大不超过 10%，角误差不超过 7°。

用于继电保护的 TA 必须具有良好的过电流性能，通常继电保护装置在电流互感器的比值误差不超过 10%都能可靠动作。当通过电流互感器一次绕组的电流达到电流互感器一次额定电流 n 倍，而此时比值误差正好达到 10%，则 n 称为 10%倍数，n 越大表示互感器过电性能越好。图 2-16 是某电流互感器的 10%倍数曲线。

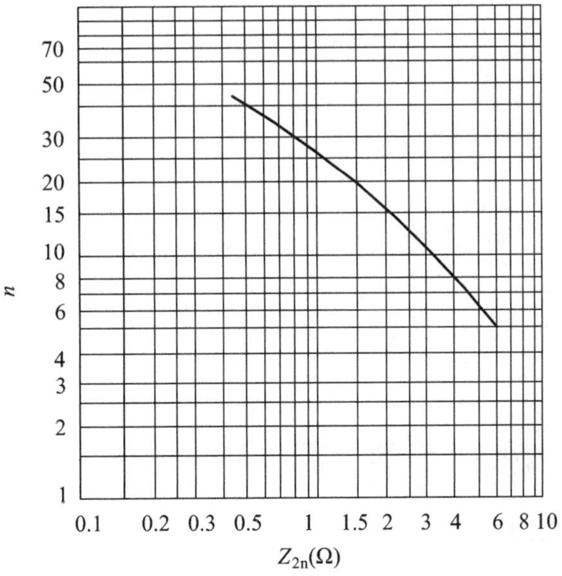

图 2-16　10%误差曲线

7. 极性

所谓级性，既铁芯在同一通量作用下，一次绕组和二次绕组将感应出电动势，其中两个同时达到高电位或同时为地电位的成为同名端。如图 2-17 所示，其中，图（a）为减极性，图（b）为加极性，实际应用中多采用减极性。

电流互感器一次绕组，有两个端口，其一为首端，记为 L1，另一端为末端，记为 L2。二次绕组也有两个端口，其一为首端，记为 K1，另一端为末端，记为 K2。如图 2.17 所示，P_1 和 S_1 是一对同名端，P_2 和 S_2 也是一对同名端。

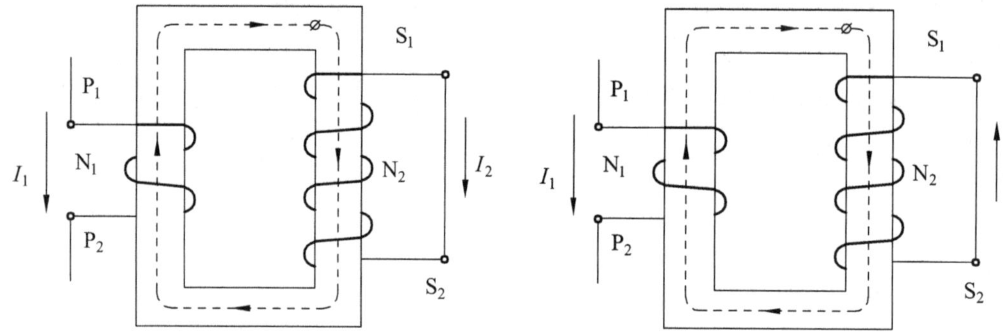

（a）减极性 （b）加极性

图 2-17 电流互感器极性

8. 型号

国产电流互感器的产品型号含义如下所示：

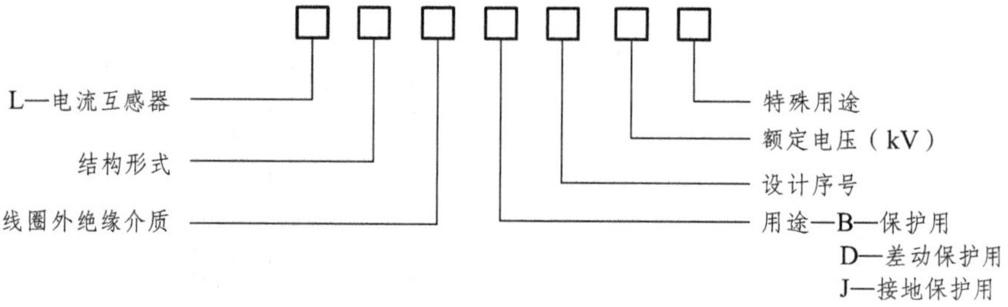

结构形式的字母含义：R—套管式；Z—支柱式；Q—线圈式；F—贯穿式（复匝）；D—贯穿式（单匝）；M—母线式；K—开合式；V—倒立式；A—链式。

线圈外绝缘介质的字母含义：J—变压器油不表示；G—空气（干式）；C—瓷（主绝缘）；Q—气体；Z—浇注成型固体；K—绝缘壳。

如：LFZ2-10 表示 10 kV 多匝贯穿式环氧树脂浇注绝缘电流互感器：LCWB6-110 型表示电压等级为 110 kV 的户外油浸瓷套式过流保护用的电流互感器。

（三）电流互感器的接线方式

电流互感器在通常有如图 2-18 所示的六种接线方式。

电流互感器的作用及接线

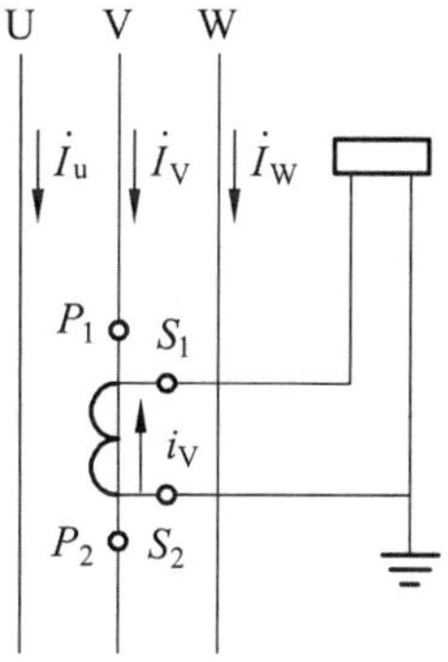

（a）一相式接线

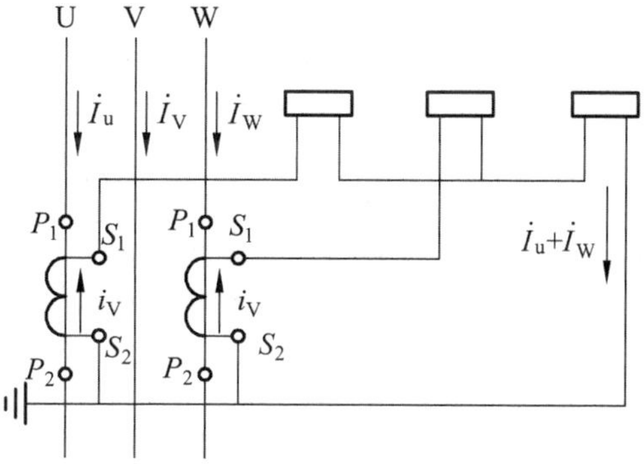

（b）两相不完全星形接线

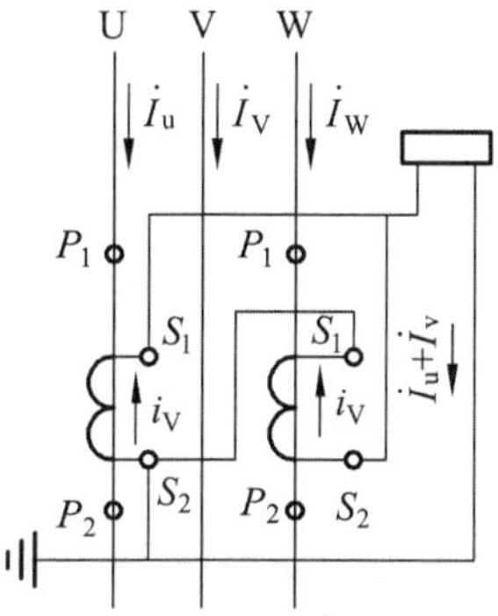

（c）两相电流差接线

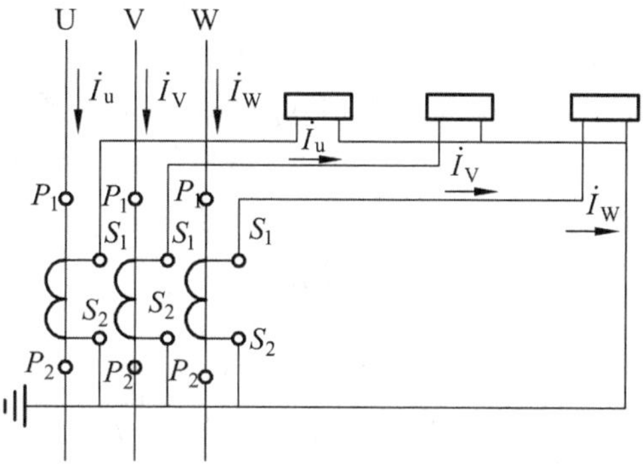

（d）三相星形接线

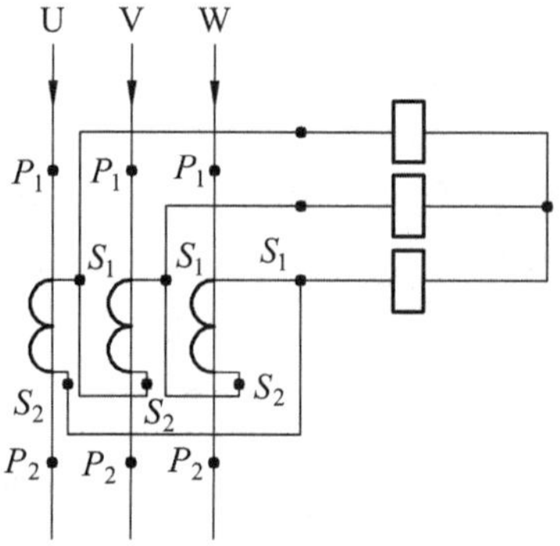

（e）三角形接线

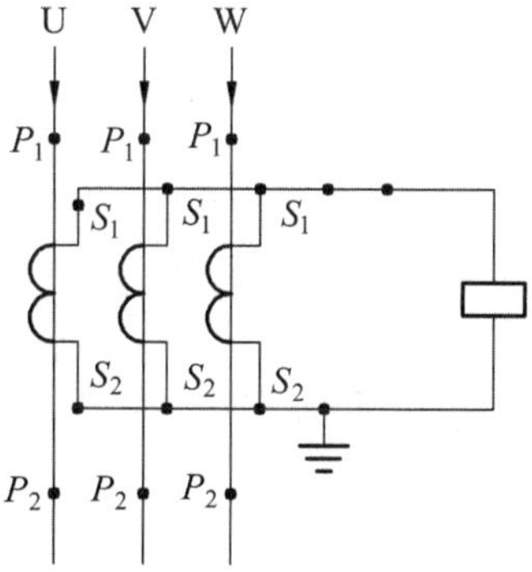

（f）零序接线

图 2-18　电流互感器的接线方式

1. 一相接线

如图 2-18（a）所示，这种接线是将一个电流互感器接入一相中（实用中接入中间相），主要用来测量单相负荷电流和三相系统中平衡负荷的某一项，多用于低压动力线路中，接线简单，造价低。

2. 两相不完全星形接线

如图 2-18（b）所示，此种接线方式广泛应用在 6 ~ 10 kV 中性点不接地系统种，通过公共线上的仪表中的电流等于 U、W 相电流的相量和，大小即等 V 相的电流大小。两项不完全星形接线方式组成的继电保护电路，能对各种相间电路故障进行保护，灵敏度较三相星形差。

但该接线方式少比三相星形少了 1/3 的设备，故经济性较好。

3. 两相电流差接线

如图 2-18（c）所示，两相电流差接线方式通常应用于继电保护电路中，例如，线路或电动机的短路保护及并联电容器的横联差动保护等。该接线能反应各种相间短路。采用两相电流差接线方式，正常工作时间，通过仪表或继电器的电流是 U、W 相电流的相量差，其大小为电流互感器的二次电流的 $\sqrt{3}$ 倍。

4. 三相完全星形接线

如图 2-18（d）所示，三相完全星形接线由三个电流互感器和三个电流继电器组成。这种接线能反映两相、三相短路及单相接地等各种故障，其流入继电器的电流和电流互感器的二次电流之比为 1，因此，对各种形式故障都同样灵敏。但这种接线方式比其他接线方式所需设备较多，而且在中性点非直接接地电网的两点接地短路中，可能造成保护装置误动作。三相完全星形接线一般用于发电机、变压器等大型贵重电气设备，以提高保护的可靠性和灵敏性，但中性点非直接接地电网很少使用。

5. 三角形接线

如图 2-18（e）所示，三角形接线应用于 Y/△接线的变压器差动保护，这种接线一般是为了配合变压器保护，每相输出的电流相对于二次绕组电流相位上移动了 30°，在数值上是原来的 $\sqrt{3}$ 倍。

6. 零序接线

如图 2-18（f）所示，这种接线由于三相正序电流之和与三相负序电流之和均为零，故该接线只能输出 3 倍的零序电流分量，也称为零序电流滤出器，主要用于继电保护中的零序电流保护。

（四）常用电流互感器

1. 单匝电流互感器

常用电流互感器的
结构及巡视

如图 2-19 是 LMZJ1-0.5 型电流互感器，浇注绝缘。其本身不带一次绕组，安装时将母线穿过其铁芯将作为互感器的一次绕组，其一次绕组只有 1 匝。牵引变电所中牵引变压器接地、钢轨回流电流值的测量可采用改型电流互感器。

2. 多匝电流互感器

因单匝电流互感器的二次绕组功率不大，为满足负荷要求，势必增加互感器安装数目，因此制造多匝互感器式经济的。如图 2-20 所示为 LFZ-10 型电流互感器，该互感器多用于室内配电装置。

电压在 35 kV 以上时常采用“8”字形电流互感器，如图 2-21 所示。一次绕组套住带环形铁芯的二次绕组，构成两个相互套住的环，形若“8”字。铁芯和绕组安装在内部充满变压器油的瓷套（瓷箱）中。一次绕组和铁芯都包有较厚的电缆纸，通常两者绝缘厚度相等。这种结构中的电场强度分布不均匀，绝缘材料得不到充分利用，一次绕组包扎不连续，有可能形成绝缘薄弱环节，故该电流互感器适用于 35 ~ 110 kv 电压等级的电路中。

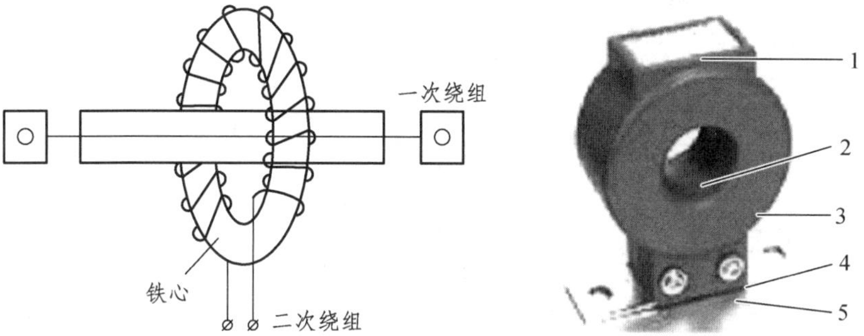

（a）原理图　　（b）结构图

1—铭牌；2—一次母线穿过空；3—铁心；4—安装板；5—二次接线端子。

图 2-19　LMZJ1-0.5 型电流互感器

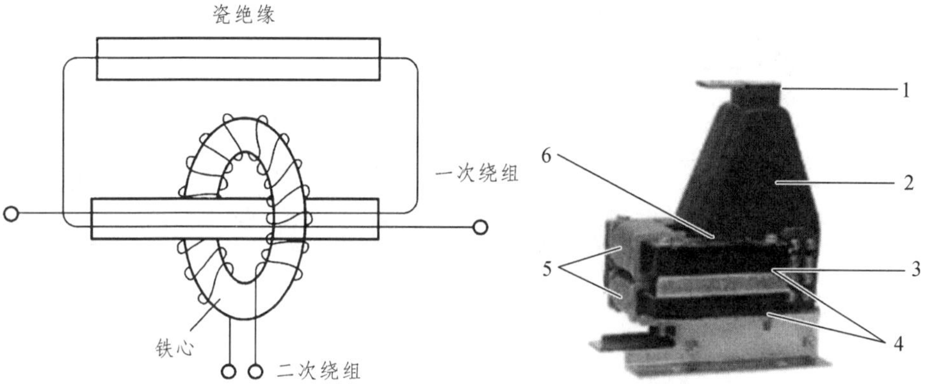

（a）原理图　　（b）外形图

1—一次接线端子；2—一次绕组；3—二次接线端子；4—铁心；5—二次绕组；6—铭牌。

图 2-20　LFZ-10 型电流互感器

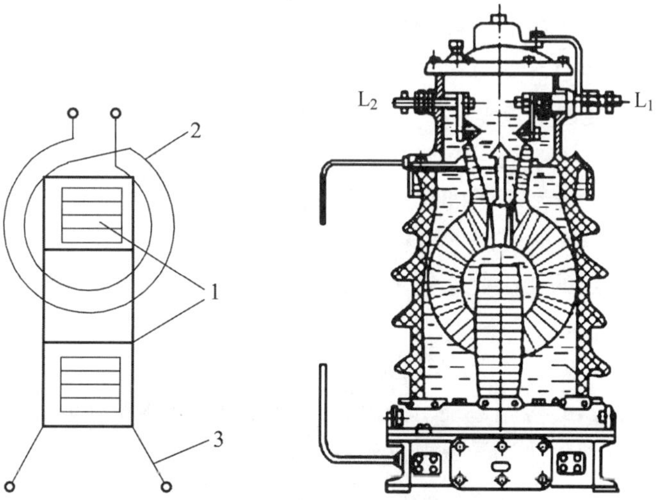

（a）原理图　　（b）外形图

1—铁芯；2—一次绕组；3—二次绕组。

图 2-21　“8”型电流互感器

电压等级为 110 kV 或更高时，常采用串级式结构的电流互感器，如图 2-22 所示。

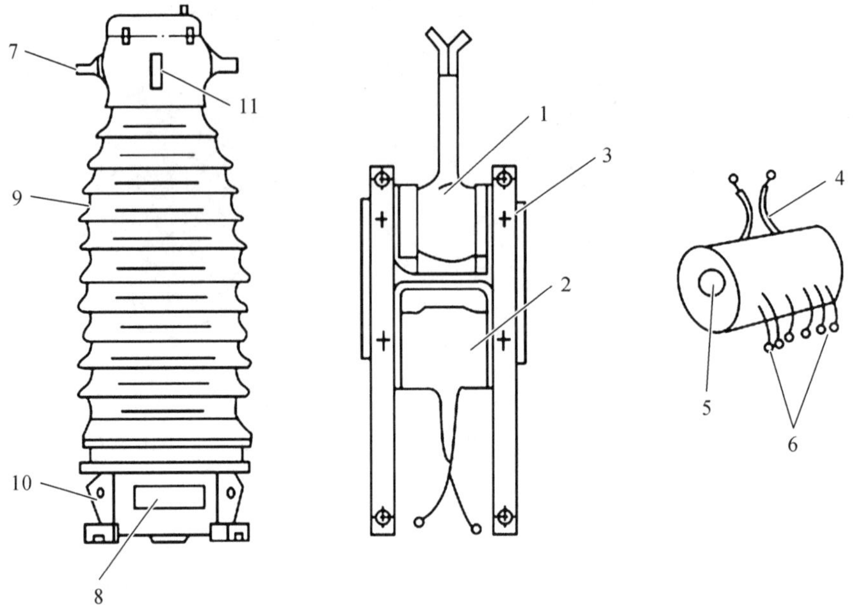

（a）外形图　　（b）一级互感器结构　　（c）二级互感器结构

1—一级互感器一次绕组；2—一级互感器二次绕组；3—矩形铁心；4—二级互感器一次绕组；5—环形铁心；6—二次互感器二次绕组；7—一级互感器一次绕组出线端子；8—二级互感器二次绕组出线端子；9—瓷套；10—底架；11—油标。

图 2-22　串级式电流互感器

（五）电流互感器的使用注意事项

（1）电流互感器二次侧必须有一端接地。

电流互感器二次侧至少应有一个可靠的接地点，这属于保护接地，是为了防止运行中二次侧开路，电流互感器一次侧和二次侧绕组如果发生绝缘击穿，一次侧高压将窜入二次侧，危及人身安全和二次设备安全。

（2）电流互感器连接时应注意一、二次端子的极性。

电流互感器一次侧端子一般用 P1 和 P2 标注，二次侧用 s1 和 s2 标注，P1 和 s1 同级性（同名端），P2 与 s2 同级性。极性不能接错，否则可能导致保护装置无法工作甚至烧毁测量仪表。

（3）电流互感器的二次侧负载不能超过其额定值。

一定准确度对应一定的二次侧额定负载，二次侧负载增加，则互感器的准确度下降，因此二次侧所接仪表不能太多。

（4）运行中的电流互感器二次侧不能开路。

运行中的电流互感器，若副边绕组开路，副边绕组将感应数千伏的高压，危及人身和设备的安全，同时铁芯剧烈发热，导致电流互感器损坏。因此运行中的电流互感器禁止将其二次侧开路，电流互感器副边绕组不允许安装熔断器，不接负载的二次绕组都必须将其短接。

（5）电流互感器的二次侧必须有保护措施，否则、二次绕组间绝缘击穿时，一次侧的高电压窜人二次侧，将危及人身和二次设备的安全。

（6）电流互感器与电压互感器的二次回路不允许相互连接。

因为电压互感器二次回路是高阻抗回路，电流互感器二次回路是低阻抗回路，如果电压互感器接于电流互感器的二次回路，会使电流互感器近似开路：如果电流互感器接于电压互感器二次回路，会造成电压互感器短路。

三、电压互感器

电压互感器的文字符号为 TV，它的功能是变换电压，即将一次侧的高电压变换为二次侧的低电压。其二次侧的额定电压为 100 V 或$100/\sqrt{3}$ V。

电压互感器的技术参数

本节介绍是电磁式电压互感器。

（一）电压互感器的基本原理

电压互感器的基本结构原理如图 2-23 所示，从结构图上可以看出，其一次绕组匝数多，二并联于一次电路中；二次绕组绕组匝数较少，直接和测量仪表及继电保护装置的电压绕组相连，负荷阻抗很大，因此，电压互感器相当于一台容量很小、工作状态近似副边开路的降压变压器。

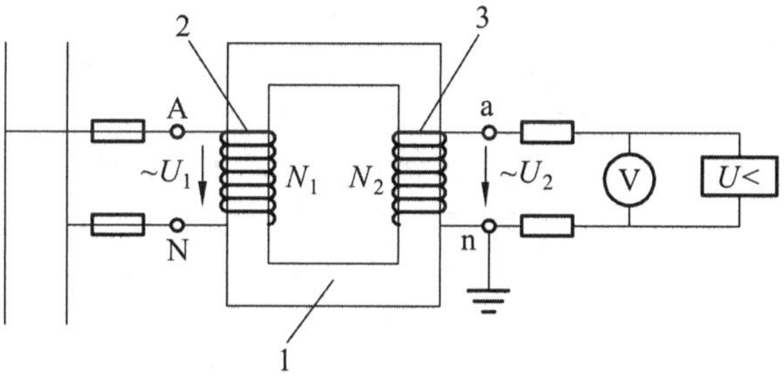

1—铁芯；2—一次绕组；3—二次绕组。

图 2-23　电压互感器的基本结构和接线

（二）电压互感器的技术参数

电压互感器的主要技术参数有互感器变比、角误差和比值误差、输出容量、准确度等。变比。

1. 额定电压比

电压互感器的额定电压比是一次、二次侧额定电压之比，即 $K_U = U_{N1}/U_{N2}$。电压互感器二次侧额定值为；100 V 或$100/\sqrt{3}$ V，所以其变比取决于一次额定电压。通常在电压互感器铭牌上标示着一次绕组和二次绕组的额定电压。

2. 比值误差与角误差

比值误差 $\Delta U\%$ 是指电压互感器副边测得的一次电压近似值 $K_u U_2$ 和一次电压的额定值 U_{1N} 之差对一次电压额定值 U_{1N} 的百分比。其数学表达式如下：

$$\Delta U\% = (K_u U_2 - U_{1N}) / U_{1N} \cdot 100\%$$

角误差是指旋转 180°后的二次电压向量U_2与一次电压相量U_2与一次电压相量U_1之间的夹角θ。

3. 准确度

电流互感器的准确度根据一定运行条件下的最大比值误差确定，准确度在数值上等于此比值误差限值的百分比。例如，最大比值误差为时，无感器的准确度为 0.2 级。电压互感器的准确度有 0.2、0.5、1、3、3P、6P 六个准确级，不同的准确度具有不同的应用范围，一般 0.1 级电压互感器是用作实验室精密测量，0.2 级、0.5 级均可用于计量，1 级、3 级用于指示性测量，保护用电压互感器用 3P、6P。如表 2-2 所示，为按国标规定的测量用电压互感器的准确级，如表 2-3 所示，为按国标规定的保护用电压互感器的准确级。

表 2-2　测量用电压互感器的准确级次和误差限值

级　名	$U_1/U_{1N}/\%$	%	$\delta_{u\max}/\%$	二次负荷条件
0.1	80 ~ 120	±0.1	±5	二次负荷在额定负荷 25% ~ 100%内，负荷的功率因数 $\cos\varphi = 0.8$
0.2	80 ~ 120	±0.2	±10	
0.5	80 ~ 120	±0.1	±20	
1.0	80 ~ 120	±0.1	±40	
3.0	80 ~ 120	±0.1	无规定	

表 2-3　保护用电压互感器的准确级次和误差限值

级　名	%	$\delta_{u\max}/\%$	二次负荷条件
3P	3.0	120	二次负荷在额定负荷 25%-100%内，负荷的功率因数 $\cos\varphi = 0.8$
6P	6.0	240	

4. 容量

电压互感器的容量（V·A）是指二次绕组允许接入负载功率，与电流互感器一样，其准确度也会随着二次负载的变化而变化，包括额定容量和最大容量。

额定容量是指负荷功率因数$\cos\varphi = 0.8$时，对应于不同准确度等级的负荷（V·A）。最大容量是指在满足绕组发热的条件下，所允许的最大负荷（V·A），当按最大容量使用时，其准确度将超出规定值，一般都不使互感器的负荷达到这一容量。

5. 极性

与电流互感器一样，电压互感器也有一定的极性。一般规定，电压互感器的一次绕组的首端标为 A，尾端标为 X，二次绕组的首端标为 a，尾端标为 x。在接线中，A 与 a 以及 X 与 x 均成为同极性。

当一次电流 I1 从首端 A 流入、尾端 X 流出时，二次电流 I2 是从首端 a 流出、尾端 x 流入，这样的极性标示称为减极性，如图 2-24 所示。反之，为加极性。通常使用的电压互感器，一般均为减极性标示。

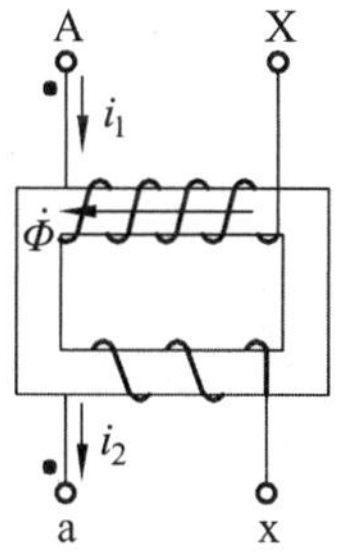

图 2-24　电压互感器的极性

6. 型号

国产电压互感器的产品型号含义如下：

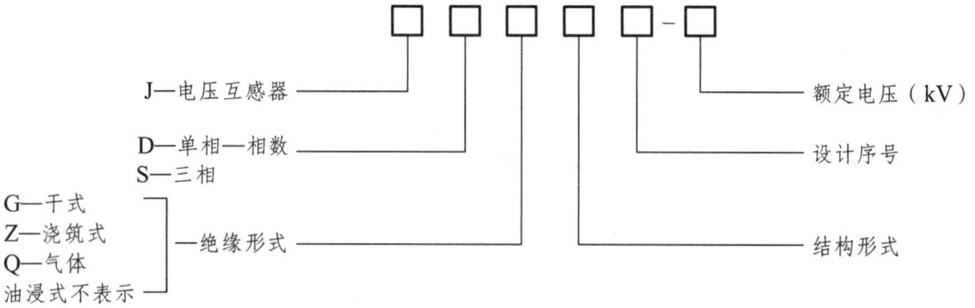

结构形式的字母含义：

X—带零序（剩余）电压绕组；B—三相带补偿绕组；W—五心柱三绕组。

JDZ-10 表示 10 kV 单相双绕组环氧树脂浇注绝缘的电压互感器。

（三）电压互感器的接线方式

电压互感器具有如图 2-25 所示的四种接线方式。

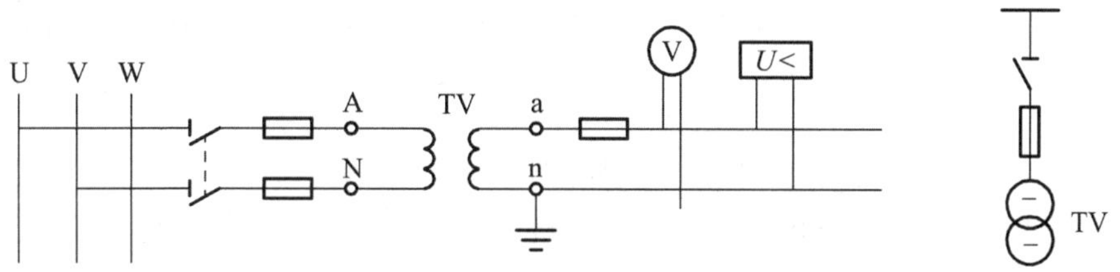

（a）一个单相电压互感器

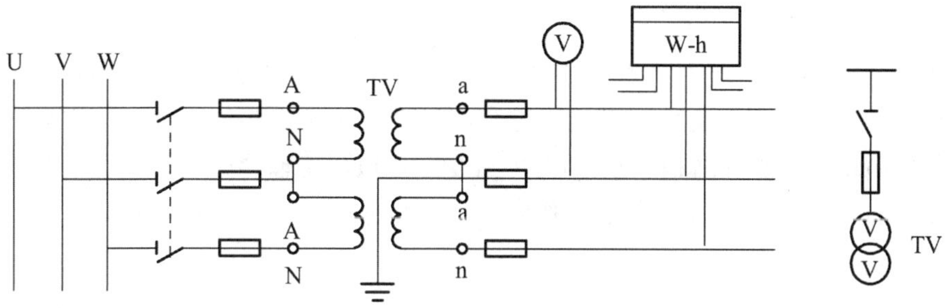

（b）两个单相接成 V/V 形

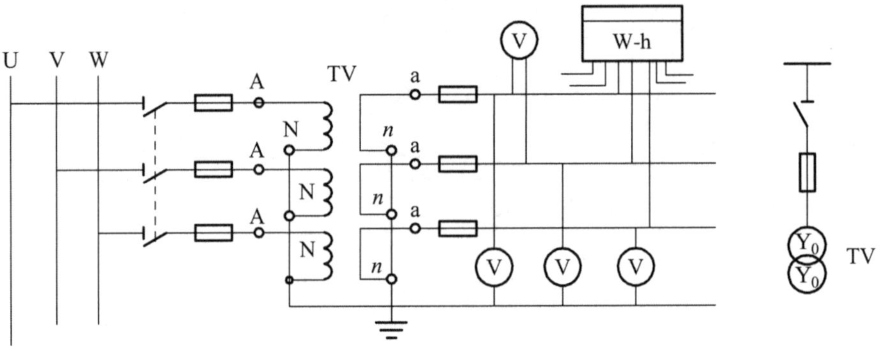

（c）3 个单相接成 Y_0/Y_0 形

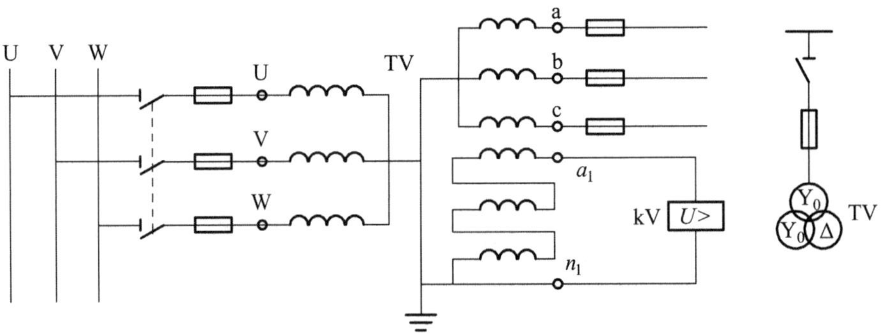

（d）3 个单相三绕组成一个三相五芯柱式三绕组电压互感接成 Y_0/Y_0–Δ 形

图 2-25　电压互感器的接线形式

1. 单相接线

如图 2-25（a）这种接线方式在三相线路中，只能测量某两相之间的线电压，还可以用于电压表、频率表及电压继电器等的接线，为安全起见，二次绕组有一端接地（通常取 X 端）。

2. 两个 V/V 接线

如图 2-25（b）这种接线方式适用于中性点不接地或经消弧线圈接地的系统中，可以供仪表、继电器等接于三相三线制电路来测得各个线电压，这种接线方式广泛应用在工厂变配电所的 6 ~ 10 kV 高压配电装置中，其优点是接线简单、经济。

3. Y0/Y0 接线

如图 2-25（c）这种接线方式能满足仪表和维电保护装置用相电压和线电压的要求。在一次绕组中性点接地情况下，也可用于绝缘监察电压表，由于小接地系统在一次侧发生单相接地时，非故障相相电压要升高到原来电压的 $\sqrt{3}$ 倍，所以绝缘监察装置电压表的量程不能按照相电压选择，而应按照线电压选择，否则在发生单相接地时，电压表可能被烧毁。

4. 完全星形接线

如图 2-25（d）所示，这种接线方式在 10 kV 中性点不接地系统中应用广泛，既能测量线电压、相电压，还能组成绝缘监察装置和供单相接地保护用。两套二次绕组中 Y0 接线的二次绕组称为基本二次绕组，用来接仪表、继电器及绝缘监察电压表。开口三角形接线的二次绕组称为辅助二次绕组，用来连接监察绝缘用的电压继电器。在系统正常运行时，开口三角形两端的电压接近于零，当系统发生相接地时，开口三角形两端出现近 100 V 的零序电压，使电压继电器动作，发出故障信号。

（四）常用电压互感器

常用电压互感器的结构及巡视

1. 电磁式电压互感器

变电所中的电压互感器有电磁感应式和电容式两大类，按绝缘和冷却方式分则有油浸式和浇注绝缘干式两大类。电磁感应式实质上相当于一台容量很小（几百伏安），内阻抗电压降可以忽略的空载变压器，结构与变压器类似。电容式则是一种利用电容分压进行测量的成套设备，主要用于电压等级较高的场合，其实质是一电容分压器，结构上与电磁式有较大区别。

35 kV 电压等级以下的电压互感器的结构与普通变压器基本相同，如图 2-26 所示。

电压互感器从外形看由头部、套管及底座三大部分组成。

（1）头部连接互感器与高压回路，所有互感器均有一次引线端子及其标志。油浸式互感器头部还装有膨胀器，而 SF_6 互感器装有防爆片。

（2）瓷套管是互感器的外绝缘，浇注式互感器的外绝缘用浇注绝缘代替瓷套管绝缘。

（3）底座起支持固定主体的作用，底座上有铭牌、二次引线端子、接地端子、安装孔、放油阀（或放气阀）等，SF_6 互感器还有压力表和气体密度继电器等。如图 2-26 所示是 JDZJ-10 型电压互感器。

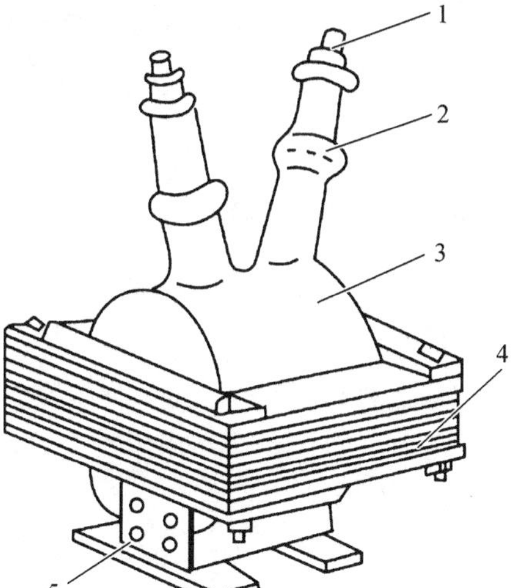

1—一次接线端子；2—高压绝缘套管；3—二次绕组；
4—铁心；5—二次接线端子。

图 2-26　JDZJ-10 型电压互感器互感器

在变电所中还常用三相五柱式电压互感器，如图 2-27 所为 JSJW-10 型电压互感器。该电压互感器由五个铁芯柱和两个铁轭组成磁路系统，中间三个芯柱上各有三个绕组，其中一次绕组接成 Y0，两个二次绕组中一个接成 y0，一个接成开口三角形。由于这种互感器有两个辅助铁芯柱，因此可以构成零序磁通的通路。铁芯和绕组放在装有变压器油的钢箱内，绕组端子通过固定在顶盖上的磁套管引出。该互感器常常用于室内 3 ~ 10 kV 等级的系统中，测量线电压、相电压，监视电网对地绝缘、测量零序等。

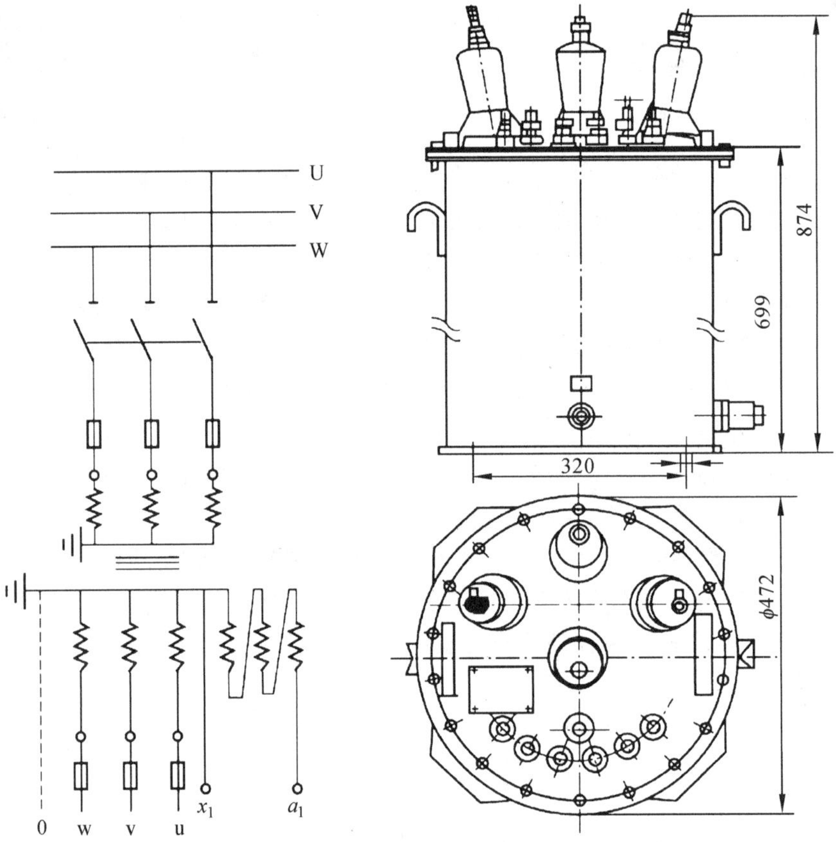

图 2-27　JSJW-10 型电压互感器互感器原理接线图及外形图

但当电压等级在 110 kV 及以上时，一般不采用钢箱套管结构的电压互感器，因为这种结构使互感器显得笨重，并且造假高，此时采用单相串级式结构，并以磁箱代替钢箱。如图 2-28 所示为 JSJW-10 型电压互感器接线原理图级外形图。其特点是：绕组和铁心采用分级绝缘，简化绝缘结构；铁心和绕组组装在瓷箱中，兼作高压出线套管和油箱。其中铁心由硅钢片叠成，一次绕组分成相等的两段分别套在上下铁心柱上，一次绕组的分段处与铁心等电位连接。二次绕组套在下铁心柱上。当互感器空载时，上下心柱磁通相等，上下绕组的空载电流相等，每段绕组承受电网电压的一半，因而降低了绝缘水平。当副绕组带负荷运行时，由于负荷电流的去磁作用，使下铁心柱内磁通小于上心柱磁通，因此两段一次绕组承受的电压不一样，下段绕组承受电压小于网压的一半，引起互感器误差增大。为减小误差，上下两心柱装有匝数相同的平衡绕组对接，负载运行时，平衡绕组中的平衡电流产生的磁通使上铁芯磁通减少，下铁心磁通增加，从而使电压分布均匀，误差减少。

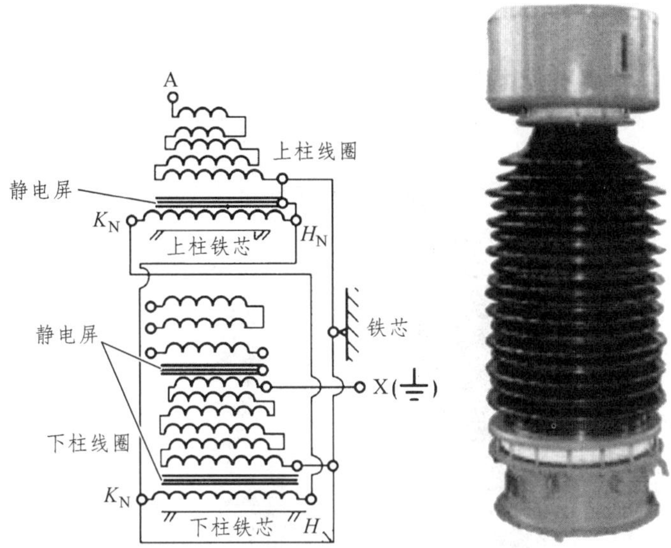

图 2-28　JCC1 型电压互感器原理和外形图

2. 电容式电压互感器

电容式电压互感器简称 TVC，是目前电力系统中比较常见的一种设备，相对于电磁式电压互感器，它就具有体积小，质量小，维护工作量少及运行可靠等特点，国外 66 ~ 765 kV 电力系统中绝大多数采用这种类型的电压互感器，我国 110 ~ 220 kV 变电所设备更新或新建工程目前多采用这种结构。电容式电压互感器的工作原理如图 2-29 所示，它有电容分压器和电磁单元两部分组成。由一级或多级耦合电容器组成的电容分压器从输电线路的高电压抽取一个中间电压送入电磁单元，再降为 $100/\sqrt{3}$ V 和 100 V 低压。电容式互感器是根据电容串联分压原理工作的，在被测设备的相与地之间串联的两个电容和 C_1 和 C_2，按反比分压，二次电压为：

$$U_2 = U_{C2} = \frac{C_1}{C_1 + C_2} U_1 = K_U U_1$$

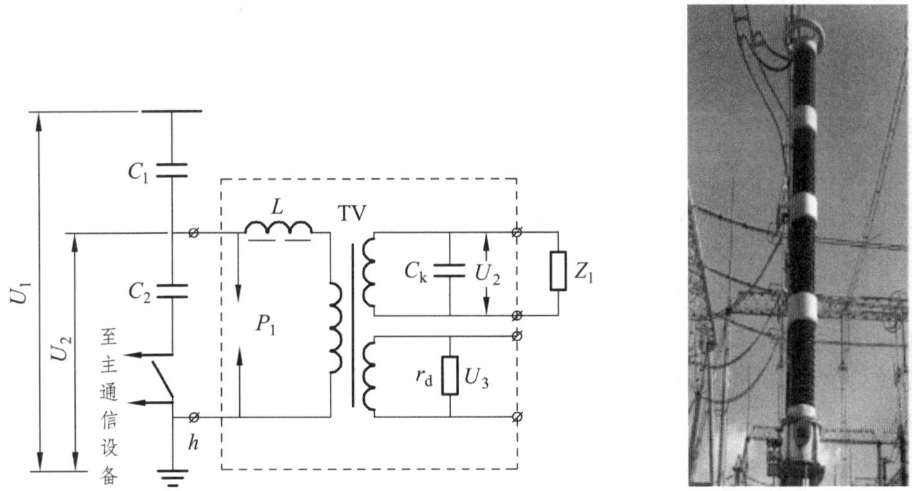

图 2-29　电容式电压互感器原理接线图和外形图

3. SF_6气体绝缘电压互感器

SF_6气体绝缘电压互感器在 GIS 中应用较为广泛。如图 2-30 所示。独立式 SF_6气体绝缘电压互感器需有充气阀、吸附剂、防爆片、压力表、气体密度继电器等，以保证其正常运行。

图 2-30　SF_6气体绝缘电压互感器外形图

4. 光电式电压互感器

光电式电压互感器是利用电子技术和光电调制原理，用玻璃光纤来传递电流或电乐信自的新型互感器。与传统电磁式互感器采用电磁耦合原理不同，它是用金属导体来传递电流或电压信息的互感器。

（五）电压互感器的使用注意事项

1. 电压互感器二次侧必须有一端接地，且只能有一点接地，电压互感器一次侧和二次侧绕组如发生绝缘击穿，一次侧高压将窜入二次侧，危及人生安全和二次侧设备安全，因此二次侧必须一段接地以限制二次侧电压升高。

2. 电压互感器连接时应注意一、二次端子的极性

单相电压互感器一次侧端子一般用 A 和 N 标注，二次侧 u 和 n 标注，A 和 u 同极性（同名端），N 和 n 同极性。三相电压互感器一次测端子用 U、V、W、N 表示，二次侧其对应的同名端用 u.、v、w、n 表示，不能接错，否则测量有误。

3. 电压互感器的二次侧负载不要超过其额定容量。

同电流互感器一样，电压互感器一定准确度对应一定的准确度对应一定的二次侧额定容量，二次侧负载增加，则电压互感器的准确度下降，因此二次侧所接仪表不能太多，以免超过其额定值。

4. 运行中的电压互感器二次侧不能短路

电压互感器的二次侧负载主要是仪表和电压继电器线圈，其阻抗很大，电压互感器运行时近似于变压器二次侧开路。电压互感器在运行时，若二次绕组出现短路的情况，则产生过

电流，导致电压互感器损坏。因此除放电用电压互感器外，所以电压互感器一次和二次绕组均需安装熔断器保护。

具体而言 35 kV 及以下的电压互感器，一次侧都应装熔断器，以避免互感器出现故障时使事故扩大；对于 66 kV 及以上的电压互感器，一次侧一般不装设熔断器，原因有三点：

（1）这类互感器一般采用单相串级式，绝缘强度高，发生事故的可能性较小；

（2）110 kV 及以上系统中性点一般采用直接接地方式，接地故障时瞬时跳闸，不会过电压运行；

（3）在 66 kV 及以上电压等级的电网中，熔断器的断流容量很难满足要求。

在电压互感器二次侧装设熔断器或自动空气断路器，当电压互感器的二次侧及回路发生故障时，能快速熔断或切断，以保证电压互感器不遭受损坏及不造成保护误动。运行中不得造成二次侧短路。以下四种情况电压互感器的二次侧可不装设熔段器：

（1）在二次侧开口三角形的出线上一般不装设熔断器。因为在正常运行时开口端无电压，无法监视熔断器的接触情况。一但熔断器接触不良，则系统接地时不能发出接地信号。但是，供零序过电压保护的开口三角形出线例外。

（2）中性线上不装设熔断器，这是因为一旦熔丝熔断或接触不良，就会使断线闭锁装置失零或使绝缘监察电压表失去指示故障的作用。

（3）接自动电压调整器的电压互感器二次侧不装设熔断器，这是为了防止熔断器接触不良或熔丝熔断时电压调整器误动作。

（4）66 kV 及以上的电压互感器二次侧一般都装设有空气断路器而不用熔断器。

（5）电压互感器允许在不超过其 1.1 倍额定电压的情况下长期运行。在中性点非有效接地系统中，当发生单相接地时，非接地相电压升高 $\sqrt{3}$ 倍。由于电压互感器制造时，设计为能承受 1.9 倍额定电压运行 8 h 无损伤，故中性点非有效接地系统单相接地时，其运行时间不作规定。

（6）中性点非有效接地系统中，电压互感器一次中性点应接地，为防止谐振过电压，宜在一次侧中性点或二次回路中装设消谐装置。

（7）电压互感器停用时应将高、低压两侧都断开，操作时应先拉开二次熔断器，后拉开一次隔离开关；送电时，应先合上一次隔离开关，后投入二次熔断器，并测试接触良好，防止电压反送电。

（8）电压互感器停用或检修时，其二次侧空气断路器应分开，二次熔断器应取下，防反送电。

（9）一般电压互感器的二次侧带有线路的距离保护、方向保护，机组的低电压闭锁电流保护和自动装置，因此电压互感器的投入或退出运行，必须考虑对仪表、自动装置、继电保护装置的影响。为防止电压互感器所带的保护及自动装置误动，应将有关保护及自动装置停用或者切换电压量。

（10）系统发生单相接地或产生谐振时，严禁用隔离开关或高压熔断器拉、合互感器。

（11）为防止铁磁谐振过电压，一般不应将电压互感器与空母线同时运。220 kV 电压互感器、避雷器不准在中性点接地系统中运行。

（12）要单独停用电压互感器时，必须考虑对仪表、自动装置、继电保护装置的影响。

（13）对双母线接线，接在两组母线上的电压互感器不应长期并列运行，当一组电压互感器检修时，停用电压互感器的负荷由另一组母线电压互感器暂代。在电压互感器二次侧并列前应先将一次侧并列，否则二次侧并列后，由于一次侧电压不平衡，将在二次侧产生较大环流，容易引起熔断器融断，使保护失去电压；另外还应考虑是否能引起保护装置误动。

（14）在运行中，互感器内部声响应正常，无放电声及剧烈振动声。当外部线路接地时，更应注意该母线上的电压互感器声响是否正常，有无焦煳味。

（15）密封装置应良好，各部位螺钉应牢固，无松动；端子箱应清洁，未受潮；表计指示应正常，无异常信号。

（16）检查 6 ~ 35 kV 电压互感器的开口三角形绕组上安装的灯泡有无损坏，若已损坏，应予以更换。

（17）一次侧引线接头连接应良好，无松动，无过热变色；高压熔断器限流电阻及断线保护用电容器应完好；高、低压熔丝及自动空气断路器应接触良好，二次回路的电缆及导线应无腐蚀和损伤，二次接线无短路现象。

（18）电压互感器一次侧中性点接地及二次绕组接地应良好。若有断开或锈蚀，应及时联系检修人员进行更换，防止绝缘击穿时次侧高压串入二次回路，造成人身和设备事故。

第三节　高压断路器

一、高压断路器概述

高压断路器的作用

高压断路器具有专门的灭弧装置，有很强的灭弧能力，是一种具有开关和保护双重作用、性能完善的高压开关。系统正常运行时，切断和接通线路及各种电气设备空载或负载电流；当系统发生故障时，在继电保护装置的配合下，迅速切除故障电流；与自动装置配合，能完成自动重合闸任务，提高供电可靠性。

（一）高压断路器的组成

高压断路器主要由开断元件、支撑绝缘元件、传动元件、操动机构、底座五部分组成，结构如图 2-31 所示。

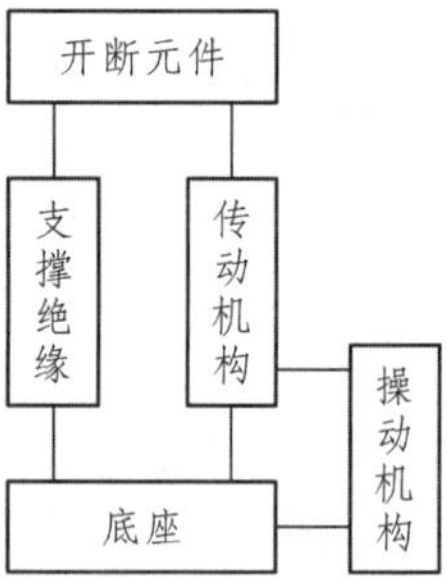

图 2-31　高压断路器基本结构示意图

1. 开断元件

开断元件是断路器的核心元件，包括触头、导电杆及灭弧室等。

2. 支撑绝缘元件

支撑绝缘元件指绝缘支柱绝缘子，它主要起对地绝缘及其支撑的作用。

3. 传动机构

传动机构主要由连杆、绝缘杆、绝缘拐臂等组成，可将断路器的操作动力传输到导电杆及触头处，使断路器能进行分合闸。

4. 操动机构

操动机构指能提供给断路器分合闸操作动力的装置。它有很多种类型，如电磁式、弹簧储能式、液压式等。

5. 底座

底座指断路器安装在地面上或墙面上的构架基础。

（二）高压断路器的分类

1. 按灭弧介质分类

1）SF_6 断路器

SF_6 断路器用 SF_6 气体作为灭弧介质或兼作绝缘介质，有很强的灭弧能力，开断电流大，绝缘性能好，熄弧时间短，且检修周期长，没有爆炸的危险，目前在 110 kV 及以上电压等级的电力系统中广泛应用。

2）真空断路器

真空断路器的触头在真空中开断，利用真空作为绝缘介质和灭弧介质的断路器，其真空度可达 10^{-4} Pa。能够连续多次自动重合闸，能进行频繁操作，且操作能量小，开断容性电流性能好，体积小，质量轻，灭弧室工艺及材料要求较高，断口电压不易做得高。主要应用于 35 kV 及以下电压等级中。

2. 按对地绝缘方式分类

1）绝缘子支柱型结构

安置触头和灭弧室的容器（可以是金属筒也可以是绝缘筒）处于高电位，靠支柱绝缘子对地绝缘。它的优点是可以用串联若干个开断元件和加高对地绝缘的方法组成更高电压等级的断路器。

2）管型结构

触头和灭弧室装在接地金属箱中，导电回路由绝缘套管引入，对地绝缘由 SF_6 气体承担。它的优点是在进出线套管上装设电流互感器，其抗震强度大于支柱型结构。

3）全封闭式组合结构

把断路器、隔离开关、互感器、避雷器和连接引线全部封闭在接地的金属箱中，与出线回路的连接采用套管或专用气室。

3. 按安装地点分类

（1）户外式断路器，安装在室外。

（2）户内式断路器，安装在室内。

（三）高压断路器的技术参数

高压断路器的技术参数

1. 额定电压

额定电压是指断路器长期正常工作的电压。一般指线电压，并标于铭牌上。

2. 额定雷电冲击电压

额定雷电冲击电压是指断路器在标准雷电冲击作用下，设备绝缘的耐受电压。

3. 额定电流

额定电流是指高压断路器在标准环境温度下，可以长期通过的、发热不超过允许值的最大负荷电流。它的大小与断路器触头和导电部分截面密切相关。

4. 额定线路（电缆）充电开断电流

当变压器或输电线路加载时，平行的导线会产生电容性静电负荷。这个过程会产生一个电流，即充电电流。充电电流是有害的，越小越好，需要高压断路器予以中断。

5. 额定短路开断电流

额定短路开断电流是指在国标（GB）规定的使用和性能条件下，断路器能开断的最大短路电流。额定短路开断电流由两个值表征：交流分量有效值与直流分量百分数。如果直流分量不超过 20%，额定短路开断电流仅由交流分量的有效值表征。直流分量存在也就是系统由暂态变为稳态的过渡过程。

6. 额定短路持续时间

断路器在合闸位置能承载额定短时耐受电流的时间间隔。数值一般在 0.5 s，1 s，2 s，3 s，4 s 中选取。

7. 自动重合闸无电流间隔时间

自动重合闸无电流间隔时间是指断路器第一次分闸、三相电弧完全熄灭起，至重合闸成功线路重新出现电流为止的时间间隔。这段时间为停电时间。对系统而言，该段时间短一些好。但由于制造上的原因，该时间不可能无限制地减少，同时该时间过小不利于弧隙介质强度的恢复，或影响重合闸的成功率，或影响断路器在分闸时的断流能力。一般为 0.3 ~ 0.5 s。

8. 额定操作顺序

断路器铭牌上一般都标有额定操作顺序：O—0.3 ~ 0.5 s—CO—180 s—CO，意为“分—自动重合闸无电流间隔时间（0.3 ~ 0.5 s）—合分—运行人员试送电间隔时间（180 s）—合分”

线路故障时，保护装置使断路器跳闸，经零点几秒延时后自动重合。若故障仍然存在，断路器瞬时跳闸。若线路比较重要，经一定时间后运行人员再手动合闸一次（即通常所说的"试送电"），若故障仍未消除，断路器再瞬间跳闸。这一过程称断路器的自动重合闸操作循环，在铭牌上标注为额定操作顺序。

（四）高压断路器的基本动作形式

断路器是在电力系统不同工况下进行合分，以保证电力系统可靠供电和切除故障线路。断路器除单一合闸和分闸外，还要求具有快速的重合闸、重合分和合分动作。

1. 分闸

分闸操作是断路器最基本的功能。由于断路器分闸，可开断高压回路，或切断负荷电源，或隔断高压电源，或切断故障电源。

1）开距

高压断路器分闸到底时，动触头与静触头之间形成一定长度的绝缘间隙以保证线路能彻底断开。断路器处于分闸状态时，此时触头之间的绝缘间隙被称为开距。开距的大小与高压断路器的额定电压和开断性能要求有关，也与绝缘介质的特性和灭弧装置的设计有关。

2）行程和超行程

行程是指高压断路器分闸过程中动触头所走过的距离，行程包括了触头之间的开距和触头接触行程。为保证足够的接触压力，补偿触头受电弧的烧损以及获得必要的分闸速度，动端需要超行程来保证。

超行程是断路器动静触头接触以后机构继续动作的行程，是断路器为了保证合闸的可靠性以及触头磨损情况下能够继续可靠合闸。它的目的是保证触头压力，减小触头电阻。一般由与绝缘拉杆相连的触头弹簧来提供。因为① 在动静触头不断分合后，触头会有磨损；② 带负载分合的后，触头会有烧损；③ 上下触头通电后会有电动斥力，必须有触头弹簧保证触头压力。调节超程的目的就是解决以上问题。

3）分闸速度

高压断路器分闸过程中，动触头的运动随时间或行程而变化，一般分闸速度是指分闸过程中触头分离之后半个周波内动触头的速度的平均值。以这个数值为标称分闸速度其意义在于：在这个期间内动触头的速度对高压断路器的熄弧和熄弧间隙承受恢复电压将起到决定性作用，因为高压断路器的燃弧时间约为半个周波到一个周波（如三相断路器指首相燃弧情况）。但是为了测量的方便，工厂往往给出刚分速度的数据，这是指触头刚分瞬间的平均速度，大致是刚分之前半波和刚分之后半波的测量值的平均值。分闸速度因不同的灭弧室设计、不同的灭弧介质和断口的数目多少而不同。它是操动机构设计主要的依据之一。

4）固分时间

固分时间是指分闸过程中从操动机构接到分闸命令时起，到断路器触头侧分离的一段时间。这段时间包括操动机构和高压断路器本身在触头分离以前的执行电气命令和机构动作的时间，具体说，由以下几部分组成

（1）启动时间。

从脱扣机构受电到脱扣器动作并使操动机构解扣或者分闸动力控制系统的初级阀门触动

的时间。

（2）分闸控制时间。

从分闸动力控制系统受能到机构传动触动的时间，对于机械连杆式操动系统，无分闸动力控制故无此项时间。

（3）分闸寄生时间。

从机械传动触动开始到触头开始运动的时间。

（4）逆超程时间。

从触头开始运动到触头分离的时间。

上述第三部分的时间是指机构运动链的间隙位移和弹性变形引起的时间消耗。对于机械传动来说，运动链在合闸位置处于受力的紧张状态，链中各个环节有一定的弹性变形，当解扣时，在触头获得运动之前，这些环节由于力的松弛，应变消失而需要一定的时间。只有应变消失之后触头才能从分闸动力获得相应的运动（假设不产生反向应变）。这种由于弹性应变而引起的时间延迟约为 1 ~ 3 ms。

5）全开断时间

全开断时间是指在全开断电流下，分闸过程从操动机构接到分闸命令时起到电弧熄灭时止的时间，也就是固分时间加燃弧时间。

2. 合闸

线路的正常送电，负荷的倒换，电压的引入等都必须由断路器的合闸动作来完成。合闸以后，断路器本身就处于警戒状态，在它所保护的范围内出现任何故障，随时可以受命跳闸。

断路器在合闸状态下，必须保证具有足够的长期通流能力和经受短路电流和电动力作用能力，而这些性能与机构的设计有密切的联系。若机构设计不当，或操动系统不能制锁，则在短路电动力作用下，断路器触头会自行脱开；或因机构的输出力矩不够，触头的轻微熔焊造成断路器不能开断，均将酿成事故。因而合闸状态下的可靠性亦是十分重要的。

1）合闸速度

合闸速度是指断路器触头以前半波内的平均速度。它标志着断路器的运动系统在趋近于合闸时所应具有的动能水平。

2）合闸时间

合闸时间是指从发合闸令到断路器的主触头刚合时止的这段时间。在制造和运行过程中，测定合闸时间往往可以得知断路器的操动系统是否处于正常状态。

合闸时间由以下几部分组成：

（1）启动时间。

从启动电磁铁的线圈受电到电磁铁刚顶开控制阀门的时间。

（2）合闸控制时间。

从合闸控制装置得电到合闸装置触动的时间。

（3）合闸寄生时间。

从合闸装置触动到断路器的主回路动触头触动的时间，此为消耗于机构的间隙和机构传动的弹性变形的时间。

（4）逆开距时间。

从动触头触动到与静触头刚接触的时间。

3. 合分

高压断路器在合闸过程中可能遇到线路故障（如短路）而要求它立即跳闸的情况，因而断路器应具有及时跳闸反应的能力，即当断路器合到底立刻能进行无任何延迟的正常分闸。这种反应能力依赖控制系统和机构传动系统的实用性。

断路器合闸之后，立即进行分闸，则线路接通的时间很短。在电力系统中，希望短路合闸时断路器以最快的动作将短路断开，以保证系统运行的稳定性，因而对断路器合分时的接通时间，有一定的要求，而此时间成为金属短接时间。

最短的金属短接时间应由下列部分组成：

（1）关合超程时间：合闸过程中，从触头刚接触开始到合到底停止的时间。

（2）停顿时间：从合到停止到断路器因执行分闸命令而触动时止的这段时间。

（3）逆超行程时间：分闸过程中，从动触头到与静触头脱离时止的这段时间。

断路器的金属短接时间与运行中的继电保护有相互交叉的关系，因而在合分任务中要确定电力系统承受短路的时间需对设备和保护作详细的分析才能获知，而且设备的调整必须得当。

4. 重合和重合闸

在高压电力系统中常要求断路器在事故跳闸后进行快速重合闸，以获得高的系统稳定性。这种重合闸往往能排除系统中的一段偶然性的短路事故而获得成功。但当重合后短路仍未消除时，断路器在继电保护装置的作用下又可立即跳闸，这时的操作任务为重合闸，即分闸以后再一个合分，如需再次强送电，则可再设置一个合分，即为分-合分-合分，后一个合分前的时延要长一些，由具体的系统保护确定。

二、高压断路器的操动机构

高压断路器的操动机构

高压断路器的分合闸操作需要依靠操动机构和传动系统来完成操动和传动系统的结构如图 2-32 所示。

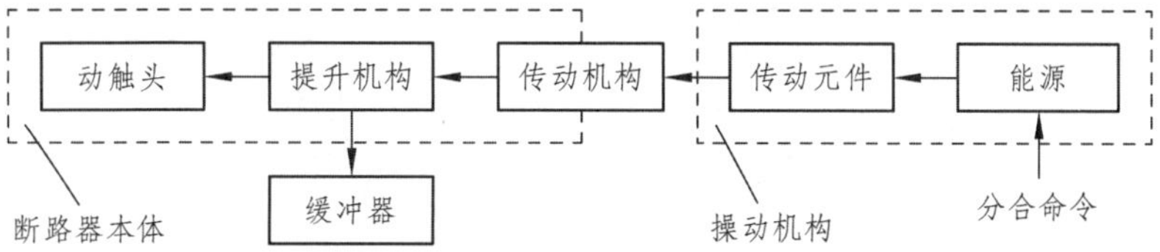

图 2-32　断路器操动及传动系统结构示意图

传动系统连接着操动机构和触头，主要包括传动元件、提升机构和它们之间的传动机构。传动元件由连杆机构或液压、气动传动机构等构成。提升机构能够带动断路器的触头运动，用来提升触头进行分、合闸。它使动触头按直线或近似直线运动，所以也叫做变直机构。传动机构连接了上面两个机构的中间环节，是操动机构过渡到提升机构的一种连接传动机构，主要作用是传递能量，改变运动方向。一般由连杆机构组成。

（一）操动机构概述

操动机构是独立于断路器本体以外的机械操动装置，通过它可以对断路器进行操作。通常与断路器分开装设。将其他形式的能量转换成机械能，带动高压断路器传动机构进行分闸和合闸操作。

操动机构应具有以下功能：

（1）合闸操作：在正常情况下和有短路故障的时候，操动机构都能使断路器可靠合闸。

（2）保持合闸：在合闸命令和合闸操作功消失后，操动机构应可靠地将断路器保持在合闸位置，不会由于外力等原因引起触头分离。

（3）分闸操作：不仅能接受自动或遥控指令使断路器快速电动分闸，而且在紧急情况下可在操动机构上进行手动分闸。分合闸都应都具有快速性。

（4）防跳跃和自由脱扣：在分合过程中，如电路发生故障，操动机构应使断路器自行分闸，即使合闸命令未解除，断路器也不能再度合闸，以避免无谓地多次分、合故障电流。

“开关跳跃”是指断路器在关合有预伏短路故障的线路时，继电保护装置会快速动作，指令操动机构立即自动分闸，这时若合闸命令尚未解除，断路器会再次合闸于故障线路，如此反复会造成断路器多次合分短路电流。

自由脱扣是指操动机构在合闸过程中接到分闸命令时，机构将不再执行合闸命令而立即分闸，这样就避免了跳跃。

（5）复位：断路器分闸后，操动机构的各个部件应能自动恢复到准备合闸的位置。

（6）闭锁：为保证断路器操作的安全可靠，操动机构还需具备的闭锁功能有分、合闸位置闭锁；高、低气压（液压）闭锁；弹簧操动机构中合闸弹簧的位置闭锁。

高压 SF_6 断路器的操动机构有多种型式，依据合闸时所用能量形式不同可分为弹簧操动机构、气动机构、液压机构、液压弹簧机构等。

（二）弹簧操动机构

弹簧操动机构是一种以弹簧作为储能元件的机械式操动机构。弹簧的储能借助电动机通过减速装置来完成，并经过锁扣系统保持在储能状态。开断时，锁扣借助磁力脱扣，弹簧释放能量，经过机械传递单元使触头运动。

1. 弹簧操动机构的组成

弹簧操动机构主要由箱体、二次控制部分、机构芯架组成。

1）箱体

主要是将二次控制部分、机构芯架部分保护在相对封闭的空间。

2）二次控制部分

操动机构箱内，带有完善的二次控制和保护回路，如储能电机的过载，超时等保护信号，就地、远方操作选择，自带防跳回路及 SF_6 气体密度监测系统。

3）机构芯架

机构芯架主要由凸轮轴装配、分闸机构装配、合闸机构装配、合闸弹簧装配、分闸弹簧装配、操动机构总装组成。

2. 弹簧操动机构动作原理

弹簧操动机构结构简单，可靠性高，分合闸操作采用两个螺旋弹簧实现。储能电机给合闸弹簧储能，合闸时合闸弹簧的能量一部分用来合闸，另一部分用来给分闸弹簧储能。合闸弹簧一释放，储能电机立刻给其储能，储能时间不超过 15 s（储能电机采用交直流两用电机）。运行时分合闸弹簧均处于压缩状态，而分闸弹簧的释放有一独立的系统，与合闸弹簧没有关系。这样设计的弹簧操动机构具有高度的可靠性和稳定性，机械稳定性试验达 10 000 次。

下面以 CT20 型弹簧操动机构为例分其动作原理。CT20 型弹簧操动机构利用电动机给合闸弹簧储能，断路器在合闸弹簧的作用下合闸，同时使分闸弹簧储能。储存在分闸弹簧的能量使断路器分闸。

1）分闸动作过程

图 2-33 所示状态为开关处于合闸位置，合闸弹簧、分闸弹簧均已储能，此时储能的分闸弹簧使主拐臂受到偏向分闸位置的力，但在分闸触发器和分闸保持掣子的作用下将其锁住，开关保持在合闸位置。

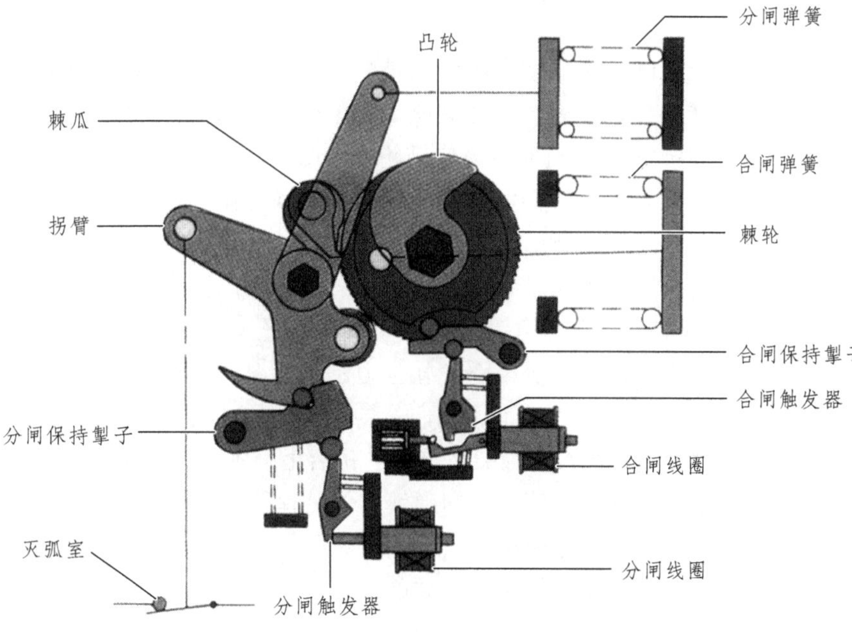

图 2-33　CT20 型弹簧操动机构合闸位置

手动或自动装置发出分闸信号，使分闸线圈带电并使分闸撞杆撞击分闸触发器，分闸触发器以顺时针方向旋转并释放分闸保持掣子，分闸保持掣子也以顺时针方向旋转释放主拐臂上的轴销 A，分闸弹簧力使主拐臂逆时针旋转，断路器分闸。

2）合闸操作过程

图 2-34 所示状态为开关处于分闸位置，此时合闸弹簧为储能状态，分闸弹簧已释放为未储能状态，凸轮通过凸轮轴与棘轮相连，棘轮受到已储能的合闸弹簧力的作用存在顺时针方向的力矩，但合闸触发器和合闸弹簧储能保持掣子的作用下使其锁住，开关保持在分闸位置。

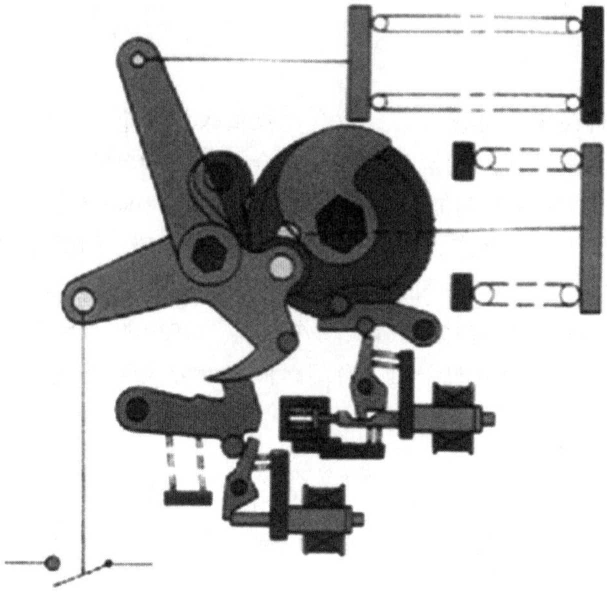

图 2-34　CT20 型弹簧操动机构分闸位置

手动或自动装置发出合闸信号，使合闸线圈带电，并使合闸撞杆撞击合闸触发器。合闸触发器以顺时针方向旋转，并释放合闸弹簧储能保持掣子，合闸弹簧储能保持掣子逆时针方向旋转，释放棘轮上的轴销 B。合闸弹簧力使棘轮带动凸轮轴以逆时针方向旋转，使主拐臂以顺时针旋转，断路器完成合闸。并同时压缩分闸弹簧，使分闸弹簧储能。当主拐臂转到行程末端时，分闸触发器和合闸保持掣子将轴销 A 锁住，开关保持在合闸位置。

3）合闸弹簧储能过程

图 2-35 所示状态为开关处于合闸位置，合闸弹簧释放（分闸弹簧已储能）。断路器合闸操作后，与棘轮相连的凸轮板使限位开关闭合，接通电动机回路，使储能电机启动，通过一对锥齿轮传动至与一对棘爪相连的偏心轮上，偏心轮的转动使这一对棘爪交替蹬踏棘轮，使棘轮逆时针转动，带动合闸弹簧储能，合闸弹簧储能到位后由合闸弹簧储能保持掣子将其锁定。同时凸轮板使限位开关切断电动机回路。合闸弹簧储能过程结束。

综上，弹簧储能操动机构的操作顺序为：

（1）断路器处于分闸位，分合闸弹簧均未储能；

（2）启动电动机（约 7 s）或手动对合闸弹簧储能；

（3）按合闸按钮使合闸弹簧释放能量，驱使断路器合闸（<0.08 s），并通过机械传动装置对分闸弹簧储能；

（4）断路器合闸后自动启动电动机对合闸弹簧储能；

（5）按分闸按钮使分闸弹簧释放能量驱使断路器分闸（<0.04 s），此后，操动机构按（3）—（4）—（5）—（3）的动作顺序循环动作。

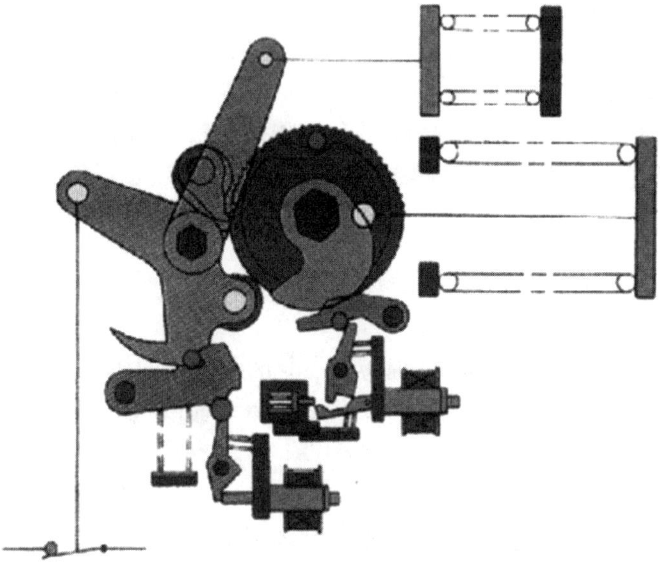

图 2-35　CT20 型弹簧操动机构分闸位置

三、SF_6 断路器

（一）SF_6 断路器概述

SF_6 断路器灭弧原理

利用六氟化硫（SF_6）气体作为灭弧介质和绝缘介质的一种断路器。简称 SF_6 断路器。SF_6 用作断路器中灭弧介质始于 20 世纪 50 年代初。由于这种气体的优异特性，使这种断路器单断口在电压和电流参数方面大大高于压缩空气断路器和少油断路器，并且不需要高的气压和相当多的串联断口数。在 60～70 年代，SF_6 断路器已广泛用于超高压大容量电力系统中。80 年代初已研制成功 363 kV 单断口、550 kV 双断口和额定开断电流达 80、100 kV 的 SF_6 断路器。

1. SF_6 气体

（1）物理特性：SF_6 气体是一种无色、无味、无毒和不可燃且透明的气体，在通常情况下有液化的可能性，在 45°C 以上才能保持气态。在均匀电场下，其绝缘性是空气的 3 倍，在 4 个大气压下，其绝缘性相当变压器油。

（2）化学特性：SF_6 气体常温下是一种惰性气体。一般不会与其他材料发生反应。

（3）电气特性：绝缘性能佳，还具有独特的热特性和电特性。SF_6 气体是电负性气体，其分子和原子具有很强的吸附自由电子的能力，可以大量吸附弧隙中的自由电子，生成负离子。负离子的运动比自由电子慢得多，很容易和正离子复合成中性的分子和原子，大大加快了电流过零时的弧隙介质强度的恢复。

（4）分解特性：纯净的 SF_6 气体一般公认是无毒的。SF_6 在生产过程中会有少量伴随的生成物，其中 S_2F_{10} 是公认的剧毒气体，但经过净化处理可以完全将它除净。纯净的 SF_6 气体虽然无毒，但在工作场所要防止 SF_6 气体的浓度上升到缺氧的水平。

SF_6气体的密度大约是空气的五倍。SF_6气体如有泄漏必将沉积于低洼处，如电缆沟中。浓度过大会出现使人窒息的危险，设计户内通风装置时要考虑到这一情况。

SF_6气体通过对流能与空气混合，但速度很慢。气体一旦混合后就形成 SF6 和空气的混合气体，不会再次分离。但电弧作用下 SF_6 的分解物如 SF_4，S_2F_2，SF_2，SOF_2，SO_2F_2，SOF_4 和 HF 等，它们都有强烈的腐蚀性和毒性。

2. SF_6断路器特点

SF_6断路器具有以下优点：

1）开断能力强

SF_6断路器是通过吹出 SF_6气体来完成吹弧，它的吹弧速度快、燃弧时间短、开断电流大，能有效保护中、高压电路的安全。SF_6断路器在断开电容或电感电流后，不存在重燃和复燃的危险。

2）电气寿命长

SF_6断路器的使用寿命很长、检修周期长，并能适应短时间内的频繁操作，有良好的安全性和耐用性。

3）绝缘水平高

SF_6断路器是使用 SF_6气体作为绝缘介质，这种气体的绝缘水平极高，在 0.3 MPa 气压下，能轻松通过各种绝缘实验，并有较大的裕度。

4）密封性能好

SF_6断路器的结构简单、密封性好，灭弧室、电阻和支柱成独立气隔，且 SF_6本身的含水量较低。SF_6断路器的安装和检修方便，不需打开断路器的内部结构，能保持 SF_6断路器内部良好的密闭性。

SF_6断路器的缺点是制造工艺要求高、价格贵并且在运行过程中气体管理技术要求高。

（二）SF_6断路器灭弧原理

开关电器在切断电压大于 10 ~ 20 V、电流大于 80 ~ 100 mA 的电路时，在触头刚分离的瞬间，触头间产生电弧。这时虽然电路触头分离，但电弧继续燃烧，电流仍在触头间通过，直到触头分开至足够长的距离时，电弧熄灭，电路才算真正的切断。电弧的温度很高，中心温度可达 4 000 ~ 10 000 °C。这种高温，即使作用的时间很短，触头表面也会因剧烈熔化和蒸发而损坏，触头附近的绝缘材料（包括绝缘油、电工瓷、有机绝缘材料）被严重烧损，以致设备损坏。所以，在切断电路时，必须采取措施尽快地熄灭电弧。

1. 单压气吹式

220 kV 以上的电压等级的 SF_6 断路器通常采用单压气吹方式灭弧。单压式灭弧室又称压气式灭弧室，它只有一个气压系统，即常态时只有单一的 SF_6 气体。灭弧室的可动部分带有压气装置，分闸过程中，压气缸与触头同时运动，将压气室内的气体压缩。触头分离后，电弧即受到高速气流吹动而熄灭。

2. 旋弧式

旋弧式 SF_6断路器多用于中压系统中。旋弧式 SF_6断路器利用 SF_6气体中电弧在磁场作用下快速转动而使电弧熄灭。磁吹线圈设置在静触头附近，在开断电流时，线圈被电弧串联接进回路，电流流过线圈，在动静触头间产生磁场，电弧在磁场的驱动下旋转，在旋转时受到冷却而熄灭。

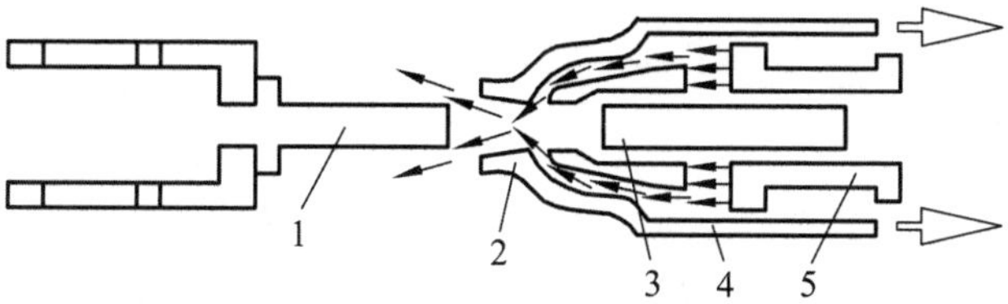

1—静触头；2—绝缘喷口；3—动触头；4—压气缸；5—活塞。

图 2-36 单压气吹式原理图

3. 热膨胀式

利用电弧本身的能量，加热灭弧室内的 SF_6 气体，建立高压力，形成压差，并通过喷口释放，产生强力气流吹弧，从而达到冷却和吹灭电弧的目的。

4. 混合式

将几种灭弧原理同时应用在断路器的灭弧室中。如旋弧+热膨胀，压气+热膨胀，压气+旋弧等。

（三）SF_6 断路器的附件

断路器本体及操动机构配置的具有一定特殊功能的附属部件。

1. 压力表、压力继电器

压力表、压力继电器用来监视 SF_6 气体压力的变化情况。压力表一般采用弹簧管式。压力继电器主要配置在操动机构上，有多对电触点，可以控制操动机构的动作，起控制和保护作用，有时也用安全阀代替。

2. 密度表和密度继电器

密度表和密度继电器用来测量 SF_6 气体密度。带指针及有刻度的称为密度表；不带指针及刻度的称为密度继电器；有的 SF_6 气体密度表也带有电触点，即兼作密度继电器使用。它们都是用来测量 SF_6 气体的专用表计。

3. 并联电容和并联电阻

并联电容和并联电阻改善断路器分闸和合闸特性。

并联电容又称为均压电容，与断路器灭弧断口并联，可以降低断路器触头间弧隙的恢复电压速度，提高开断能力。

并联电阻又称为合闸电阻，可以用来限制合闸或分闸时的过电压，其安装方式有两种，一种是并联电阻片与断口放在同一个瓷套内，有利于热量的扩散。另一种是将电阻片与辅助断口不放在同一个瓷套内，各自成独立元件，串联后并联在灭弧室的两端。电阻值的大小对影响着限制过电压的程度，一般使用的是 400 ~ 450 Ω 的并联电阻。

4. 净化装置

净化装置用来吸附杂质。主要由过滤罐和吸附剂组成。吸附剂可以吸附 SF_6 气体中的水分和气体的分解物，常用活性炭、氧化铝（三氧化二铝）、分子筛（如交联葡聚糖、沸石）、硅胶等。

5. 压力释放装置

压力释放装置用来保护断路器不受过量的正压和负压的影响，分为压力释放阀和防爆膜两种。压力释放阀一般装在罐式 SF_6 断路器上，防爆膜一般装设在支柱式 SF_6 断路器上，防爆膜一旦开启后不能够再闭合。

（四）SF_6 断路器结构型式

SF_6 断路器的结构

SF_6 断路器可分为瓷柱式、落地罐式及手车式。牵引变电所进线侧多采用瓷柱式 SF_6 断路器。其灭弧装置在支持瓷套的顶部，由绝缘杆进行操动。这种结构的优点是系列性好，用不同个数的标准灭弧单元和支柱瓷套，即可组成不同电压等级的产品；其缺点是稳定性差，不能加装电流互感器。瓷柱式 SF_6 断路器有三种形式，“I”形布置，一般用于 220 kV 及以下的单柱单断口断路器；“Y”形布置，一般用于 220 kV 及以上的单柱双断口断路器；“T”形布置，一般用于 220 kV 及以上特别是 500 kV 的单柱双断口断路器。“T”形布置的瓷柱式 SF_6 断路器结构如图 2-37 所示。

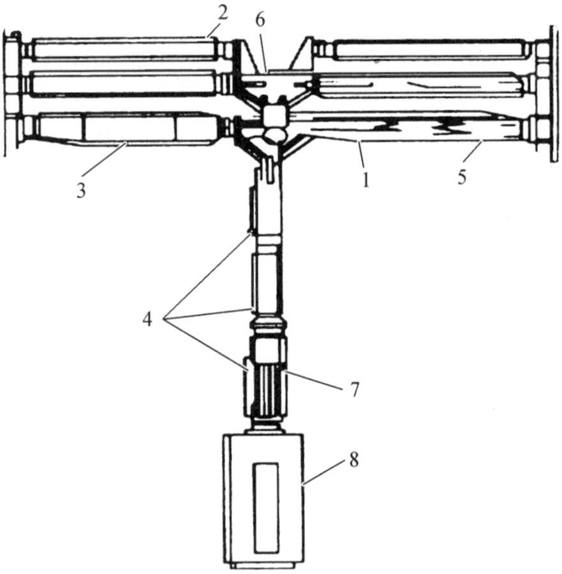

1—并联电容；2—端子；3—灭弧室瓷套；4—支持瓷；5—合闸电阻；6—灭弧室；7—绝缘拉杆；8—操动机构箱。

图 2-37 瓷柱式 SF_6 断路器结构

开断元件放在绝缘支柱上，使处于高电位的触头、导电部分及灭弧室对地绝缘。灭弧室安装在高强度瓷套 3 中，用空心瓷柱 4 支承和实现对地绝缘。灭弧室和绝缘瓷柱内腔相通，充有相同压力的 SF_6 气体，通过控制柜中的密度继电器和压力表进行控制和监视。7 是绝缘拉杆，它穿过了整个瓷柱 4，把灭弧室 6 里面的动触头和操动机构箱 8 中的驱动杆连接起来，通过绝缘拉杆带动触头完成断路器的分合操作。

四、真空断路器

（一）真空断路器概述

真空断路器是以真空为绝缘与灭弧介质，牵引变电所 27.5 kV 侧多用室内真空断路器，放置在高压室。其特点主要体现在以下几方面：

（1）安全性好。采用高真空，用于绝缘与灭弧，无火灾和爆炸危险。

（2）环保节能。在密闭的灭弧室内熄弧，电弧和炽热气体无泄露，操作噪音小，体积小，重量轻，成本低；触头间隙小，操作功率小。

（3）免维护。在使用年限内，灭弧室不需要维修检查。

（4）可靠性高。灭弧室完全封闭，不会因受外界环境的影响而降低其性能，工作可靠。

（5）寿命长。熄弧时间短，弧压低，电弧能量小，触头损耗小，可用于多次开断。

（二）真空断路器灭弧原理

真空断路器灭弧原理

真空断路器的灭弧室中不存在可被电离的物质。在任何情况下，当触头分离时，触头间的电弧通道仅仅由触头材料的金属蒸气构成，电弧只能由外部能量维持。当主回路电流在自然过零点时刻消失，电弧即不能维持。在此刻，急速下降的载流密度和快速凝聚的真空金属蒸气，使触头之间迅速恢复了绝缘。真空灭弧室因此恢复了绝缘能力以及耐受系统瞬态恢复电压的能力，最终将电弧熄灭。即使在很小的开距下，真空也有很高的绝缘强度，因此只要在电流过零点的数毫秒之前将真空灭弧室的触头分开，即能保证成功开断。为了防止触头过热及过度烧蚀，触头的特殊结构将使电弧被磁场驱动保持旋转直至电弧熄灭。

（三）真空断路器的结构

真空断路器的结构

真空断路器一般由导电及灭弧系统、本体、传动系统及操动机构组成。其中真空灭弧室为真空断路器的心脏，操动机构为其神经中枢，两者对真空断路器至为重要。ZN42-27.5 型真空断路器总体结构图如图 2-38 所示。

（四）真空灭弧室的结构

真空灭弧室的主要结构件为绝缘外壳、动静盖板、触头、波纹管、屏蔽罩、动静导电杆、导向套等，分别根据相应的功用选用不同的材料，采用真空钎焊工艺将相应的零部件封接成密闭的真空腔室，借助真空优良的绝缘性能与熄弧性能，在切断电源后能迅速熄弧并抑制电流。真空灭弧室剖面图如图 2-39 所示。

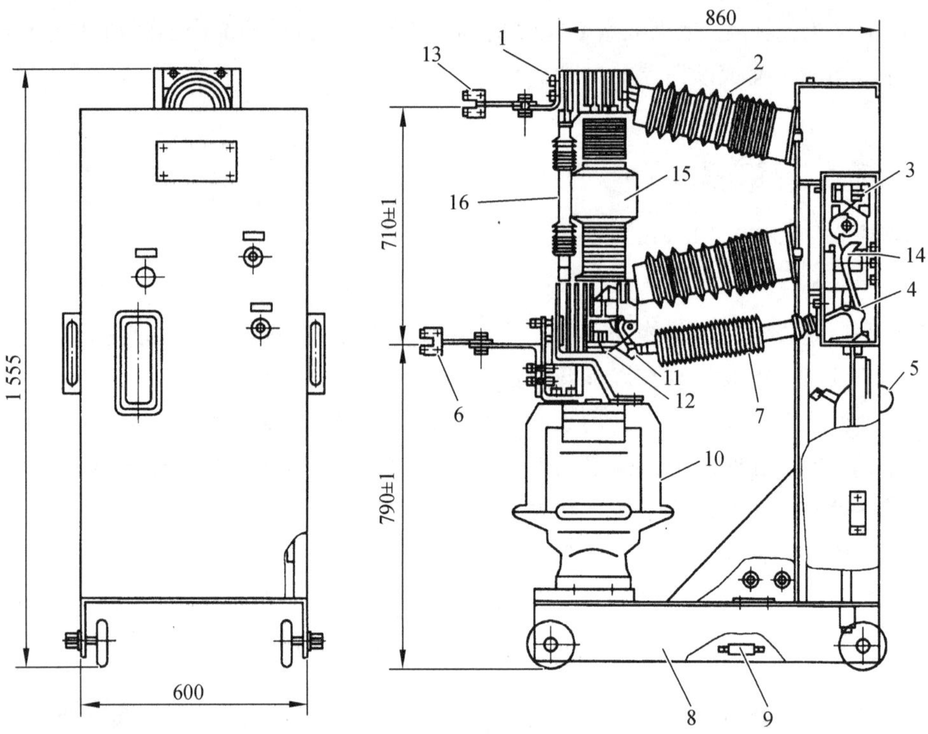

1—上出线座；2—绝缘子；3—操动机构箱；4—转轴；5—推动连锁装置；6—触头弹簧；7—绝缘拉杆；
8—手车；9—接地装置；10—电流互感器；11—拐臂；12—下出线座；13—隔离触指；
14—传动杆；15—灭弧室；16—绝缘支杆。

图 2-38　ZN42-27.5 型真空断路器总体结构图

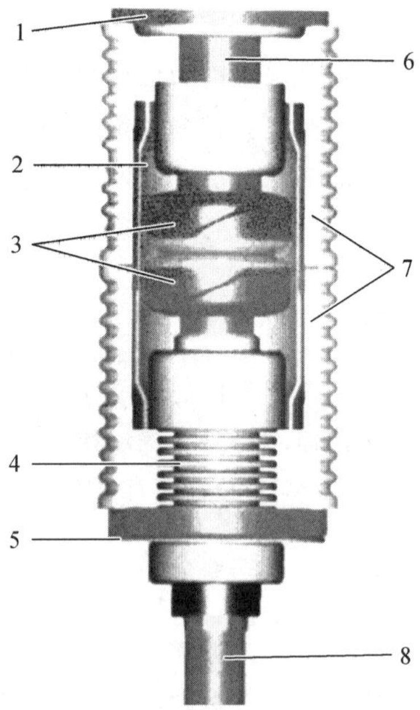

1—静端盖板；2—主屏蔽罩；3—动静触头；4—波纹管；5—动端盖板；
6—静导电杆；7—绝缘外壳；8—动导电杆。

图 2-39　真空灭弧室剖面图

下面简要介绍灭弧室中主要部件及作用。

1. 绝缘外壳

一般选用 Al_2O_3 陶瓷管壳。Al_2O_3 陶瓷材料具有优异电绝缘性能、较高的机械强度、高温下不易分解与蒸发等一系列优点，即能保证真空灭弧室在生产及运行过程中的气密性又不易损坏。

2. 波纹管

波纹管是真空灭弧室中不可缺少的重要元件。是唯一可动的外壳部分，因此它的作用也称为“动密封”。既能保证灭弧室的密封，又能借助于它来实现触头的相对运动，波纹管的允许伸缩量决定了所能获得的最大触头开距。

波纹管的材料壁厚仅为 0.10 ~ 0.16 mm，开关在每次合分动作时都会使波纹管的波状薄壁产生一次较大幅度的机械变形。由于剧裂而频繁的机械变形很容易使波纹管因疲劳而损坏，最终导致灭弧室漏气而报废。某种程度上，波纹管的疲劳寿命也就决定了真空灭弧室的机械寿命，所以说，整个寿命期间，一定严禁扭伤或划伤波纹管。波纹管的疲劳寿命还和工作条件的受热温度有关，真空灭弧室在分断大的短路电流后，导电杆的余热传递到波纹管上，使波纹管的温度升高，当温升达到一定程度时，这也会影响波纹管的疲劳强度。

3. 触头

真空灭弧室是真空开关的心脏，而触头则是真空灭弧室的心脏，因此触头材料和触头结构等对真空灭弧室的性能影响极大。

触头材料主要从开断能力、耐受电压能力、抗电腐蚀性、抗熔焊能力、截流值、含气量等方面来选择。目前断路器用真空灭弧室的触头材料大都采用铜铬合金，铜与铬各占 50%。触头结构多采用螺旋槽结构。

螺旋槽触头如图 2-40 所示。在触头圆盘的中部有一突起的圆环，圆盘上开有螺旋槽，用以限定电流的流向。动、静触头的结构基本一样，但螺旋槽的螺旋方向相反。当触头在闭合位置时，只有中部的圆环部分接触。触头分离时，在圆环上产生电弧。如果电流较小，真空电弧为扩散型，则此电弧将分成许多支弧，均匀分布在圆环的接触面上。如果电流较大，真空电弧为聚集型，由于电弧电流流过触头的圆环形突起部位时，电流的路径发生曲折，电流产生的与弧柱垂直的横向磁场使电弧离开接触圆环，向触头的外缘运动，把电弧推向开有螺旋槽的触头表面，触头上的电流就会受到螺旋槽的限制，只能按规定的路径流通。这时垂直于触头表面的弧柱就受到一个作用力 F，它的径向分量 F_1 使电弧朝触头外缘运动，而切向分量 F_2 使电弧在触头外缘上沿圆周方向旋转。电弧产生的热量均匀分散在触头表面的较大范围内，避免了触头局部过热造成烧损，降低了阳极斑点的温度和冷却时间常数，促使聚集型电弧在过零前提前向扩散型转换，提高了开断能力。

4. 主屏蔽罩

主屏蔽罩也称为中间屏蔽罩或冷凝屏蔽罩。设置在触头周围，应该正对着触头拉开后的燃弧区。其主要作用是可以阻挡电弧生成物四周喷溅的作用，有助于电弧熄灭后残余等离子体的衰减，防止绝缘外壳受污染。因而主屏蔽罩对真空灭弧室的弧后介质强度恢复速度和开断能力的提高起到很大作用。

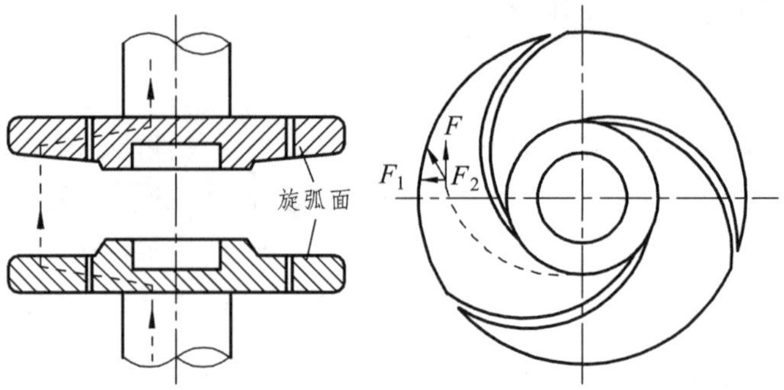

（a）　　（b）

图 2-40　中接式螺旋槽触头结构图

5. 动静导电杆

导电系统主要包括动、静导电杆和导电块。根据机构安装方式不同、静端导电有的靠静导电杆，有的靠导电块。动静导电杆一端连接触头，另一端伸出管外与机构连接从而实现与电路连接。

6. 动静盖板

通过动静盖板与瓷壳进行钎焊，形成密闭的真空腔室。

7. 导向套

导向套是对动导电杆的运动起导向作用，尽量保证动作过程中真空灭弧室动静端的同轴度，从而保证动静触头的接触面积。另外，导向套还可以与动导电杆做防扭设计，以防在装配过程中扭伤波纹管。

第四节　隔离开关

一、隔离开关的作用

隔离开关的作用、结构与巡视

隔离开关又称刀闸，是一种没有专门灭弧装置的高压开关电器，在电力系统中，其主要作用如下。

（1）隔离电源。

利用隔离开关断口的可靠绝缘能力，使需要检修或分段的线路与带点线路相互隔离，以确保检修工作的安全。

（2）隔离开关与断路器配合进行刀闸操作。

操作隔离开关时必须注意：绝不允许带负荷电流分闸，否则，断口间产生的电弧将烧毁触头或形成三相弧光短路，造成供电中断。因此，当隔离开关与断路器串联于电路中运行时，隔离开关必须遵守先合后分的原则；在并联时，必须遵守先分后合的原则。

（3）通断小电流电路。

用隔离开关可以通断电压互感器和避雷器电路；通断激磁电流不超过 2 A 的空载变压器电路；可以通断电容电流不超过 5 A 的空载线路；可以通断母线和直接接在母线上的电气设备的电容电流；可以通断变压器中性点的接地线。

（4）在某些终端变电所中，快分隔离开关与接地开关相配合，代替断路器工作。

二、隔离开关的技术要求

（1）有明显的断开点。

（2）断口应有足够可靠的绝缘强度。

（3）具有足够的动、热稳定性。

（4）结构简单，分、合闸动作灵活可靠。

（5）隔离开关与断路器配合使用时，应具有机械的或电气的联锁装置，以保证正常的操作顺序。

（6）主闸刀与接地闸刀之间设有机械的或电气的联锁装置，保证二者之间的动作顺序。

三、隔离开关的分类

隔离开关种类很多，分类方法如下。

（1）按装设地点的不同，分为户内式和户外式。

（2）按绝缘支柱数目不同，分为柱式、双柱式和三柱式。

（3）按动触头运动方式不同，分为水平旋转式、垂直旋转式、摆动式和插入式。

（4）按有无接地闸刀不同，分为无接地闸刀、一侧有接地闸刀、两侧有接地闸刀。

（5）按操动机构的不同，分为手动式、电动式、气动式和液压式等。

（6）按极数不同，分为单极、双极、三极。

（7）按安装方式不同，分为平装式和套管式。

四、隔离开关的技术参数

隔离开关的技术参数

（1）额定电压：隔离开关在长期运行时所能承受的工作电压，与安装点电网的额定电压等级一致，单位为 kV。

（2）额定电流：隔离开关在长期工作时允许通过的最大工作电流，主要由温升来确定，单位为 A。额定电流的大小决定了触头和导电部分截面的大小，隔离开关长期通过额定电流时，各部分的发热不超过允许值。

（3）热稳定电流：隔离开关在闭合状态时在规定时间（一般为 4 s）内允许通过的最大电流有效值，它表明了隔离开关承受短路电流的热稳定能力，单位为 kV。

（4）动稳定电流：隔离开关在闭合状态时允许通过的最大瞬时电流冲击值，它表明了隔离开关承受短路电流动稳定能力，与隔离开关的机械强度有关。

（5）最高工作电压：隔离开关所能承受超过额定电压的电压，它不仅决定了隔离开关的绝缘要求，还在相当大程度上决定了隔离开关的外部尺寸，单位为 kV。

五、隔离开关的型号

隔离开关的型号的表示形式如下。

[1] [2] [3] — [4] [5] / [6] — [7]

1——代表产品名称：G—隔离开关；J—接地开关。

2——代表安装场所（装置种类）：N—户内式；W—户外式。

3——代表设计系列序号，用数字表示。

4——代表额定电压（kV）。

5——代表补充工作：D—带接地开关；G—改进型；K—快分型；T—统一设计；W—防污型。

6——代表额定电流（A）。

7——代表极限通过峰值电流（kA）。

例如：GN_{10}-10/400 型是指额定电压 10 kV、额定电流 400 A，第 10 次设计的户内高压隔离开关。

六、GW4-110D 型户外式隔离开关

这种开关的外形（单极）结构如图 2-41 所示。开关的闸刀（由紫铜棒和触头组成）由两个可以绕轴旋转（轴上装有轴承可减小分合闸时的摩擦阻力）的棒式（支柱）绝缘子支持，

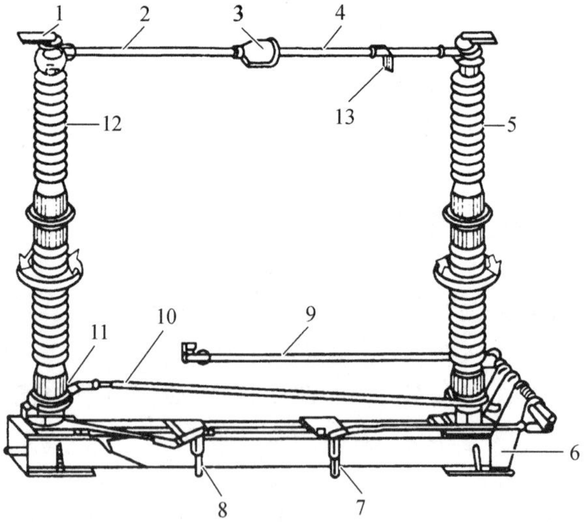

1—接线端；2，4—闸刀；3—主触头；5—棒式绝缘子；6—底座；7—接地闸刀转动轴；8—主闸刀转动轴；9—接地刀；10—交叉连杆；11—轴承座；12—棒式绝缘子；13—接地刀触头。

图 2-41　GW4-110D 型隔离开关

与棒式绝缘子轴连接的交叉连杆可保证两棒式绝缘子在转动时能同步地向两个相反的方向（一个顺时针，一个逆时针方向）同时转动，带动闸刀水平旋转 90°完成分、合闸。交叉连杆由操动机构的牵引杆传动。触头应保证闸刀在分、合过程中可以自动净化（在指形触头上装有防尘罩，用以防雨、冰雪及灰尘），且闭合后应具有弹性接触压力。用软连接导线将闸刀与接线端子连接起来，以利于闸刀旋转。整个开关由钢底架支持并固定在 2.5 m 高的钢架或水泥支柱上。

主闸刀和接地刀分别由两套手动操作机构操动。主闸刀靠近支柱绝缘子端装有接地刀静触头，以保证主闸刀断开且到位后，接地刀才能闭合。

隔离开关可分相操作，也可三相联动。三相联动时，操动机构装在边相，通过水平连杆机构使三相开关同步动作。

若欲使开关分闸，则应使主闸刀传动轴沿逆时针方向转动，由于交叉连杆的牵制，棒式绝缘子 5 沿逆时针方向转动，而棒式绝缘子 12 沿顺时针方向转动，并带动各自的闸刀转动，使开关分闸。分闸后两闸刀相互平行（即各自旋转 90°）。合闸动作顺序与此相反。合闸后两闸刀成一直线。

GW_4-110D 型开关均属双柱式、水平断口、闸刀水平旋转的户外式隔离开关。其主要优缺点如下：

（1）结构简单、尺寸小、重量轻，零部件大部分可以通用。

（2）闸刀分为两半，长度小，导电系统较稳定，而且操作时间闸刀水平等速运动，可使冰层受到很大的剪力，易于破除。

（3）分闸时支柱绝缘子受弯折力、扭矩，因而要求绝缘子具有较高的机械强度。

（4）因闸刀水平转动，相间距离较大。

七、GN2-35T 型户内式单极隔离开关

这种开关用于 25 kV 高压室内，其结构见图 2-42。

这种开关由底架、支柱瓷瓶、导电部分（包括闸刀与触头）及操作绝缘子组成。采用 CS_6 型手动操动机构，操作绝缘子做支起或下落运动，使闸刀垂直旋转完成分、合闸。

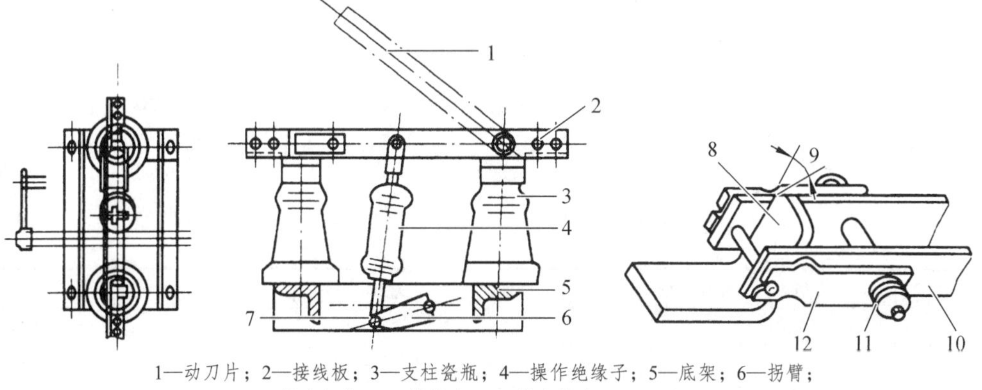

1—动刀片；2—接线板；3—支柱瓷瓶；4—操作绝缘子；5—底架；6—拐臂；
7—转动主轴；8—静触头；9—导向倒角 θ；10—闸刀；
11—弹簧；12—磁锁板。

图 2-42　GN2-35T 型户内单极隔离开关

隔离开关的触头采用指形线接触，其动触头由两片相互平行的紫铜闸刀片组成。两闸刀片间互相隔离并由弹簧压紧。固定静触头是以紫铜板条弯成直角做成。在合闸位置时，两个刀片因有弹簧的压力紧紧夹在静触头两侧，形成线接触。这样的线接触在分、合闸过程中，易于擦掉接触表面的氧化物，降低接触电阻。当短路电流通过开关的闸刀片时，两平行刀片中的电流互相作用，产生较大的、互相吸引的电磁力，使接触压力增大。为了增加这种接触压力，常在平行刀片的两侧加上磁锁，即在平行刀片的外侧（GN2-35T 型开关在闸刀的一端加磁锁）加装两块钢片，以增强磁场，加大电动吸力。这样可提高开关的动稳定性，且散热效果好。

八、隔离开关常见故障及处理

隔离开关常见故障及处理如表 2-4 所示。

表 2-4　隔离开关常见故障及处理

故障现象	故障原因及处理
接触部分过热	原因： （1）导流部分的压紧零件松动，导致接触压力下降； （2）闸刀未合到位，造成接触面偏小； （3）触头表面氧化或烧伤，引起接地电阻增大； （4）超负荷运行 处理：向电调汇报，做好记录，加强监视；发热剧烈时，申请退出运行，派人按工艺检修，紧固螺栓，调整接触面接触压力
距合、距分及分、合不到位	原因： （1）操动机构故障； （2）传动装置卡滞，调整不到位，造成距动； （3）分合闸止钉间隙调整不到位，造成分合闸不到位； （4）刀口油泥过多，刀口熔焊，可造成距分； （5）传动装置轴销脱落 处理：向电调汇报，做好记录，申请退出，派人检修
支持瓷瓶破损，掉釉，裂纹，有放电痕迹	处理：向电调汇报，做好记录，申请退出，检修，清扫脏物；用环氧树脂修补，试验不合格时更换
误动作	原因：值班人员违章操作 处理： （1）带负荷分隔离开关，当触头刚刚分离已发现时，应立即合上，若闸刀已全部拉开，则不准在重新合上； （2）带负荷合隔离开关时，将有弧光产生，应迅速果断将闸刀到位，绝不允许将闸刀重新拉开

第五节　GIS 开关柜

高压开关设备是高速铁路电力供电系统中的关键设备，正常情况下，它用于控制相邻变电所轮流相综合贯通线供电，提高综合贯通线的运行稳定性。故障情况下，开关设备动作，用于将故障区域隔离，保证贯通综合贯通线供电的可靠性，同时隔离电源，保证检修人员的安全。高速铁路电力供电系统的高压开关系统通常封闭于 GIS 开关柜中，提高了运行的可靠性和安全性。

一、高压 GIS 开关柜概述

高压 GIS 开关柜即为柜式气体绝缘金属封闭开关设备。它采用紧凑式、共箱式气体绝缘的充气式环网柜，所有带电部件均在密闭的 SF_6 气室内，气体外壳由不锈钢板焊接而成，具有良好的气密性和可靠性，运行不受外界环境影响。环网柜负荷开关均采用电动操作，具备远方操作接口，通过 RTU 实现远方遥控。GIS 高压开关柜的关键技术在于绝缘水平。现代高压开关柜在结构方面多为组装式结构，由于组装式结构更容易实现结构、方案的及时变化，改变方案时，只需更换几个或很少的零部件。以 ABB 公司的 10 kV ZX0 GIS 开关柜为例，它采用真空灭弧介质，将母线、断路器、隔离开关等中压元件集中密闭在箱体中，综合运用现代绝缘技术、开断技术、制造技术、传感技术等，隔绝外部环境条件（如水汽、污秽、灰尘等）。10 kV GIS 由断路器/母线气室、低压室、电缆室组成。断路器/母线气室在完成密闭封装后总装于开关柜内。低压室、电缆室、断路器/母线室等通过接地金属隔板隔开。正面板上分上下两部分，控制、保护、仪表、保护继电器、控制开关、按钮均安装于低压室面板上，且各操作按钮有门或罩遮盖，以防止意外触碰引起误动作。断路器面板上有操作机构弹簧人工储能手柄装置，手动合、跳闸按钮、操作计数器以及断路器分、合位置的机械与指示灯显示。开关柜设有铜质接地母线，接地刀闸及避雷器接地专用接地线与柜内接地母线直接相连。为保证运行中的安全，开关柜具有“五防”要求，其内部设有必要的联锁装置，防止在断路器合闸状态下误分、合隔离开关，在断路器合闸状态小误合接地开关等。

基于高速铁路对电力设备高要求的特性，GIS 柜又是电力设备的核心之一，因此在 GIS 柜选用上原则要业绩好、工艺高、气室密封性具有世界一流生产线的国内外知名品牌。

二、GIS 开关柜特点

开关柜的特点

GIS 开关柜如图 2-43 所示，其特点如下：

（1）设备封闭在气室中，落在外面的有操作机构，电缆头，外置干式 PT。

（2）免维护：气室内不用维护，机构需要专业维护（一般供应商负责），干式 PT 不用维护，电缆头维护量几乎没有。

（3）GIS 关键：一是气室焊接工艺（至关重要，一旦漏气可能整个母线需要退出运行）；二是封闭在其室内设备的质量。因此，高速铁路均选用国际品牌。

（4）可能产生漏气的关键部位一是操作机构连杆处；二是穿过气室绝缘子、充气孔、气压表等处。GIS 需要注明泄漏率多少可以维持运行。

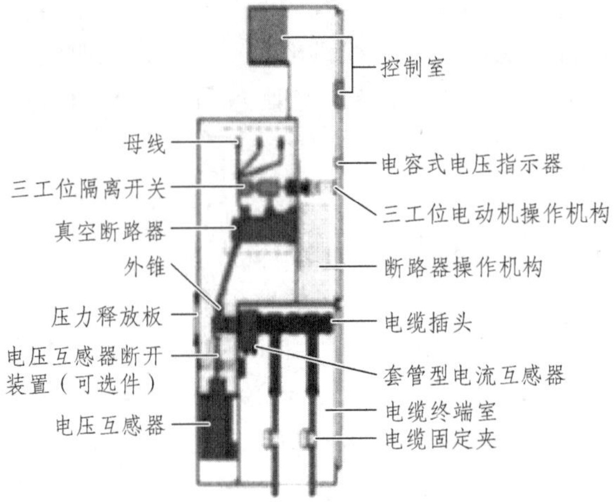

图 2-43　GIS 开关柜示意图

ABB 公司生产的 GIS 开关柜如图 2-44 所示，结构采用模块式原理，便于成批生产，采用标准件。所有元件像母线、隔离开关、断路器、互感器、电缆终端和连接件置于接地的表体内，内充 SF_6 气体。其特点如下：

图 2-44　ABB 开关柜实体图

① 防漏气：绝缘子等处封闭采用绝缘胶、密封圈压接，机构连杆采用密封圈特殊工艺，为减少泄漏点，气压表与充气孔共用一孔，为移动式气压表，泄漏率≤0.1%。

② 连体气室，3 面柜为一组。

③ 先进的自能灭弧原理。

（5）采用低压气体作绝缘介质。

SF_6 气体具有耐高压强度高、灭弧能力强、化学稳定性良好等优点。当气压小于 0.2 MPa 时，击穿符合巴申定律。实际使用过程中，开关柜气室相对压力为 0.3 MPa，在正常气压下，极大提高了主回路的击穿强度。实际设计过程中，要求气室压强即使在零压时，除不允许分闸操作外，设备也可以正常运行。灭弧室及电弧电流磁场如图 2-45 所示。

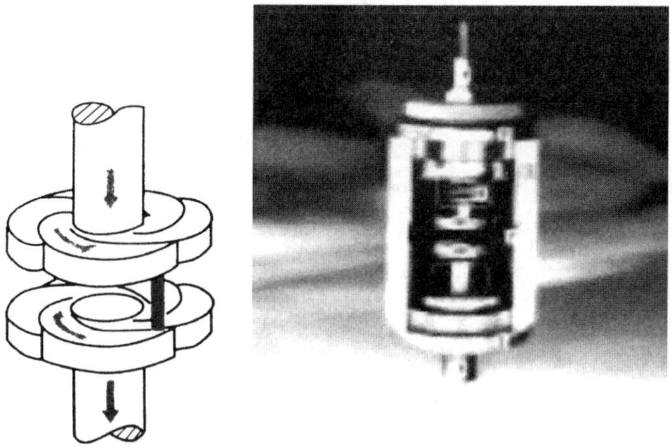

图 2-45　灭弧室与电弧电流磁场

（6）集成真空断路器。

ZX0 真空柜采用 VD4 真空断路器。它的灭弧原理及主要特性在于：断路器开断时，随着动静触头的分开，触头间的导电电流将发展为电弧电流。根据电弧的形态，电弧可以分为发散型电弧和收缩型电弧。发散型电弧的特征是电弧扩散覆盖到触头表面并平均分配热应力，收缩型电弧的特征是会在燃弧区域产生极高的温度和热应力，对触头表面造成严重烧蚀。在开断真空灭弧室额定电流以内的负荷电流，通常情况下真空灭弧室内的电弧总是发散型的，减小了触头的烧蚀。当开关电流超过额定值，发散型电弧开始向收缩型电弧转变，随着电流的增加，电弧轮廓将收缩得更加剧烈，当电流增加到一定数值，电弧将转变为阳极和阴极收缩型电弧。VD4 真空断路器的真空灭弧室采用螺旋触头结构，可以在电弧弧柱运动的范围内产生一个横向磁场，电磁场由电弧电流产生，切线方向的电流分量产生的磁场导致电弧围绕触头轴线快速旋转，这种方式不仅减小了触头上的热应力，大幅减小了触头的烧蚀，还提高了真空断路器开断短路电流的能力。真空灭弧室采用铜铬合金为触头材料，提高了断路器触头的寿命。此外，真空灭弧室属于电流零点开断灭弧室，重击穿概率小。当电流过零点时，电弧自然熄灭，残余电荷和金属蒸汽快速复合凝聚，在微秒级的时间内触头间的绝缘强度就可以恢复过来，有效地提高了断路器的耐压能力。

（7）密封可靠。

GIS 开关柜面临的最大问题是气室的密封技术。由于 SF_6 气体压力较低，而且气体与水分作用，易产生腐蚀性极强的氢氟酸，对设备的密封与人员的人身安全带来较大的威胁。目前气体密封室的外壳通常由不锈钢通过激光切割和激光焊接而成，无焊接缝或孔洞，有效地提高了焊接点的密封强度，阻止外界水分的入侵和 SF_6 气体的泄漏，在正常工况下，开关柜 SF_6 气体的年泄漏率不超过 0.1%。由于带电设备全密封，能有效防止来自外界的脏污、湿气等有害物质的影响，保证长期稳定工作。此外，GIS 开关柜的绝缘强度不受现场海拔高度的影响，充分满足了高铁对高可靠性的要求。

（8）灵活配置及经济性。

结合一般高速铁路系统区间负荷与站场负荷情况，一级贯通与综合贯通线路设备又分别分区段运行，额定 1 250 A 的电流已经能够满足供电负荷的要求。GIS 开关柜采用几台开关柜共用一个气室，按照系统需要可以分为 2 台共用一个气室，例如计量柜和进线柜；5 台共用一个气室，例如上下行出线柜，最多可以组合成 5 台开关柜共用一个气室。电缆安装连接在柜前完成，开关柜可靠墙安装，极大节省了变电所的空间、土地成本。

（9）免维护。

由于柜内的高压设备工作环境稳定，因此真空断路器、互感器、避雷器等的可靠性和寿命大大提高，GIS 在整个寿命期内主回路基本上可以做到不检修，同时又由于密封技术的提高，开关柜的使用寿命和维护周期可达 20 年。通常在运行过程中，5 年一次外观检查，10 年一次简单检查，20 年进行一次换气检查。

（10）相关技术参数。

表 2-5 给出了典型 GIS 开关柜的相关运行参数。

表 2-5　GIS 开关柜的相关运行参数

项　目		单　位	断路器
额定电压		kV	12
额定雷电冲击耐受电压（峰值）	相间及相对地	kV	75
	隔离断开间		85
额定工频耐受电压（有效值）	相间及相对地		42
	隔离断开间		49
工频耐受电压（5 min）		kV	24
额定电流		A	630/800/1250
额定短时耐受电流（4 s）		kA	25
额定峰值耐受电流		kA	63
额定短时开断电流		kA	25
额定短路关合电流		kA	63
开断时间		ms	≤75

三、高压 GIS 开关柜主要构造原理

开关柜的结构与巡视

目前高铁与客运专线所采用的 GIS 柜基本上是中国与西门子、ABB 公司等国外品牌合资生产的产品，其技术含量较高，设计原理相近，柜型全面，但在 SF_6 气室结构上存在差异，如图 2-46 所示。

西门子 NXPLUSC 型 GIS 柜如图 2-47 所示，有效解决了泄漏问题、焊接技术、波纹管技术、气压表技术等，泄漏率为 0，采用的是目前国际最先进的技术。其特点如下：

（一）GIS 柜气室工艺

GIS 柜气室的密封性是 GIS 柜品质高低的重要指标，从图 2-46 可以看出无论西门子还是

ABB 其主要设备真空断路器、三工位隔离开关均设置在 SF_6气室内，与外部接口主要有套管、三工位机构驱动轴、断路器机构驱动装置，压力释放板或防爆膜。

西门子 NXPLUSC 开关柜采用激光完全焊接技术密封，不采用橡胶密封圈密封，气体泄漏率低于 0.1%，远低于国家标准。在对外部接口处理上分别有套管接口采用不锈钢法兰与开关柜激光焊接（图 2-48），压力释放装置（防爆膜）激光焊接（图 2-49），三工位开关—波纹管与开关柜激光焊接（图 2-50），断路器—波纹管与开关柜激光焊接（图 2-51）。对 SF_6气体压力监视设计是非接触性的，依靠磁耦合元件相互作用于其室内外压力元件和指示装置反映气室内 SF_6气体压力变化情况（图 2-52）。

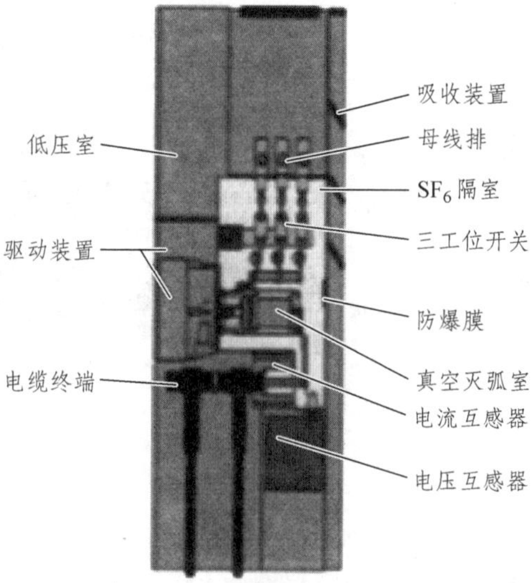

图 2-46　西门子、ABB GIS 柜基本构造

图 2-47　西门子 GIS 柜实体图

图 2-48　法兰与开关柜体焊接

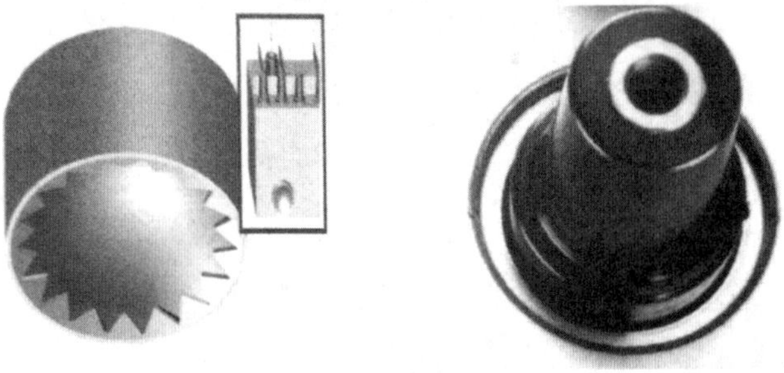

图 2-49　防爆膜焊接

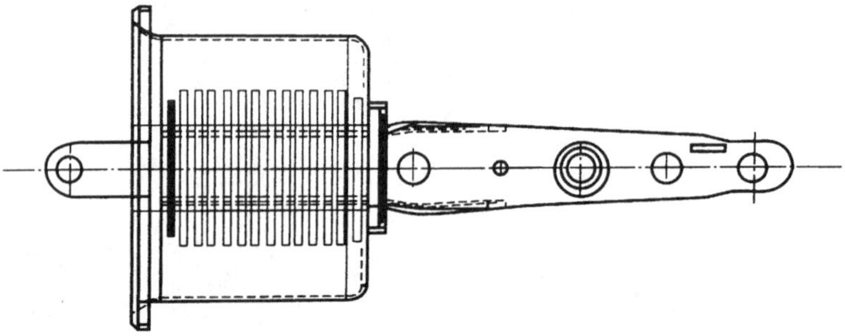

图 2-50　三工位开关—波纹管与开关柜激光焊接

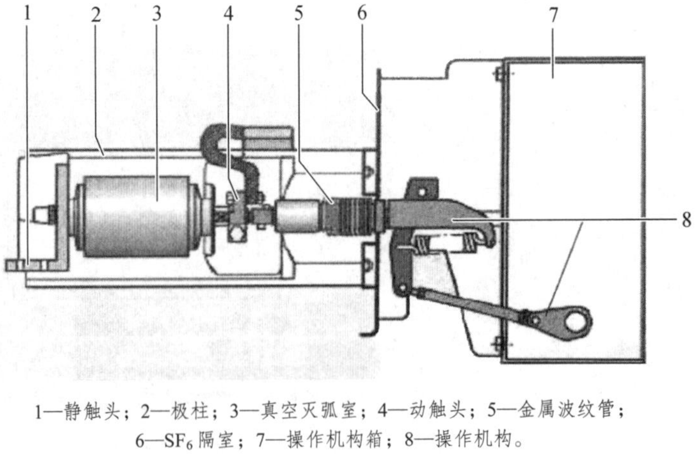

1—静触头；2—极柱；3—真空灭弧室；4—动触头；5—金属波纹管；
6—SF_6 隔室；7—操作机构箱；8—操作机构。

图 2-51　断路器—波纹管与开关柜激光焊接

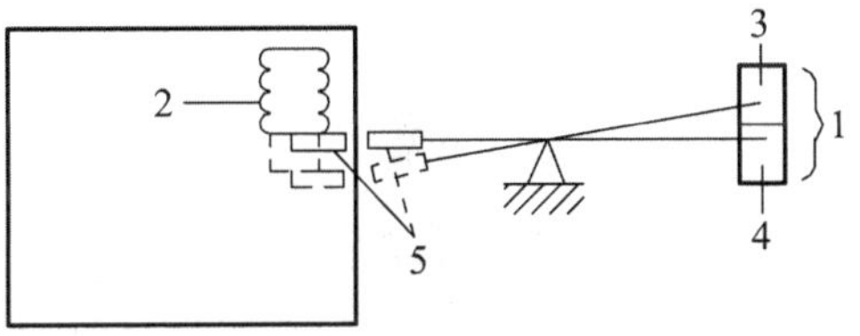

1—准备就绪指示；2—压力元件；3—红色指示：未就绪；
4—绿色指示：就绪；5—磁耦合。

图 2-52　西门子 SF_6 气体压力监视装置原理

ABB ZX0 型 GIS 柜气室主要也是通过激光焊接密封，在上述对外接口上与西门子有差异的是通过绝缘垫刷胶螺钉固定处理的，并且留有气室充气装置，通过充气装置利用移动气体压力检测表进行日常气体压力检查。在 ABB ZXO 型 GIS 柜上就没有单独的压力监测装置。

（二）真空断路器

1. 真空断路器结构

真空断路器是 GIS 柜中核心设备。西门子、ABB 在真空断路器设计工艺基本相似，额定电压 12 kV、额定电流 1 250 A，均是三极户内用断路器，结构上都是采用陶瓷绝缘外壳、屏蔽罩，同时以金属波纹管作为软过渡保证了密封性，真空断路器固定在断路器支座上如图 2-53 所示。

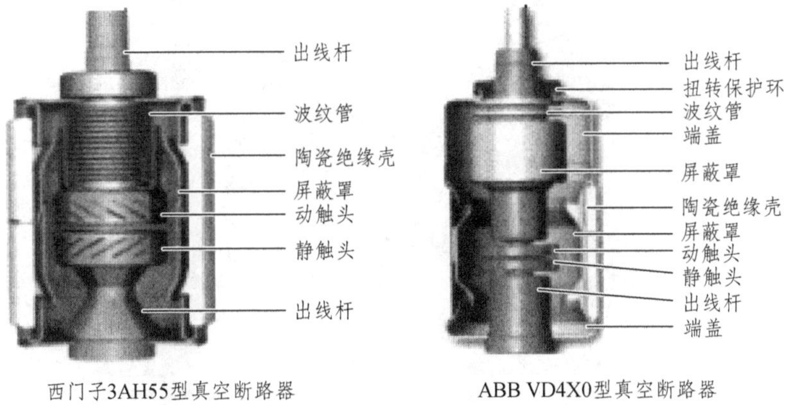

图 2-53　西门子、ABB 真空断路器结构

静触头直接与壳体连接。动触头与连接螺栓连接，并在导向板中对中（图 2-54）。灭弧原理依据电流过零点开断，电弧自然熄灭。不同的是 ABB 触头采用独特螺旋状结构，减少了触头热应力，减小了触头的烧蚀，提高了断流能力。西门子采用了新型材料 CrCu 合金和独特的触头结构，提高了耐电弧能力和降低了弧压降，确保了稳定的开断电流。

2. 断路器操作机构

断路器操作机构功能原理基本一样，只是结构形式有所差别，均属于弹簧储能、机械防跳类型和具有手动、电动功能。下面以西门子断路器操作机构（图 2-55）为例做一介绍。

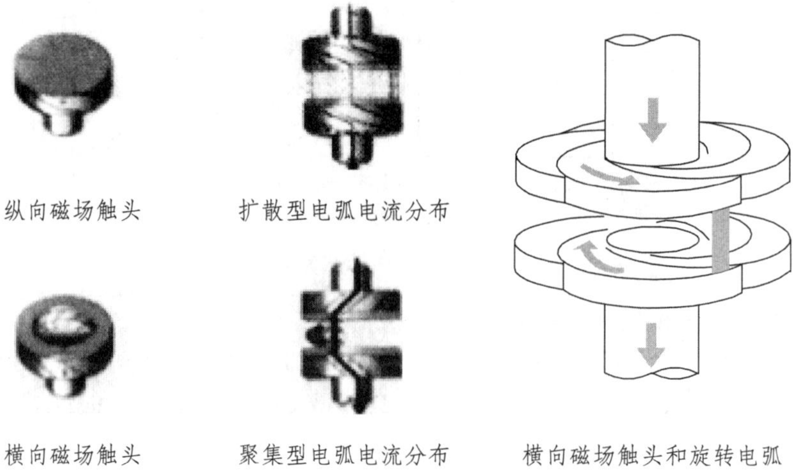

图 2-54　西门子、ABB 真空断路器触头

1—辅助开关（S1）；2—合闸按钮；3—分闸按钮；4—电压指示器插座；5—接地馈线锁紧装置；6—第一脱扣器（Y1）；
7—断路器分合闸位置指示器；8—分合闸动作次数计数器；9—合闸线圈（Y9）；
10—“弹簧已储能/弹簧未储能”指示器；11—位置开关（S4）；12—合闸弹簧；
13—电动操作机构（M1）；14—三工位开关控制板。

图 2-55　西门子断路器操作机构

3. 三工位开关

三工位开关是配合气体绝缘金属封闭开关柜而设计的，它是将隔离开关和接地开关融为一体，省去两者之间复杂的联锁，使其具有结构简单、操作可靠、性能高、调试简单、质量轻等优点，这也是在 GIS 柜中为什么没有下隔离的原因。在 GIS 柜中三工位开关装置在 SF_6 气室中，操作机构在气室外，其功能是连接母线、隔离、接地。西门子、ABB 的 GIS 柜中三工位开关原理、结构基本一样，图 2-56 为 NXPLUSC 开关柜三工位开关结构示意图，图 2-57 为三工位开关操作机构。

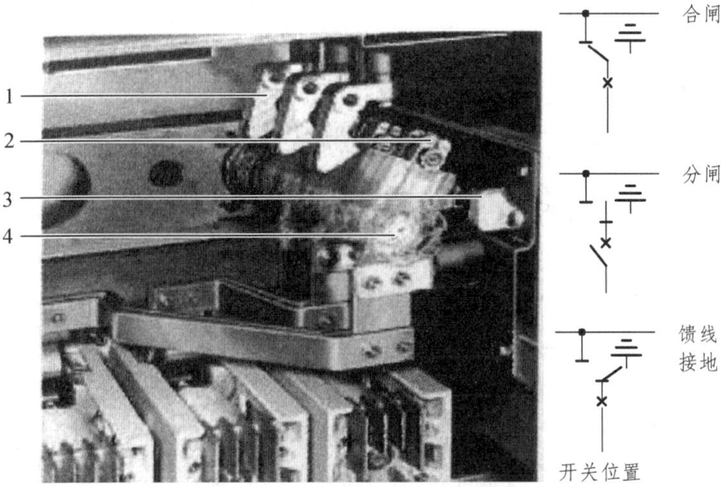

1—安装在母线上的静触头；2—活动触片；3—用于“馈线接地”的静触头；4—操作轴。

图 2-56　西门子三工位开关

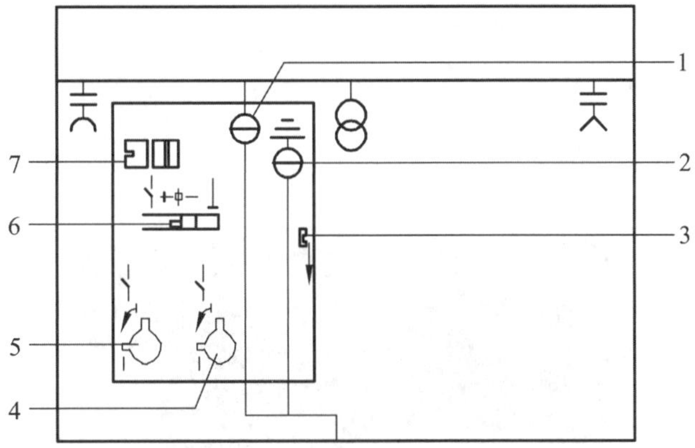

1—三工位开关的位置指示（隔离功能）；2—三工位开关的位置指示（接地/接地就绪功能）；3—应答杆；
4—接地开关的操作孔（接地/接地就绪功能）；5—隔离开关的操作孔（隔离功能）；
6—打开操作孔的控制小门（只有在应答杆 d 朝下时才能操作）；
7—准备就绪指示。

图 2-57　三工位开关操作机构

特别注意的一点是由于有了三工位开关，在需要接地时同原普速线操作是不一样的，一般顺序是：断路器分闸—三工位隔离开关分闸—三工位接地开关合闸—监测线路侧带电状态（通过电容电压显示器显示），确认回路已失电—断路器合闸，回路接地。

4. 电压互感器

电压互感器可根据需求设置为母线电压互感器（可选）、线路电压互感器（可选），安装位置分别在母线上和开关柜接头处，其结构特点包括：

（1）环氧树脂绝缘。

（2）电磁型。

（3）因带有金属涂层而可以触摸。

（4）一般没有隔离开关控制。

（5）插入式。

（6）布置在一次外壳（开关柜气箱）的外面。

5. 电流互感器

电流互感器可根据需求设置为母线电流互感器（可选）、线路电流互感器（可选）安装位置分别在母排上和开关柜接头处，其结构特点包括：

（1）设计为穿心式电流互感器。

（2）环形铁芯作为二次绕组。

（3）主电路相当于一次绕组。

（4）由于电缆接头盒母排为单极设计，因此布置在一次外壳（开关柜气箱）的外面。

（5）不承受介电应力的环氧树脂部件。

6. 高压 HRC 熔断器组件

高压 HRC 熔断器（图 2-58）一般和三位置负荷开关组合使用，作为变压器或电机之前的短路保护，对于上游和下游连接的设备有选择性。

（1）高压 HRC 熔断器组件结构如图 2-58 所示。

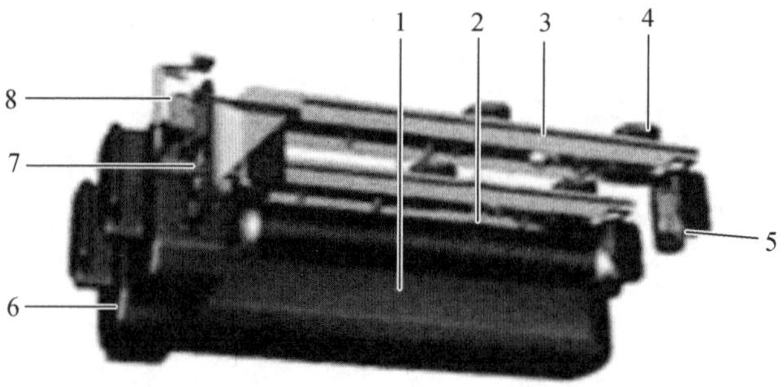

1—熔断器仓；2—高压 HRC 熔断器；3—熔断器滑块（可抽出）；4—套管连接；5—装配夹；6—带密封的盖；7—用于使弹簧储能操作机构脱扣的导杆；8—脱扣机构。

图 2-58　高压 HRC 熔断器组件

（2）高压 HRC 熔断器组件特点：

① 高压 HRC 熔断器符合 DIN 43625（主要尺寸）；“中等”型号配有撞针 60282-1。

② 单极绝缘。

③ 通过把高压 HRC 熔断器和三位负荷开关配套，符合标准 IEC 62271。

④ 使用相应的高压 HRC 熔断器（例如西门子，3GD1 型）时，热撞针脱。

⑤ 不受气候影响，免维护，熔断器盒为环氧树脂绝缘。

⑥ 熔断器组件布置在开关柜气箱下部。

⑦ 熔断器组件通过焊接套管以及连接排连接到三工位负荷开关/真空接触器。

⑧ 只有当馈线接地时，才可以更换熔断器。

⑨ 选件：使用 1NO 触头用于远距离电气指示的“熔断器脱扣指示”。

7. 电压检测系统（LRM）（图 2-59）

系统的特点如下：

（1）通过插入每一插座中，逐相检查与电源的安全距离。

（2）可连续工作。

（3）可安全触摸。

（4）可以测试测量系统和电压指示器。

（5）如果存在高压，电压指示器闪烁。

（6）套管中固定安装电容分压器。

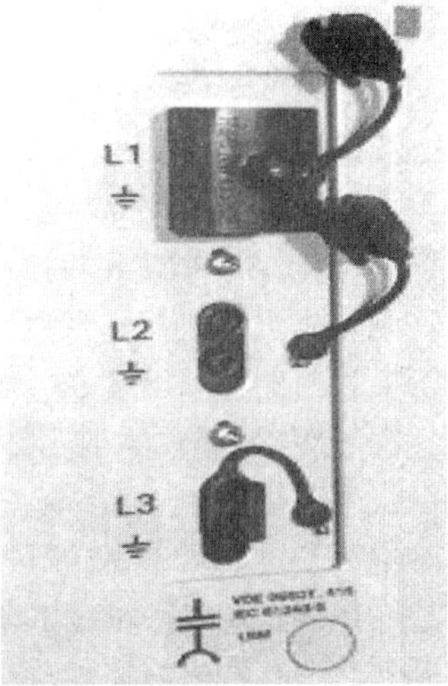

图 2-59　电压检测系统

四、高压 GIS 开关柜在高速铁路上的应用

我国高速铁路正处于快速发展、建设时期，线路架设跨越范围广，环境复杂，对供电系统的安全性、可靠性、稳定性、提出了更高的要求。GIS 高压开关柜以其稳定、可靠、占地面积小、免维护等优点在高速铁路供电系统得到了广泛的应用。与普速铁路不同的是，高速铁路应用 GIS 开关柜时，将接地封线置于开关柜中，并且将检电笔置于开关柜面板上，提升了安全措施。

（一）高速铁路负载等级的划分及供电要求

依据对铁路供电系统的稳定性要求，我国铁路供电系统主要分为两级。一级负载主要包括通信设备，信号设备及信息设备，列车与电网之间接触的电动隔离开关操作电源设备，电力及电气化所用到的检修设备，车站及大型建筑物照明以及特大型公共区域的照明、消防设备，长度大于 300 m 的隧道照明、防灾报警、通风及排烟等安全设备。二级负荷主要包括空调、综合维修区段的给排水、区间摄像等。各区域供电环境复杂，对供电可靠性要求高，在这些场合 GIS 开关柜具有很强的适用性。

（二）供电布局要求

我国电气化铁路的供电配置装置大多采用室外中型布置，根据场地的具体状况，GIS 可采用室内布置也可采用室外布置，近年来我国采用的半 GIS 布置方式有效地解决了 GIS 集成度过高带来的负面问题。此外 GIS 设备国产化进程的加快，运行经验的积累，为 GIS 在高速铁路中的进一步推广应用奠定了坚实的基础。

综合来看，高速铁路无论从设计上还是施工水平上，都要求可靠性高、安全性好。供电设备是其中的关键环节，供电设备可靠性的高低 与高速铁路的稳定可靠运行密切相关。小型化、智能化、集成度高、维护方便、布局简单美观、施工方便是高速铁路发展的必然趋势，GIS 开关柜在我国未来高速铁路建设中会有更广阔的应用前景。

五、高压 GIS 开关柜故障实例

某配电所电源二（N206）电源Ⅱ段保护跳闸。铁路局供电调度试送电一次，合闸成功，不久配电所电源二（N206）又电流Ⅱ段保护跳闸，电调又试送一次，合闸不成功。期间配电所电源一（N105）柜多次报零压告警信息，不久因为地方供电系统停电启动低压保护跳闸。

经现场查看发现配电所电缆隔层有烟雾，为防止事故扩大将电源一各断路器断开。GIS 高压开关柜断路器采用了 SF_6 气体，而 SF_6 气体在故障情况下会生成剧毒气体，故电力抢修人员到达配电所后，首先采取了排风消除毒气烟雾，在烟雾排除后对电缆隔层进行检查发现 N08 柜下桩头电缆烟熏较严重，随后检查配电所高压室设备时发现 N08 柜 A 相电缆头与所箱连接的支柱绝缘子和底座击穿，同时将支柱绝缘子上方箱体钢板烧穿严重，引起 N08 柜六氟化硫气室烧坏，导致漏气，母联（N10）、南环二（N12）由于与 N08 柜气室相通所以无法启用。沿海铁路防灾系统因南环二、北环一供电临时中断。

故障发生后，综贯、一贯信号电源分别由邻所供电。所内 N08、N10、N12 三柜因同一气箱，造成电源二所有馈出回路均不能正常供电。

配电所电源二母互柜（N08）A 相高压柜内与气箱连接的支柱绝缘子对柜体放电，造成母互柜（N08）气箱体地板被击穿（图 2-60），造成 SF_6 气体全部泄漏。从故障记录发现：放电电流为 3.81×200=762 A 触动电流Ⅱ段保护动作。

图 2-60　母互柜（N08）气箱体底板被击穿

第六节　避雷器

避雷器的作用与原理

一、避雷器概述

避雷器是一种能释放过电压能量、限制过电压幅值的设备，是架空线路或变电所电气设备的防雷保护设备之一。避雷器通常接在带电导线与地之间，与被保护设备并联。当过电压值达到规定的动作电压时，避雷器立即动作，流过电荷，限制过电压幅值，保护设备的绝缘；电压值正常后，避雷器又迅速恢复原状，以保证系统正常供电。避雷器能释放雷电和电力系统操作产生的过电压能量，保证电工设备免受瞬时过电压危害同时又能截断续流，不致引起系统接地短路。

二、常用避雷器

避雷器的常用类型主要有保护间隙、管式避雷器、阀式避雷器和氧化锌避雷器。

避雷器的结构与巡视

（一）保护间隙

保护间隙是最简单的避雷器，如图 2-61 所示。其结构上有两个间隙，一为主放电间隙，另一为辅助间隙。辅助间隙的存在可以防止正常时主间隙被其他外物短接而造成错误动作。辅助间隙的存在并不影响雷电过电压保护时保护间隙的动作。

当雷电侵入波要危及它所保护的电气设备的绝缘时，间隙首先击穿，工作母线接地，避免了被保护设备的电压升高，从而保护了设备。这种避雷器的优点是结构简单、制造方便；缺点是伏—秒特性曲线比较陡，绝缘配合不理想，间隙动作后会形成截波，吸弧能力低。

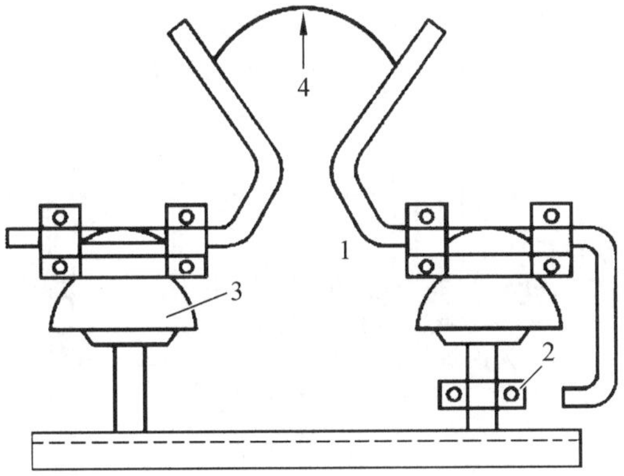

1—主间隙；2—辅助间隙；3—绝缘子；
4—工频续流电弧运动方向。

图 2-61　角形保护间隙的结构

（二）管式避雷器

管式避雷器又称为排气式避雷器，也是一个保护间隙，但它在放电后能自动灭弧，如图 2-62 所示。当排气式避雷器受到雷电波入侵时，内外间隙同时击穿，雷电流经间隙流入大地，限制了过电压；过电压消失后，在工作电压作用下，流经间隙的工频续流电弧的高温使管内产气材料分解出大量气体，管内压力升高，气体从环形电极处管口喷出，从而形成强烈的纵吹作用，电弧熄灭。

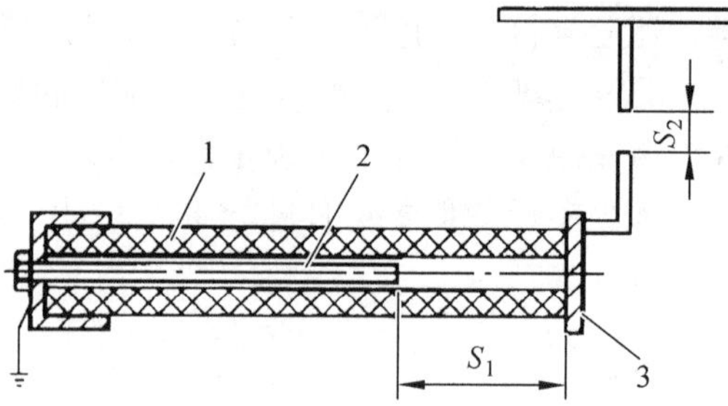

1—产气管；2—内部电极；3—端部环形电极；
S_1—内部间隙；S_2—外部间隙。

图 2-62　管型避雷器的结构

该避雷器的特点是熄弧能力与工频续流大小有关，续流太大，产气过多，易使管子炸裂；续流太小，产气太少又不足以熄弧，故对工频续流有上下限的规定。

（三）阀式避雷器

阀式避雷器是为了进一步改善避雷器的放电特性和保护效果，将原来的单个放电间隙分成许多短的串联间隙，同时增加了非线性电阻发展而来的。

当系统中出现过电压且其幅值超过间隙放电电压时，间隙击穿，冲击电流通过阀片流入大地，从而使设备得到保护。由于阀片的非线性特性，其电阻在流过大的冲击电流时变得很小，因此阀片上产生的残压将得到限制，使其低于被保护设备的冲击耐压，设备得到保护；当过电压小时后，间隙能在工频续流第一次过零时就将电弧切断，从而保护了设备。

阀式避雷器可分为普通型阀式避雷器和磁吹阀式避雷器。

普通型阀式避雷器的结构如图 2-63 所示。

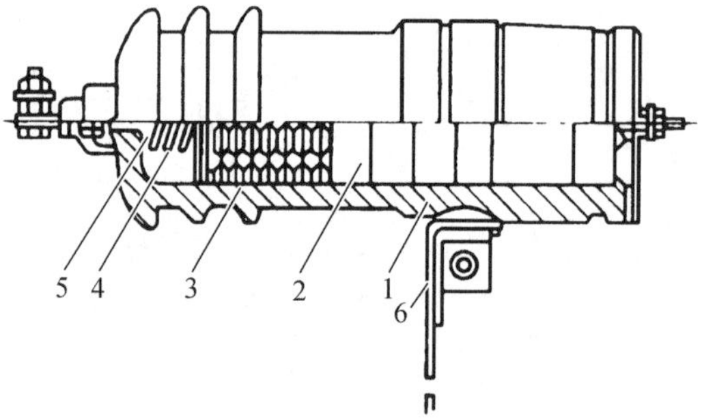

1—瓷套；2—阀片；3—间隙；4—压紧弹簧；
5—密封橡皮；6—安装卡子。

图 2-63　阀型避雷器的构造

磁吹避雷器的基本原理和结构与普通阀式避雷器相同，主要区别在于采用了磁吹式火花间隙。它也是由许多单个间隙串联而成的，单个间隙如图 2-64 所示。火花间隙是一对羊角形电极，在磁场对电弧的作用下会产生电动力，使电弧拉长，电弧最终进入灭弧栅中，可达起始长度的数十倍。灭弧栅由陶瓷或云母玻璃制成，电弧在其中受到强烈的去游离作用而熄灭使间隙绝缘强度迅速恢复。

由于电弧被拉长，电弧电阻明显增大，可以起到限制工频续流的作用，因而这种间隙又称限流间隙。计入电弧电阻的限流作用就可以适当减少阀片电阻的数目，这样又能降低避雷器的残压。

磁吹避雷器的原理如图 2-65 所示，间隙串联回路中增加磁吹线圈 3 以后，在等值频率很高的冲击电流作用下，线圈感抗上会出现较大的电压，从而增大避雷器的残压，为了避免这种情况，将磁吹线圈 3 并以辅助间隙 2，当冲击屯流流过时，线圈两端的电压会使辅助间隙击穿磁吹线圈被短路，于是放电电流流过辅助间隙 2、主间隙 1 和阀片电阻 4 流人大地，使避雷器仍然保持较低的残压。而当工频续流流过时，磁吹线圈的压降较低，不足以维持辅助闻隙放电，电流仍自线圈中流过并发挥磁吹作用。

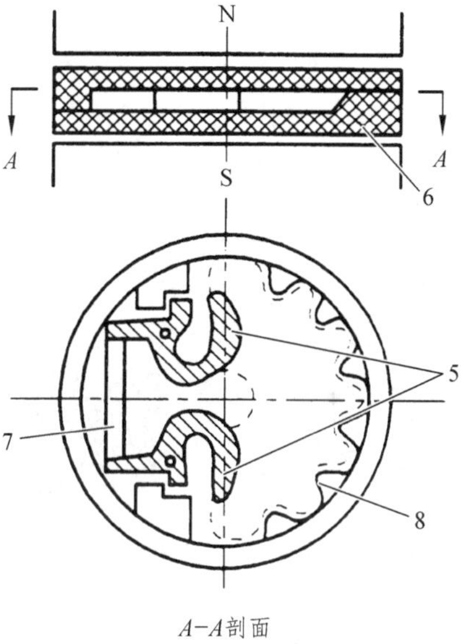

1—间隙电极；2—灭弧盒；3—并联电阻；4—灭弧栅。

图 2-64　磁吹火花间隙

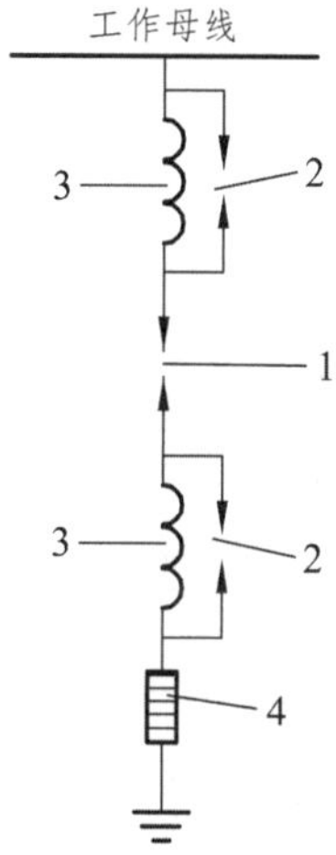

1—主间隙；2—辅助间隙；3—磁吹线圈；4—阀片电阻。

图 2-65　磁吹避雷器的结构原理

（四）氧化锌避雷器

氧化锌避雷器的阀片以氧化锌（ZnO）为主要材料，加入少量金属氧化物，在高温下烧结而成，结构外形见图 2-66。氧化锌阀片具有很优异的非线性伏安特性。通常以 1 mA 时的电压作为起始动作电压，其值约为其最大允许工作电压峰值的 105% ~ 115%。

在正常工作电压下，氧化锌避雷器具有极高的电阻而成绝缘状态，流经电流仅有微安级；当遭受过电压时，由于氧化锌压敏电阻片的非线性，避雷器呈现低电阻状态泄放雷电流，流过避雷器的电流瞬间达数千安培，避雷器处于导通状态，释放过电压能量，使与避雷器并联的电气设备的残压被抑制在设备绝缘安全值以下，待有害的过电压消失后，迅速恢复高电阻而呈绝缘状态，从而有效地保护了电气设备的绝缘免受电压的损害。

氧化锌避雷器的优点：无间隙、无续流；通流容量大；可使电气设备所受过电压降低；体积小、质量小、结构简单、运行维护方便。

目前，氧化锌避雷器已经取代了阀式避雷器，在电力系统中已得到广泛应用。

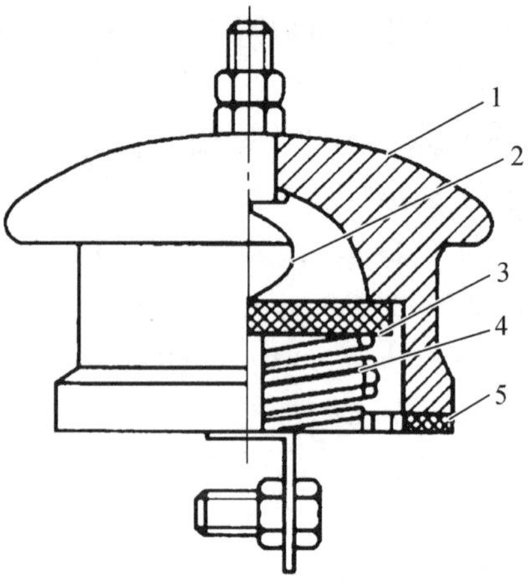

1—瓷套；2—熔丝；3—氧化锌阀片；4—弹簧；5—密封垫。

图 2-66　氧化锌避雷器外形图

第七节　高压电缆

电缆是将导电芯线用绝缘层和保护层包裹，敷设于地下、水中、沟槽等处的电力线路。电缆线路具有土地占用面积少，供电可靠，极少受外力破坏和气象条件的影响，对人身较安全等优点。

高压电缆的作用与结构

电力电缆的结构主要由导体、绝缘层和保护层三个部分组成，如图 2-67 所示。

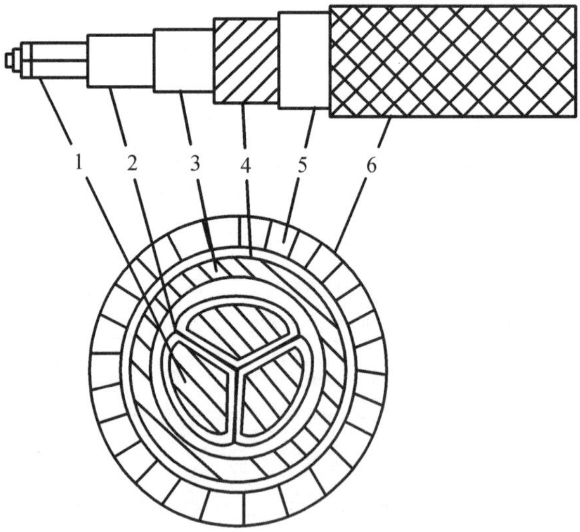

1—导体；2—纸绝缘；3—铅包皮；4—麻衬；5—钢带铠甲；6—麻被。

图 2-67　扇形三芯电缆

电缆导体通常采用多股铜绞线或铝绞线制成，根据电缆中导体的数目不同，可分为单芯、三芯和四芯电缆。单芯电缆的导体截面为圆形，三芯和四芯电缆的导体除了圆形之外，还有扇形和腰圆形。

电缆的绝缘层是使导体与导体之间、导体与保护层之间保持绝缘。绝缘层包括芯绝缘和带绝缘两部分，芯绝缘包裹着导体芯，带绝缘包裹着全部导体，空隙处填以充填物。电缆所用的绝缘材料有油浸纸、橡胶、聚乙烯、交联聚氯乙烯等。

电缆的保护层用来保护绝缘物和芯线，使其在运输、敷设和运行过程中不受外力扭伤，并防止水分侵入。保护层分内保护层和外保护层，内保护层由铅或铝制成筒形，外保护层由衬垫层（油浸纸、麻绳、麻布等）、铠装层（钢带、钢丝）和外被层（浸沥青的黄麻）组成。

电缆除按芯数和导线截面形状分类外，还可以按内保护层的结构分为统包型、屏蔽型和分相铅包型等。按绝缘材料的不同，又可分为油浸纸绝缘电缆、橡胶绝缘电缆、聚乙烯绝缘电缆、交联聚氯绝缘电缆及充油、充气电缆。

统包型电缆的三相芯线绝缘层外有一共同的铅包皮，这种电缆内部电场分布不均匀，不能充分利用绝缘强度，只能用于 10 kV 以下的电缆。屏蔽型电缆的每相芯线绝缘层都包有金属带，分相铅包型电缆的各相分别有铅包。由于屏蔽型电缆和分相铅包型电缆改变了电场的分布，避免了绝缘层所受切线分量电场的作用，使绝缘强度得到充分利用，因此，10 ~ 35 kV 的电缆通常采用这两种形式。

当额定电压超过 35 kV 时，绝缘强度要求加大，制造时电缆内部不可避免地存在气隙，在高压作用下很容易产生气体游离，使绝缘迅速破坏。因此，110 kV 及以上电缆常采用自容式充油电缆、钢管充油电缆、充气电缆及塑料绝缘电缆等。

第八节　无功补偿装置

一、无功补偿的概念

无功补偿的概念与原理

（一）有功功率、无功功率和功率因数

电力系统中的电源是由发电机产生的三相正弦交流电，在交流电路中，由电源供给负载的电功率有两种；一种是有功功率，一种是无功功率。

有功功率是保持用电设备正常运行所需的电功率，也就是将电能转换为其他形式能量（机械能、光能、热能）的电功率。比如：5.5 kW 的电动机就是把 5.5 kW 的电能转换为机械能，带动水泵抽水或脱粒机脱粒；各种照明设备将电能转换为光能，供人们生活和工作照明。有功功率的符号用 P 表示，单位有瓦（W）、千瓦（kW）、兆瓦（MW）。

无功功率比较抽象，它是用于电路内电场与磁场的交换，并用来在电气设备中建立和维持磁场的电功率。它不对外作功，而是转变为其他形式的能量。凡是有电磁线圈的电气设备，要建立磁场，就要消耗无功功率。比如 40 W 的日光灯，除需 40 多瓦有功功率（镇流器也需消耗一部分有功功率）来发光外，还需 80 Var 左右的无功功率供镇流器的线圈建立交变磁场用。由于它不对外做功，才被称之为“无功”。无功功率的符号用 Q 表示，单位为乏（Var）或千乏（kVar）。

无功功率决不是无用功率，它的用处很大。电动机需要建立和维持旋转磁场，使转子转

动，从而带动机械运动，电动机的转子磁场就是靠从电源取得无功功率建立的。变压器也同样需要无功功率，才能使变压器的一次线圈产生磁场，在二次线圈感应出电压。因此，没有无功功率，电动机就不会转动，变压器也不能变压，交流接触器不会吸合。

功率因数是用来衡量用电设备（包括：广义的用电设备，如电网的变压器、传输线路，等等）的用电效率的数据。在交流电路中，电压与电流之间的相位差（φ）的余弦叫做功率因数，用符号 $\cos\varphi$ 表示，在数值上，功率因数是有功功率和视在功率的比值，即 $\cos\varphi=P/S$。

功率因数的大小与电路的负荷性质有关，如白炽灯泡、电阻炉等电阻负荷的功率因数为 1，一般具有电感或电容性负载的电路功率因数都小于 1。功率因数是电力系统的一个重要的技术数据。功率因数是衡量电气设备效率高低的一个系数。功率因数低，说明电路用于交变磁场转换的无功功率大，从而降低了设备的利用率，增加了线路供电损失。

我国电网对功率因数的要求如下：对供电公司的要求：110 kV 站，功率因数在 0.95 ~ 0.98；220 kV 站，功率因数在 0.95 以上。对用户的要求：100 kV · A 以上的变压器，功率因数大于 0.9。对农灌的要求：100 kV · A 以上的变压器，功率因数大于 0.8。

（二）无功补偿

在正常情况下，用电设备不但要从电源取得有功功率，同时还需要从电源取得无功功率。如果电网中的无功功率供不应求，用电设备就没有足够的无功功率来建立正常的电磁场，那么，这些用电设备就不能维持在额定情况下工作，用电设备的端电压就要下降，从而影响用电设备的正常运行。无功功率对供、用电可能产生的不良影响主要有：① 降低发电机有功功率的输出；② 降低输、变电设备的供电能力；③ 造成线路电压损失增大和电能损耗的增加；④ 造成低功率因数运行和电压下降，使电气设备容量得不到充分发挥。从发电机和高压输电线供给的无功功率，远远满足不了负荷的需要，所以在供电企业的电网中要设置一些无功补偿装置来补充无功功率，以保证用户对无功功率的需要，这样用电设备才能在额定电压下工作。这就是电网需要装设无功补偿装置的道理。

二、电力牵引存在的问题及提高功率因数的措施

（一）电力牵引存在的问题

我国电气化铁道的牵引方式是单相工频整流型电力牵引。这种牵引方式存在以下问题：

（1）由于是单相负荷，在电力系统中易产生负序电流分量，影响电力系统的容量。

（2）电力牵引负荷主要是感性负荷，功率因数低，有较大的谐波电流存在。

电力牵引负荷的功率因数低，不但使牵引变压器等牵引供电系统设备的能力不能充分利用，而且降低了发电机组的输出能力和输变电设备的供电能力，使电气设备的效率降低，发电和输变电的成本提高；同时增加了输电网络中的电能损失以及电压损失，引起电力用户的供电不足。

（二）提高功率因数的措施

按电业部门的要求，电气化铁路执行功率因数 0.90 标准。提高牵引供电系统功率因数的

方法有如下两种：

（1）提高用电自然功率因数。例如，提高电力机车的功率因数（现在高速铁路多采用此种方法），改善牵引网的阻抗特性，包括减小牵引网单位阻抗和阻抗角，限制供电臂的长度；合理选择牵引变压器容量，提高容量利用率。

（2）设置并联电容补偿装置。由于牵引网阻抗的影响，牵引变压器在牵引侧母线处功率因数为 0.8 ~ 0.85，所以在牵引变压所牵引侧采用并联电容补偿装置，既能提高牵引负荷功率因数，又能减少牵引负荷谐波电流。普速铁路多采用此种方式。

三、并联电容补偿装置

（一）原理分析

在实际电力系统中，大部分负载为变压器、电动机等感性负载。在这里，我们把负荷侧近似等效为电阻 R 和电感 L 并联的电路。

将 R、L 电路并联电容 C 之后，电路如图 2-68（a）所示。该电路的电流方程为：

$$\dot{I} = \dot{I}_{c} + \dot{I}_{RL}$$

由下图的相量图可知，并联电容后电压 $\dot{U}$ 与电流 $\dot{I}$ 的相位差变小了，即供电回路的功率因数提高了。此时供电电流 $\dot{I}$ 的相位滞后于电压 $\dot{U}$，这种情况称为欠补偿。

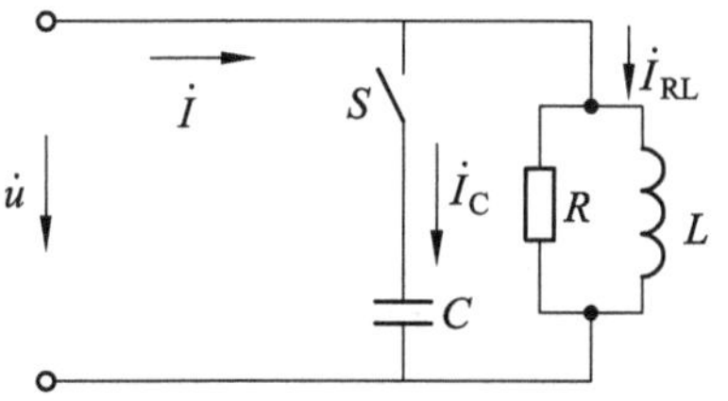

（a）电路图

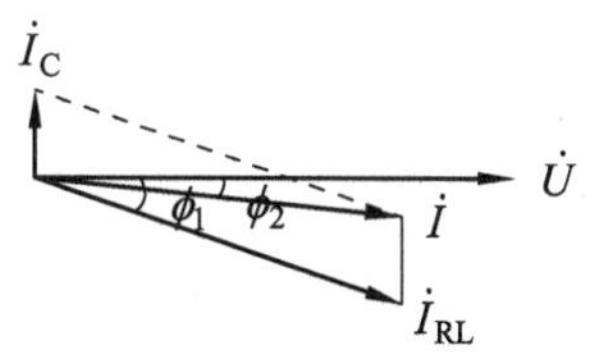

（b）相量图（欠补偿）

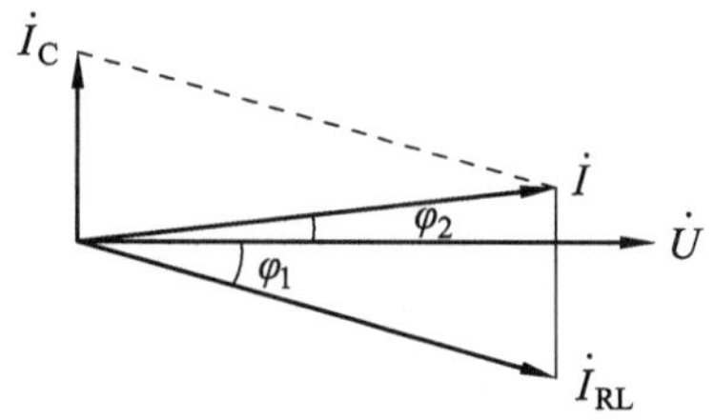

（c）相量图（过补偿）

图 2-68　并联电容补偿无功功率的电路和相量图

若电容 C 的容量过大，使得供电电流 $\dot{I}$ 的相位超前于电压 $\dot{U}$，这种情况称为过补偿，其相量图如图（c）所示。通常不希望出现过补偿的情况，因为这会引起变压器二次电压的升高，而且容性无功功率在电力线路上传输同样回增加电能损耗，如果供电线路电压因此而升高，还会增大电容器本身的功率损耗，使温升增大，影响电容器的寿命。

（二）固定并联电容补偿装置

图 2-69　电容器及放电线圈（电压互感器）

图 2-70　电抗器

无功补偿装置
结构与巡视

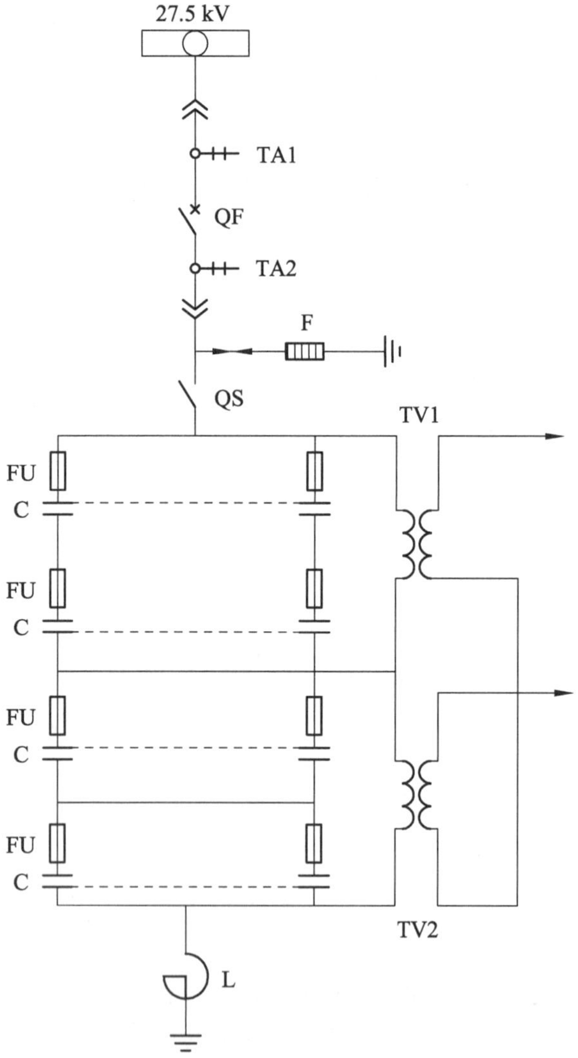

图 2-71　非 AT 供电方式并联电容补偿装置接线图

主接线图上主要的设备及作用是：

（1）并联电容器组，用于无功补偿，并与串联电抗器匹配，滤掉一部分谐波电流。

（2）串联电抗器，限制断路器合闸涌流和分闸时的重燃电流，与电容器匹配滤掉部分谐波电流；防止并联电容补偿装置与供电系统发生高次谐波并联谐振；发生短路故障时。避免电容器组向短路点直接放电，保护电容器不受损坏。

（3）断路器，用于投切和保护并联电容器补偿装置。

（4）隔离开关，保证在维护和检查并联电容补偿装置时有明显的断口。

（5）电压互感器，实现电容器组的继电保护，并在电容器组退出运行时放电。

（6）电流互感器，实现并联电容补偿装置的电流测量和继电保护。

（7）避雷器，作过电压保护。

（8）熔断器作为单台电容器的过电流保护。

并联电容补偿装置是由多台电容器串并联组成的，该设备多安装在屋外，且并联在牵引侧，会有高次谐波通过电容器，所以还应考虑多方面因素对电容器组的影响。应合理选择电容补偿装置的容量，还要考虑供电臂带电概率等因素以保证电容器的正常工作。

四、牵引变电所无功补偿方案

近几年，结合国外的先进技术，我国电气化铁道变电所无功补偿与谐波综合治理提出了多种无功补偿方案，无论哪种方案，都是力求基波下补偿牵引负荷的感性无功功率，提高功率因数，降低负序，并构成有效的滤波通路，（或抵消）滤除指定谐波。主要方案有：

（1）安装固定电容器和电抗器组成单调谐滤波器。在设计时，滤除指定的谐波，并兼顾提高功率因数，降低负序。这种方案的优点是结构简单，投资少，但很难适应牵引负荷变化剧烈的特点，对于过补、欠补问题无法解决，在电力部门使用“返送正计”的无功计量方式情况下，功率因数很难满足要求。

（2）分组投切电容器。以期解决过补、欠补问题，此方案的优点是结构简单，投资少，但投切电容器会有一个暂态过程，可能会产生过电压和过电流，影响补偿装置的可靠运行，而且加上开关寿命的限制，不能频繁投切，仍不能解决过补和欠补的问题，负序的问题也无从解决。

（3）真空断路器投切电容器。最大的优点是简单、投资少；缺点是合闸时，投切滤波支路有一个暂态过程，会产生过电流和过电压，影响电容器及串联电抗器的可靠运行；切除滤波支路时，触头上恢复电压较高，有开关重燃的可能，多次重复击穿时，电容器上产生很高的过电压，致使设备损坏。对电容器组的投切冲击，IEC 规定不超过 1 000 次/年，加之开关寿命的限制，不能频繁投切，从而影响动态补偿效果。

（4）固定滤波器+晶闸管调节电抗器（TCR）。固定滤波器按谐波要求设计，反并联晶闸管与电抗器串联，通过改变晶闸管触发角来调节流过电抗器的感性电流，使其与并联滤波器中多余的容性无功补偿电流平衡，满足功率因数要求。优点是固定滤波器长期投入，需要的晶闸管数量少，响应速度快，调节性能好；缺点是 TCR 也产生谐波。

（5）固定滤波器+晶闸管调节变压器（TCT）。用高漏抗变压器代替电抗器即得到这种补偿方案。由于高漏抗变压器制造麻烦，有功损耗大，这种补偿方案并没有得到广泛应用。

（6）固定滤波器+可控饱和电抗器。调节饱和电抗器磁饱和程度来改变流入回路的感性电流，使其与并联滤波器中多余的容性无功功率得以平衡。优点是固定并联滤波支路长期投入，不需投切，实现光滑可调；但同 TCR 一样要产生谐波，有损耗，噪声大。

（7）晶闸管投切电容器（TSC）。按照一定的寻优模式，设计多组某次或某几次滤波器，基波下各支路呈容性，分级改变补偿装置的无功出力；滤波器某次谐波下偏调谐，兼滤该次谐波。优点是损耗小，结构简单，速度响应快，不产生谐波，可以实现过零投切，不会产生像真空开关那样严重的过电压；缺点是每级都配相应的晶闸管，滤波效果受系统特性和投入组数的影响，一次性投资大。

（8）固定滤波器（FC）+电容器（TC）+电抗器（TL）调压。通过调节降压变压器低压侧的母线电压来调节连接在低压母线上的滤波器或电抗器的电压，从而改变其无功出力。调节时，用晶闸管通断，分接开关无载调节，可充分利用分接开关的机械寿命（达 50 ~ 100 万次）和晶闸管的电气寿命（理论上不受限制）。在实际应用中，也可加装 FC 来提供稳定的无功功率和实现滤波。

（9）有源补偿器。使用电力电子装置产生与负荷中谐波电流、负序电流相位相反的电流，使其相互抵消来满足电源的总谐波、无功电流的要求。这种方案补偿灵活，调节速度快，不会与系统发生谐振，但因电力电子设备价格昂贵，并没有得到广泛应用。

（10）无源补偿器+ 有源补偿器。采用有源滤波器产生与负荷中谐波电流相位相反的谐波电流，使其相互抵消来满足电源的总谐波电流的要求。比较成功的是无源、有源混合滤波器，它能扬长避短，充分利用无源补偿的大容量和有源补偿的灵活性、可控性，但其结构复杂、造价高、运行费用高。

第九节　熔断器

熔断器是使用最简单和最早的一种保护电器，它主要是在电路过负荷或短路时保护电路中的被保护设备免受损坏。在牵引变电所中，熔断器主要是作为电压互感器和所用变压器的保护电器。

一、熔断器概述

高压熔断器的作用与原理

（一）熔断器的介绍

熔断器主要由金属熔件（也叫熔体）、支持熔件的载流部分（触头）和外壳组成。有些熔断器还装有特殊的灭弧物质，如产气纤维管、石英砂等用来熄灭熔件熔断时形成的电弧。

熔体是熔断器的核心部分，熔体的材料直接影响到熔断器的性能。低熔点材料有锡、锌、铅及其合金，高熔点材料有铜、银、铝。低熔点材料的优点是熔点低、最小熔化电流及熔化系数小，有利于过载保护，缺点是分断能力较小。高熔点材料电阻率小，熔体截面积较小，熔断后金属蒸气少，易于熄灭电弧，具有高分断能力；但在小倍数过载时，熔断器的导电零件温度过高，熔化系数也较大。由于低熔点和高熔点材料各有其优缺点，因而在实际应用中，利用它们各自的优点，克服缺点，从而同时满足两种不同的要求，为达到这个目的，通常采用“冶金效应”，即在高熔点的金属熔体上焊纯锡（或锡镉合金）。

冶金效应是指当熔体通过过载电流时，首先锡溶剂熔化，然后金属原子溶解于锡溶剂中而成为合金，其熔点比高熔点金属低，同时它的电阻率也增大，致使局部发热剧增而首先熔断，缩短了熔化时间。这样熔化系数就大为减小，过载保护性能大为改善。另一方面，由于熔体本身仍为高熔点材料，锡桥或锡珠体积又很小，因而固有的高分断能力仍然得以保持。但是，当通过短路电流时，由于熔体熔化时间极短，“冶金效应”不起作用。

为了加速灭弧，提高熔断器的分断能力，往往在绝缘管中装入填充材料（简称填料），常用的填料有石英砂（SiO_2）和三氧化二铝砂（Al_2O_3）。尽管三氧化二铝砂的性能优于石英砂，但由于石英砂的价格较为便宜，目前均多采用石英砂。

熔管是熔断器的主要零件之一，外形以方管形和圆管形为主，起包容熔体和填料及散热和隔弧的作用，要求其具有高机械强度、高耐热和耐弧能力。目前，有填料的熔断器的熔管一般采用低压电瓷、氧化铝电瓷和高频电瓷，无填料熔断器的熔管一般是钢纸管、三聚氰胺玻璃布管或硅有机玻璃布管。

（二）熔断器的工作原理

熔断器是串联在电路中，当电路中的电流增加到一定数值时，例如电路过负荷或发生短路时，过负荷电流或短路电流对熔件加热，熔件在被保护设备的温度未达到破坏其绝缘之前熔断，使电路断开，设备得到了保护。熔件熔化时间的长短，取决于通过的电流和熔件的熔点的高低。当电路中通过很大的短路电流时，熔件将急骤熔化并气化，迅速熔断；当通过不是很大的过电流时。熔件的温度上升的较慢，熔件熔化的时间也较长。熔件材料的熔点高，则熔件熔化慢，熔断时间长；反之，熔断时间短。

（三）熔断器的主要技术参数和型号

1. 熔断器的技术参数

熔断器的主要技术参数有额定电压、额定电流、熔件的额定额定电流、极限断路电流。

1）额定电压

额定电压指熔断器能够长期承受的正常工作电压，即安装处电网的额定电压。

2）额定电流

额定电流指熔断器壳体部分和载流部分允许通过的长期最大工作电流。

3）熔件额定电流

熔件额定电流指熔件允许长期通过而不熔断的最大电流。熔件的额定电流可以和熔断器的额定电流不同，同一熔断器可装入不同额定电流的熔件，但熔件的最大额定电流不应超过熔断器的额定电流。

4）极限断路电流

极限断路电流是指熔断器所能断开的最大电流。若被断开的电流大于此电流时，有可能使熔断器损坏，或由于电弧不能熄灭引起相间短路。

2. 熔断器的型号及其含义

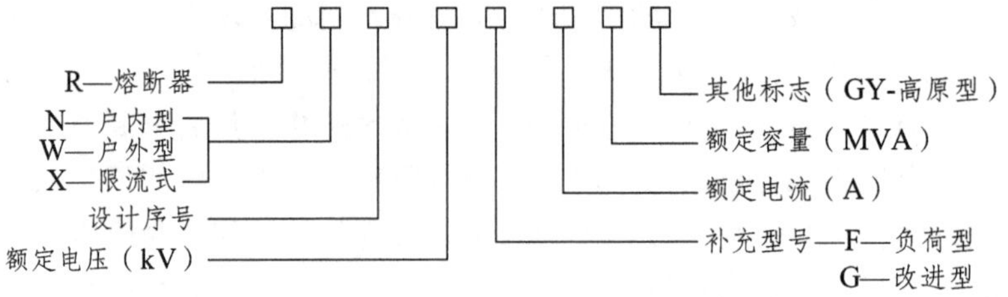

二、高压熔断器

高压熔断器的结构

高压熔断器是指 1 000 V 以上的熔断器，牵引变电所中常用的高压熔断器有 10 kV、35 kV（25 kV 电网一般用 35 kV）、110 kV 等电压等级的熔断器。

高压熔断器的作用是当系统出现过载或短路时，熔体因过热而熔断，从而切断线路，达到保护电网和电气设备的目的。一般分为户内和户外两种高压熔断器。

高压熔断器还分为限流式和跌落式两类。限流的含义是限制短路电流达到最大值，从而在短路电流最大值前的某一值下分断线路，减少短路电流对线路、电气设备的危害。

（一）跌落式熔断器

如图 2-72 所示为 RW3 型跌落式熔断器的结构图。它一般由绝缘支柱、接触导电系统和熔管构成。绝缘支柱起安装、固定、绝缘作用，材料为陶瓷。熔管起绝缘、灭弧作用，外层由酚醛纸管或环氧玻璃布管制成，内层由钢纸管或虫胶桑皮纸管等产气材料制成。熔管的两端是上下触头。熔体穿过熔管，一端固定在下触头上，另一端拉紧在可以绕轴转动的压板上，压板压在弹簧钢片上，形成上触头。熔管固定在金属支座和鸭嘴罩之间。安装时，使熔管与铅垂线成 30°夹角。

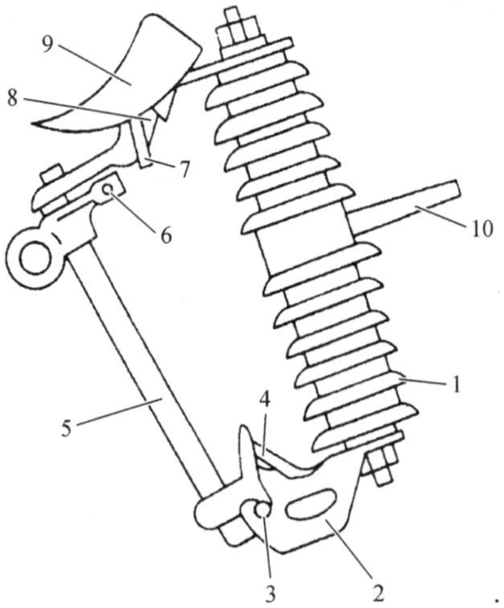

1—绝缘支柱；2—金属支柱；3—轴；4—下触头；5—熔管部件；
6—轴；7—压板；8—弹簧钢片；9—鸭嘴罩；10—安装板。

图 2-72　RW3 型跌落式熔断器

熔体熔断后，压板在弹簧片作用下绕轴顺时针转动，上触头从鸭嘴罩抵舌上滑脱，熔断管靠自身重力绕轴逆时针旋转，倒挂在支座上，称跌落。熔体熔断产生电弧后，电弧热量使熔管内壁材料产气，管内压力升高，气体高速向外喷出，纵向吹弧，电流过零时将电弧熄灭。

熔管跌落后，用绝缘钩棒取下熔管，换上新熔体，故障排除后，将熔管推向合闸位置。

这种熔断器结构简单、价格便宜，但开断电流小，熔体熔断后，火焰及金属残渣从熔断管向两端喷出。

（二）限流式高压熔断器

在牵引变电所中常采用 RN1、RN2 型熔断器，两者的外形基本相同，差别在于熔件不同，如图 2-73 所示是 RN2 型限流式熔断器的结构图。它一般由熔件瓷套、触头、支持绝缘和支持底座组成。支持底座上安装有两个支持绝缘子，对熔断器起绝缘固定支持作用，支持绝缘子上安装有触头和接线端子，接线端子用于将熔断器串联于被保护线路中，触头用于卡装熔件瓷套，熔件装于熔件瓷套内，瓷套两端装有铜帽，用于和触头实现电连接。

RN2 型熔断器的灭弧能力与熔件的截面、长度和材料有关。熔件熔断时，电弧因熔件蒸发而在填料中间形成的小洞里燃烧，当熔件的截面较大时，小洞的直径也较大，熔件蒸发形成的金属蒸气也多，灭弧较困难。所以 RN2 型熔断器的熔件是由三种不同截面的一根康铜丝绕在陶瓷芯上而成，不同截面的铜丝是用小锡球焊接相连接的。当过载电流通过熔断器时，熔件先在焊有小锡球处熔断，随之电弧使熔件沿全长熔化，电弧在电流某一过零时最后熄灭。当短路电流通过熔断器时，细熔丝几乎立即沿全长熔化和蒸发，小洞内的压力剧增，金属蒸气猛烈向四周喷溅，渗入石英砂中并凝结，增强了去游离，电弧迅速熄灭。

RN2 型熔断器不设指示器，运行时是根据接于电压互感器二次回路的电压表读数是否为零而判断熔件是否熔断。

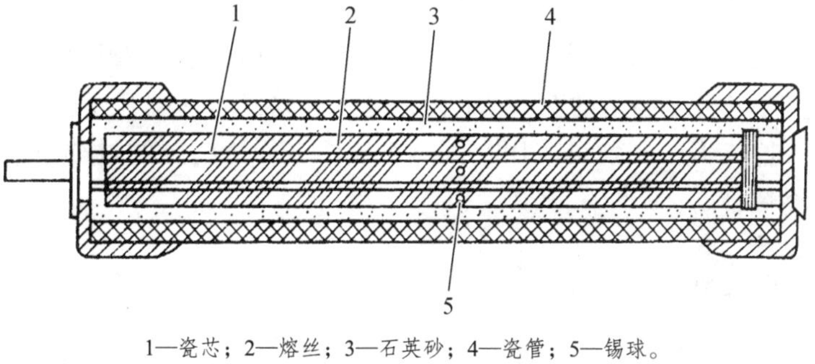

1—瓷芯；2—熔丝；3—石英砂；4—瓷管；5—锡球。

图 2-73　高压限流型熔断器

三、低压熔断器

（一）有填料封闭管式熔断器

RT0 型有填料管式熔断器是我国统一设计的一种有限流作用的低压熔断器，广泛应用在要求断流能力较高的装置中，其极限断流可达 5 kA（有效值）。目前主要有 RT12、RT15 和

RT14 系列，其结构如图 2-74 所示。

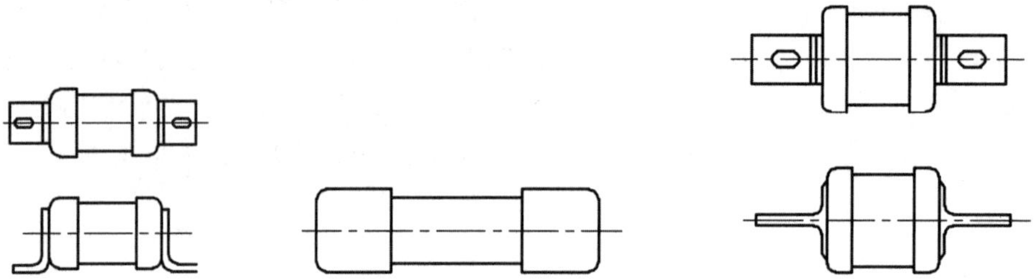

（a）RT12 系列熔断器　（b）RT14 系列熔断器　（c）RT15 系列熔断器

图 2-74　有填料封闭管式熔断器

RT12、RT15 系列熔断器的结构形式为螺栓联接式，熔断器的两端的触刀在使用中必须用螺栓与外部联接，它与熔断器处于并联状态。熔断器带有熔断指示器，并有正面、侧面、背面三种位置可供选择。

熔断指示器用来反映熔断器熔断与否，主要由高电阻材料制成的金属丝、弹簧、指示件、弹簧座组成。当熔断器熔体熔断，同时金属丝也熔断，弹簧释放，把指示件顶出，以显示熔断器已动作。有时还利用指示件给熔断器的辅助触头或微动开关以作用力，将有关信号传递到相应的控制机构，并可发出声、光等警报显示信号。

RT14 系列熔断器由熔断体和熔断体支持件（底座）组成。支持件有螺钉安装和安装轨安装两种结构。该系列熔断器分为带撞击器和不带撞击器两类。撞击器是熔断器的机械部件，它在熔断器动作后释放能量，撞击器弹出，既可作熔断信号指示，又可作触动微动开关以控制接触器等控制电器的线圈回路作三相电动机的断相保护。

（二）有填料封闭管式刀型触头熔断器

NT、RT16、RT17 是常用的有填料封闭管式刀型触头熔断器，其中 NT 系列是我国引进国外公司的技术及生产许可证制造的产品，RT17 系列是以此为基础开发的产品，RT16 是同类产品的国内型号。这三类产品均可应用在配电系统中，作为线路的过载及系统的短路保护，可取代 RT0 系列熔断器。

（三）螺旋式熔断器

RL6、RL7 是螺旋式熔断器，其外形及结构如图 2-75 所示。熔断体为一个瓷管，内装石英砂和熔体，熔体一般为细铜丝，上面焊有锡球，瓷管两端用金属帽封闭，熔体的两端焊在金属帽上，其中一端帽中央有一个熔断指示器，当熔体熔断后，指示器便弹出，透过瓷帽上的玻璃可以看见。熔体与瓷帽用弹性零件联成一体，熔体熔断后，只要旋开瓷帽，取出已熔断的熔体，装上相同规格的熔体，再旋入瓷座内即可正常使用，操作安全方便。

（四）自复式熔断器

自复式熔断器是一种限流电器，其本身不具备分断能力，但与断路器串联使用时，可提高断路器的分断能力，且能多次使用，其结构如图 2-76 所示。

在正常工作情况下，电流从电流端子通过绝缘管细孔中的金属钠到电流另一个端子上，形成电流通路。当发生故障时，因故障电流使钠金属急剧发热而气化，形成高温高压的等离子高电阻状态，从而极大地限制了故障电流的增加，此时活塞在高压下压缩氩气。当故障电流切除时，钠金属温度下降，活塞在压缩氩气的作用下回到原来位置，使钠复原并凝结成固体，电阻也降为原值，供再次使用。目前我国生产的自复式熔断器有 RZ1 系列产品。

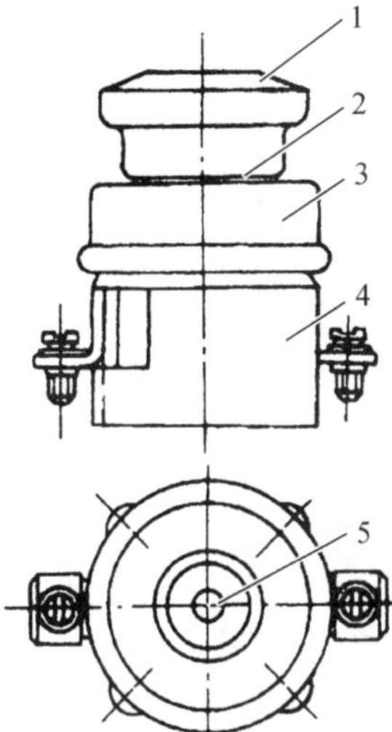

1—瓷帽；2—熔断体；3—瓷套；4—瓷底座；5—熔断指示器。

图 2-75　螺旋式熔断器

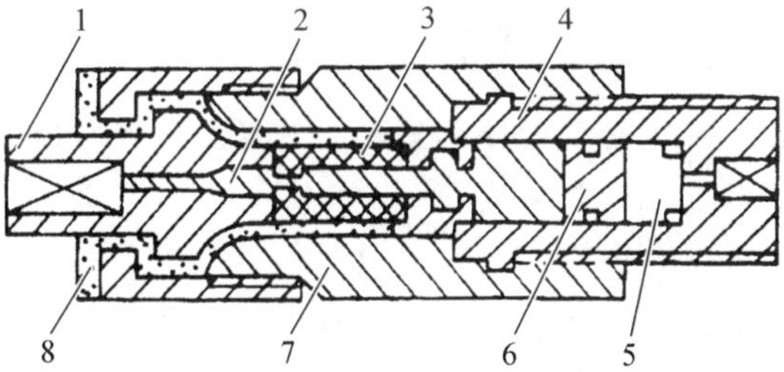

1、4—电流端子；2—熔体；3—绝缘管；5—氩气；6—活塞；
7—不锈钢管；8—填充剂。

图 2-76　自复式熔断器

本章小结

本章介绍了牵引变电所内的一次设备，包括变压器、互感器、断路器、隔离开关、避雷器等一次设备。

1. 牵引变压器

牵引变压器是牵引变电所的核心，其主要功能是变换电压、传输电能，将一次侧的电能通过电磁能量转换的方式传输到二次侧，同时根据应用的需要将电压降低，完成电能的输送和分配。高铁牵引变电系统多采用 AT 供电方式，将 220 kV 或更高电压等级的电能降至 55 kV。

2. 互感器

互感器是一次电路和二次设备之间的联络设备，它将一次回路的高电压和大电流按比例变换成标准低电压（100V 或 $100/\sqrt{3}$ V，额定值）或标准小电流（5 A 或 1 A，额定值），以便向测量仪表、保护设备及自动控制设备提供信号。可分为电流互感器和电压互感器。

3. 断路器

高压断路器具有专门的灭弧装置，有很强的灭弧能力，是一种具有开关和保护双重作用、性能完善的高压开关。系统正常运行时，切断和接通线路及各种电气设备空载或负载电流；当系统发生故障时，在继电保护装置的配合下，迅速切除故障电流；与自动装置配合，能完成自动重合闸任务，提高供电可靠性。

4. 隔离开关

利用隔离开关断口的可靠绝缘能力，使需要检修或分段的线路与带点线路相互隔离，以确保检修工作的安全。

5. GIS 开关柜

高压 GIS 开关柜即为柜式气体绝缘金属封闭开关设备。它采用紧凑式、共箱式气体绝缘的充气式环网柜，所有带电部件均在密闭的 SF_6 气室内，气体外壳由不锈钢板焊接而成，具有良好的气密性和可靠性，运行不受外界环境影响。

6. 避雷器

避雷器是一种能释放过电压能量、限制过电压幅值的设备，是架空线路或变电所电气设备的防雷保护设备之一。避雷器通常接在带电导线与地之间，与被保护设备并联。当过电压值达到规定的动作电压时，避雷器立即动作，流过电荷，限制过电压幅值，保护设备的绝缘；电压值正常后，避雷器又迅速恢复原状，以保证系统正常供电。避雷器能释放雷电和电力系统操作产生的过电压能量，保证电工设备免受瞬时过电压危害同时又能截断续流，不致引起系统接地短路。

7. 高压电缆

电缆是将导电芯线用绝缘层和保护层包裹，敷设于地下、水中、沟槽等处的电力线路。电缆线路具有土地占用面积少，供电可靠，极少受外力破坏和气象条件的影响，对人身较安全等优点。

8. 无功补偿装置

电能用户在电网高峰时的负荷功率因数，高压用户不应低于 0.9，其他用户的功率因数不低于 0.85。无功补偿装置能够提高功率因数，电力电容器是最常见的补偿装置。高铁牵引变电所已经不再采用，直接在机车上进行了补偿。

9. 熔断器

熔断器保护是高低压电路中最简单的一种过电流保护装置。在牵引变电所中，熔断器主要是作为电压互感器和所用变压器的保护电器。

复习思考题

1．牵引变压器的作用是什么？
2. 牵引变压器有哪些结构部件？
3. 牵引变压器有哪些结线形式？请画图说明。
4. 自耦变压器有什么样的结构特点？
5. 电流互感器的作用是什么，使用中有哪些注意事项？
6. 电压互感器的作用是什么，使用种有哪些注意事项？
7. 运行中的电流互感器二次侧为什么不允许开路？如何防止运行中的电流互感器开路？
8. 互感器的二次侧为什么必须接地？
9. 电压互感器的二次侧短路对运行有什么危害？
10. 断路器的作用是什么？
11. 断路器的基本结构有哪些？
12. 试述弹簧操动机构的动作过程。
13. 简述 SF_6 断路器和真空断路器的灭弧原理。
14. 高压隔离开关的作用是什么？
15. 高压隔离开关操作过程中有哪些注意事项？
16. 高压隔离开关的类型有哪些？
17. 什么是 GIS？
18. GIS 有何优点？
19. GIS 中使用的隔离开关与普通隔离开关有何区别？
20. 避雷器的作用是什么？
21. 常用避雷器有哪些类型？
22. 氧化锌避雷器有何特点？
23. 电力电缆与架空输电线路有何区别？
24. 电力电缆的结构由哪几部分组成？
25. 无功补偿有什么意义？
26. 并联电容补偿装置的工作原理是什么？
27. 熔断器的作用是什么？
28. 什么是冶金效应？

第三章　电气主接线

第三章课件

第一节　电气主接线概述

电气主接线概述

牵引变电所（包括分区所、开闭所）的电气主接线是指由隔离开关、互感器、避雷器、断路器、主变压器、母线、电缆等高压一次电气设备，按一定顺序连接的用于表示接收和分配电能的电路。它反映了牵引变电所的基本结构和性能，在运行中表明电能的输送和分配关系、一次设备的运行方式，成为实际运行操作的依据。

表明一次电气设备相互连接关系和工作原理的电气接线图，称为主接线图。主接线图用国标图形文字符号（表 3-1）画出。主接线一般用单线图表示。单线图是表示三相交流电气装置中一相连接顺序的图。局部图由于三相不完全相同，则用三线图表示。

表 3-1　电气元件标准图形和符号

文字符号	图　形	电气元件名称	文字符号	图　形	电气元件名称
G		发电机、电力系统	W		汇流母线（三相）
T		单相变压器	F		避雷器
		三相变压器	FV		放电器
FU		熔断器	TV	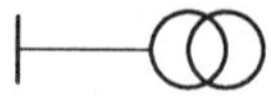	电压互感器（双绕组）
QF		断路器		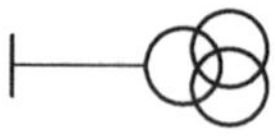	电压互感器（三绕组）
	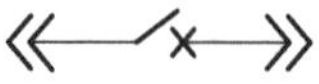	小车式断路器	TA	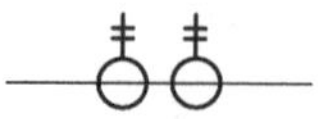	电流互感器（两个铁芯，两个副绕组）
QS		隔离开关			电流互感器（一个铁芯，两个副绕组）
		电动隔离开关	W	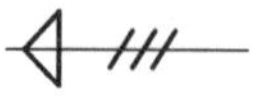	电缆密封终端头
	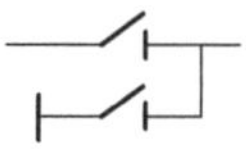	带接地闸刀的隔离开关	LF		抗雷线圈
			LC	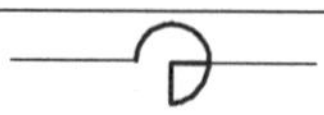	电抗器

供安装使用的主接线图还应在主要电气设备图形旁表明其规格型号。

变电所中还普遍采用主接线模拟板（操作图），挂在主控室中。它模拟出牵引变电所中一次电气设备的实际运行状态。值班人员根据主接线模拟板中电气设备的实际运行状态和调度命令进行操作，操作后更改主接线模拟板中电气设备的运行状态，使其与实际相符。

学习电气主接线的目的：① 了解牵引变电所的结构。② 熟悉牵引变电所倒闸作业的内容、倒闸作业的原则、倒闸作业的安全操作步骤。③ 了解电气主接线对电气设备的选择、配电装置的布置、继电保护装置的设置、整定及主变压器可靠、经济、安全运行有密切关系。④ 掌握主接线的运行方式，主变压器、馈线断路器的备用方式。

牵引变电所内倒闸作业的主要内容是：倒换电源；倒换主变压器；断路器的退出、投入。

牵引变电所内倒闸作业要遵守的原则是：不影响系统功率穿越，所谓系统功率穿越是指该变电所的汇流母线上有其他变电所的负荷电流通过；不中断向牵引负荷的供电。

牵引变电所内倒闸作用的安全操作步骤：① 明确主接线正常运行时两回电源的供电状况及主接线中各开关的通断状况；② 停电时，先停负荷，后停电源；送电时，先送电源，后送负荷；③ 隔离开关与断路器串联时，隔离开关应先合后分；④ 隔离开关与断路器并联时，隔离开关应先分后合；⑤ 隔离开关带接地闸刀时，送电时应先断接地闸刀，后合主闸刀。停电时应先断主闸刀，后合接地刀。

主变压器备用方式与主变压器的接线方式有关，对三相牵引变电所和三相-两相牵引变电所通常采用固定全备用方式。即牵引变电所中设两台主变压器，其中任何一台即可承担全部负荷，另一台处于完好的备用状态，随时可投入运行。对单相牵引变电所通常采用固定备用方式或移动备用方式。固定备用方式即在牵引变电所中设一台同规格型号的单相变压器作为备用。随时可代替两台运行的单相变压器中的一台。移动备用方式即在供电段设置一台或两台单相变压器，安装在平板车上，需要时可引入段管范围内任一单相牵引变电所代替需退出的单相主变压器，条件是该牵引变电所中需设置铁路岔线。

电气主接线一般应满足下列要求：

1. 可靠性

牵引变电所电气主接线的设计应当能保证对牵引负荷和地区负荷的供电和电能质量。

牵引负荷和部分地区负荷均为一级负荷，必须保证供电的安全性和可靠性。要保证牵引变电所电源引入可靠，选择主接线时要考虑在电路的转换、设备的检修和事故的处理时供电的可靠性和连续性。为了满足电能质量的要求，主接线应在变压器接线方式、谐波补偿和调压方面注意改善电能质量。

2. 操作方便

电气主接线应力求简单、清晰且操作方便。

由于接触网事故较多，检修频繁，故牵引变电所倒闸作业较多。主接线越简单清晰，操作程序越少，操作越方便。

3. 灵活性

电气主接线应可以适应多种运行方式，且检修、维护安全方便。

在系统和变电所设备故障时，能灵活、简便、迅速倒换运作方式，且停电时间和范围最小。在占地面积一定时，接线越简单，越能满足检修设备需要的安全距离。

4. 经济性

主接线决定了电气设备的数量和运行方式，从而影响到基本的投资和运行费用。在满足供电可靠性和运行灵活性的基础上，尽量使投资和运行费用最省。

5. 发展扩建的可能性

牵引变电所主接线应在设备检修和事故处理等情况下，能保证向牵引负荷安全、可靠、灵活、经济地供电。而且在设计时应考虑将来的发展和扩建的方便。设计主接线要考虑到远景规划，在需要的时候可以很方便地改造和扩建。

第二节　变配电所的电气主接线

一、牵引变电所电气主接线的作用及画法

常见电气主接线的类型

变配电所的设备可分为一次设备和二次设备，一次设备是变配电所的主体，也称为高压电气设备，它包括各种电压等级的开关、变压器、互感器、母线和电缆、电抗器等。将这些设备按照一定的关系连接起来，组成一次接线，即变配电所的主接线。简单地说，根据用户负荷的供电要求，电源怎样进入变配电所、又如何向下一级负荷供电，就构成了变配电所的电气主接线。变配电所的主接线设计方案对变配电所安全运行、电气设备的选择、配电装置的布置和电能质量等起着决定性的作用。

由于电力系统为三相对称系统，三相连接的方法、所接的电气设备基本上一样，所以电气主接线图通常以单线图来表示，即用一条线代表三相，使其简单清晰。而对于有的元件，例如互感器，不一定三相全部装设，故表示互感器的局部电路图用三线图表示。这样，变电所的电气主接线就可以直观清晰地表示出变电所的结构特点、运行性能、使用电气设备的多少及其前后排序等。

我国铁路供电图纸中采用的电气元件文字符号比较混乱，虽然国家早就推荐使用国标，但大部分的图纸仍采用旧的文字符号，或者国标符号和旧符号混用，为了便于学习者阅读变电所的原始图纸，在表 3-2 中对变电所高压设备的文字符号、主要特点与作用进行说明。

表 3-2　变电所高压设备的文字符号、主要特点与作用

分类	名称	旧文字符号	国标文字符号	主要作用
变换电器	牵引变压器	B	T	变换电力系统的电压，使之便于传输和应用
	电力变压器			
	电流互感器	LH	TA	变换电路中的电流和电压，使之便于用于测量、保护和控制
	电压互感器	YH	TV	

续表

分类	名称	旧文字符号	国标文字符号	主要作用
开关电器	断路器	DL	QF	关合和开断正常和故障电路，具有良好的灭弧功能
	隔离开关	G	QS	关合和开断无负荷的电路，具有明显的分断点，没有灭弧功能
	负荷隔离开关	F	QL	关合和开断正常运行的电路，具有明显的分断点，具有一定的灭弧功能
保护电器	熔断器	RD	FU	避免电气设备因短路故障或过负荷遭受损坏
	电抗器、滤波器	DK	LC	限制电气设备承受的短电流；过滤高次谐波
	避雷器、放电器	BL	F	限制电气设备承受的过电压
补偿电器	电容器	DR	C	补偿变配电系统中的无功功率，提高系统的功率因数
GIS（Gas Insulated Switch-gear）组合电器、GIS 开关柜				将断路器、隔离开关、电流互感器、电压互感器等按一定的接线装配成一个整体

二、牵引变电所、AT 所、分区所的电气主接线

我国高速电气化铁路牵引供电系统多采用 AT 供电方式，本节选取牵引变电所等主接线示例，均为 AT 供电方式下的主接线形式。

我国高速电气化铁路牵引变电所、分区所、AT 所、开闭所均按无人值班设计，适当考虑值守、检测、维护工作时的生活条件。

牵引变电所电气主接线分析

（一）牵引变电所主接线

我国高速电气化铁路牵引变电所的主接线主要有以下特点。

1. 高压侧接线方式

在牵引变电所两路电源均非常可靠的条件下，牵引变电所高压侧通常采用线路变压器组接线，如图 3-1 所示。两路变压器组设备和接线完全相同，正常工作时，一台运行，一台备用，虽然两路变压器组在高压侧没有联系，但两路外部电源处于热备用状态，完全可以满足牵引变电所的用电可靠性需要，因简化了高压侧的设备，在高铁牵引变电所得到广泛采用。

牵引变电所电源侧亦可采用线路分支接线（双 T 接线），在两回进线之间设置两台隔离开关的跨条，实现电源进线与变压器直列或交叉供电的运行方式，提高运行方式的灵活性。我国目前已经实施的高速铁路中，京沪、郑西、京津、合武等牵引变电所采用线路变压器组接线方式；武广、京石、石武等采用线路分支接线。

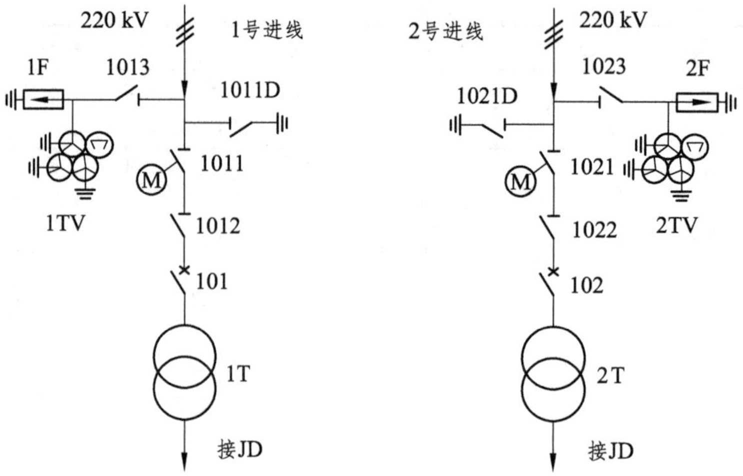

图 3-1　采用线路变压器组接线的高铁某牵引变电所（高压侧）主接线

图 3-2 为高铁某牵引变电所（高压侧）主接线图，采用线路分支接线，接有两路 220kV 电源线路，主变压器（简称主变）按设置两台单相接线的主变设计，为固定全备用方式。正常时由一路电源通过任一台主变向两段独立的牵引母线供电，各隔离开关和断路器的运行状态如下：

（1）直列运行方式：两路 220 kV 电源线路进线隔离开关 1011、1021 合闸，互为热备用；跨条隔离开关 1001（电动）分闸、1002（手动）合闸；主变 1T（或 2T）前的断路器 101（或 102）合闸。

（2）交叉运行方式：220 kV 进线隔离开关 1011（或 1021）合闸；跨条隔离开关 1001（电动）、1002（手动）合闸；主变 2T（或 1T）前的断路器 102（或 101）合闸。

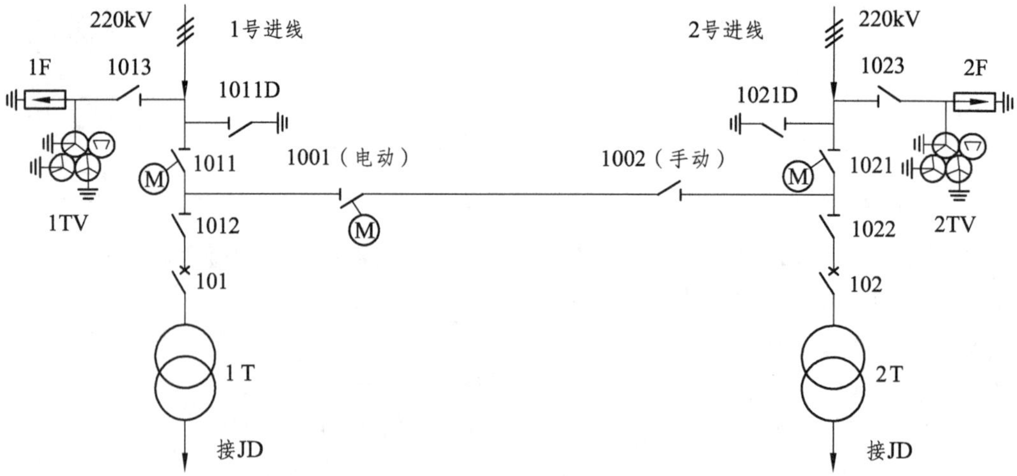

图 3-2　采用双 T 接线的高铁某牵引变电所（高压侧）主接线

2. 27.5 kV 侧接线方式

图 3-3 所示为常用的单母线隔离开关分段接线形式，这种接线方式适用于有一个工作电源和一个备用电源的变配电所。为了母线检修的安全，设有两组母线分段隔离开关。这种接线一般正常运行时是不分段的，只有当电源、母线检修或故障时才分段运行。各段母线应分别各设一组电压互感器和避雷器。

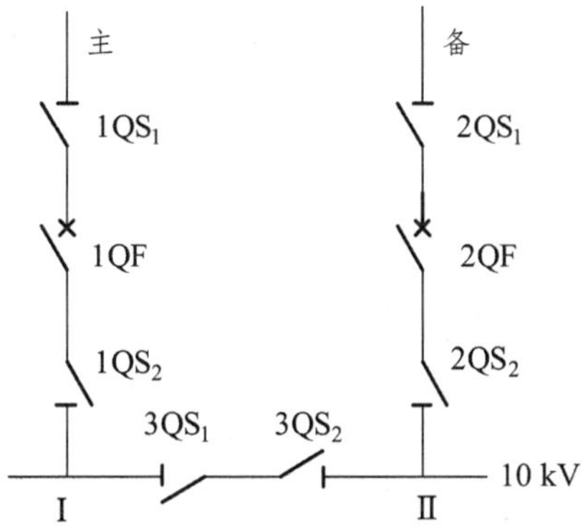

图 3-3 单母线隔离开关分段接线

图 3-4 为高铁某牵引变电所 27.5 kV 侧主接线图。采用 AT 牵引供电方式，变电所采用单相主变，主变二次侧母线电压为 55 kV（2×27.5 kV），一端接 T 母线，另一端接 F 母线。图 3-2 与图 3-3，看似不同，但实际上采用的都是单母线分段接线形式。图 3-4 中，两段母线（T1-F1 与 T2-F2）没有联系，但主变二次侧各设置了两组断路器，主变 1T 通过 201、203 两组断路器分别向两段母线（T1-F1 与 T2-F2）供电，主变 2T 通过 202、204 分别向两段母线（T1-F1 与 T2-F2）供电，每一段牵引母线均可方便地从两台主变获得电源，操作更加方便安全，供电可靠性更高。

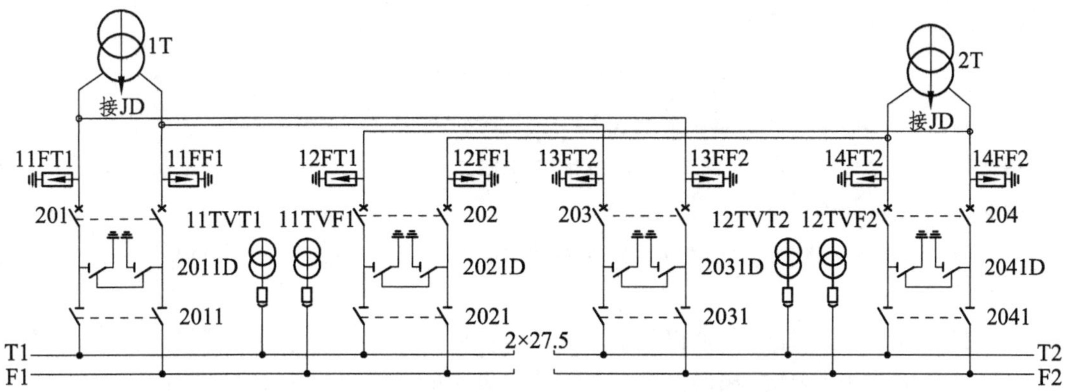

图 3-4 高铁某牵引变电所（27.5 kV 侧）主接线

3. 馈线侧接线方式

图 3-5 所示为高铁某牵引变电所馈线侧主接线图。主变 1T 工作时，通过 201、203 两组断路器分别向两段母线（T1-F1 与 T2-F2）供电，212-214 四组断路器同时工作，向上下行供

电臂同时送电。断路器采用上下行互为备用方式，断路器 211 与 212，通过电动隔离开关 3101 达到互为备用的目的，当任何一组断路器出现故障时，另外一组均可向上下行供电臂同时供电，此时应注意馈线断路器的容量问题，可通过改变继电保护的整定值，达到运行的需求；也可适当降低列车运行速度，满足一组断路器故障状态下的列车运行。

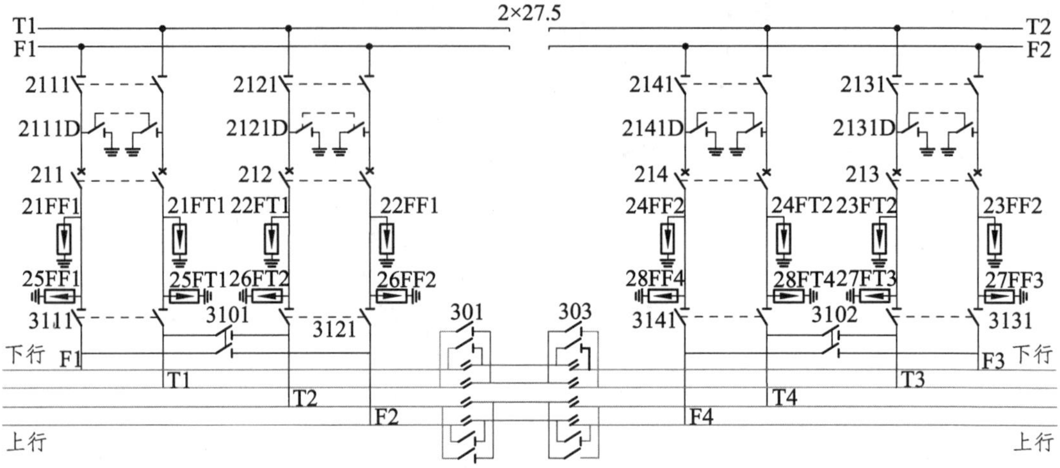

图 3-5　高铁某牵引变电所（馈线侧）主接线

（二）AT 所主接线

AT 供电方式每隔 10 ~ 15 km 设置一个 AT 所，AT 所的位置有 3 种：供电臂首端，不单独设置 AT 所，置于牵引变电所内；供电臂之中，设置 AT 所，或者设置 AT 开闭所；供电臂末端，设置 AT 分区所。

AT 所/分区所主接线分析

AT 所中的主要设备是自耦变压器及其开关设备等，AT 中点经中性线（N）与接触网保护线（PW）相连后接至钢轨，两个引线端子分别接至接触网和正馈线。

图 3-6 为某高铁 AT 所主接线图，工作情况简单说明如下。

（1）图 3-6 中，两组断路器（241、242）和电动隔离开关（2411、2421）从接触网接入两台自耦变压器（1AT、2AT），AT 中性点与钢轨相连。正常运行时，一台自耦变压器工作，两台自耦变压器互为备用。

（2）每回 27.5 kV 馈线上均设有氧化锌避雷器，用于过电压保护；设有电压互感器，用于测量及保护。

（3）27.5 kV 母线上设一台单相所用电变压器；另外从 10 kV 电力贯通线上引一回电源入所，并设置一台 10/0.4 kV 三相所用电变压器，二者之间互为备用。

图 3-6 中出现的设备对应的符号、名称及型号规格如表 3-3 所示。

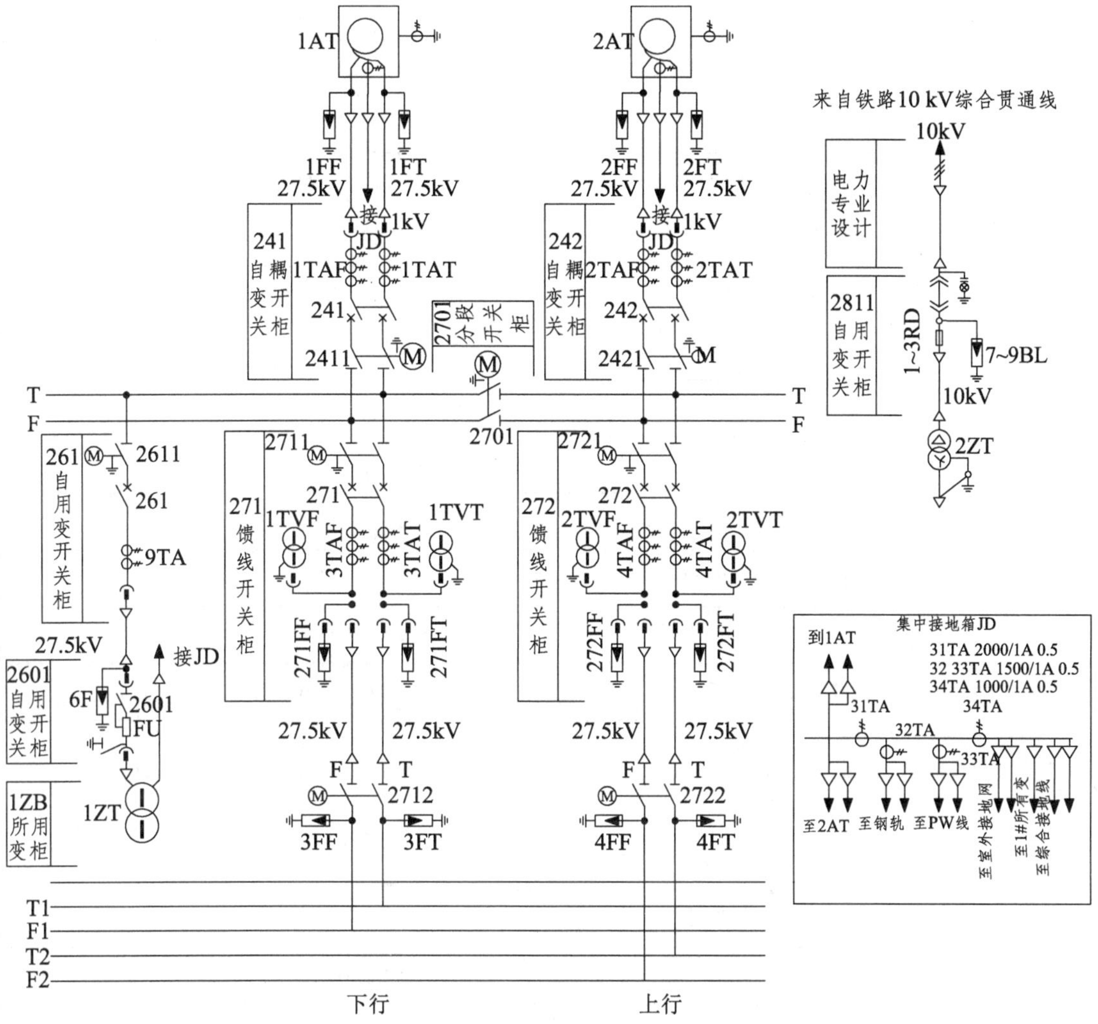

图 3-6 高铁某 AT 所主接线

表 3-3 设备材料表

符号	名称	型号规格
2811	移开式手车	630 A 三极
	熔断器	XRNT1-12/6.3 A-50 kA
	氧化锌避雷器	YH5W-17/45
2ZT	三相所用变柜	50 kVA，10±5%/0.4 kV Dyn11
1ZT	单相所用变柜	50 kVA，27.5±5%/0.23 kV Ii0
2601 自用变开关柜	接地开关	
	氧化锌避雷器	YH5WT-42/120
	负荷开关—熔断器组合电器	27.5 kV，630 A

续表

符　号	名　称	型号规格
空气柜		
261 自用变开关柜	27.5 kV 电流互感器	100/1 A，0.5/10P10
	单极三工位电动隔离开关	1×27.5 kV，1 250 A　单极
	27.5 kV 断路器	1×27.5 kV，1 250 A　单极
2701 分段开关柜	双极三工位电动隔离开关	2×27.5 kV，2 500 A　双极
271　272 馈线开关柜	27.5 kV 电压互感器	27.5/0.1 kV，0.5
	氧化锌避雷器	YH5WT-42/120
	27.5 kV 电流互感器	1500/1 A，0.5/5P20/5P20
	双极三工位电动隔离开关	2×27.5 kV，2 500 A　双极
	2×27.5 kV 断路器	2×27.5 kV，2 500 A　双极
241　242 自耦变开关柜	27.5kV 电流互感器	2000/1 A，0.5/5P20/5P20
	双极三工位电动隔离开关	2×27.5 kV，2 500 A　双极
	2×27.5kV 断路器	2×27.5 kV，2 500 A　双极
GIS 开关柜		
2712　2722	户外双极电动隔离	2×27.5 kV，2 500 A 双极
1～4FT/F	氧化锌避雷器	YH5WT-42/120
JD	集中接地箱	1 000～2 000/1 A
1AT、2AT	自耦变压器	16/32 MVA，27.5/55 kV，2 000/1 A

（三）AT 分区所主接线（与 AT 所共建）

图 3-7 为高铁某分区所主接线图，工作情况简单说明如下：

（1）在每个供电臂上、下行接触网之间用两组断路器相连。正常运行时，断路器均闭合，实现上下行并联，两个供电臂之间设置带有隔离开关的跨条以实现越区供电。

（2）在两台断路器内侧设有两台自耦变压器，每台自耦变压器通过双极断路器和电动隔离开关接于进线上，两台自耦变压器互为备用。

（3）每回 27.5 kV 馈线上均设有氧化锌避雷器，用于过电压保护；设有电压互感器，用于测量保护。

（4）27.5 kV 母线上设一台单相所用电变压器；另外从 10 kV 电力贯通线上引一回电源入所，并设置一台 10/0.4 kV 三相所用电变压器，二者之间互为备用。

图 3-7 中出现的设备对应的符号、名称及型号规格如表 3-4 所示。

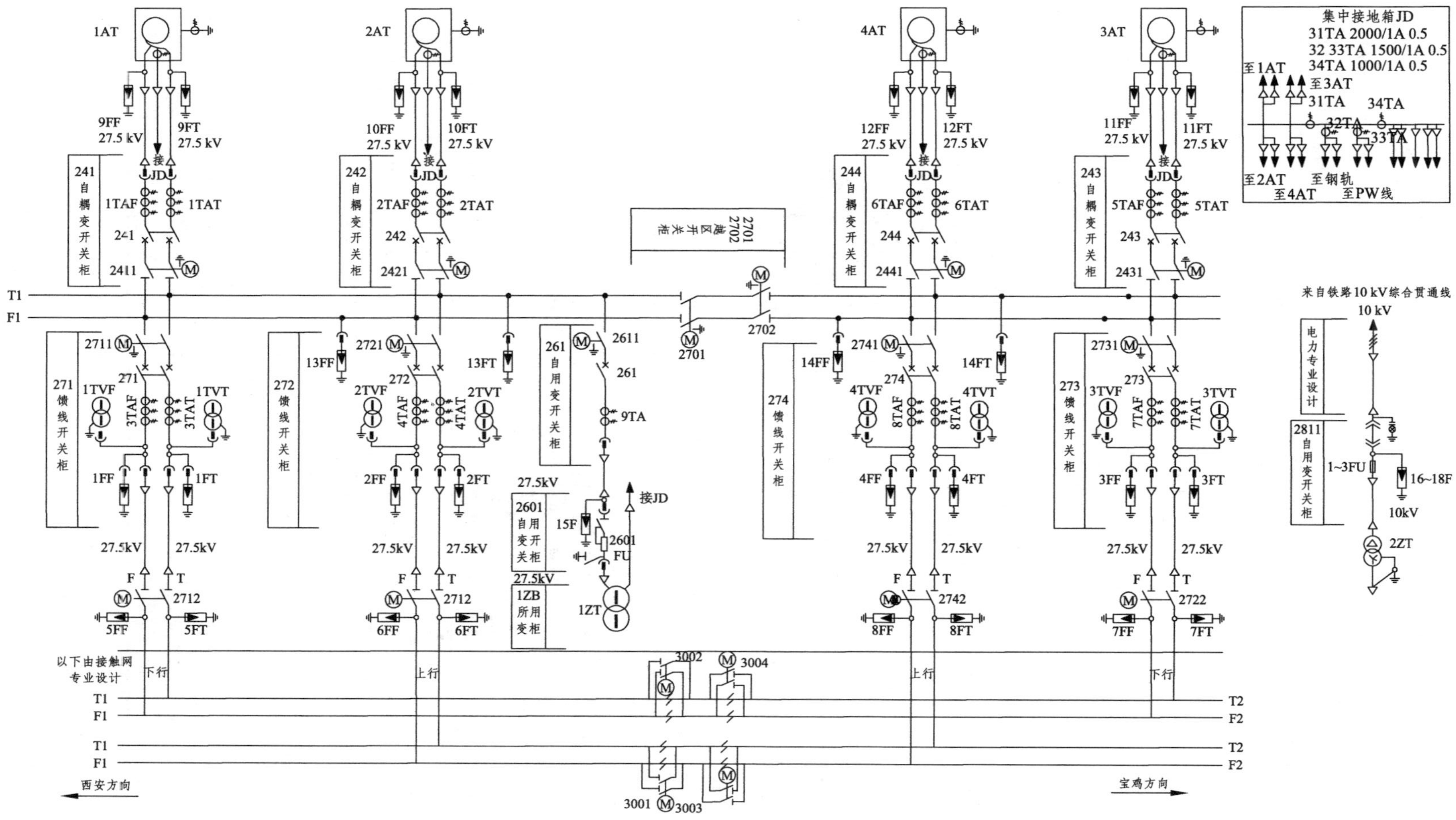

图 3-7 AT 供电方式分区所主接线

表 3-4　设备材料表

符　号	名　称	型号规格
2ZT	三相所用变柜	50 kVA，10±5%/0.4kV，Dyn11
1ZT	三相所用变柜	50 kVA，27.5±5%/0.23kV，Ii0
2811 自用变开关柜	移开式手车	630 A 三极
	熔断器	XRNT1-12/6.3A-50kA
	氧化锌避雷器	YH5W-17/45
2601 自用变开关柜	氧化锌避雷器	YH5WT-42/120
	接地开关	27.5 kV
	负荷开关-熔断器组合电器	27.5 kV，630A
空气柜		
2601 自用变开关柜	27.5 kV 电流互感器	50/1 A，0.5/10P10
	单极三工位电动隔离开关	1×27.5 kV，1250 A 单极
	27.5 kV 断路器	1×27.5 kV，1250 A 单极
272 274 馈线开关柜	氧化锌避雷器	YH5WT-42/120
	27.5 kV 电压互感器	27.5/0.1 kV，0.5
	27.5 kV 电流互感器	1000/1A 0.5/5P/5P
	双极三工位电动隔离开关	2×27.5 kV，2500 A，双极
	2×27.5 kV 断路器	2×27.5 kV，2500 A，双极
2701 2702 越区开关柜	双极三工位电动隔离开关	2×27.5 kV，2500 A，双极
271 273 馈线开关柜	氧化锌避雷器	YH5WT-42/120
	27.5 kV 电压互感器	27.5/0.1 kV，0.5
	27.5 kV 电流互感器	1000/1 A 0.5/5P/5P
	双极三工位电动隔离开关	2×27.5 kV，2500 A 双极
	2×27.5 kV 断路器	2×27.5 kV，2500 A 双极
241-242 自耦变开关柜	27.5 kV 电流互感器	1500/1 A，0.5/5P/5P
	双极三工位电动隔离开关	2×27.5 kV，2500 A 双极
	2×27.5 kV 断路器	2×27.5 kV，2500 A 双极
GIS 开关柜		
2712 ~ 2742	户外双极电动隔离开关	2×27.5 kV，2500 A 双极
5 ~ 12FT/F	氧化锌避雷器	YH5WT-42/120
JD	集中接地箱	
1AT ~ 4AT	自耦变压器	16/32 MVA，27.5/55 kV

（四）变配电所主接线

高铁线路每间隔 40 ~ 60 km 设置 110/10 kV 变配电所 1 座，向沿线一级贯通和综合贯通线路供电，相邻所对贯通线路形成互供条件，需要时还可跨所供电。高铁 110/10 kV 变电所主接线方式与普速铁路没有太大的差别，采用双电源单母线断路器分段主接线方式，高铁变配电所 110 kV 侧一般采用户外装置，在用地困难情况下可采用 GIS 组合电器；10 kV 侧一般采用户内 GIS 开关柜。

1. 10 kV 变配电所主接线

如图 3-8 所示，高铁 10 kV 变配电所采用双电源单母线断路器分段运行方式，两路 10 kV 电源来自地方电源，分别送至两段母线上，正常时，母联断路器打开，两路电源同时运行，互为备用；当一路检修或发生故障时，母联自动闭合，由另一路电源供电。一级贯通和综合贯通线分别经调压器调压后供电。调压器中性点经小电阻装置接地。各站、段（所）负荷集中的地方设 10/0.4 kV 变电所，2 台变压器一次侧分别接在 10 kV 两段母线上，二次侧分别馈出一段低压母线，为单母线真空断路器分段运行方式，用电负荷分别接在两段低压母线上，两台变压器同时运行，母联断路器打开。当一路检修或发生故障时，母联闭合，两段母线一、二级负荷由另一台变压器供电。低压侧 0.4 kV 母线设电容补偿装置（图中未画出）。

2. 10 kV 箱式变电站主接线

沿线与行车有关的通信、信号、综合调度系统采用箱式变电站供电。如图 3-9 所示电源由一级贯通线主供，综合电力贯通线备供。

箱式变电站内设备配置：高压开关柜选用 SF_6 气体绝缘环网柜。变压器采用干式变压器，低压柜采用模数化组合式开关柜，低压空气开关选用远程可操作式。

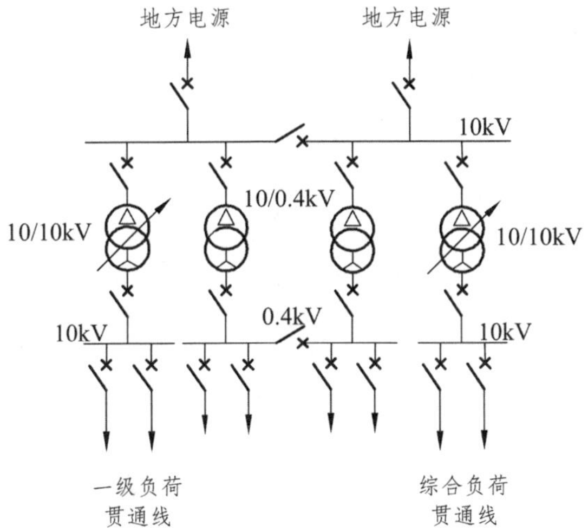

图 3-8　高铁某 10 kV 变配电所主接线示意图

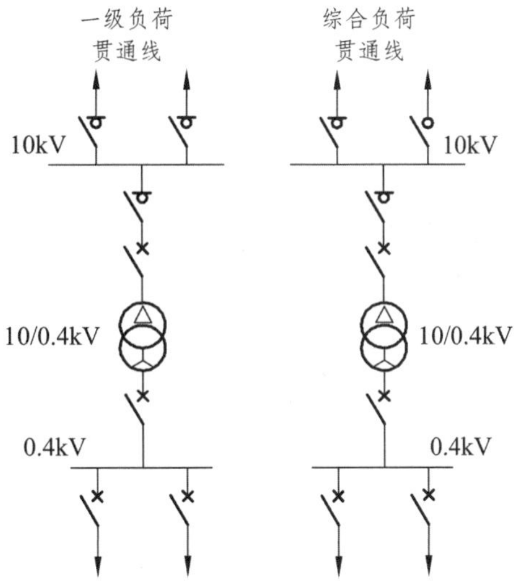

图 3-9　高铁某箱式变电站主接线示意图

本章小结

牵引变电所（包括分区所、开闭所）的电气主接线是指由隔离开关、互感器、避雷器、断路器、主变压器、母线、电缆等高压一次电气设备，按一定顺序连接的用于接受和分配电能的电路。它反映了牵引变电所的基本结构和性能，在运行中表明电能的输送和分配关系、一次设备的运行方式，成为实际运行操作的依据。表明一次电气设备相互连接关系和工作原理的电气接线图，称为主接线图。主接线图用国标图形、文字符号画出。

不同类型的牵引变电所采取不同形式的电气主接线。220 kV 侧的电气主接线形式有桥形接线、线路分支接线（双 T 接线）和单母线接线。

27.5 kV 侧或 55 kV 侧主接线形式一般采用单母线接线、隔离开关分段的单母线接线和隔离开关分段带旁路母线的单母线接线。

复习思考题

1. 牵引变电所的主接线有何作用？
2. 线路分支接线有何特点？
3. 牵引变电所按其位置和供电方式有哪些分类？
4. 什么是系统功率穿越？
5. 旁路母线的作用是什么？
6. 牵引变电所馈线侧的接线形式主要有哪些？简述其缺点与使用范围。

第四章　牵引变电所接地与防雷

第四章课件

本章的主要内容包括：接地装置和接地装置的基本要求，包括对自然接地、人工接地以及防雷接地装置及其装设的要求；介绍过电压种类及基本概念，避雷针、避雷线、避雷器以及对防雷设备装设的要求。

第一节　牵引变电所的接地装置

电气接地基本概念与接地的分类

一、电气接地的基本概念

（一）接地和接地装置

将电力系统或建筑物电气装置、设置过电压保护装置由导体与大地相连，称为接地。埋入地中并直接于大地接触的金属导体，称为接地体或接地极。可以兼做接地体的直接与大地接触的各种金属构件、金属管道、钢筋混凝土建筑基础中的钢筋等，称为自然接地体。专门为接地而装设的接地体，称为人工接地体。

连接接地体与设备、装置接地部分的金属导体，称为接地线。接地体与接地线合称为接地装置，由若干个接地体在大地中相互用接地线连接起来形成的一个整体，称为接地网。

（二）正常接地电流与故障接地电流

凡从接地体流入地下的电流，称为接地电流。接地电流又分为正常接地电流和故障接地电流。正常工作时，由接地装置引入地下的电流属于正常接地电流；系统发生故障时由接地装置引入地下的电流为故障接地电流。

（三）流散电阻与接地电阻

接地电流流入地下之后，就通过接地体向大地呈半球状扩散，如图所 4-1 示，这一接地电流称为流散电流。流散电流在土壤中遇到的全部电阻叫作流散电阻。

接地电阻是指接地体的流散电阻与接地线的电阻之和。接地线的电阻一般很小，可以忽略不计，因此，可以认为流散电阻就是接地电阻。

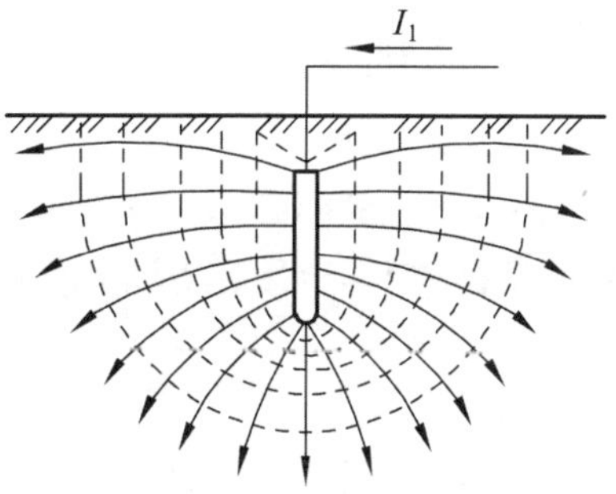

图 4-1　流散电流

二、对地电压、接触电压和跨步电压

当电气设备发生接地故障时，电流通过接地体向大地作半球形扩散，大地表面形成分步电位，距接地体越远，半球面越大，电位越低。一般认为距离接地体 20 m 处土壤电阻即可忽略不计，则在接地体 20 m 及以上接地电流不会产生电压降，即认为 20 m 及远处电位为零，通常被称为电气上的“地”或“大地”。

电气设备的接地部分，如接地体或接地的外壳，与“地”之间的电位差，被称为接地部分的对地电压。

在如图 4-2 所示的接地电流流散区域内，人脚距设备边缘 0.8 m，手摸至设备外壳高度 1.8 m 处时，手足之间的电位差称为接触电压。如图 U_{C1}、U_{C2} 所示，U_{C1} 为电气设备就近接地时产生的接触电压，U_{C2} 为电气设备在较远处接地时产生的接触电压。显然，接触电压在越接近接地点处越小，越远离接地点越大。在距离接地体 20 m 以外的地方，接触电压最大。所以，为了减小接触电压电气设备应就近接地。

人在故障点附近时，两脚会在不同的电位点，两脚之间会产生电位差。所谓跨步电压是指在地面上沿电流方向水平距离为 0.8 m 的两点间的点位差，如图 4-2 中 U_{b1}，U_{b2}，显然距电流入地点越近，跨步电压越高，反之越低。通常在距离接地点 20 m 以外的地方，跨步电压趋近与零。跨步电压主要产生于电力系统的接地短路电流。雷雨天气中，在雷电流通过接地装置时，也会产生跨步电压。

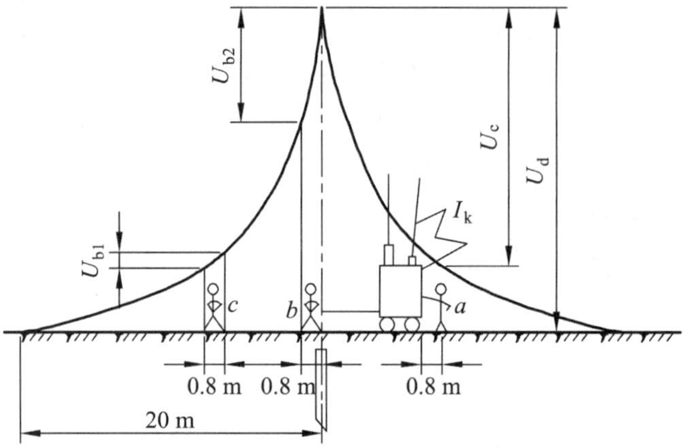

图 4-2　接触电压和跨步电压

三、接地的分类

将电气装置的必须接地部分，通过接地装置与大地作良好的电气连接称为接地，电力系统和电气设备的接地按其不同的作用，可分为工作接地、保护接地和防雷接地。

（一）工作接地

为了保证电力系统及电气设备正常及可靠运行，将电力系统中的某点与地做金属连接，称为工作接地。例如，电力系统中变压器中性点或发电机中性点接地即为工作接地；牵引供电系统中，将牵引变压器牵引侧 C 相端子接地也属于工作接地；防雷装置的接地更是工作接地，否则不进行接地将无法对地泄放电流，无法实现防雷的功能。

（二）保护接地

各种电气设备的外壳，线路的金属管、电缆的金属保护层以及安装设备的金属支架等在正常运行时不带电，当导体的绝缘损坏时可能带电。为了防止这些正常时不带电的金属部分发生过电压危及人身安全而设置的接地称为保护接地。如图 4-3 所示，当电力设备无保护接地时，当电力设备某处绝缘损坏而使正常情况中不带电的金属外壳带电，当人触及带电的金属外壳，接地短路电流 I_d 流入人体，当流入人体的电流大于 50 mA 时，人就会有生命危险。

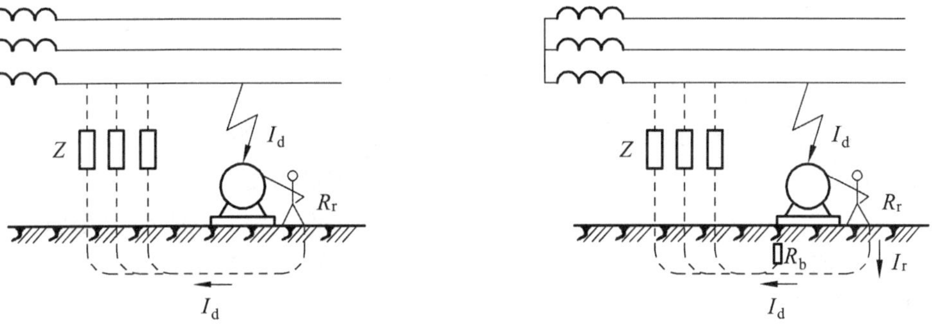

（a）无保护接地　　（b）有保护接地

图 4-3　保护接地原理图

（三）防雷接地

为了使雷电流安全地向大地泄放，以保护建筑物或电气设备免受雷击而采取的接地，称为防雷接地。牵引变电所中的防雷装置设单独的接地体组，此接地体组泄放时不对其他设备产生影响。

四、牵引变电所的接地装置

为了保证牵引变电所工作人员的安全和牵引供电设备的正常运行，牵引变电所中必须设置可靠的接地装置，牵引变电所中电源侧 110 kV 为中性点直接接地系统，其接地电阻应小于 0.5 Ω。

（一）接地装置的敷设

1. 接地装置的敷设要求

1）自然接地体的利用

在设计和装设接地装置时，首先应充分利用自然接地体，以节约资源，节省投资。需要注意，在利用自然接地体时，一定要保证良好的金属连接。当自然接地电阻及动、热稳定条件不能满足要求时，必须装设人工接地。

2）人工接地体的装设

可作为人工接地体的一般有钢管、角钢、扁钢和圆钢等钢材。人工接地体有垂直埋设和水平埋设两种基本结构形式，如图 4-4 所示。

（a）垂直埋设的棒性接地体　（b）水平埋设的带行接地体

图 4-4　人工接地基本结构图

经验表明，采用垂直接地体直径 50 mm、长 2.5 m 的钢管最为合理。但为了减少外界的温度变化对流散电阻的影响，埋入地下的接地体，其顶面埋设深度不宜小于 0.6 m。

当土壤电阻率偏高时，例如，土壤电阻率≥300 Ω·m 时，为了降低接地装置的接地电阻，可以采用以下措施：

① 采用多支线外引接地装置。

② 采用深埋式接地体。

③ 局部进行土壤置换处理。

按国标 GB 50169—2016《电气装置安装工程及接地装置施工及验收规范》规定，钢接地体和接地线的截面积不应小于如表 4-1 中的规定。对于 110 kV 及以上的变电所或腐蚀性较强的场所的接地装置应该采用镀锌钢材或适当增加截面积。

表 4-1　钢接地体和接地线的最小规格

种类、规格及单位		地　面		地　下	
		室　内	室　外	交流回路	直流回路
圆钢直径/mm		6	8	10	12
扁　钢	截面积/mm^2	60	140	100	100
	厚度/mm	3	4	4	6
角钢厚度/mm		2	2.5	4	6
钢管管壁厚度/mm		2.5	2.5	3.5	4.5

注：① 电力线路杆塔的接地引出线截面积不小于 50 mm^2。
　　② 引出线应热镀锌。

按国标 GB 50057—2019《建筑物防雷设计规范》规定：防雷接地装置，圆钢直径≥10 mm，扁钢截面积≥100 mm^2，厚度≥4 mm；角钢厚度≥4 mm；钢管管壁厚≥3.5 mm。作为引下线，圆钢直径≥8 mm；扁钢截面积≥48 mm^2，其厚度≥4 mm。

3）防雷装置的接地装置要求

避雷针应装设独立的接地装置。防雷接地装置的结构尺寸应符合表 4-1 中的要求。为了避免雷击时雷电流在接地装置上产生高电压，造成被保护设备发生闪络，危机建筑物及配电装置的安全，避雷针与被保护设备之间应有一定的安全距离，此安全距离与防雷等级有关，但空气中安全距离≥5 m，地下接地体之间的安全距离≥3 m，如图 4-5 所示。

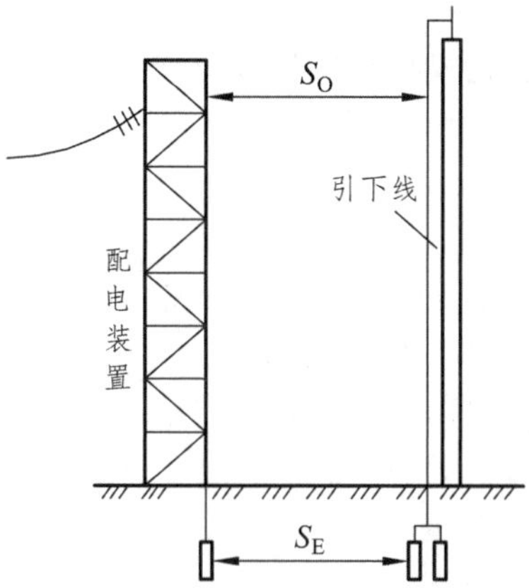

图 4-5　防直击雷的安全距离

为了降低跨步电压，保障人身安全，按照国标 GB50057—2000《建筑物防雷设计规范》规定，防直击雷人工接地体距离建筑物的出入口或人行道的距离不应小于 3 m。当小于 3 m 时，应采取如下措施之一：

① 水平接地体局部深埋不应小于 1 m。

② 水平接地体局部应包绝缘物，可采用 50 ~ 80 mm 厚的沥青层。

③ 采用沥青碎石路面或在接地体上面敷设 50 ~ 80 mm 厚的沥青层，其宽度因超过接地体 2 m。

（二）牵引变电所的接地网

1. 室外配电装置的接地装置

牵引变电所接地网要求比较高，采用垂直或水平接地体组成复合接地网。表 4-2 所示为接地装置导体的最下尺寸。

表 4-2　接地装置导体的最小尺寸

种　类	规格及单位	地　上		地　下
		屋　内	屋　外	
圆　钢	直径/mm	6	8	8/10
扁　钢	截面积/mm^2	24	48	48
	厚度/mm	3	4	4
角　钢	厚度/mm	2	2.5	4
钢　管	管壁厚度/mm	2.5	2.5	3.5/2.5

垂直接地体采用钢管或角钢直接打入地下，长度为 2.5 ~ 3 m，钢管外径为 48 ~ 60 mm，管壁厚度≥3.5 mm，角钢采用 50 mm×50 mm×5 mm。

水平接地体时距离地面 0.6 ~ 0.8 m 深处敷设的扁钢 50 mm×5 mm 的扁钢或圆钢（直径 10 mm）。水平接地体通过焊接与垂直接地体连成一体构成复合接地网。

复合接地网一般布置成封闭环状，外缘各角应做成圆弧形，圆弧的半径不宜小于均压带间距的一半，牵引变电所一半取 2 ~ 3 m。

在接地线引入建筑物的入口处或在检修用临时接地点处，均应刷白色底漆并标以黑色标识。同一接地体不应出现两种不同的标识。

2. 室内配电装置的接地装置

牵引变电所室内本身不设接地体，而是将室外复合接地网多点连接引入接地干线。高压

用扁钢或圆钢在屋内四周墙壁下方组成接地干线，楼上，楼下的接地干线多处连接构成一体，再与屋外复合接地网多处连接；主控室利用电缆沟中固定电缆支架扁钢作接地干线；需要接地的每台电气设备应用接地支线单独与接地干线连接。接地干线与接地支线均应涂成黑色，作为接地线的标识。

（三）牵引负荷电流回输牵引变电所的方式

在牵引供电系统中，牵引负荷电流一般是经过接触网送给电力机车，通过电力机车经钢轨、回流线流回牵引变电所，由于钢轨对地存在泄漏，因此，由电力机车所在的位置起，牵引负荷电流大部分经钢轨流回牵引变电所，简称为轨回流。小部分由钢轨流入大地，经大地流回牵引变电所，简称地回流。地回流在单线区段约占牵引负荷电流的 50%，复线区段约占 35%，如图 4-6 所示。

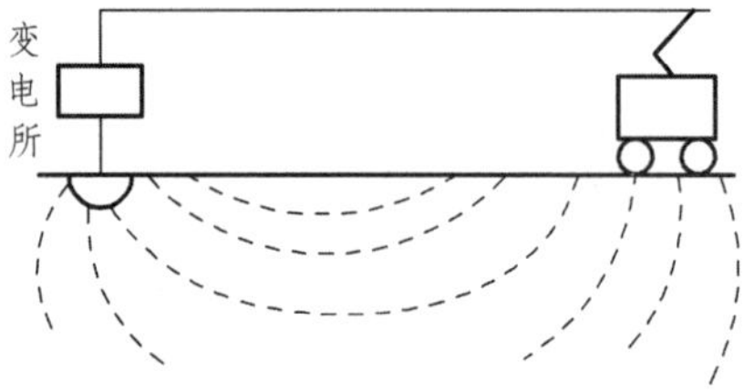

图 4-6　牵引负荷电流回输示意图

目前，绝大部分电力牵引区段其钢轨的接头处一般都有良好的电连接，以保证牵引负荷电流沿轨道回输牵引变电所。轨回流一般是沿两条钢轨回输的。为了能绕过信号轨道电路的轨道绝缘，在钢轨接头处装有扼流圈，如图 4-7 所示。

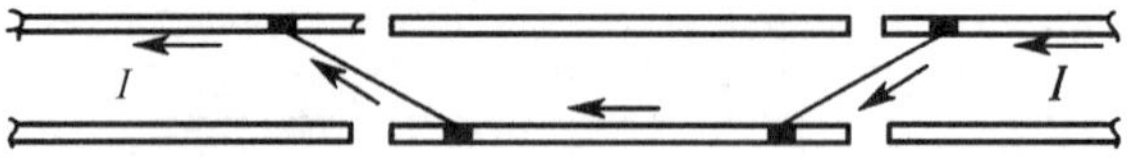

（a）

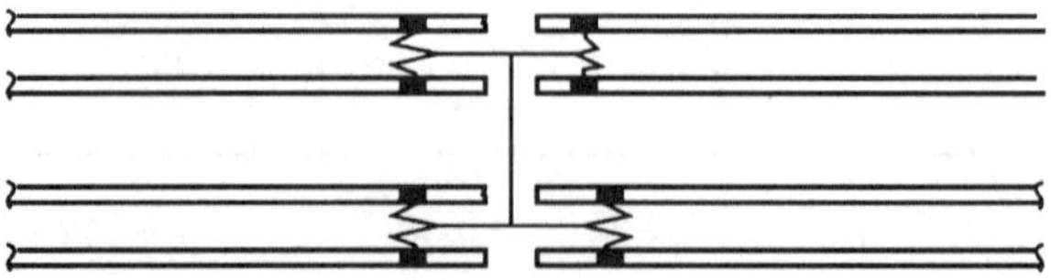

（b）

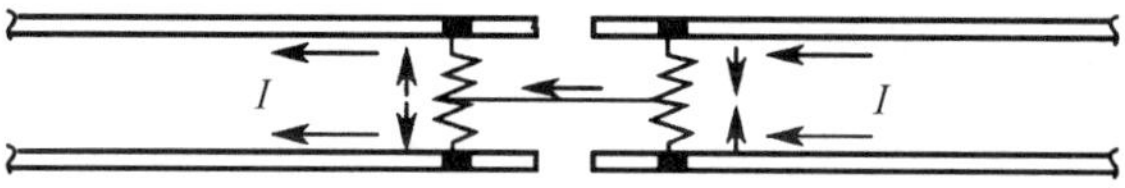

（c）

图 4-7　牵引负荷电流回输方式原理图

扼流圈是绕在铁芯上的匝数相等的两个线圈，两线圈串联后，其两端分别接至两侧钢轨上，串联接头作为扼流圈的中心抽头与相邻扼流圈的中心抽头连接。扼流圈的作用是隔断轨道中的信号电流而仅让轨道中的牵引负荷电流顺利通过，在两轨道段绝缘处为牵引负荷电流提供通路，保证轨道的导电性能。

为减少泄漏电流（地电流）增大轨回流及提高轨回流的效果，当牵引变电所设有铁路专用线时，在 BT 供电区段和直供加回流线供电区段，通常是采用吸上线，将轨道中的牵引负荷电流引入架空回流线，回输牵引变电所的。回流线中的电流在牵引变电所处通常经过电缆或架空线接至牵引变压器接地相，并经接地保护放电装置与接地网相连。

吸上线一端接架空回流线，另端接扼流线圈中心抽头。相邻两吸上线间的距离在 BT 供电方式的自动闭塞区段应大于一个闭塞分区；在直供加回流线的供电方式的自动闭塞区段不应小于两个闭塞分区。

在 AT 供电区段、牵引负荷电流由电力机车所在位置经钢轨、保护线用连接线（CPW 线）、保护线（PW 线）流向 AT（自耦变压器）的中心抽头，通过 AT 的作用，牵引负荷电流将沿正馈线（AF 线）回输到牵引变电所中，在牵引变电所处，接触线、正馈线、经架空线（供电线）接至牵引变压器 55kV 母线上（T 座或 M 座），PW 线经供电线（N 线）接至牵引变电所内中间的抽头上并经接地保护放电装置与接地网相连。相邻两 AT 的间距通常在 15-20 km 左右。

某些 BT 和直供加回流线电化区段，牵引变电所内设有铁路岔线。若岔线轨与正线牵引轨有电连接，则牵引变压器牵引侧接地相端子必须同时与岔线轨和接地网相连接，使接地网与岔线轨等电位；若岔线轨与正线牵引轨间互相绝缘，则岔线轨必须与接地网相连，使两者电位相等，正线牵引轨中的牵引负荷电流须经架空线或电缆接至牵引变压器牵引侧接地相端子。正常运行时，牵引变电所中的接地网仅做保护接地之用，平时地网中无负荷电流。

第二节　牵引变电所的防雷

变电所在运行的过程中，可能遭受过电压的危害。过电压是指对电气设备绝缘有危险的突然升高的电压，按产生原因可分为大气过电压和内部过电压两大类。内部过电压可分为操作过电压、弧光接地过电压及谐振过电压等。大气过电压也叫雷电过电压，它又分为直击雷过电压、感应雷过电压和雷电侵入波。而过电压保护的目的，是为了防止电气设备绝缘遭受过电压的破坏。在过电压作用下如不采取措施，则电气设备的绝缘将会被击穿而造成设备损坏和停电等事故。

一、雷电的形成与危害

（一）雷电的形成

雷电是大气中的放电现象。最常见的有线形雷，有时也能见到片形雷，个别情况下还会出现球形雷。云是由地面蒸发的水蒸气形成的。水蒸气上升过程中，遇到上部冷空气凝成小水滴，成为积云。此外，水平移动的冷气团或热气因，在其前锋交界面上也会形成积云。云中水滴受强气流吹袭时，分成较小的和较大的水滴。较小的水消被气流带走，形成带负电的雷云，较大的水滴则形成冰晶并带正电。

随着电荷的积累，雷云的电位逐渐升高。当带不同电荷的雷云或雷云与大地凸出物相互接近到一定程度时,将会发生强烈放电,同时出现强烈闪光。由于放电时温度可高达 20 000 °C，空气受热急剧膨胀，随之会发出爆炸的轰鸣声，这就是闪电与雷鸣。

（二）雷电的危害

雷击时，雷电流很大，其幅值可达数十到数百千安。雷电放电的时间很短，通常只有数十微秒。放电陡度甚高、可达 50 kA/μs。雷电压极高，感应雷一般可达 300 ~ 400 kV，直击雷电压则更高。雷电有很大的破坏力，它会造成设备或设施的损坏，造成大面积停电或生命财产的损失。就其破坏因素来分，它有如下三方面破坏作用：

1. 电性质的破坏作用

电性质的破坏作用表现在数十万伏至数百万伏的冲击电压可能毁坏发电机、变压器、断路器、绝缘子等电气设备的绝缘，烧断电线或劈裂电杆，造成大积停电；绝缘损坏可能引起短路、导致火灾或爆炸事故；还会造成高压窜入低压，引发严重触电事故；雷电流入地时，会在雷击点及其连接的金属部分产生很高的接触电压或跨步电压，造成触电危险。

2. 热性质的破坏作用

巨大的雷电流通过导体时，会在极短的时间内产生大量热能，造成易燃品燃烧或金属熔化、飞溅，引起火灾或爆炸；如果易燃物品直接遭到雷击，则容易引起火灾或爆炸事故。

3. 机械性质的破坏作用

被击物遭到破坏，甚至爆裂成碎片。这是因雷电流通过被击物时，在被击物缝隙中的气体剧烈膨胀，缝隙中的水分也急剧蒸发为大量气体，致使被击物破坏或爆炸。此外，同性电荷间的静电斥力，同方向电流的电磁作用力还有很强的破坏性，雷击时的气浪也有很大的破坏作用。

二、雷电的危害形式

（一）直击雷过电压

雷云带有大量电荷，当带不同电荷的雷云相遇时，雷云之间使会产生放电现象，低空中的雷云还会直接对建筑物或其他物体放电。当遭受雷击而通过强大的雷电流时，便会造成巨大损失。露天变电所很多设备都在室外，遭受雷击的机会就比较多。如果雷云直接对设备放电，就会产生直击雷过电压，其数值可高达数百万伏。

（二）感应雷过电压

当架空线路上空出现雷云时，它会使线路和线路附近的物体感应出大量电荷，这些电荷会经过导线的对地电阻流入大地。雷云对线路附近的大地或物体放电后，雷云电荷便消失。此时，原来导线上的束缚电荷，就会因失去外力束缚而成为自由电荷。由于它们本身互相排斥，就会向线路两端以很高的速度运动，从而形成感应过电压。

（三）雷电侵入波

雷电侵入波是指由于架空线路或架空金属管道上遭受直击雷或感应雷而产生的高压冲击雷电荷，可能沿线路或管道侵入室内。据统计，在电力系统中，由于雷电波侵入面造成的雷害事故，约占雷害总数的一半以上。

雷电活动的频繁程度可用年平均雷暴日数来衡量。凡一天之内能听到雷声的就算一个雷暴日，一年内的平均雷暴日数，即为年均雷暴日。山区雷电活动较平原频繁，山地雷暴日约为平原的 3 倍。广东、广西、云南等省部分地区的雷暴日约在 80 天以上；长江流域以南地区的雷暴日约在 40～80 天；长江以北大部分地区雷暴日约在 20～40 天；西北地区的雷暴日多在 20 天以下。几年平均雷暴日不超过 15 天的地区称少雷区，超过 40 天的叫多雷区。

雷电是自然界中客观存在的一种剧烈的放电现象，其活动也自有其一定规律。通常在雷雨季节里，雷电活动十分频繁。我国各地雷雨季节相差也很大：南方约从 2 月开始，长江流域一般从 3 月开始，华北和东北迟至 4 月开始，西北更迟，约延至 5 月开始。各种防雷准备工作，应在雷雨季节到来之前安排好。

三、变电所的防雷措施

避雷针、避雷线、避雷网、避雷带及避雷器都是经常采用的防雷装置。避雷针主要用来保护露天变配电设备及保护建筑物；避雷线主要用来保护输电线路；避雷网和避雷带主要是用来保护建筑物；避雷器则主要用来保护电力设备，属一种专用的防雷设备。牵引变电所通常采用下列防雷措施。

（一）装设避雷针

为保护整个变电所设备和建筑物免遭直击雷击，变电所内应装设避雷针。避雷针的功能实质是引雷作用，它能使雷电场产生畸变，从而将雷云放电通道由原来可能向被保护物体发展的方向吸引到避雷针本身，然后经与避雷针相连接的引下线与接地装置将雷电流泄放到大地中去，使被保护物免受直接雷击，变电所通常装设多根避雷针来满足保护要求。避雷针可单独立杆，也可利用户外配电装置的构架或投光灯的杆塔；但变压器的门型构架不能用来装设避雷针，以防止雷击产生的过电压对变压器闪络放电。

避雷针一般采用镀锌圆钢（针长 1 m 以下时直径不应小于 12 mm，针长 1 ~ 2 m 时直径不应小于 16 mm）或镀锌钢管（针长 1 m 以下时直径不应小于 20 mm，针长 1 ~ 2 m 时直径不应小于 25 mm）制成，通常安装在电杆或构架、建筑物上。它的下端要经引下线与接地装置相连接。

（二）装设架空避雷线

避雷线也称架空地线，在变电所进出线上方架设避雷线，可避免进出线遭受直击雷击，危害变电所内部设备；当进出线在避雷线保护范围外遭受直击雷或感应过电压时，可以降低过电压的幅值，减对变电所内部设备的危害。

（三）装设避雷器

避雷器是为防止沿线路侵入变电所的雷电冲击波被对电气设备的破坏，把雷电波（或感应雷波）限制在避雷器残压范围内，从而使变压器或其他电气设备免受过电压的危害，其接地电阻值不大于 10 Ω。在变电所每路进线终端、主变压器的低压侧出线，主变压器中性点引线、27.5 kV 馈出线上，一般都应装设避雷器。

（四）装设抗雷线圈

在变电所 27.5 kV 馈出线上，串联抗雷线圈，和避雷器配合使用，可有效地降低雷电侵入波的陡度，加强防雷效果。

（五）二次系统装设浪涌保护器。

从控制室外引入室内的电缆，如接触网控制隔开电缆，室外自用变二次电缆等均要加装浪涌保护器，防止室外强电侵入二次设备。

本章小结

1. 变电所接地装置

包括接地、接地装置、保护接地、保护接零、对地电压，接触电压、跨步电压等接地基本概念以及自然接体装置、人工接地体装置和防雷接地装置及其装设的要求。

电气设备的某部分与大地之间做良好的连接，称为接地。埋入地中并直接与大地接触的金属导体，称为接地体。接地线与接地体合称接地装置。电力设备的带电部分与正常运行中的不带电接地部分或直接与大地发生电气连按称为接地短路。带电部分由于绝缘损坏而与接地的金属外壳发生连接，称为碰壳短路或碰壳。

工作接地是保证电力系统和电力设备达到正常工作要求而进行的一种接地。为了保障人身安全，防止间接触电而将设备外露可能导电的部分接地，称为保护接地。

电气设备的外壳与零电位“地”或”大地”之间的电位差，就称为接地部分的对地电压。

设备的绝缘损坏时，在入地电流扩散的区域内，人的身体可同时触及的两部分之间出现的电位差，称为接触电压。在接地故障点附近行走，两脚之间所出现的电位差，称为跨步电压。

变电所户内外配电装置的金属或钢筋混凝土构架以及靠近带电部分的金属遮栏和金属门、配电、控制、保护用的屏及操作台等的金属框架和底座等，均应可靠接地。

牵引变电所的接地网的布置，接地电阻应符合规程要求，一年中任何季节不得超过 0.5 Ω。并应尽量使地面的电位分布均匀，以降低接触电压和跨步电压。

在牵引供电系统中，牵引负荷电流通过电力机车经钢轨、回流线（与钢轨并联）流回牵引变电所，由于钢轨对地存在泄漏，因此牵引负荷电流部分由钢轨入地，经大地流回流牵引变电所，简称地回流。

避雷针应装设独立的接地装置。防雷接地装置包括接地体和接地线及避雷针引下线的结构尺寸，应符合规定要求。

为了避免雷击时雷电流在接地装置上产生高电位造成被保护的设备发生闪络，危及建筑物和配电装置安全，避雷针与被保护设备之间，应有一定的安全距离。

2. 变电所的防雷装置

介绍了过电压种类，操作过电压及雷电过电压的概念；主要介绍了雷电过电压的防护设备：避雷针、避雷线及避雷器，以及对防雷设备装设的要求。

变电所在运行的过程中，可能遭受对电气设备绝缘有危险的突然升高的电压，主要有大气过电压和内部过电压两大类。内部过电压可分为操作过电压、弧光接地过电压及谐振过电压等。大气过电压也叫雷电过电压，它又分为直击雷过电压、感应雷过电压和雷电侵入波。

为保护整个变电所设备和建筑物免遭直击雷击，变电所内应装设避雷针。在变电所进出线上方架设避雷线，可避免进出线遭受直击雷；当进出线在避雷线保护范围外遭受直击雷击或感应过电压时，可以降低过电压的幅值，减轻对变电所内部设备的危害。为防止沿线路侵入变电所的雷电冲击波对电气设备的破坏，把雷电波（或感应雷电波）限制在避雷器残压值范围内，从而使变压器及其他电气设备免受过电压的危害，在变电所每路进线终端、主变压器的低压侧出线、主变压器中性点引出线、27.5 kV 馈出线上，一般都应装设避雷器。在变电所 27.5 kV 馈出线上，串联抗雷线圈，可有效地降低雷电入侵波的陡度。

复习思考题

1. 什么是接地、接地体、接地线？
2. 什么叫对地电压、接触电压、跨步电压？
3. 什么叫工作接地、保护接地？
4. 电力系统种过电压的种类有那些，形成原因是什么？
5. 避雷针、避雷线、避雷器的作用分别是什么？

第五章课件

第五章　牵引变电所二次回路

第一节　二次回路概述

一、一、二次设备的划分及二次回路的组成

电力系统是由发电厂、输配电网络和用户共同组成的。它的特点是电力生产、输送、分配和使用在同一时间完成。它不仅需要大量的、各种类型的电气设备，以构成电力发、输配、使用的主系统；而且为了使主系统安全、稳定、连续、可靠地向用户提供充足的、合格的电能，还必须有能对主系统进行操作、监视、测量、调节和保护的电气设备。因此，电气设备可根据它们在电力生产中的不同作用分成一次设备和二次设备。

一次设备是指直接生产、输送、分配电能的电气设备，如发电机、变压器、输电线、电力电缆、断路器、隔离开关、母线、避雷器、电流互感器、电压互感器等。由这些设备连接在一起构成的电路，称为一次接线或称为主接线。描述一次接线的图纸称为一次主接线图。

二次设备通过电压互感器和电流互感器与一次设备取得电的联系。

二次设备是指对一次设备的工作状况进行监视、测量、控制、保护、调节所需要的电气设备，如监控装置、继电保护装置、自动装置、信号器具等，通常还包括电流互感器、电压互感器的二次绕组引出线和站用直流电源。这些二次设备按着一定的要求连接在一起构成的电路，称为二次接线或二次回路。描述二次接线的图纸称为二次接线图或二次回路图。

二次回路是电力系统发电厂或变电站的重要组成部分，是电力系统安全、经济、稳定运行的重要保证。二次回路是一个具有多种功能的复杂网络，其结构如图 5-1 所示。

二次回路主要包括控制系统、信号系统、测量及监察系统、调节系统、继电保护及自动装置系统、操作电源系统等。

（一）控制系统

控制系统的作用是对变电站的开关设备进行就地或远方跳、合闸操作，以满足改变主系统运行方式及处理故障的要求。控制系统由控制器具（装置）、控制对象及控制网络构成。在实现了综合自动化的变电站中，控制系统控制方式有远方控制和就地控制两种。其中，远方控制有变电站端控制和调度（或集控中心）端控制方式；就地控制有操动机构处和保护（或监控）屏处控制方式。

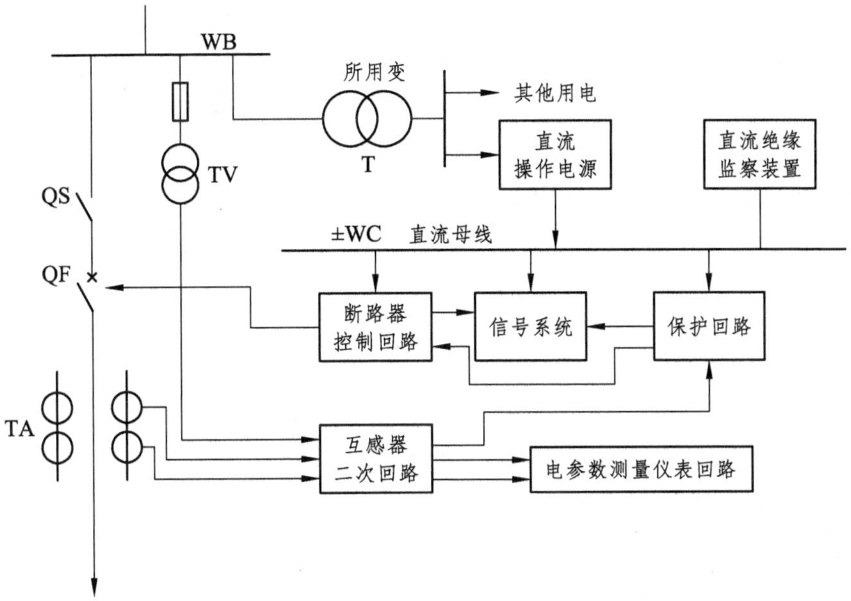

图 5-1 变电所二次回路结构

（二）信号系统

信号系统的作用是准确及时地显示出相应一次设备的运行工作状态，为运行人员提供操作、调节和处理故障的可靠依据。信号系统由信号发送机构、信号接收显示元件（装置）及其网络构成。信号按性质分为状态信号和实时登录信号。常见的状态信号有断路器位置信号、各种开关位置信号、变压器挡位信号等，常见的实时登录信号有保护动作信号、装置故障信号、断路器监视的各种异常信号等。信号按发出时间分为瞬时动作信号和延时动作信号，按复归方式分为自动复归信号和手动复归信号等。

（三）测量及监察系统

测量及监察系统的作用是指示或记录电气设备和输电线路的运行参数，作为运行人员掌握主系统运行情况、故障处理及经济核算的依据。测量及监察系统由各种电气测量仪表、监测装置、切换开关及其网络构成。变电站常见的有电流、电压、频率、功率、电能等的测量和交流、直流绝缘监察系统。

（四）调节系统

调节系统的作用是调节某些主设备的工作参数，以保证主设备和电力系统的安全、经济、稳定运行。调节系统由测量机构、传送设备、自控装置、执行元件及其网络构成。常用的调节方式有手动、自动和半自动方式。

（五）继电保护及自动装置系统

继电保护及自动装置的作用是：当电力系统发生故障时，能自动、快速、有选择地切除故障设备，减小设备的损坏程度；保证电力系统的稳定，增加供电的可靠性；及时反映主设备的不正常工作状态，提示运行人员关注和处理；保证主设备的完好及系统的安全。

继电保护及自动装置系统由电压、电流互感器的二次绕组，继电器，继电保护及自动装置，断路器及其网络构成。继电保护及自动装置是按电力系统的单元进行配置的，每个由断路器隔离的一次电气设备即构成一个电气单元（也称元件）。有了断路器，可以将电力系统分隔为各种独立的电气元件，如发电机、变压器、母线、线路、电动机等。一次设备被分隔为各种电气单元，相应就有了各种电气单元的继电保护装置，如发电机保护、变压器保护、母线保护、线路保护、电动机保护等。

（六）操作电源系统

操作电源系统包括供给上述各二次系统的工作电源，供给断路器的跳、合闸电源，及其他设备的事故电源，等。操作电源系统由直流电源或交流电源供电，一般由常用直流电源设备（包括蓄电池及充电机）和供电网络构成。

二、二次回路图的分类及二次回路的编号

电气图纸是电气技术的工程语言。二次回路图是为了满足电气设计、制造、安装、运行等各方面的要求而绘制的。使用国际通用的工程语言是电气技术与国际接轨的重要保证。在绘制二次回路图时，应使用最新版本国家标准规定的电气图形符号，并遵守规定的绘图规则。

（一）二次回路图的常用符号

二次回路图应采用国家标准的图形及文字符号，按触点的常态画出。如表 5-1 为新旧电气符号对照，表 5-2 为二次回路常见文字符号。

触点的常态指在变电站图纸中的继电器、接触器或压力等触点的正常状态。对于开关、刀闸、地刀的位置辅助触点，是指开关、刀闸、地刀在断开位置时触点的状态；对于压力触点、温度触点、热继电器等，是指正常压力下的状态；对于继电器或接触器是指它们不励磁时的状态。

继电器或接触器的励磁与不励磁：对于电压型线圈的继电器或接触器，是指在它们的线圈两端施加有足够大的电压，能使其触点分、合状态发生改变的状态；对于电流型线圈的继电器或接触器，是指在它们的线圈通过足够大的电流，能使其触点状态发生变化的电压。

触点处于常态，叫不动作；如因设备的继电器或接触器励磁，或者压力改变、温度改变等，导致触点的分、合状态不同于常态，叫触点动作。

表 5-1　二次回路图常用电气符号新旧对照

序　号	名　称	图形符号		序　号	名　称	图形符号	
		新	旧			新	旧
1	继电器		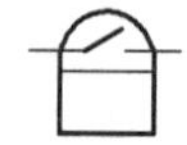	13	延时断开的常闭触点		

续表

序号	名称	图形符号（新 / 旧）
2	过流继电器	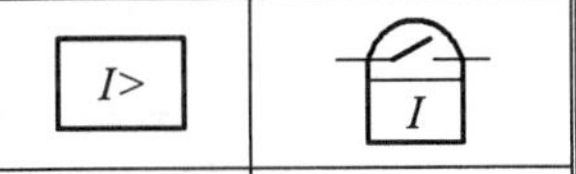
3	欠压继电器	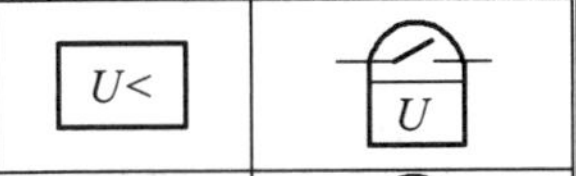
4	气体继电器	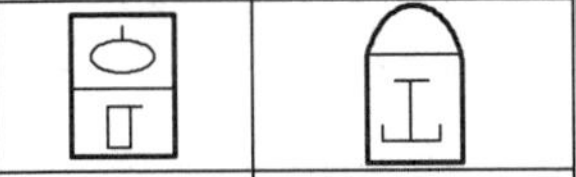
5	电铃	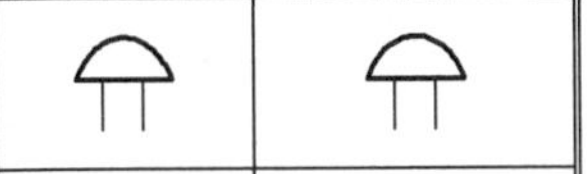
6	电喇叭	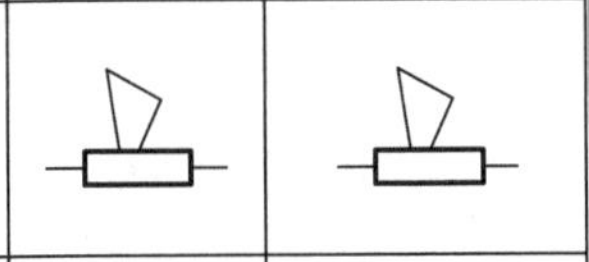
7	按钮开关（动合）	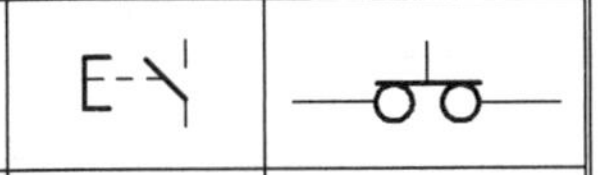
8	按钮开关（动断）	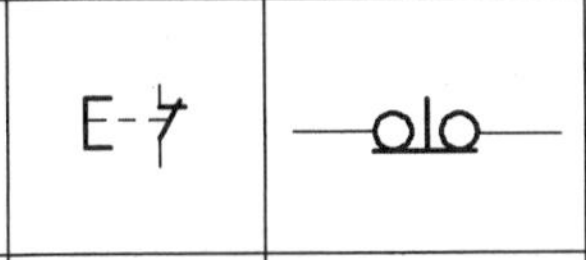
9	常开触点	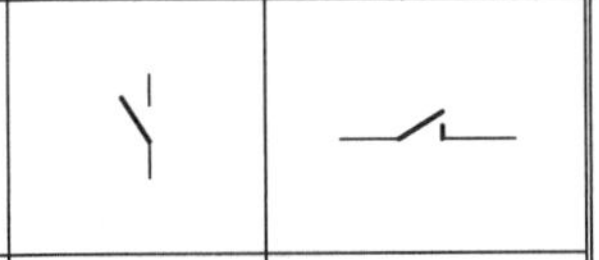
10	常闭触点	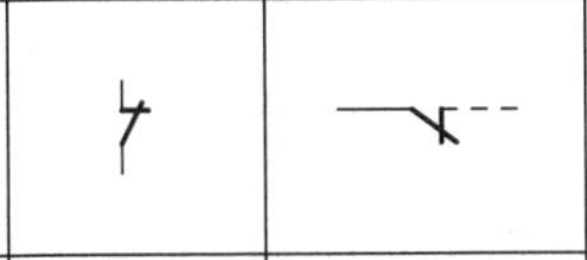
11	延时闭合的常开触点	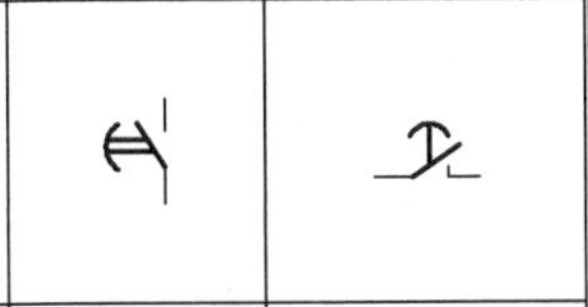
12	延时闭合的常闭触点	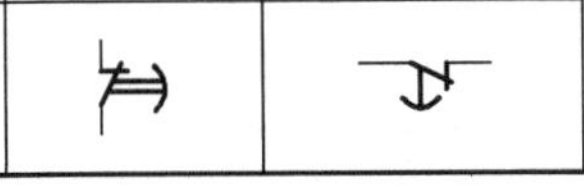

序号	名称	图形符号（新 / 旧）
14	延时断开的常开触点	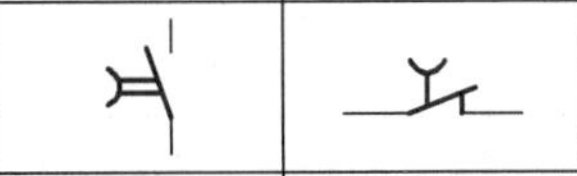
15	接通的连接片 断开的连接片	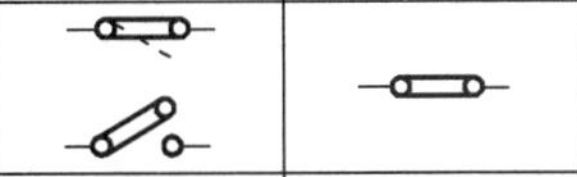
16	熔断器	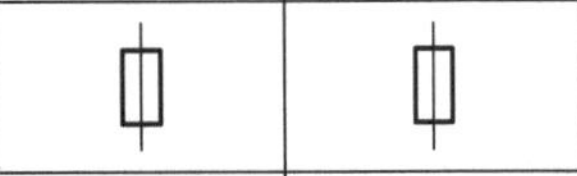
17	接触器常开（动合）触点	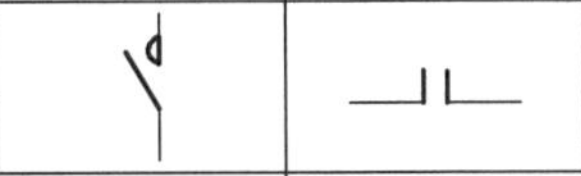
	接触器常闭（动断）触点	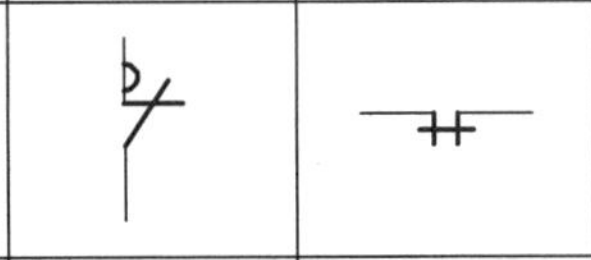
18	位置开关常开触点	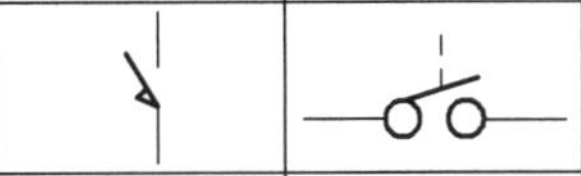
	常闭触点	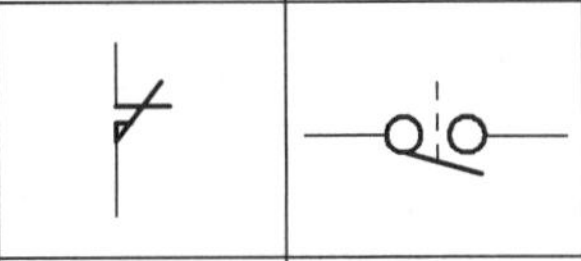
19	非电量触点常开（动合）触点	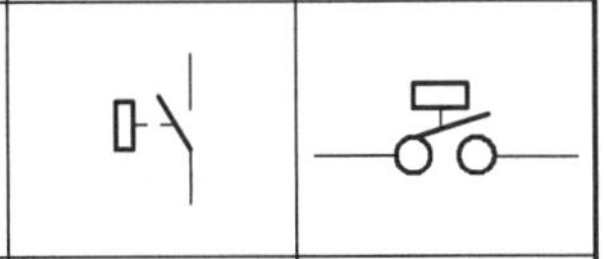
	常闭（动断）触点	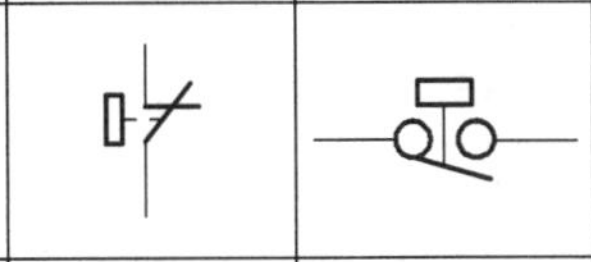
20	切换片	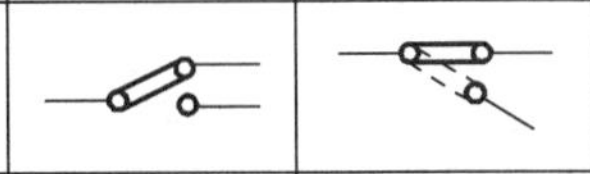
21	指示灯	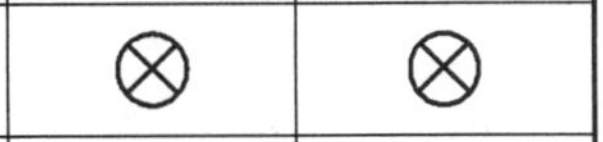
22	蜂鸣器	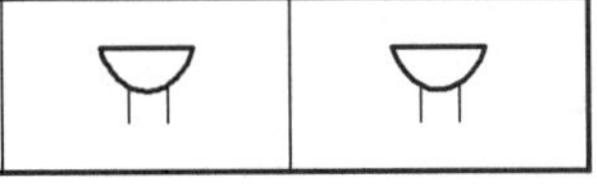

表 5-2　二次回路常用文字符号

序号	元件名称	文字符号	旧符号	序号	元件名称	文字符号	旧符号
1	继电器	K	J	33	分段断路器	QFB	FD
2	电流继电器	KA	LJ	34	旁路断路器	QFR	PD
3	电压继电器	KU	YJ	35	隔离开关	QS	GK
4	时间继电器	KT	SJ	36	分段隔离开关	QSB	FG
5	中间继电器	KAM	ZJ	37	旁路隔离开关	QSR	PG

续表

序　号	元件名称	文字符号	旧符号	序　号	元件名称	文字符号	旧符号
6	信号继电器	KS	XJ	38	母线隔离开关	QSW	MG
7	瓦斯继电器	KG	WSJ	39	熔断器	FU	RD
8	压力继电器	KP	PJ	40	红色指示灯	HLR	HD
9	差动继电器	KD	CDJ	41	绿色指示灯	HLG	LD
10	合闸继电器	KC	HJ	42	白色指示灯	HLW	BD
11	分闸继电器	KO	TJ FJ	43	光字牌	LMP	GP
12	自动合闸继电器	KCA	ZHJ	44	直流信号回路电源小母线	WS	XM
13	合闸位置继电器	KCP	HWJ	45	直流合闸回路电源小母线	WO	HM
14	分闸位置继电器	KTP	TWJ FWJ	46	控制回路断线小母线	WCB	KDM
15	保护出口继电器	KPE	BCJ	47	闪光电源小母线	WF	SM
16	闭锁继电器	KLA	BSJ	48	事故音响小母线	WAS	SYM
17	防跳继电器	KML	TBJ	49	预告音响小母线	WPS	YBM
18	合闸线圈	YC	HQ	50	辅助小母线	WA	FM
19	分闸线圈	YT	TQ	51	变压器	T	B
20	接触器	KM	C	52	脉冲变压器	TI	MB
21	合闸继电器	KMC	HC	53	电压互感器	TV PT	YH
22	分闸接触器	KMO	FC	54	电流互感器	TA CT	LH
23	合闸按钮	SBC	HA	55	电流表	PA	A
24	分闸按钮	SBO	TA	56	电压表	PV	V
25	紧急停机按钮	SBE	KA	57	电阻	R	R
26	试验按钮	SBT	SA	58	二极管	VD	D
27	复归按钮	SR	FA	59	三极管	VT	BG
28	控制开关	SA	KK WK	60	连接片	XB	LP
29	转换开关	SA	ZK	61	电铃	HA	JL
30	低压闸刀开关	QK	HK	62	蜂鸣器	HA	FM
31	行程开关	ST	CK	63	端子板、接线柱	X	D
32	断路器	QF	DL	64	直流控制电源小母线	WC	KM

（二）二次回路图的分类

二次回路图一般分为原理接线图、屏面布置图、安装接线图和解释性图纸 4 种。

1. 原理接线图

原理接线图是用来表述二次回路的构成、相互动作顺序和工作原理的。它有归总式和展开式两种形式。

（1）归总式原理图。

归总式原理图用以表示测量表计、控制信号、保护和自动装置的工作原理，反映了整个装置（回路）的完整概念，主要用于了解装置、回路的动作原理。在归总式原理图中，各元件是整块形式，与一次接线有关部分画在一起，并由电流回路或电压回路联系起来。但图中无端子编号、各回路交叉，实际使用不方便。图 5-2 是一条 10 kV 线路过电流保护归总式原理图。

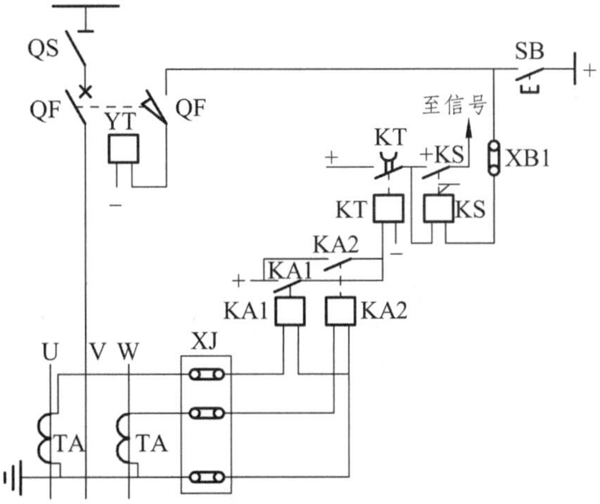

图 5-2　10 kV 线路过电流保护归总式原理图

（2）展开式原理图。

展开式原理图简称展开图，是以二次回路的每一个独立电源来划分单元而进行汇制的，例如交流电流回路、交流电压回路、直流控制回路、继电保护回路、信号回路等。根据这个原则，必须将属于同一个仪表或继电器的电流线圈、电压线圈以及触点，分别画在不同的回路中。为了避免混淆，属于同一个仪表或继电器的线圈、触点等，都采用相同的文字符号。图 5-3 为 10 kV 线路过电流保护展开式原理图。

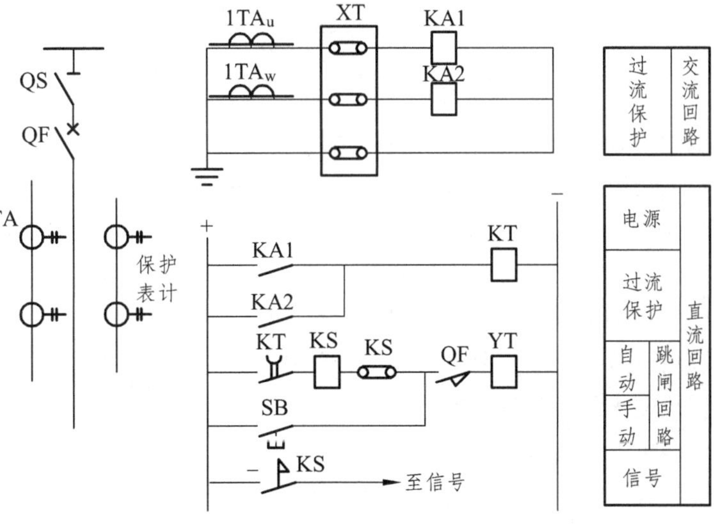

图 5-3　10 kV 线路过电流保护展开式原理图

2. 屏面布置图

二次屏的屏面布置图是根据二次回路的展开图，选好所用二次设备的型号之后进行的屏面布置。它反映一个屏（保护屏、控制屏、电度表屏等）上全部设备的安装位置，并指明各设备在整个屏中的设备编号，用于了解一个屏设备的布置情况，如安装位置、设备型号和设备的编号等。屏面布置图可分为屏前布置图、屏后布置图。屏面布置图是为了屏面开孔及安装设备时用的，因此屏面布置图中的设备尺寸及设备间距都按实际大小和比例精确画出。

3. 安装接线图

安装接线图常见的有屏柜的端子接线图、开关或端子箱的安装接线图。图中每个设备都有按一定顺序编制的编号、代号，设备的接线端子（柱）也有标号，此标号完全与产品的实际位置对应。每个接线端子还注明有连接的去向。端子排图还有回路编号（与展开图对应）、端子连接的电缆去向、电缆的编号。它是厂家制造屏过程中配线的依据，也是安装、施工、运行、检修时的参考图纸。它以展开图、屏面布置图和端子排图为原始依据，由设计人员绘出。

安装接线图上设备的相对位置应与实际的安装位置相符合。若可能时应将设备的内部接线画出，如图 5-4 所示。

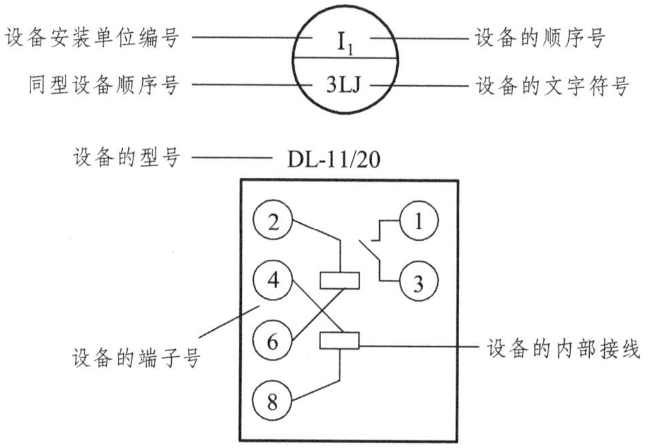

图 5-4　安装接线图上的设备符号示意

当两个设备的端子通过连线互相连接时，在安装接线图上，用相对标号法来表示设备某个端子（接线柱）的连线的连接去向，如图 5-5 所示。简单地说为：甲的端子上标乙的端子号，乙的端子上标甲的端子号。这个标号标在每个设备的端子连接线的线头处。在实际设备的接线柱以及端子排的端子接线头上都标有以相对标号法标示的标号，以标明连接的去向。

在安装接线图上，端子排一般采用四格的表示方法：

第一格表示屏内设备的文字符号及设备的接线螺钉号。

第二格表示接线端子的序号和形式。

第三格表示安装单位的回路编号。

第四格表示屏内或屏顶引入设备的符号和螺钉号。

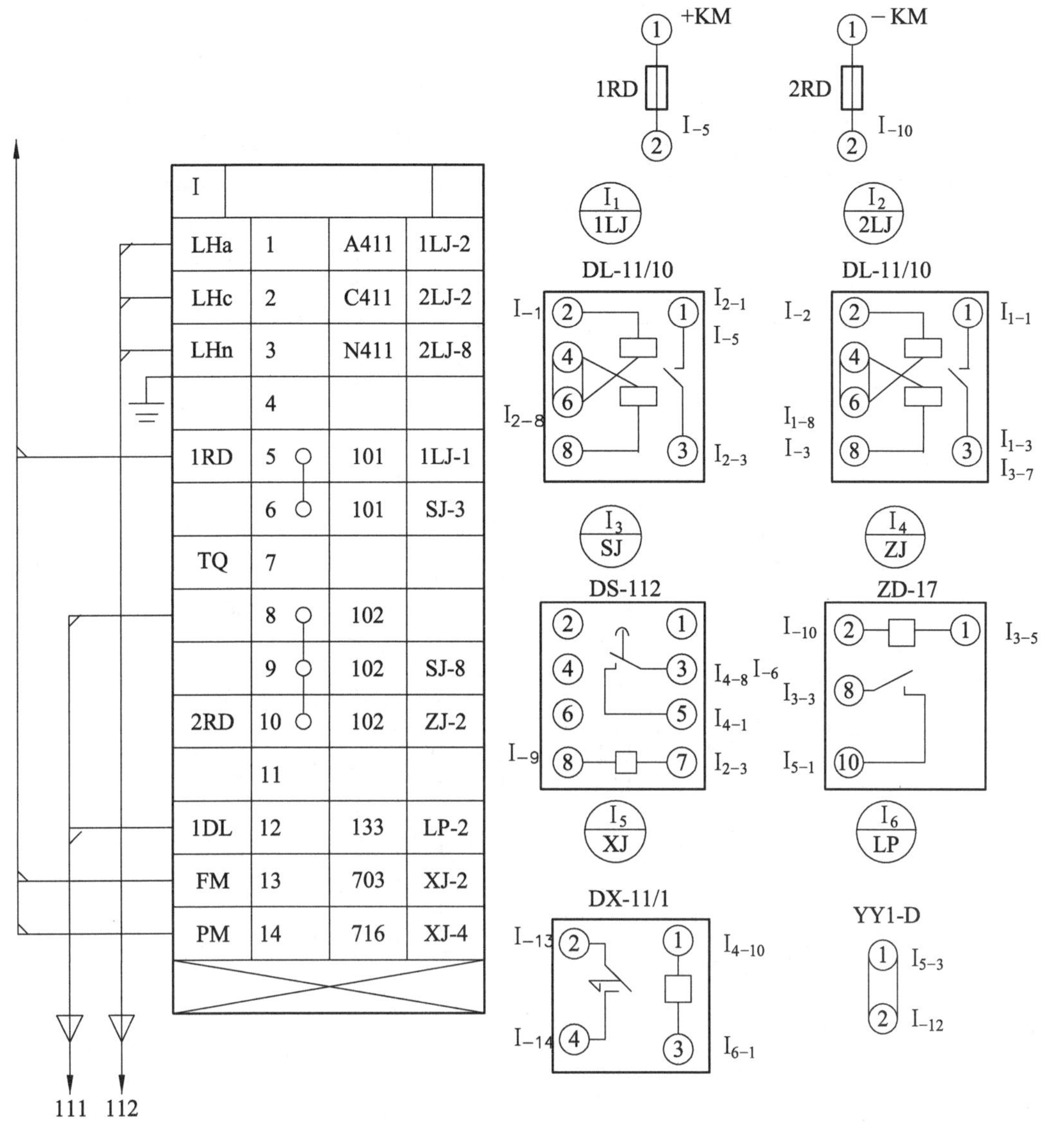

图 5-5　安装接线图示例

为满足运行、检修、调试的方便，端子排是遵照下列原则排列的：

（1）当屏上只有一个安装单位时，端子排应放在屏的右侧。

（2）当屏上有几个安装单位时，每一安装单位应有独立的端子排，要预留 2 ~ 5 个端子作为备用端子，在端子排的两端应装终端端子。

（3）屏每侧装设端子的数目最多不得超过 135 个，一个端子的每一个接线螺钉，一般只接一根导线，特殊情况下最多可接两根导线，并要求两根导线的线径相同。

（4）正、负电源之间，合闸和跳闸回路之间的端子应不相毗邻，一般需用一个空端子隔开。

端子排的排列如图 5-6 所示。

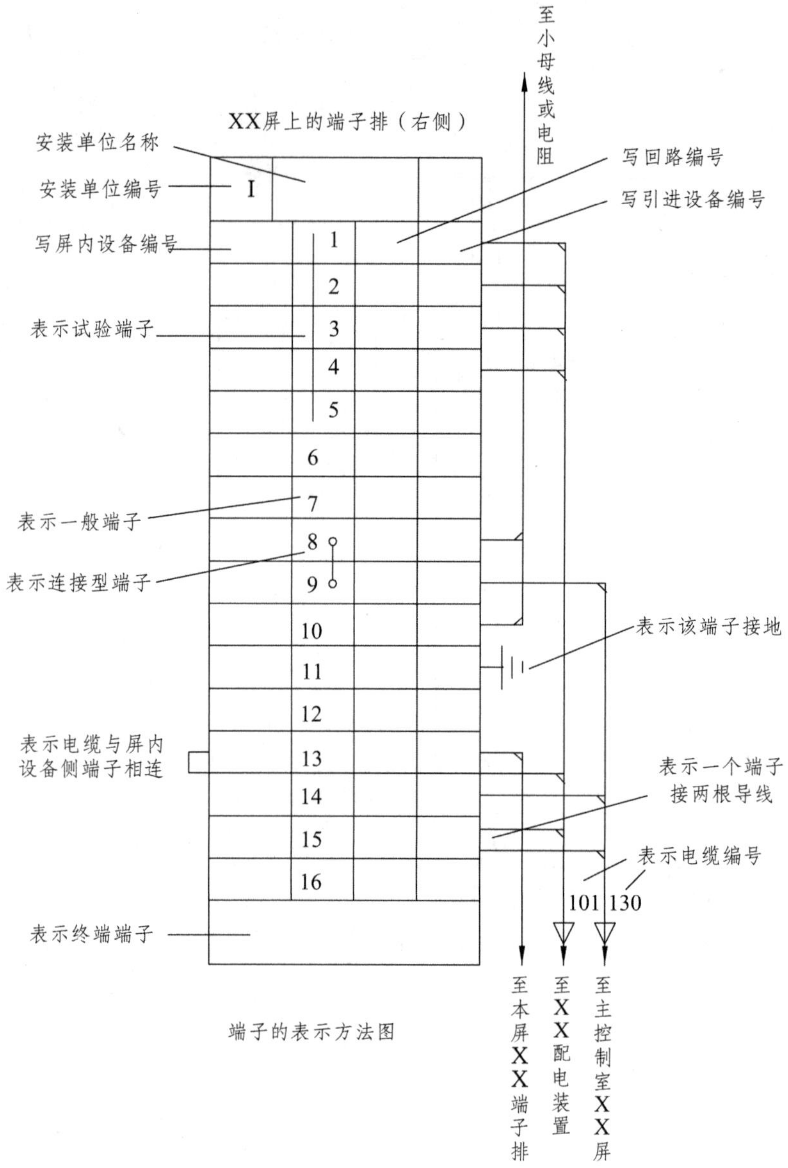

图 5-6　端子排的表示方法示意

4. 解释性图纸

解释性图纸是除原理接线图、布置图、安装接线图以外，实际需要绘制的图纸，一般有二次电缆联系图、继电保护及自动装置配置图、保护动作的逻辑框图、二次系统图等。电缆联系图主要用于施工阶段二次电缆的敷设，一般以同一电气单元为单位绘制，应标出各条电缆设计编号、型号及起止位置等。

（二）二次接线图的标号

1. 二次回路标号的基本原则

回路标号的基本原则是：凡是各设备间要用控制电缆经端子进行联系的，都要按回路编号的原则进行标号。此外，某些设备的屏顶设备与屏内设备进行连接时，也需要经过端子排，此时屏顶设备就可看作屏外设备，而在其连线上同样按回路编号原则给以相应的标号。为了明确起见，对直流回路和交流回路采用不同的标号方法，而在交、直流回路中，对各种不同用途的回路又赋予不同的数字符号。因此，在二次回路接线图中，我们看到标号后，就能知道这一回路的性质而便于维护和检修。

2. 二次回路标号的基本方法

（1）用三位或三位以上的数字组成，需要标明回路的相别或某些主要特征时，可在数字标号的前面（或后面）增注文字符号。

（2）按“等电位”的原则标注，即在电气回路中，在连于一点上的所有导线（包括接触连接的可折线段）须标以相同的回路标号。

（3）电气设备的触点、线圈、电阻、电容器等元件所间隔的线段，即视为不同的线段，一般赋予不同的标号；对于在接线图中不经过端子而在屏内直接连接的回路，可不标号。

3. 直流回路的标号细则

（1）对于不同用途的支流回路，使用不同的数字范围，如控制和保护回路用 001 ~ 099 及 1 ~ 599，励磁回路用 601 ~ 609。

（2）控制和保护回路使用的数字标号，按熔断器所属的回路进行分组，每 100 个数分为一组，如 101 ~ 200，201 ~ 300，301 ~ 400，……其中每段里面先按正极性回路（编为奇数）由小到大，再编负极回路（偶数）由大到小，如 100，101，103，133，……，142，140，……

（3）信号回路的数字标号组，应按事故、位置、预告、指挥信号进行分组，按数字大小进行排列。

（4）开关设备、控制回路的数字标号组，应按开关设备的数字序号进行选取。例如：有 3 个控制开关 1KK、2KK、3KK，则 1KK 对应的控制回路数字标号选 101、199，2KK 对应的控制回路数字标号选 201、299，3KK 对应的控制回路数字标号选 301、399。

（5）正极回路线段按奇数标号，负极回路线段按偶数标号。每经过回路的主要压降元（部）件（如线圈、绕组、电阻等）后，即改变其极性，其奇偶顺序随之改变。对不能标明极性或其极性在工作中改变的线段，可任选奇数或偶数。

（6）对于某些特定的主要回路通常给予专用的标号组。例如：正电源为 101、201，负电源为 102、202；合闸回路中的绿灯回路为 105、205、305、405，跳闸回路中的红灯回路编号为 35、135、235；等等。

4. 交流回路的标号细则

（1）交流回路按相别顺序标号，它除用 3 位数字编号外，还加有文字标号以示区别。例如 A411、B411、C411。A 相、B 相、C 相、中性、零、开口三角形连接的电压互感器回路中的任一相文字标号为 A、B、C、N、L、X。

（2）对于不同用途的交流回路，使用不同的数字组，如表 5-3 所示。

表 5-3　交流回路数字标号组

回路名称	用途	回路标号组				
		A	B	C	中性线	零序
保护装置及测量表计电流回路	TA	A401 ~ A409	B401 ~ B409	C401 ~ C409	N401 ~ N409	L401 ~ L409
	1 TA	A411 ~ A419	B411 ~ B419	C411 ~ C419	N411 ~ N419	L411 ~ L419
	2 TA	A421 ~ A429	B421 ~ B429	C421 ~ C429	N421 ~ N429	L421 ~ L429
	9 TA	A491 ~ A499	B491 ~ B499	C491 ~ C499	N491 ~ N499	L491 ~ L499
	10 TA	A501 ~ A509	B501 ~ B509	C501 ~ C509	N501 ~ N509	L501 ~ L509
	19 TA	A591 ~ A599	B591 ~ B599	C591 ~ C599	N591 ~ N599	L591 ~ L599
保护装置及测量表计电压回路	TV	A601 ~ A609	B601 ~ B609	C601 ~ C609	N601 ~ N609	L601 ~ L609
	1 TV	A611 ~ A619	B611 ~ B619	C611 ~ C619	N611 ~ N619	L611 ~ L619
	2 TV	A621 ~ A629	B621 ~ B629	C621 ~ C629	N621 ~ N629	L621 ~ L629
经隔离开关辅助触点或继电器切换后的电压回路	6 ~ 10 kV	A (B、C) 760 ~ 769、N600				
	35 kV	A (B、C、L) 790 ~ 799、N600				
	110 kV	A (B、C、L、X_C) 710 ~ 719、N600				
	220 kV	A (B、C、L、X_C) 720 ~ 729、N600				
	330 kV	A (B、C、L、X_C) 730 ~ 739、N600				
	500 kV	A (B、C、L、X_C) 750 ~ 759、N600				
绝缘检查电压表的公用回路	用途	A700	B700	C700	N700	
母线差动保护共用电流回路	6 ~ 10 kV	A360	B360	C360		
	35 kV	A330	B330	C330		
	110 kV	A310	B310	C 310		
	220 kV	A320	B320	C320		
	330 kV	A330	B330	C330		

（3）电流互感器和电压互感器的回路，均须在分配给它们的数字标号范围内，自互感器引出端开始，按顺序编号。例如：“1TA”的回路标号用 411 ~ 419，“2TV”的回路标号用 621 ~ 629 等。

（4）某些特殊的交流回路（如母线电流差动保护公共回路、绝缘监察继电器电压表的公共回路等）给予专用的标号组。

三、阅读二次回路的基本方法

现场变电运行人员和二次设备的维护人员，尤其是一些初学者，阅读和使用二次回路接线图时，往往感到比较困难。二次回路接线虽然比较复杂，但它的逻辑性很强。在设计和绘制二次回路接线图时，是按照二次设备的工作原理，遵循一定规律来绘制的。如果能按照以下的方法去学习、理解和阅读二次回路接线图，则掌握起来就比较容易。

1. 准备基础知识

（1）熟悉一次主接线图和一次设备。

二次回路和二次设备是为一次设备服务的，是对一次设备进行保护、控制、测量、监视的，所以必须要熟悉和了解服务的对象，也就是一次设备，要熟悉电网结构及变电所的一次主接线。继电保护是按由断路器分割成的电气单元来配置的，相应的控制、测量、监视亦是按对应的断路器配置的。每个电气单元都有对应的一套二次回路接线图。一个变电站有多少电气单元，就对应有多少套二次回路接线图。

控制回路主要的控制对象是断路器，对断路器的结构和工作原理要有一个大概的了解。而对断路器操动机构的原理、结构及接线应有比较深入的了解，因为它是二次回路的组成部分之一。

在变电所中，隔离开关、接地开关能够进行远方电气操作，即由电动机带动传动机构来完成分、合闸过程。所选用的电动机有直流的，也有交流的，必须清楚其原理，才能进一步了解它的控制回路原理图。

测量回路主要是通过电流互感器和电压互感器来采集电气模拟量，因此必须熟悉和了解电流互感器和电压互感器的结构和原理。

监视回路主要对一次、二次设备的工作状况实施监视，监视内容主要有气压、液压、油面、温度、工作状态、电源监视、装置异常告警等。所以，必须对监视对象的工作原理和结构有所了解。

（2）熟悉电气二次回路的图形符号、文字符号、回路标号及小母线编号。

我国电力系统初期采用的是苏联的电气二次回路的图形符号、文字符号、回路标号及小母线编号。后来在此基础上进行改革，制定了国家标准，主要是文字符号及回路标号采用了汉语拼音字母。近年来我国电气行业对国家标准进行了大的修改，基本符合 IEC（国际电工委员会）标准。这些不同时期的电气二次回路的图形符号、文字符号、回路标号及小母线编号，目前在现场中都有使用。使用比较广泛的是第二阶段的以汉语拼音为代表的符号和标号。

在推广使用新的国家标准方面，一次设备生产厂家做得较好，与一次设备相关的二次回路接线图基本都采用新的国家标准。二次设备生产厂家为了适应现场的需要，大部分采用的是以汉语拼音为代表的符号和标号。一些国外引进的电气设备，一般采用的是 IEC 标准，也有一些是各国自己的标准。现场变电运行人员和二次设备的维护人员，在使用或阅读二次回路接线图时，应该判明它采用的是哪一种符号、标号和编号，这样才能正确理解和识图。

（3）了解二次设备的工作原理。

常用的二次设备有继电保护装置、自动装置及测控装置。它们的二次回路接线图是依照其工作原理绘制的。必须了解这些二次设备的工作原理，才能正确地识图。

了解这些二次设备的工作原理时，应着重了解：正常工作需要接入哪些电气模拟量，是从何处接入的；需要接入哪些开关量，是从何处接入的；二次设备之间有哪些联系；二次设备的执行输出回路如何连接；有哪些信号需要送出；等。

2. 看懂工作原理的具体方法

（1）直流回路从正极到负极。例如控制回路、信号回路等，从一个回路的直流正极开始，按照电流的流动的方向，看到负极为止。

（2）交流回路从火线到中性线。例如电流、电压回路，变压器的风冷回路，从一个回路的火线（A、B、C 相）开始，按照电流的流动方向，看到中性线（N 极）为止。

（3）见接点找线圈，见线圈找接点。见到接点即要找到控制该接点的继电器或接触器的线圈位置。线圈所在的回路是接点的控制回路，是用以分析接点动作的条件。见线圈找出它的所有接点，以便找出该继电器控制的所有接点（对象）。

（4）利用欧姆定律分析继电器判断是否动作。判别的依据是，电压型线圈的两端加有足够大的电压，电流型线圈通过两端加有足够大的电流。对于电压型继电器的线圈回路，当线圈的两端通过若干个继电器的接点或电流线圈分别与电源的正、负极贯通，则认为继电器（接触器）动作（励磁）；当回路中有断开的接点，或线圈回路串接有比较大的电阻，或者线圈被并接的接点短接时，则认为继电器（接触器）不动作（不励磁）。例如：开关分闸回路，当开关处于合位时，分闸线圈的正极端串接有合位继电器（电阻大），则认为其不动作；当保护跳闸接点闭合，将线圈直接接到电源正极时，则认为分闸线圈动作。对于电流型继电器（如跳闸回路的防跳跃继电器），当线圈的两端通过若干个继电器的接点或电阻较小的线圈分别与电源的正、负极贯通，则认为继电器（接触器）动作（励磁）；当回路中有断开的接点，或线圈回路串接有比较大的电阻，或者线圈被并接的接点短接时，则认为继电器（接触器）不动作（不励磁）。

（5）看完所有支路。若某一回路，从正极往负极看回路，中间有多个支路连往负极，则每个支路必须看完，否则分析回路时就会漏掉部分重要的情况。

（6）利用相对编号法、回路标号弄清安装图与展开图中设备的对应关系。核查安装图与展开图的对应关系的主要目的：第一是检查安装图是否与展开图相对应，第二是弄清展开图中各设备在现场的位置。从安装图（如保护屏端子排接线图）查清某个端子排的端子在展开图中的位置，则先查出该端子上所在的回路标号，再查对展开图中的回路标号，相同的回路标号即为同一个回路，即可在展开图中迅速找到该回路，在展开图查明它在整个回路中的作用。如手上只有安装图或者发现安装图与展开图的原理接线图无法对应，则根据安装图中每个设备端子上所标的编号，依据相对编号法，查到该所连接的另外设备的端子，然后再查出该端子所连接另外设备，直到查到直流电源的正负极或交流回路的火线和中性线为止。最后把整个相关的回路都查出来，画成图后可分析连接是否符合动作原理。若想弄清展开图上设备的位置，则：一是利用展开图上的设备表提供的位置，然后去相应的安装图上查对。二是先弄清展开图中的端子符号，哪些是屏柜端子排的端子，哪些是（保护或自动）装置的端子，然后直接去可能的屏柜、端子箱中查找。

3. 识图特殊问题的解决方法

（1）如何用设备的实际状态（现场能看到的设备状态）来描述回路或继电器的动作条件。先以回路的接点分、合状态来描述回路的条件，然后根据接点的分、合状态与设备的状态的对应关系，替换描述（如用开关机构箱的“远/近控切换开关”在“远方”位置来代替“远/近控切换开关”在远方控制回路中的接点状态）。必须逐步形成这一能力，否则看图纸将停留在原始状态，只能看到接点的分、合和继电器是否励磁，无法与运行中设备状态的监视和操作结合起来。

（2）如何弄清展开图中的部分采用方框画法设备与外部其他部分的连接。先查清方框画法设备的端子编号，然后利用能展示该设备内部接线图的装置说明书或厂家图，在这些图纸中找到往外部连接的端子编号，再与内部回路连接起来，然后通过往外的连接端子与外部回路联系起来。

4. 看图注意问题

（1）虽然在一套二次图纸中最重要的图纸为控制及信号回路图、电流和电压回路图、保护屏（控制屏）端子排图及开关的安装接线图，看图时应熟悉这几份图纸，但不能忽略其他图纸的辅助作用，否则可能事倍功半，卡在某个问题出不来或漏掉一些特殊的回路。

（2）记忆一些常用的回路编号和图形符号，看图时会大大加速看懂图纸的速度。

（3）特别留意值班员操作的设备，如电源保险、空开、切换开关在图纸中位置及所起的作用，必须查清它们在现场的实际位置。

四、变电站综合自动化背景下的二次设备

（一）变电站综合自动化概述

变电站综合自动化是指利用先进的计算机技术、现代电力电子技术、通信技术和信号处理技术对变电站的二次设备（包括测量仪表、信号系统、继电保护、自动装置和远动装置等）的功能进行组合和优化设计，对变电站的主要设备和输电、配电线路的运行情况进行监视、测量、控制和保护，以及实现与调度间的通信等综合性的自动化功能。变电站综合自动化系统，是由多台微型计算机组成的自动化系统，可以收集到所需的各种数据和信息，利用计算机的高速计算能力和逻辑判断能力，监控变电站的各种设备。

变电站综合自动化系统在二次系统具体装置和功能实现上，用计算机化的二次设备代替和简化非计算机设备，用数字化的处理和逻辑运算代替了模拟运算和继电器逻辑。相对于常

规变电站二次系统，变电站综合自动化系统增添了“变电站主计算机系统”和“通信控制管理”两部分。“通信控制管理”作为桥梁联系变电站内部各部分、变电站与调度控制中心，使其相互交换数据，并对这一过程进行协调、管理和控制。

变电站综合自动化背景下的二次回路简化了不少。例如用微机综合测控保护装置代替了测量用的电压表、电流表及保护回路与控制回路所需要的继电器、接触器等，只提供装置相应的端口，将电压电流信号输入，测量值或是断路器动作逻辑值自动输出。但是基本的动作原理与动作逻辑还是没有变。我们学习二次回路，就是要掌握二次设备是如何对一次设备进行控制、测量、保护监视的工作过程。

（二）牵引变电所控制室综合自动化装置示例

某高铁牵引变电所控制室内部分二次屏柜布局如图 5-7 所示。该变电所的一次主接线图如图 5-8 所示。由图可以看出，供电系统为 AT 供电方式，该变电所高压侧采取线路变压器组接线方式，主变压器接线方式为利用两台单相变压器构成单相 vv 接线。1#、3#主变为一组，2#、4#主变为一组。正常运行时，一组运行，一组备用，向两段独立母线供电。

在该变电所控制室内，主要的二次屏柜有电能计量屏、监控屏、1#和 3#主变保护测控屏、2#和 4#主变保护测控屏、1#馈线保护测控屏、网开关监控屏。此外，变电所自用电系统的交流电源柜、直流电源柜、蓄电池组也安放在控制室内。

电能计量屏显示供电公司装设的电度表的数值，作为收取电费依据。

监控屏具有电气参数实时监测、远动控制、事故异常报警、事件记录和打印、统计报表的整理和打印、消防监控等综合功能。

主变测控保护屏能够提供相应主变压器的主保护与后备保护，能够对主变压器一次、二次侧电流、电压值进行测量，对变压器进行停送电控制，通过监控屏完成与上级的实时通信。

馈线测控保护屏能够提供相应馈线保护与故障测距，能够对母线电压及馈线电流进行测量，对馈线进行停送电控制，并通过监控屏完成与上级的实时通信。

网开关监控屏可对接触网上的隔离开关及相应状态进行监视与控制，通过监控屏可完成与上级的实时通信。

交流电源柜、直流电源柜、蓄电池组组成了交、直流自用电系统，对它的监控也接入了综合自动化系统。

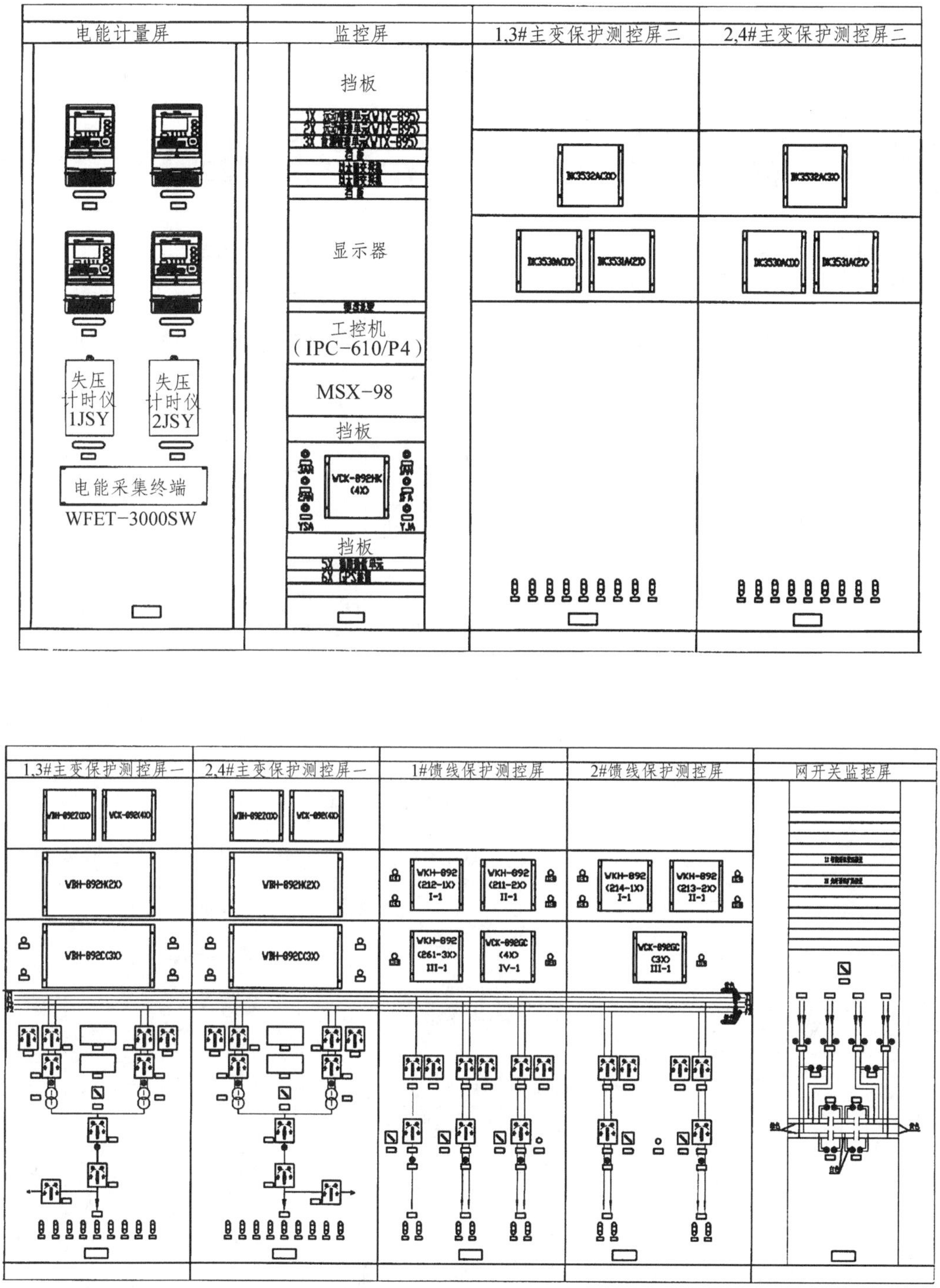

图 5-7　某高铁牵引变电所控制室内部分二次屏柜布局

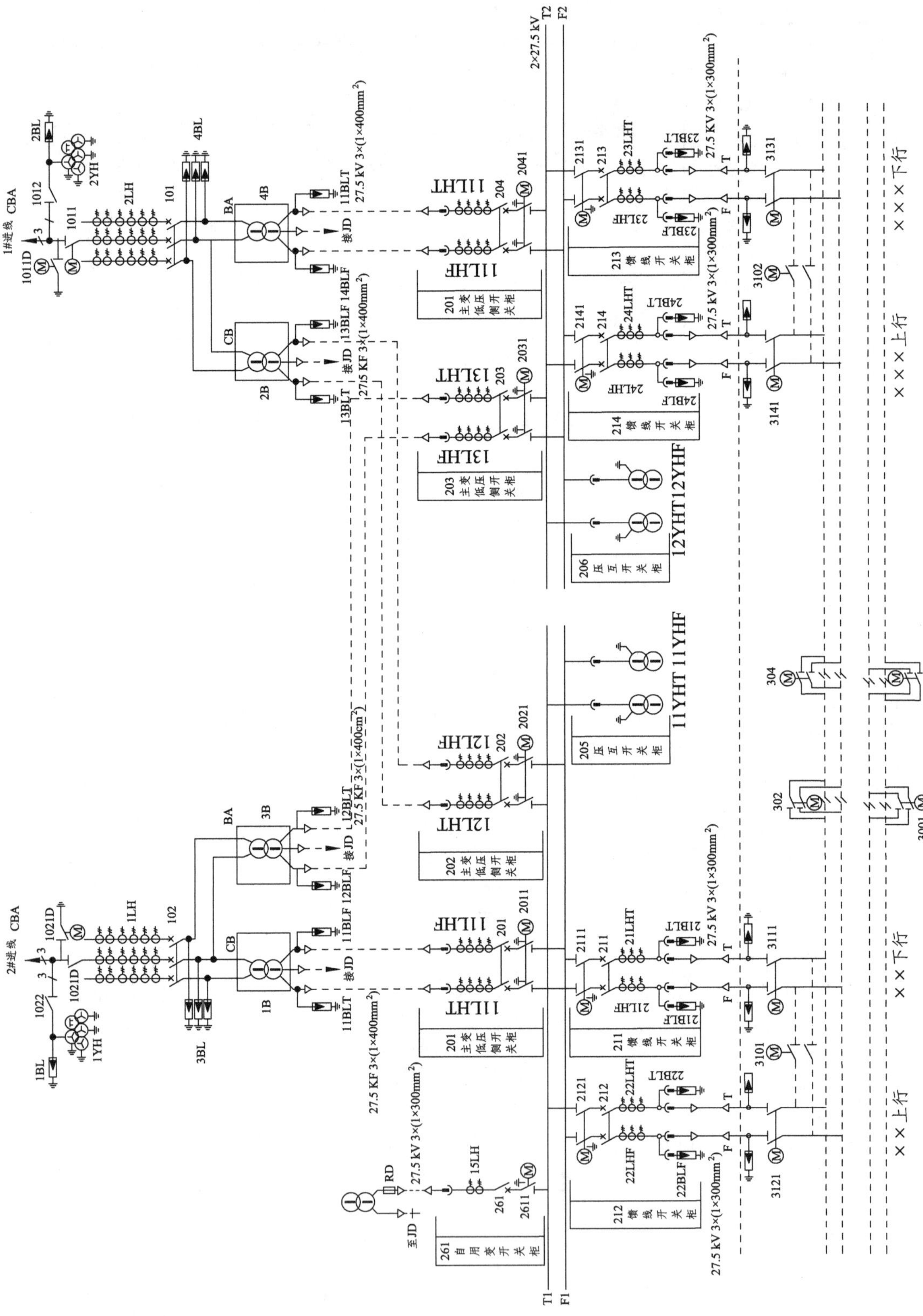

图 5-8　某高铁牵引变电所一次主接线图

第二节　交流回路

交流回路分为交流电压回路和交流电流回路。交流回路的作用是将高电压、大电流通过电压互感器、电流互感器转换为低压（100 V、100/$\sqrt{3}$ V）、小电流（5 A 或 1 A）供保护、测量、计量等使用。

一、电流互感器的选择

电流互感器（TA）的作用是将一次设备中的大电流转换成供二次设备使用的小电流，其工作原理相当于一个阻抗很小的变压器。电流互感器一次绕组与主电路串联，二次绕组接负荷。

（一）电流互感器变比的选择

电流互感器的变比一般为 X∶5 A。它的含义是：首先，X 不小于该设备可能出现的最大长期负荷电流，如此即可保证在一般情况下 TA 二次侧电流不大于 5 A；其次，被保护设备发生短路故障时，在短路电流不使 TA 饱和的情况下，TA 二次侧电流依然可以按照此变比从一次电流进行折算。

在超高压电厂和变电站中，一次配电装置距离控制室较远，为了增加电流互感器的二次允许负荷、减小连接电缆的导线截面积、提高精确等级，多选用二次侧额定电流为 1 A 的电流互感器。相应地，微机型二次设备也应选用额定交流电流为 1 A 的产品。

根据目前牵引变电所大多数都是选用二次侧额定电流为 5 A 的电流互感器。

（二）电流互感器准确度等级的选择

在变电站中，电流互感器用于三种回路——保护回路、测量回路和计量回路，而这三种回路对电流互感器的准确级要求是不同的。最常见的三种准确级就是我们上面所列的用于保护回路的 10P10 级、用于测量回路的 0.5 级和用于计量回路的 0.2S 级。简单地讲：测量、计量级二次绕组着重于精度，即误差要小；保护级二次绕组着重于抗饱和能力，即在发生短路故障，短路电流超过一次额定电流许多倍的情况下，电流互感器一次侧电流与二次侧电流的比值仍在一定允许误差范围内接近理论变比。

对于 0.5、0.2 级二次绕组而言，0.5 或 0.2 就是其比值误差，计算公式为

$$d=(I_A-I_B)/I_B$$

式中：d 为比值误差；I_A 为二次侧实测电流；I_B 为根据一次侧实测电流和理论变比折算出的理论二次电流。

比值差的最小值分别为±0.5%和±0.2%。需要注意的是，此类电流互感器不保证在短路条件下满足此比值差。

对于保护级（P）的电流互感器而言，准确级分为 5P 和 10P 两种，其额定一次电流下的比值误差是固定的，分别为±1%和±3%，复合误差分别为 5%和 10%。5P20 级的电流互感器的含义可以简单理解为：电流互感器一次电流为 20 倍额定电流时，其二次电流误差为 5%。一般来说，10P 级二次绕组已经能够满足 110 kV 变电站内设备的继电保护需要，至于是 10 倍还

是 20 倍过流，需要根据实际的潮流及短路电流计算而确定。

（三）电流互感器二次绕组接线方式选择

电流互感器二次绕组的接线方式常用的有三种——完全星形接线、不完全星形接线和三角形接线，其接线形式及电流方向如图 5-9 所示。

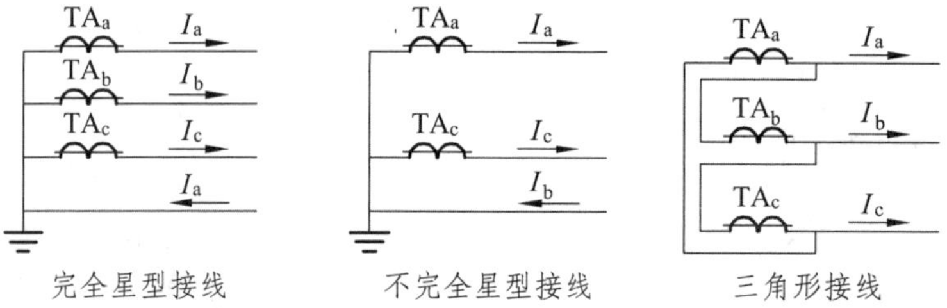

图 5-9　电流互感器二次绕组接线类别

完全星形接线：三相均配置电流互感器，可以反映单相接地故障、相间短路及三相短路故障。目前，110 kV 线路及变压器、10 kV 电容器等设备配置的电流互感器均采用此接线方式。

不完全星形接线：仅在 A、C 两相配置电流互感器，反映相间短路及 A、C 相接地故障。

三角形接线：三相均配置电流互感器。在电磁式继电器保护时代，这种接线用于 Yd11 接线的变压器的差动保护的高压侧（即星形侧），使变压器星形二次电流相位超前一次电流 30°，从而和变压器低压侧（电流互感器接成完全星形，二次电流与一次电流相位相同）二次电流相位相同。目前，微机型主变差动保护装置本身可以实现因主变压器接线组别造成的相位角差的校正，所以主变压器星形侧和三角形侧电流互感器均采用完全星形接线。三角形接线方式在变电站中已经不再使用。

（四）接地点选择

电流互感器的二次侧不允许开路，而且在星形接线中，电流互感器二次侧中性点必须接地，只是在不同情况下的接地点不同。在 110 kV 变电站中，只有主变压器高、低压侧用于差动保护的电流互感器二次绕组是在主变压器保护屏一点接地，其他均是在电流互感器现场接地（按不配置 110 kV 母线差动保护考虑）。

用于元件差动保护的各电流互感器的二次侧必须在一点接地，例如主变压器差动保护、母线差动保护。高压线路差动保护是依靠光纤传输电流量（经过变换以后）进行比对实现的，不是直接由差电流启动保护元件，所以线路两端电流互感器二次侧各自单独接地。

二、电压互感器的选择

电压互感器的作用是将一次电压按一定的变比转换成二次电压供二次设备使用，其工作原理与变压器基本相同。电压互感器的一次绕组并连接在主电路上，二次绕组接负荷。

（一）电压互感器二次绕组接线方式选择

电压互感器的接线方式主要有 Vv 接线和星形/星形（开口三角）接线两种，如图 5-10 所示。

Vv 接线为不完全三角形接线，其一次绕组不能接地，二次绕组接地。Vv 接线的特点是：

只用两个单相电压互感器就可以获得三个对称的线电压，但是无法得到相对地的电压。目前，变电站已经不再使用这种接线方式。

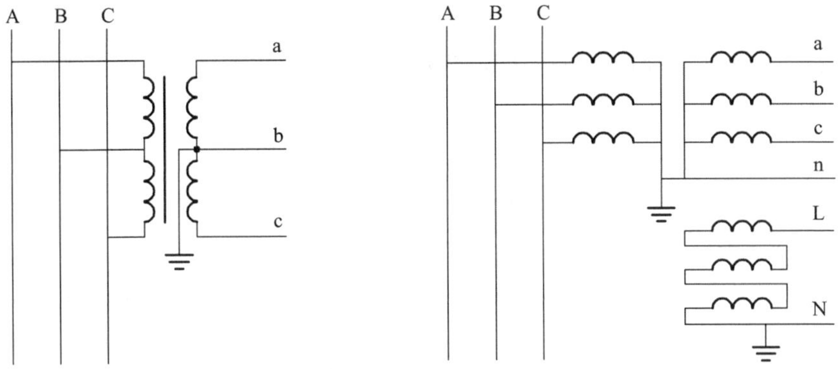

Vv 接线　　　　星形/星形（开口三角）接线（接地点为示意）

图 5-10　电压互感器接线类别

星形/星形（开口三角）接线是目前广泛采用的接线方式，其一次绕组和二次绕组均接地。在这种接线方式中，从星形二次绕组可以获得相对地的电压、线电压和相对中性点电压，从开口三角绕组获得零序电压。在电压互感器二次侧，每相均配置三个线圈，取每相的 0.5 级二次线圈接成星形接线，用于提供测量及保护电压；取每相的 0.2 级二次线圈接成星形接线，用于提供计量电压；取每相的 3P 级二次线圈接成开口三角接线，用于提供零序保护电压。

（二）接地点选择

电压互感器一次绕组和二次绕组的接地点是分开的，电压互感器的实际接线原理如图 5-11 所示，用于继电保护和测量的二次绕组接成星形接线，用于监测零序电压的二次绕组接成开口三角接线，用于计量的二次绕组接成星形接线，黑加粗部分为主控室接地点。

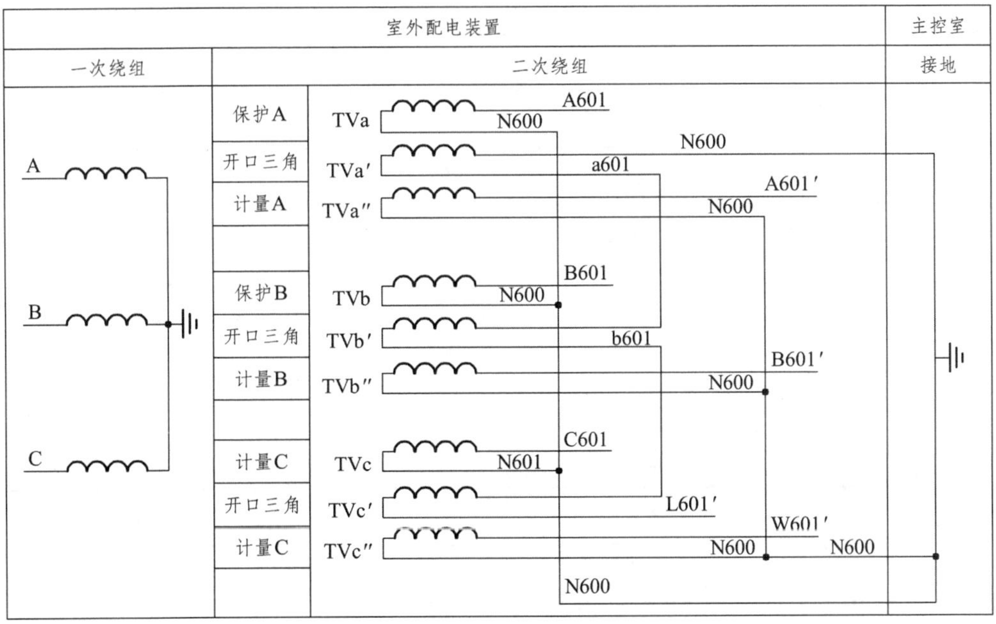

图 5-11　电压互感器二次接线展开图

可以看出，电压互感器的一次绕组在开关场接地，所有的二次绕组在控制室一点接地。需要注意的是，3 个二次绕组的接地线 N 600 是通过 3 根独立的电缆汇合到主控室接地点的。保护电压和计量电压的相线在进入电压重动/并列装置之前，还必须经过开关电器〔空气开关或熔断器），而零序电压的相线和所有的地线则不经过开关电器。

三、交流回路示例

图 5-12 为某高铁牵引用于变电所高压进线侧（330 kV）主变压器差动保护和后备保护的交流电流回路图。由图可以看出，该变电所高压侧采取线路变压器组接线方式，接线方式为利用两台单相变压器构成单相 Vv 接线。电流互感器二次接线为完全星形接线。WBH-892H 为主变综合测控保护装置。电流互感器的参数如表 5-4 所示。

表 5-4　电流互感器参数

序　号	项　目	参数值
1	生产厂家	××××互感器有限公司
2	类　型	户外油浸式
3	规格型号	LVB-330W3
4	额定电压/kV	330
5	额定动稳定	160kA
6	短时热稳定	63kA
7	线圈 1 级次/容量（VA）	5P/20
8	线圈 1 级次/电流比（A/A）	2×300/1
9	线圈 2 级次/容量	5P/20
11	线圈 2 级次/电流比（A/A）	2×1500/1
12	线圈 3 级次/容量	0.5/15
13	线圈 3 级次/电流比（A/A）	2×300/1
14	线圈 4 级次/容量	0.2S/15
15	线圈 4 级次/电流比（A/A）	2×200/1
16	总质量/kg	1200
17	出厂序号	11154728
18	出厂日期	2015-11

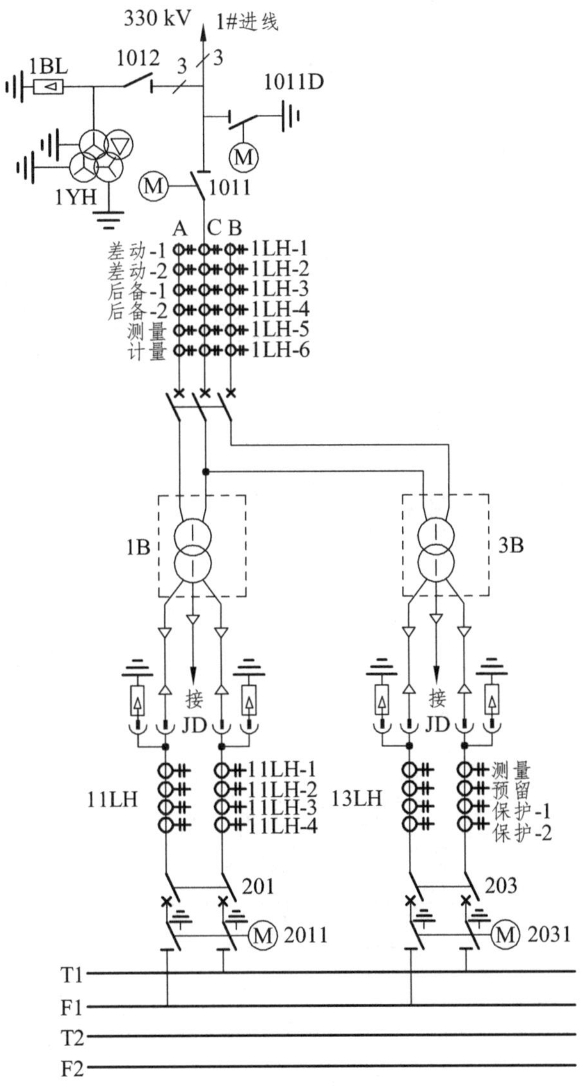
330 kV
1#进线
3
3
1BL
1012
1011D
1YH
M
M
1011
A
C
B
差动-1
差动-2
后备-1
后备-2
测量
计量
1LH-1
1LH-2
1LH-3
1LH-4
1LH-5
1LH-6
1B
3B
接
JD
接
JD
11LH
11LH-1
11LH-2
11LH-3
11LH-4
13LH
测量
预留
保护-1
保护-2
201
203
M
2011
M
2031
T1
F1
T2
F2

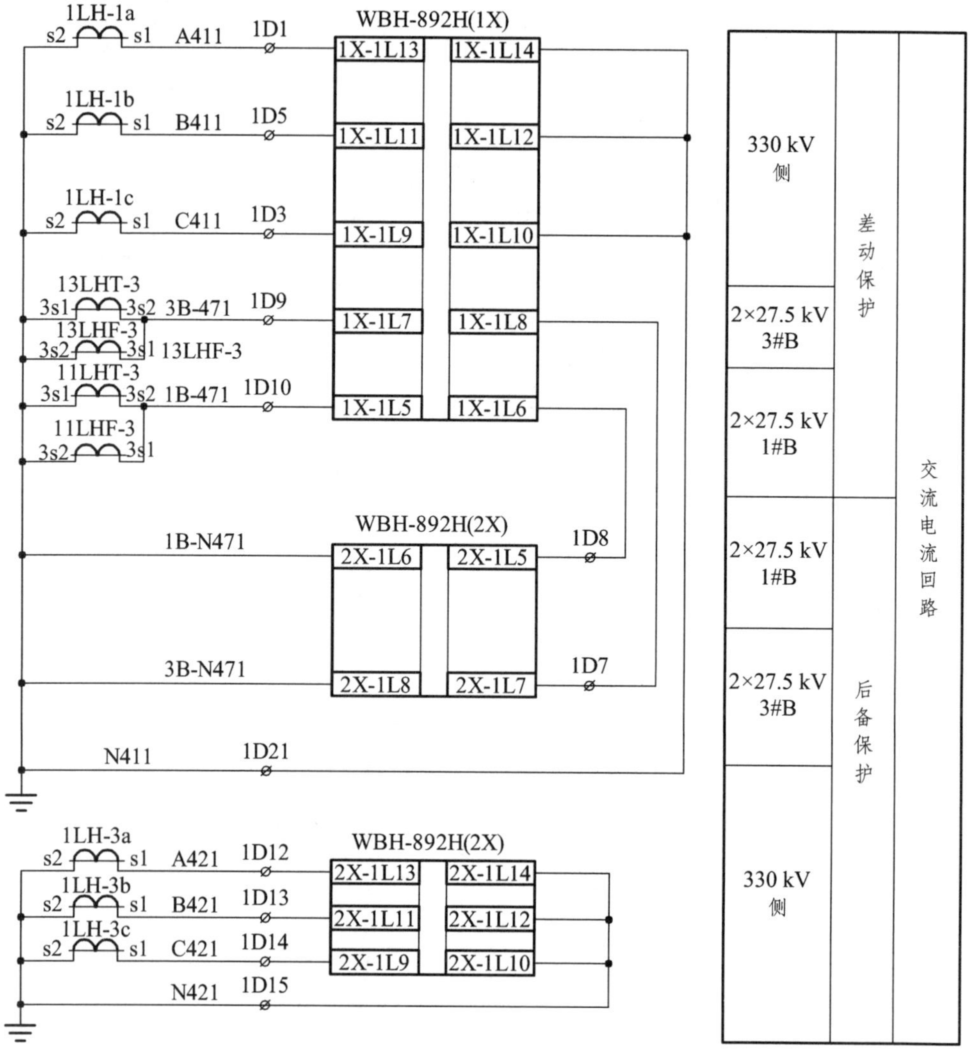

图 5-12　主变压器的差动后备保护交流电流回路示例

图 5-13 为该高铁牵引变电所高压进线侧（330kV）相应的交流电压回路图。电压互感器接线为星形/星形（开口三角）接线。1ZK、2ZK、3ZK 为交流空气开关。电压互感器的参数如表 5-5 所示。

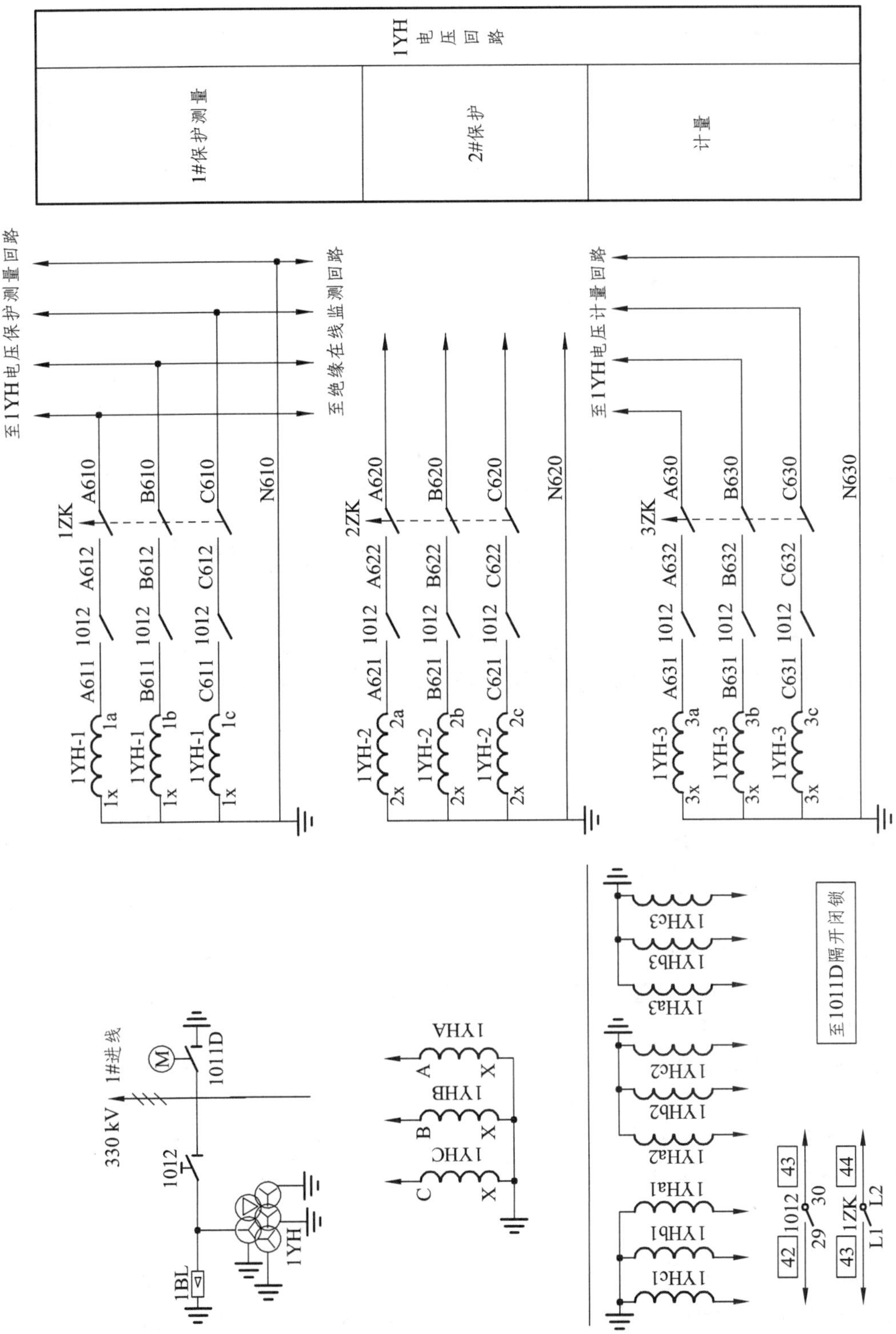

图 5-13　330 kV 侧相应的交流电压回路示例

表 5-5　电压互感器参数

序　号	项　目	参数值
1	生产厂家	XXX 有限公司
2	类型	户外油浸式
3	规格型号	WVL3　330-5H
4	额定电压/kV	$330/\sqrt{3}$
5	电压比（kV/kV）	$(330/\sqrt{3})/(0.1/\sqrt{3})$
6	线圈 1 级次/容量（VA）	0.2/50
7	线圈 2 级次/容量	0.5/150
8	线圈 3 级次/容量	3P/100
9	相数	单
10	总质量/kg	890
11	出厂序号	809167
12	出厂日期	2016.03

第三节　高压开关的控制回路

高压开关设备主要有高压断路器和隔离开关。在变电所内，二次设备对一次设备的控制主要是对高压开关设备的分合闸控制、变压器励磁的调节。在牵引变电所内，变压器均使用无载调压，因此控制回路主要是对高压开关设备的分合闸控制。

一、断路器的控制回路

（一）断路器的控制方式

1. 按照操作命令的来源分类

按照操作命令的来源分类，断路器的控制方式可分为手动操作和自动操作。

手动操作包括手动合闸操作和手动分闸操作。手动合闸（分闸）包括利用综合自动化后台软件（或调度利用远动系统）合闸（分闸）、在微机测控屏使用操作把手合闸（分闸）、在断路器机构箱使用操作按钮合闸（分闸）。

自动操作包括自动合闸操作和自动分闸操作。自动合闸包括线路重合闸和备自投装置合闸。自动分闸包括继电保护动作分闸、备自投装置动作分闸及偷跳（由于某种原因断路器自己分闸）。

2. 按照操作地点分类

按照操作地点分类，断路器的控制方式可分为远方操作和就地操作。远方和就地操作的基准点在远方/就地切换把手安装的位置。远方/就地切换把手一般有 2 个，一个安装在微机测控保护屏上，另一个安装在断路器机构箱内。对于安装在测控保护屏上的远方/就地切换把手而言，使用微机测控保护屏上的控制开关 1SA 进行的操作就属于就地操作，来自综合自动化后台软件或供电调度的操作命令都属于远方操作。对断路器机构箱内的远方/就地切换把手而言，在机构箱内使用操作按钮进行的操作属于就地操作，来自控制室的操作命令都属于远方操作。远方就地切换把手与断路器的操作开关必然是结合使用的，某个切换把手配套的操作开关的操作就属于就地操作，在其他地点进行的操作都属于远方操作。

（二）控制开关

控制开关是运行值班人员进行直接操作发出控制命令，使断路器分闸或合闸，以改变设备运行状态的装置。控制开关的种类很多，牵引变电所中广泛采用 LW2-W/F6 型控制开关，如图 5-14 所示。

控制开关手柄平时处于“零位置”，将控制开关手柄沿顺时针方向旋转 45°达到“合闸”位置，$SA_{1\text{-}3}$ 接点闭合，发出合闸命令脉冲。由于控制开关的合闸位是个不固定的位置，当操作完毕后控制开关手柄在弹簧力的作用下，自动沿逆时针方向转 45°返回中间零位，$SA_{1\text{-}3}$ 接点断开。分闸操作时，将控制开关手柄沿逆时针方向旋转 45°达到“分闸”位置，$SA_{2\text{-}4}$ 接点闭合，操作人员手松开后，控制开关自动恢复到中间零位，$SA_{2\text{-}4}$ 接点断开。

为了看图方便，在展开图上将控制开关的 3 位置用 3 条虚线表示。中间的虚线表示“零位置”，由中间向左侧的虚线代表“分位置”，右侧的虚线代表“合位置”，并以小黑点“·”表示接通状态，即虚线上有黑点者表示开关转到此位置时该对接点接通，反之不接通。

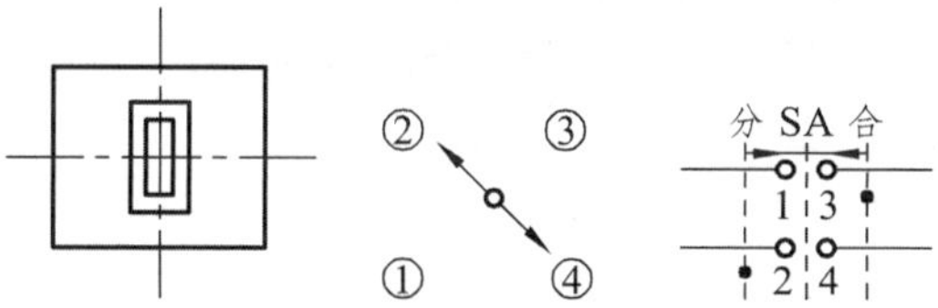

图 5-14　控制开关外形/接点状态表示

（三）断路器的辅助触点

断路器的辅助触点位于断路器的机构箱内，能够把断路器的分合闸状态在二次回路里表现出来。断路器的辅助触点可分为辅助常开触点和辅助常闭触点。当断路器处于分闸状态时，辅助常开触点断开，辅助常闭触点闭合；当断路器处于合闸状态时，辅助常开触点闭合，辅助常闭触点断开，图形符号如图 5-15 所示。

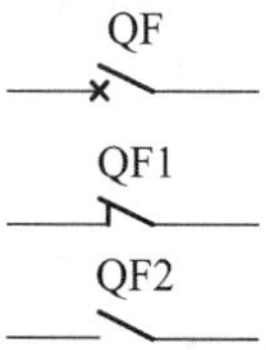

图 5-15　断路器及其辅助触点

（四）断路器控制信号回路

1. 基本断路器控制回路

以弹簧储能操动机构为例，首先学习最简单的断路器控制回路。图 5-16 为基本断路器控制回路原理图。

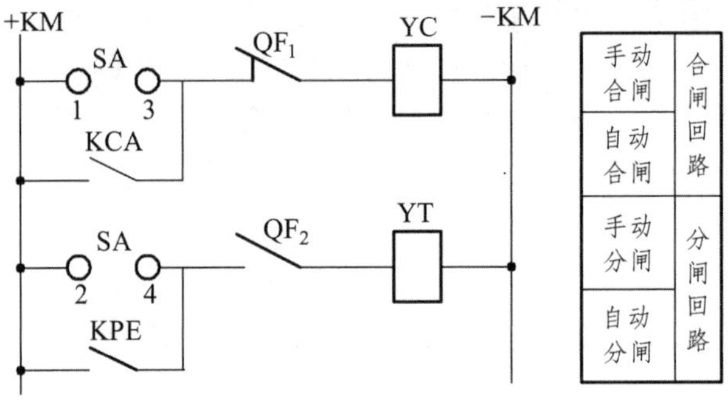

SA—控制开关；YC—合闸线圈；YT—分闸线圈；QF_1—断路器辅助常闭触点；
QF_2—断路器辅助常开触点；KCA—自动合闸装置出口触点；
KPE—继电保护出口触点。

图 5-16　基本断路器控制回路

（1）合闸回路。

基本的断路器合闸回路由以下几部分组成：合闸启动部分→断路器辅助常闭触点→合闸线圈。

合闸启动部分包括手动合闸和自动合闸：手动合闸时，控制开关 SA 转向合位，SA 的 1、3 触点接通；自动合闸时，自动合闸装置出口触点闭合。断路器辅助常闭触点在断路器合闸前始终处于闭合状态。合闸启动回路瞬时接通，合闸线圈励磁，利用电磁力，启动断路器操动机构，断路器合闸。断路器合闸完成后，合闸回路中的断路器辅助常闭触点断开，合闸回路断电。

（2）分闸回路。

断路器分闸回路由以下几部分组成：分闸启动部分→断路器辅助常开触点→分闸线圈。

分闸启动部分包括手动分闸和自动分闸：手动分闸时，控制开关 SA 转向分位，SA 的 2、4 触点接通；自动分闸时，继电保护出口触点闭合。断路器辅助常开触点在断路器分闸前始终处于闭合状态。分闸启动部分瞬时接通，分闸线圈励磁，利用电磁力，启动断路器操动机构，断路器分闸。断路器分闸完成后，分闸回路中的断路器辅助常开触点断开，分闸回路断电。

2. 带防跳回路的断路器控制回路

在运行过程中，有时由于控制开关原因或自动装置触点原因，在断路器合闸后，上述启动回路触点未断开，合闸命令一直存在。此时，如果继电保护动作，开关分闸，但由于合闸脉冲一直存在，则会在开关分闸后重新合闸。如果线路故障为永久性故障，保护将再次将开关跳开，持续存在的合闸脉冲将会使开关再次合闸。如此将会发生多次的“跳—合”现象，此种现象被称为“跳跃”。断路器的多次跳跃，会使断路器毁坏，造成事故扩大。因此，必须对操作回路进行改进，防止“跳跃”发生。防跳继电器就是专门用于防止断路器跳跃的。（现在断路器的开关机构本身设计有防跳功能。）在操作回路中增加防跳回路后示意图如图 5-17 所示。

与图 5-16 相比，图 5-17 增加了中间继电器 TBJ，称为防跳继电器。它有两个线圈：一个是电流启动线圈，串联于分闸回路中，这个线圈的额定电流应根据分闸线圈的动作电流选取，并要求其灵敏度高于分闸线圈的灵敏度，以保证在分闸操作时它能可靠地起动；另一个线圈为电压自保持线圈，经过自身的常开触点并联于合闸线圈回路中。在合闸回路中还串联接入了一个 TBJ 的常闭触点。

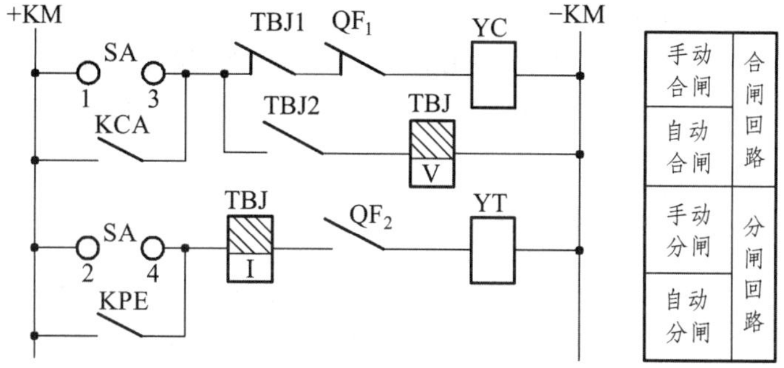

图 5-17　带防跳回路的断路器控制回路

其工作原理如下：当利用控制开关合闸或自动装置合闸以后，若合闸接点未断开，当线路发生故障时，保护出口触点 KPE 闭合，将分闸回路接通，使断路器分闸，同时分闸电流也流过防跳继电器 TBJ 的电流启动线圈，使 TBJ 启动，其常闭触点断开合闸回路，常开触点接通 TBJ 电压线圈，此时如果合闸脉冲未解除（如控制开关未复归或自动装置触点 KCA 卡住等），则 TBJ 的电压线圈通过 SA 的 1-3 触点或 KCA 的触点实现自保持，长期断开合闸回路，使断路器不能再次合闸。只有合闸脉冲解除，TBJ 的电压自保持线圈断电后，才能恢复至正常状态。防跳继电器在保护测控屏操作插件内。

3. 断路器位置监视回路

常规控制回路的红绿灯监视回路原理图如图 5-18 所示。断路器的辅助常闭触点 QF_1 与绿灯相连，辅助常开触点 QF_2 与红灯相连。当断路器处在分闸状态时，QF_1 闭合，绿灯亮。当断路器处在合闸状态时，QF_2 闭合，红灯亮。

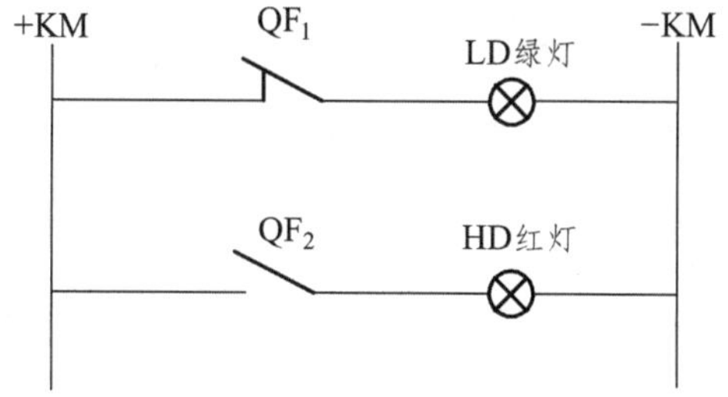

图 5-18　控制回路的红绿灯监视回路原理

4. 微机保护控制回路与常规保护控制回路的不同

（1）跳合闸启动回路不同。

与常规控制回路相比，微机保护控制回路在进行手跳、手合时，要启动手跳、手合继电器，手跳、手合继电器通过自保持回路启动跳、合闸回路。而常规保护控制回路只在分相操作回路中有手跳、手合继电器及其自保持回路。常规三相操作回路中，手跳、手合直接由控制开关触点启动断路器线圈。

（2）红绿灯启动回路不同。

红绿灯启动回路不同，常规保护红绿灯直接由断路器辅助触点启动，微机保护控制回路中，红绿灯分别由合闸位置继电器和跳闸位置继电器启动。

（3）微机保护控制回路中均有自保持功能。

跳、合闸保持回路，微机保护中，不论自动操作（保护跳闸，重合闸动作），或人为操作，均有自保持回路；而常规三相操作回路中，只有自动操作经过自保持回路，人为操作不经自保持回路。

5. 应用弹簧储能操作机构的断路器控制信号回路示例

图 5-19 是变电所中常用的弹簧储能操作机构的断路器控制信号回路图。1SA 为远方就地转换开关；2SA 为断路器分合闸控制开关；KC 是手动合闸继电器；KO 是手动分闸继电器；KML 是防跳继电器；YC 是断路器的合闸线圈；YT 是断路器的分闸线圈；KPE 是保护装置出口继电器；QF_1 是断路器的辅助常闭触点，其通断状态与断路器的主触头一致，即断路器在合闸位置时它是接通的，在分闸位置时它是断开的；QF_2 是断路器的辅助常开触点，其通断状态与断路器的主触头相反。

ZNT-1 型断路器的操作机构正常工作时，分、合闸弹簧都处于压缩储能状态，限位开关 SQ_2 闭合。而限位开关 SQ_1 处于断开位置，中间继电器 KAM 不受电，其常开接点 KAM_1、KAM_2 断开，储能电机不受电运转。断路器合闸操作时，合闸弹簧释放能量，断路器合闸到位后，限位开关 SQ_1 闭合，中间继电器 KAM 线圈受电，其常开接点闭合，储能电机受电运转，当合闸弹簧储能到位后，SQ_1 断开，储能电机停转。

储能回路与合闸回路之间经限位开关 SQ_2 及中间继电器 KAM 实现电气闭锁。当合闸弹簧未储能时，限位开关 SQ_2 断开，合闸线圈 YC 不能受电，断路器不能进行合闸操作。

若储能电机正在运转储能（即未储能到位）时，中间继电器的常开接点 KAM_3 闭合。此时，若人工合闸，合闸继电器的常开接点 KC_1 闭合，使+WC—1FU—KC1—KAM_3—KML 线圈—2FU—-WC 电路接通。

防跳继电器 KML 受电动作，常开接点 KML_2 闭合，对 KML 进行电源自保持。常闭接点 KML_1 断开，闭锁合闸回路，断路器不能进行合闸操作。

断路器合闸操作完成后，其辅助联动接点 QF_3 闭合，若 KC_1 或 KCA_1 仍在接通状态，则使+WC—1FU—KC_1—QF_3—KML—2FU—-WC 电路接通。

防跳继电器 KML 受电动作，常开接点 KML_2 闭合，防跳继电器自保持在动作状态。其常闭接点 KML_1 断开，切断合闸回路，避免了断路器再次合闸，从而起到了防止断路器跳跃的作用。只有当合闸脉冲消除后（如 KC_1 接点断开），防跳继电器线圈断电返回，电路才能恢复合闸功能。

6. 保护测控装置的断路器控制回路示例

以某牵引变电所 A 相馈线的保护测控装置为例，分析高压断路器 211 的控制信号回路。A 相馈线的一次接线图如图 5-20 所示。与之相对应的，在变电所控制室内，A 相馈线保护测控盘将对图 5-20 中所示的断路器 211、212、21B 及隔离开关 2111、2112、2121、2122 进行控制。A 相馈线保护测控屏的盘面布置图如图 5-21 所示。

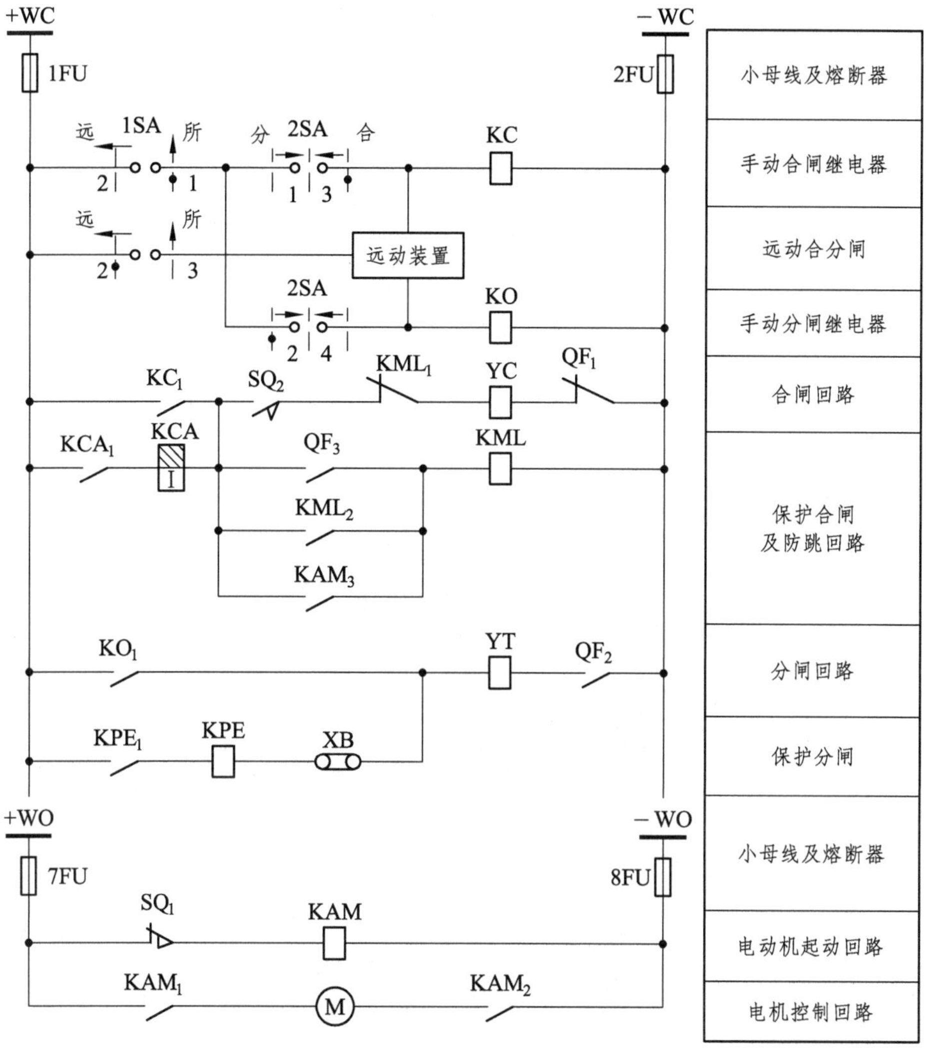

图 5-19　ZNT^{-1} 弹簧储能操作机构的断路器控制信号回路

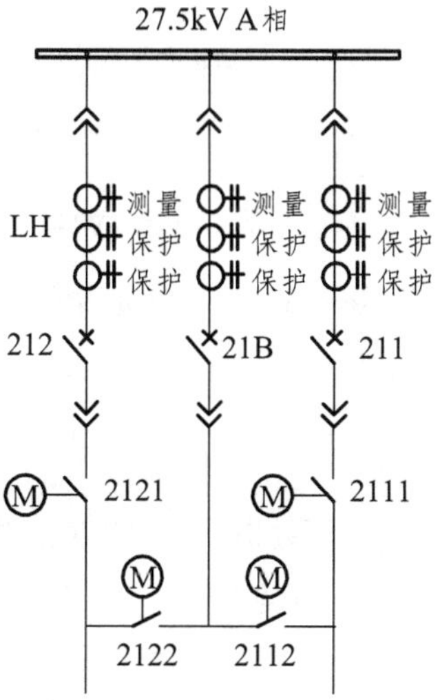

图 5-20　A 相馈线的一次接线图

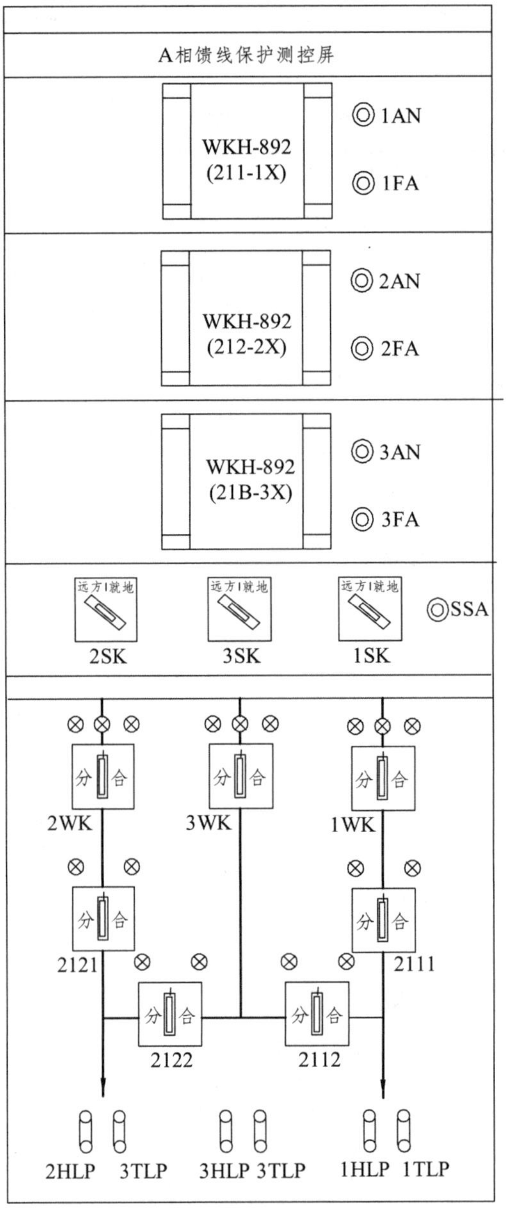

图 5-21　A 相馈线保护测控屏的盘面布置图

A 相馈线保护测控屏的上半部分并列的 3 个微机馈线保护测控装置面板 WHK-892（211-1X）、WHK-892（212-2X）、WHK-892（21B-3X），分别对断路器 211、212、21B 进行保护及测控。以断路器 211 为例，装置面板 WHK-892（211-1X）旁边的 1AN 表示重合闸指示灯，1FA 为装置的复归按钮。1SK 是断路器 211 在保护测控屏上的远方、就地转换开关，打在就地位时，可实现在 A 相馈线保护测控盘上使用控制开关 1WK 对断路器进行分合闸控制；打在远方位时，保护测控装置本身可对断路器实行保护跳闸、自动重合闸，同时供电调度端可以对 211 断路器进行远动分合闸操作。1WK 是 211 的分合闸控制开关，1WK 上方有 3 个灯泡，从左到右依次为绿灯 1LD、白灯 1BD、红灯 1HD，表示断路器的分闸位、事故跳闸、合闸位。2111

是 2111 隔离开关的分合闸控制开关，2111 上方有 2 个灯，从左到右依次为绿灯、红灯，表示隔离开关的分闸位、合闸位。SSA 为事故白灯试验按钮。1HLP 是 211 的重合闸连片，1TLP 是 211 的保护跳闸连片。

211 断路器的控制回路如图 5-22 所示。该断路器为 27.5 kV 的真空断路器，采用了弹簧储能操动机构。在图 5-19 中，KM 为控制电源小母线，1ZK、2ZK 为空气开关，1SK、1WK、1HLP、1TLP、SSA、WHK-892（1X）、1LD、1BD、1HD、1AN 等装置均位于 A 相馈线保护测控盘上，如图 5-18 分析。图 5-19 中虚线框内的二次设备均位于 211 机构箱内。HQ 为断路器的合闸线圈，TQ 为分闸线圈，211DL 表示断路器的辅助触点。

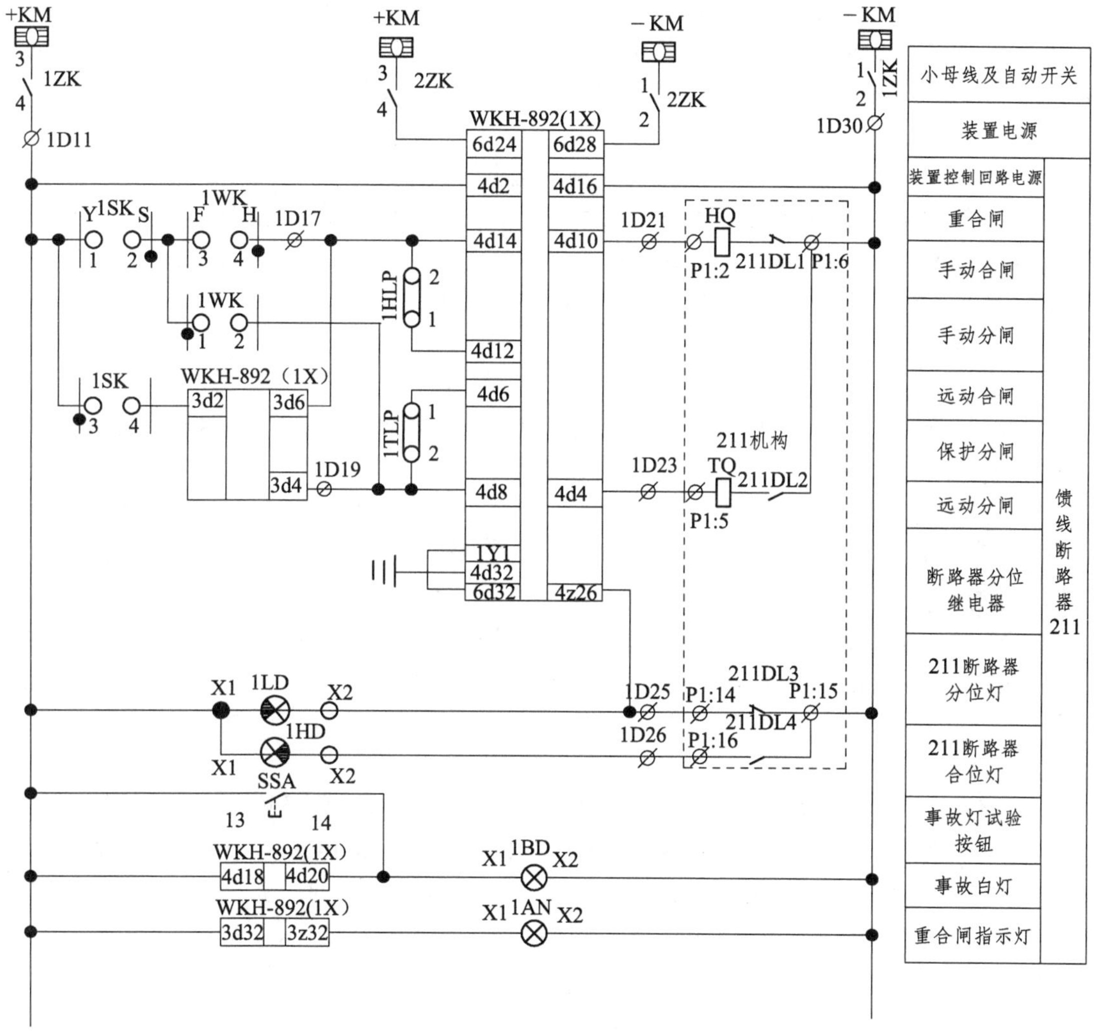

图 5-22　211 断路器的控制回路

下面对控制回路进行分析。

（1）合闸回路

① 手动合闸

1SK 打在就地位，1、2 触点接通，由值班员在控制室的 A 相馈线保护测控屏上对断路器 211 进行合闸操作，将控制开关 1WK 转向合位，使 1WK 的 3、4 触点接通，通过端子排的 1D17

端子，接入微机馈线保护测控装置 WHK-892（1X）的 4d14 端口，由 4d10 端口输出，至端子排 1D21 端子，再经过电缆，进入 211 断路器的机构箱，使合闸线圈 HQ 得电动作，断路器完成合闸。即手动合闸回路为：

+KM—$1ZK_{3\text{-}4}$—$1SK_{1\text{-}2}$—$1WK_{3\text{-}4}$—1D17—WHK-892（1X）的 4d14 端口—WHK-892（1X）的 4d10 端口—1D21—机构箱 P1:2—合闸线圈 HQ—断路器辅助常闭触点 211DL1—机构箱 P1:6 端子—$1ZK_{2\text{-}1}$—-KM

② 远动合闸

远动合闸由供电调度端执行对断路器 211 的合闸操作。远动合闸回路为

+KM—$1ZK_{3\text{-}4}$—$1SK_{3\text{-}4}$—WHK-892（1X）的 3d2 端口—WHK-892（1X）的 3d6 端口—WHK-892（1X）的 4d14 端口—WHK-892（1X）的 4d10 端口—1D21—机构箱 P1:2—合闸线圈 HQ—断路器辅助常闭触点 211DL1—机构箱 P1:6 端子—$1ZK_{2\text{-}1}$—-KM

③ 重合闸

重合闸由 WHK-892（1X）装置自动控制，重合闸回路为：

+KM—$1ZK_{3\text{-}4}$—WHK-892（1X）的 4d2 端口—WHK-892（1X）的 4d12 端口—$1HLP_{1\text{-}2}$—WHK-892（1X）的 4d14 端口—WHK-892（1X）的 4d10 端口—1D21—机构箱 P1:2—合闸线圈 HQ—断路器辅助常闭触点 211DL1—机构箱 P1:6 端子—$1ZK_{2\text{-}1}$—-KM

（2）分闸回路

① 手动分闸

1SK 打在就地位，1、2 触点接通，由值班员在控制室的 A 相馈线保护测控屏对断路器 211 进行分闸操作，将控制开关 1WK 转向分位，使 1WK 的 1、2 触点接通。电源正极+KM 接入微机馈线保护测控装置 WHK-892（1X）的 4d8 端口，由 4d4 端口输出，至端子排 1D23 端子，再经过电缆，进入 211 断路器的机构箱，使分闸线圈 TQ 得电动作，断路器完成分闸。即手动分闸回路为

+KM—$1ZK_{3\text{-}4}$—$1SK_{1\text{-}2}$—$1WK_{1\text{-}2}$—WHK-892（1X）的 4d8 端口—WHK-892（1X）的 4d4 端口—1D23—机构箱 P1:5 端子—分闸线圈 TQ—断路器辅助常开触点 211DL2—机构箱 P1:6 端子—$1ZK_{2\text{-}1}$—-KM

② 远动分闸

远动分闸是由供电调度执行对断路器 211 的分闸操作。远动分闸回路为

+KM—$1ZK_{3\text{-}4}$—$1SK_{3\text{-}4}$—WHK-892（1X）的 3d2 端口—WHK-892（1X）的 3d4 端口—WHK-892（1X）的 4d8 端口—WHK-892（1X）的 4d4 端口—1D23—机构箱 P1:5 端子—分闸线圈 TQ—断路器辅助常开触点 211DL2—机构箱 P1:6 端子—$1ZK_{2\text{-}1}$—-KM

③ 保护分闸

保护分闸由 WHK-892（1X）测控保护装置自动控制，保护分闸回路为

+KM—$1ZK_{3\text{-}4}$—WHK-892（1X）的 4d2 端口—WHK-892（1X）的 4d6 端口—$1TLP_{1\text{-}2}$—WHK-892（1X）的 4d8 端口—WHK-892（1X）的 4d4 端口—1D23—机构箱 P1:5 端子—分闸线圈 TQ—断路器辅助常开触点 211DL2—机构箱 P1:6 端子—$1ZK_{2\text{-}1}$—-KM

（3）信号回路

① 分闸位置信号

当断路器处在分闸状态时，断路器辅助常闭触点闭合，接通绿灯所在电路，测控保护屏

上的绿灯亮。分闸位置信号回路为：

+KM—$1ZK_{3-4}$—1LD—机构箱 P1:14—断路器辅助常闭触点 211DL3—机构箱 P1:15—端子箱 P1:6 端子—$1ZK_{2-1}$—-KM

② 合闸位置信号

当断路器处在合闸状态时，断路器辅助常开触点闭合，接通红灯所在电路，测控保护屏上的红灯亮。合闸位置信号回路为：

+KM—$1ZK_{3-4}$—1HD—机构箱 P1:16—断路器辅助常开触点 211DL4—机构箱 P1:15—$1ZK_{2-1}$—-KM

③ 事故白灯信号

当断路器事故跳闸或是按下按钮检测白灯是否正常时，会接通白灯所在电路，测控保护屏上的白灯亮。

事故跳闸时，+KM—$1ZK_{3-4}$—WHK-892（1X）的 4d18 端口—WHK-892（1X）的 4d20 端口—1BD—$1ZK_{2-1}$—-KM

按下事故白灯试验按钮时，+KM—$1ZK_{3-4}$—SSA_{13-14}—1BD—$1ZK_{2-1}$—-KM

④ 重合闸指示灯

重合闸动作时，测控保护盘上的重合闸指示灯亮。

+KM—$1ZK_{3-4}$—WHK-892（1X）的 3d12 端口—WHK-892（1X）的 3z32 端口—1AN—$1ZK_{2-1}$—-KM

二、隔离开关的控制回路

在牵引变电所中，隔离开关有手动和电动两种类型。手动隔离开关需要到隔离开关本体，用操作把手进行分合闸操作，电动隔离开关则可以进行远动操作、所内距离操作、操作机构箱内通过控制按钮进行就地分/合闸电动操作、通过机械手柄进行手动操作等。这里对电动隔离开关的控制回路进行分析。

（一）隔离开关控制回路的要求

对隔离开关的控制回路有以下要求：

（1）隔离开关控制回路必须受相应断路器的闭锁，以保证断路器在合闸状态下，不能操作隔离开关，即避免带电操作隔离开关。

（2）隔离开关控制回路须受接地刀闸的闭锁，以保证接地刀闸在合闸状态下，不能操作隔离开关。

（3）操作脉冲应是短时的，完成操作后，应能自动解除。

（4）隔离开关应有所处状态的位置信号。

（二）电动隔离开关的电机控制回路

电动隔离开关是利用电动机的正反转来带动隔离开关触头进行分合闸操作的：电机正转，隔离开关合闸；电机反转，隔离开关分闸。如果采用直流电动机，需要改变励磁电流的方向；

若采用交流电动机，则需要改变交流电的相序。

1. 电动隔离开关的交流电机控制回路

采用交流电动机时，以通过操作机构箱内的分合闸按钮对电动隔离开关的控制为例，电机的控制回路如图 5-23 所示。

交流电动机		控制回路	
正转	反转	手动合闸	手动跳闸

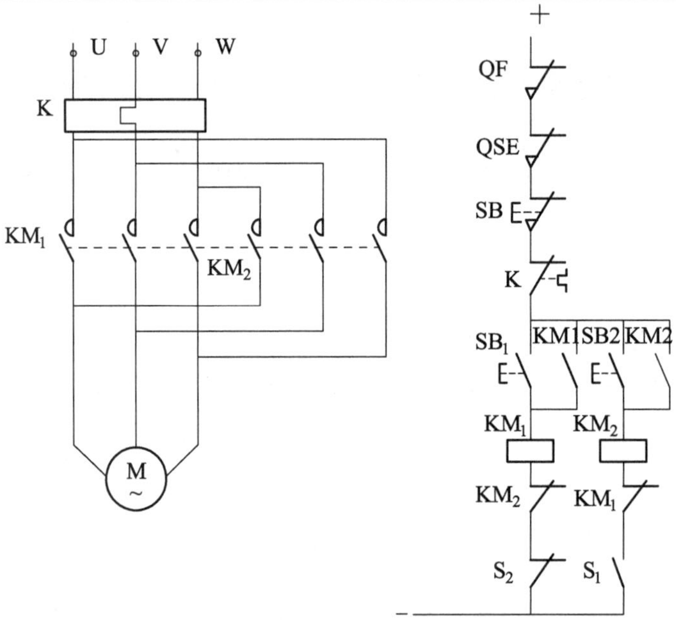

QF—断路器辅助常闭触点；QSE—隔离开关接地刀闸辅助常闭触点；SB—紧急停机按钮；
K—热继电器；SB_1—合闸按钮；SB_2—分闸按钮；KM_1、KM_2—接触器；
S_1、S_2—行程开关触点。

图 5-23 电动隔离开关电机控制回路

（1）手动合闸分析。

手动合闸时，按下机构箱内合闸按钮 SB_1，此时，与隔离开关相连的断路器应处于分闸状态，QF 辅助常闭触点闭合；隔离开关的接地刀闸处于分闸状态，QSE 辅助常闭触点闭合。隔离开关未合闸到位，S_2 闭合。手动合闸回路“电源正极+—QF 辅助常闭触点—QSE 辅助常闭触点—K 常闭触点—SB_1 按钮—KM_1 线圈—KM_2 常闭触点—S_2—电源负极-”接通。KM_1 辅助触点闭合，对 KM_1 进行自保持。KM_1 主触点闭合，三相以 UVW 相序进入电动机，电动机正转，隔离开关合闸。合闸完成后，行程开关到位，S_2 断开，合闸回路断电，电动机停转。

（2）手动分闸分析。

手动合闸时，按下机构箱内合闸按钮 SB_2，此时，与隔离开关相连的断路器应处于分闸状态，QF 辅助常闭触点闭合；隔离开关的接地刀闸处于分闸状态，QSE 辅助常闭触点闭合。隔离开关未合闸到位，S_2 闭合。手动合闸回路“电源正极+—QF 辅助常闭触点—QSE 辅助常闭触点—K 常闭触点—SB_2 按钮—KM_2 线圈—KM_1 常闭触点—S_1—电源负极-”接通。KM_2 辅助触点闭合，对 KM_2 进行自保持；KM_2 主触点闭合，三相以 WVU 相序进入电动机，电动机反转，隔离开关分闸。分闸完成后，行程开关到位，S_1断开，分闸回路断电，电动机停转。

2. 电动隔离开关的直流电机控制及信号回路

隔离开关实行距离控制时，它的合/分闸操作通过电动操作机构实现。图 5-24 所示为采用 CJ_2 型电动操作机构的隔离开关控制和信号电路展开图。其中：SBC 为合闸按钮；SBO 为分闸按钮；SBE 为紧急停机按钮；QM 为自动空气开关；KMC 为合闸接触器；KMO 为分闸接触器。

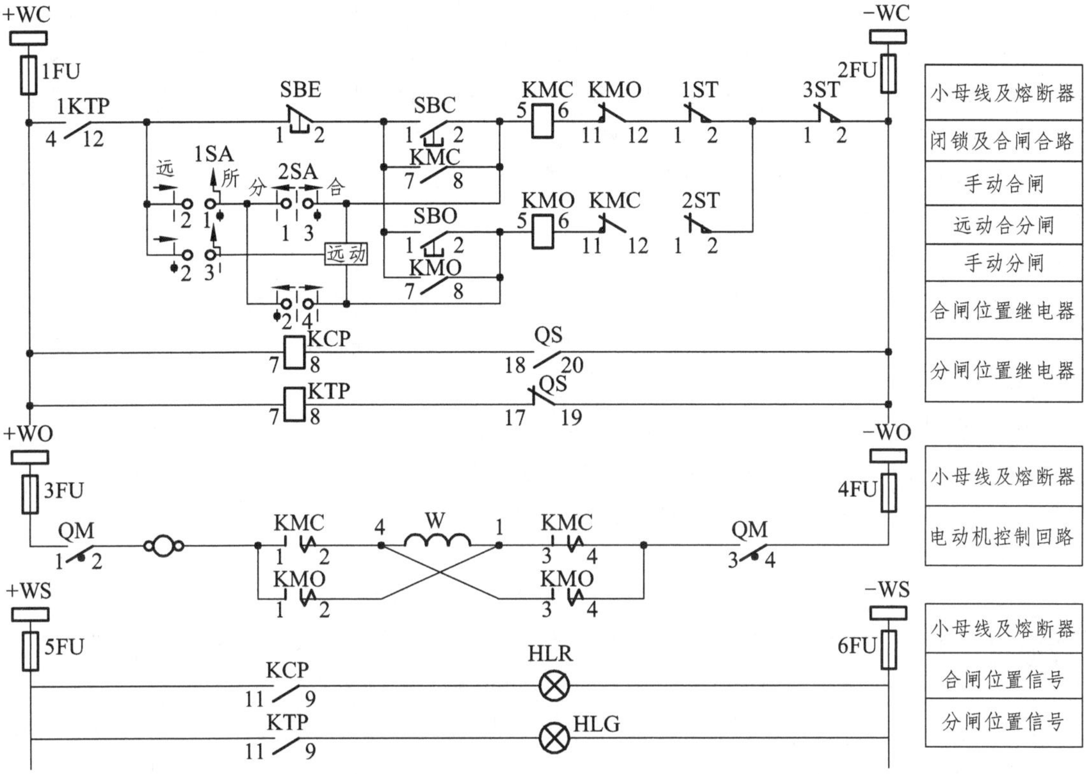

图 5-24　应用 CJ_2 型电动操作机构隔离开关的控制信号回路

（1）隔离开关控制电路的特点。

隔离开关控制电路具有以下特点：

① 通过转换开关 1SA 的切换，隔离开关既可进行远动操作，又能进行所内距离操作。通过手动/电动行程开关 3ST 的转换，隔离开关既能在操作机构箱内通过控制按钮进行就地分/合闸电动操作，又能通过机械手柄进行手动操作。

② 依靠隔离开关控制回路中接触器的主触点切换，来改变直流串激式电动机励磁绕组的受电极性，使电动机改变转向而达到分、合闸目的。

③ 分、合闸完毕后，通过行程开关接点转换，能自动切断电动机控制回路。

行程开关主要用于将机械位移转变为电信号，用来控制机械动作或用作程序控制和限位控制。图中 ST 为 LX19-OO1B 型行程开关，共有两对接点，$ST_{1\text{-}2}$为常闭接点（不受外力时闭合的接点），$ST_{3\text{-}4}$为常开接点（受外力时闭合的接点），接点的打开或闭合由主轴的定位件控制。由于分、合闸控制回路分别接在分闸行程开关 2ST、合闸行程开关 1ST 的常闭接点上，当隔离开关在合位时，主轴定位件接触并抵压合闸行程开关 1ST，$1ST_{1\text{-}2}$ 断开，2ST 不受主轴定位件抵压，$2ST_{1\text{-}2}$ 闭合，使控制回路为下次分闸做好准备。当隔离开关在分位时，则 $2ST_{1\text{-}2}$ 断开，$1ST_{1\text{-}2}$ 闭合，使控制回路为下次合闸做好准备。

3ST 是手动/电动操作转换行程开关，它受手摇分/合闸操作挡板控制。正常时，挡板处于电动位置，3ST 不受挡板抵压，$3ST_{1\text{-}2}$ 闭合，隔离开关能进行电动操作分合闸。当电气控制回路故障或检修时，把挡板转换至手动操作位，挡板抵压 3ST，$3ST_{1\text{-}2}$ 断开，切断电动操作分合闸回路。此时，隔离开关通过机械手柄能进行当地手摇分/合闸操作，而不能进行电动操作。

④ 断路器与隔离开关联动操作时，断路器的分闸位置继电器常开接点串入隔离开关的分闸回路，隔离开关的合闸位置继电器常开接点串入断路器合闸回路，实现断路器与隔离开关的位置联锁，保证了联动操作顺序的正确性。

⑤ 断路器与隔离开关联动操作时，分合闸继电器均有自保持回路，以保证断路器和隔离开关能可靠的分合闸操作。

⑥ 事故分闸时，只分断路器，不分隔离开关，以利于自动重合闸。

断路器与隔离开关的位置联锁是由断路器的分闸位置继电器常开接点入隔离开关的控制电路来实现的。当断路器在合闸状态时，1KTP 不受电，隔离开关控制电路因 $1KTP_{4\text{-}12}$ 断开而闭锁。

所内距离操作时，“远动/所内”选择开关 1SA 处于“所内”位，$1SA_{2\text{-}1}$ 闭合。手动/电动选择开关 3ST 处于电动位，$3ST_{1\text{-}2}$ 闭合；同时，紧急停止按钮接点 $SBE_{1\text{-}2}$、电机电源空气开关 QM 处于闭合状态，为隔离开关进行距离操作做好了准备。

（2）合闸操作。

合闸前，断路器在分位，$1KTP_{4\text{-}12}$ 闭合。隔离开关在分位，分闸行程开关常闭接点 $2ST_{1\text{-}2}$ 断开合闸行程开关的常闭接点 $1ST_{1\text{-}2}$ 闭合；分、合闸接触器都不受电，$KMC_{11\text{-}12}$、$KMO_{11\text{-}12}$ 处于闭合状态。

合闸时，将控制开关“2SA”转至合闸位，$2SA_{1\text{-}3}$ 闭合，使+WC—1FU—$IKTP_{4\text{-}12}$—$1SA_{2\text{-}1}$—$2SA_{1\text{-}3}$—$KMC_{5\text{-}6}$—$KMO_{11\text{-}12}$—$1ST_{1\text{-}2}$—$3ST_{1\text{-}2}$—2FU—-WC 电路接通。

合闸接触器线圈 KMC 受电动作，$KMC_{7\text{-}8}$ 闭合，对合闸接触器线圈进行电源自保持；同时，常开接点 $KMC_{1\text{-}2}$、$KMC_{3\text{-}4}$ 闭合，使+WO—3FU—$QM_{1\text{-}2}$—电机转子绕组—$KMC_{1\text{-}2}$—电机励磁绕组 $W_{4\text{-}1}$—$KMC_{3\text{-}4}$—$QM_{3\text{-}4}$—4FU—-WO 电路接通。

电动机顺时针方向旋转，通过机械传动装置，推动隔离开关合闸。隔离开关将合闸到位时，分闸行程开关 2ST 不再受主轴定位件的抵压，其常闭接点 $2ST_{1\text{-}2}$ 闭合，为隔离开关的分闸操作做好准备。同时，主轴上的定位件接触并抵压合闸行程开关 1ST，$1ST_{1\text{-}2}$ 断开，合闸接触器线圈失电，$KMC_{1\text{-}2}$、$KMC_{3\text{-}4}$ 断开返回，自动切断电机回路，使电机停转。隔离开关合闸到位时，隔离开关本体辅助接点 $QS_{18\text{-}20}$ 闭合，合闸位置继电器 KCP 受电，$KCP_{11\text{-}9}$ 闭合，位置信号灯 HLR 亮红光，指示隔离开关在合闸位置。

（3）分闸操作。

隔离开关分闸时，将控制开关，“2SA”转至分闸位，$2SA_{2\text{-}4}$ 闭合，使+WC—1FU—$1KTP_{4\text{-}12}$—$1SA_{2\text{-}1}$—$2SA_{2\text{-}4}$—$KMO_{5\text{-}6}$—$KMC_{11\text{-}12}$—$2ST_{1\text{-}2}$—$3ST_{1\text{-}2}$—2FU—-WC 电路接通。

分闸接触器线圈受电动作，$KMO_{7\text{-}8}$ 闭合，对分闸接触器线圈进行电源自保持；$KMO_{1\text{-}2}$、$KMO_{3\text{-}4}$ 闭合，使+WO—3FU—$QM_{1\text{-}2}$—电机转子绕组—$KMO_{1\text{-}2}$—电机励磁绕组 $W_{1\text{-}4}$—$KMO_{3\text{-}4}$—

QM_{3-4}—4FU—-WO 电路接通。

由于接通的励磁绕组极性与合闸时相反，电动机逆时针方向旋转，使隔离开关分闸。

隔离开关分闸到位后，分闸行程开关 $2ST_{1-2}$ 断开，分闸接触器线圈失电，KMO_{1-2}、KMO_{3-4} 断开返回，自动切断电动机回路，电机停止转动。

分闸完毕后，隔离开关辅助接点 QS_{17-19} 闭合，分闸位置继电器 KTP 受电，KTP_{11-9} 闭合，位置信号灯 HLG 亮绿光，表示隔离开关在分位。

正常运行时，通过牵引变电所主控室或远动中心对隔离开关进行距离操作，但在事故情况或者检修、试验时，可以在操作机构箱内通过控制按钮进行当地分合闸操作，其工作原理与距离操作类似。

第四节 信号回路

在变电所中，为了使运行值班人员及时掌握电气设备的工作情况，除了利用测量仪表反映设备的运行情况外，还必须用信号及时地显示出电气设备的工作状态，例如断路器是处在合闸位置还是跳闸位置，是自动跳闸还是手动跳闸，隔离开关是处在闭合位置还是处在断开位置等。当电气设备发生事故或出现不正常工作情况时，应发出各种灯光和音响信号，唤起值班人员的注意，帮助分析判断事故的范围和地点或不正常运行情况的具体内容等。信号装置对变电所安全稳定运行起着重要作用。

变电所正常运行时，位置信号用于反映开关设备的状态，指示断路器和隔离开关的分合闸位置。例如在断路器的控制回路中利用红绿信号灯来表示断路器的合闸分闸位置状态。

在变电所设备不正常运行状态时，信号装置发出预告信号，警铃发出音响，同时监控系统显示不正常运行的的具体状况。

在变电所设备事故状态时，如当断路器事故跳闸时，信号装置发出事故信号，电笛或蜂鸣器发出音响，同时跳闸的断路器位置指示灯发出闪光或亮起事故白灯，监控系统会显示事故地点与事故类型。

灯光信号分散在各保护测控屏上断路器和隔离开关的控制开关处，音响信号由监控屏上的电笛、警铃与蜂鸣器发出。

一、信号装置的功能

（一）事故信号装置功能

1. 事故原因

事故信号是事故时断路器的跳闸信号，引起断路器事故跳闸的原因有：

（1）线路或电气设备发生故障，由继电保护装置动作跳闸。

（2）继电保护或自动装置误动作跳闸。

（3）控制回路故障误跳闸。

2. 事故信号装置的要求

无论何种原因引起的事故跳闸，事故信号装置均应满足：

（1）当断路器事故跳闸时，无延时发出事故音响信号，同时并使相应断路器的位置信号灯闪光或亮白灯，监控主机主接线画面中相应断路器图标闪烁。

（2）事故时应立即起动远动装置，发出遥信。

（3）事故音响信号应能手动复归或自动复归。

音响信号的复归方式可分为就地复归、中央复归、手动复归、自动延时复归等方式。

就地复归：在电气设备安装所在地进行个别信号单独复归；

中央复归：在主控制室内监控主机上集中复归；

手动复归：值班人员在相应保护测控屏上进行复归；

自动延时复归：信号发出后，经过一定时间的延时，电路自动复归有关信号。

（4）事故时应有指明继电保护和自动装置动作情况的光信号和其他形式信号。

（5）能自动记录发生事故的时间。

（6）事故时，应能启动计算机监控系统。

（7）事故音响、灯光信号装置应能进行完好性检查试验。

（二）预告信号装置的功能

1. 不正常状态的原因

预告信号是变电所中电路或电气设备出现不正常运行状态的信号，包括以下内容：

（1）各种电气设备的过负荷。

（2）各种带油设备的油温升高超过极限。

（3）交流小电流系统接地故障。

（4）各种电压等级的直流系统接地。

（5）各种液压或气压机构压力异常、弹簧机构的弹簧未拉紧。

（6）用 SF_6 气体绝缘设备的 SF_6 气体密度或压力异常。

（7）各种继电保护和自动装置的交、直流电源断线。

（8）断路器的控制回路断线。

（9）电流互感器和电压互感器的二次回路断线。

（10）继电保护和自动装置的信号继电器动作未复归。

（11）其他一些值班员需要了解的运行状态也可发出预告信号。

2. 预告信号装置的要求

当变电所中电路或电气设备出现不正常运行状态时，值班人员通过预告信号装置应立即知道，并及时记录与处理，防止事故发生。因此，对预告信号装置提出以下要求：

（1）预告信号出现时，应能瞬时或延时发出与事故信号有区别的音响信号，同时有灯光信号指出不正常运行内容。

（2）能手动复归或自动复归音响信号，显示故障性质的灯光信号应保留，直至故障排除。

（3）预告音响、灯光信号装置应能进行完好性检查试验。

二、音响信号回路示例

音响信号回路示例如图 5-24 所示，位于控制室内监控屏。直流母线电压为 110V；9ZK 为自动空开；DY-1 为电源，输入 110V，输出 24V；DD 为电笛；DL 为电铃；YJA 为音响复归按钮；YSA 为音响试验按钮；FMQ 为蜂鸣器；3AN 为启动按钮；WTX-895 为远动管理单元；WCK-892HK 为环境测控装置。

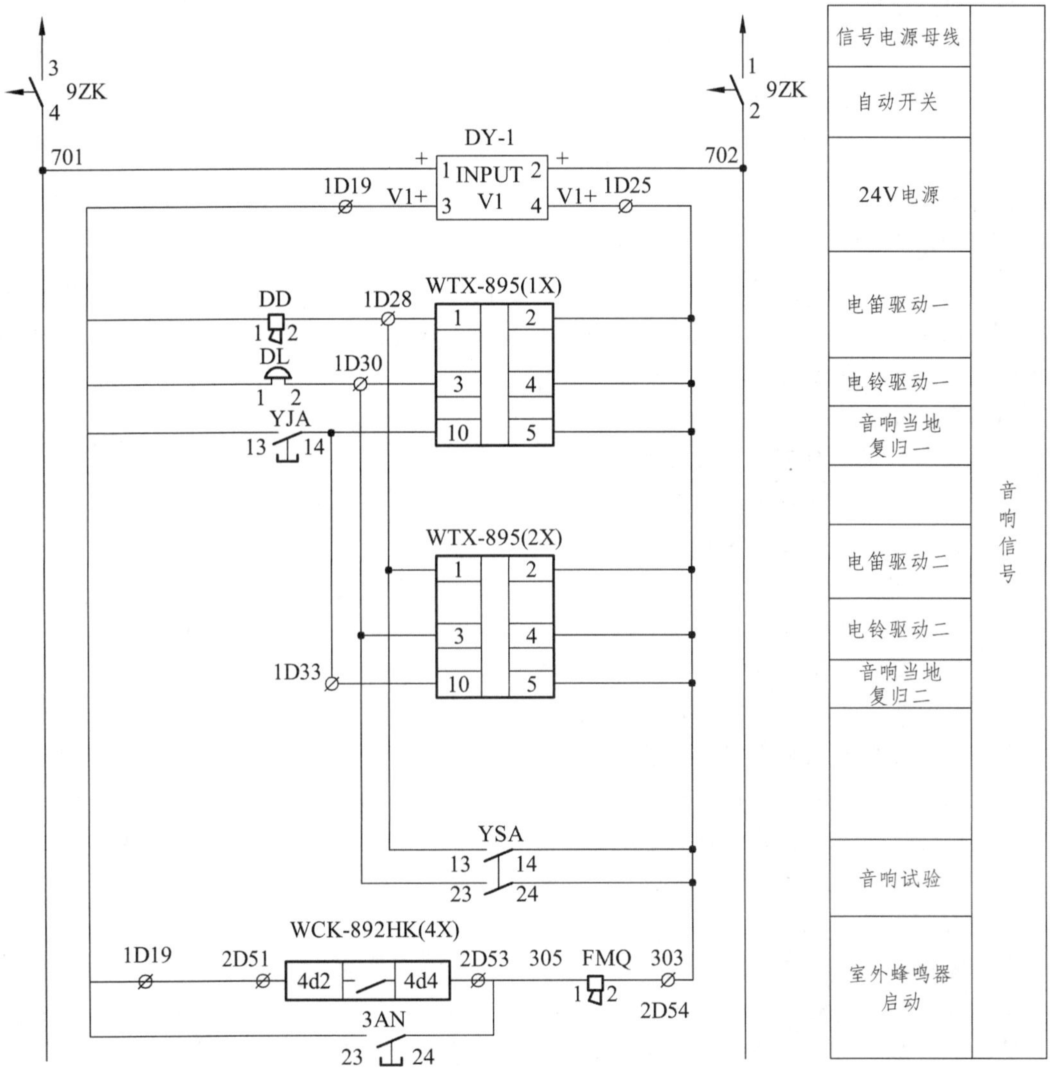

图 5-24　音响信号回路示例

本章小结

本章主要介绍了牵引变电所二次回路。

1. 二次回路概述

（1）对一次电气设备起监测、控制、调节、保护及提供工作电源等作用的电气设备，称为二次电气设备。二次电气设备包括：监测仪表、控制与信号器具、继电保护及自动装置、直流电源装置等。二次电气设备相互连接构成的电路，称为二次回路或二次接线。

（2）二次回路中的电气设备，一般用反映该设备特征或含义的图形表示，称为图形符号。图形符号按无电压、无外力作用的正常状态表示。

（3）二次回路中，除了用图形符号表示电气设备外，还在图形符号旁标注相应文字符号，表示电气设备名称、种类、功能、状态及特征等。文字符号包括基本文字符号和辅助文字符号两种类型。

（4）基本图纸。

用图形符号和文字符号表示的二次回路有 4 种形式：原理接线图、屏面布置图、安装接线图和解释性图纸。

原理接线图是用来表述二次回路的构成、相互动作顺序和工作原理的。它有归总式和展开式两种形式。二次屏的屏面布置图是根据二次回路的展开图，选好所用二次设备的型号之后进行的屏面布置。安装接线图是在原理接线图、展开接线图的基础上绘制而成，表示二次电气设备型号、设备布置、设备间连接关系的施工图。

（5）读图方法。

① 熟悉一次主接线图和一次设备。

② 熟悉电气二次回路的图形符号、文字符号、回路标号及小母线编号。

③ 了解二次设备的工作原理。

④ 遵循二次图纸的规律读图。直流回路从正极到负极，交流回路从火线到中性线。见接点找线圈，见线圈找接点。利用欧姆定律分析继电器判断是否动作。看完所有支路。利用相对编号法、回路标号弄清安装图与展开图的接线原理图中设备的对应关系。

（6）变电站综合自动化背景下的二次设备。

变电站综合自动化是指利用先进的计算机技术、现代电力电子技术、通信技术和信号处理技术对变电站的二次设备（包括测量仪表、信号系统、继电保护、自动装置和远动装置等）的功能进行组合和优化设计，对变电站的主要设备和输电、配电线路的运行情况进行监视、测量、控制和保护，以及实现与调度间的通信等综合性的自动化功能。

2. 交流回路

交流回路分为交流电压回路和交流电流回路。交流回路的作用是将高电压、大电流通过电压互感器、电流互感器转换为低小电流供保护、测量、计量等使用。本章介绍了电流互感器、电压互感器的变比选择、接线方式、准确度等级选择、接地点选择等问题，分析了交流回路实例。

3. 高压开关设备的控制回路

高压开关设备主要有高压断路器和隔离开关。断路器的控制方式按照操作命令的来源分类可分为手动操作和自动操作；按照操作地点，断路器的控制方式可分为远方操作和就地操作。隔离开关有手动和电动两种类型。手动隔离开关需要到隔离开关本体处，用操作把手进行分合闸操作；电动隔离开关则可以进行远动操作、所内距离操作、操作机构箱内通过控制按钮进行就地分/合闸电动操作、通过机械手柄进行手动操作等。通过对开关设备控制回路的分析，掌握电路的控制方法及二次回路读图的基本方法。

4. 信号回路

变电所正常运行时，位置信号用于反映开关设备的状态，指示断路器和隔离开关的分合闸位置。例如在断路器的控制回路中利用红绿信号灯来表示断路器的合闸分闸位置状态。

在变电所设备不正常运行状态时，信号装置发出预告信号，警铃发出音响，同时监控系统显示不正常运行的具体状况。

在变电所设备事故状态时，如当断路器事故跳闸时，信号装置发出事故信号，电笛或蜂鸣器发出音响，同时跳闸的断路器位置指示灯发出闪光或亮起事故白灯，监控系统会显示事故地点与事故类型。

复习思考题

1. 何为发电厂和变电站的二次设备、二次回路?
2. 举例说明何谓二次回路的“相对标号法”。
3. 画出展开式原理接线图中常用的图形符号，并写出新旧文字符号。
4. 简述识读二次图纸的方法。
5. 分析应用弹簧操动机构的断路器控制回路的工作过程。
6. 分析使用交流电动机的电动隔离开关的工作过程。

第六章　所用电系统

第六章课件

变电所的所用电系统，也称站用电系统或自用电系统，是保证变电站安全可靠地输送电能的一个必不可少的环节。变电所中的一次电气设备（如断路器、隔离开关、变压器调压开关等）和二次设备（如保护装置、测控装置、自动化装置及通信设备等），它们的操作控制或工作电源由专设的直流电源或交流电源提供。对这些交流、直流电源系统的监控与测量，也必须纳入变电站综合自动化系统的范畴之内。变电所的所用电系统的结构如图 6-1 所示。

所用电系统的组成和运行方式

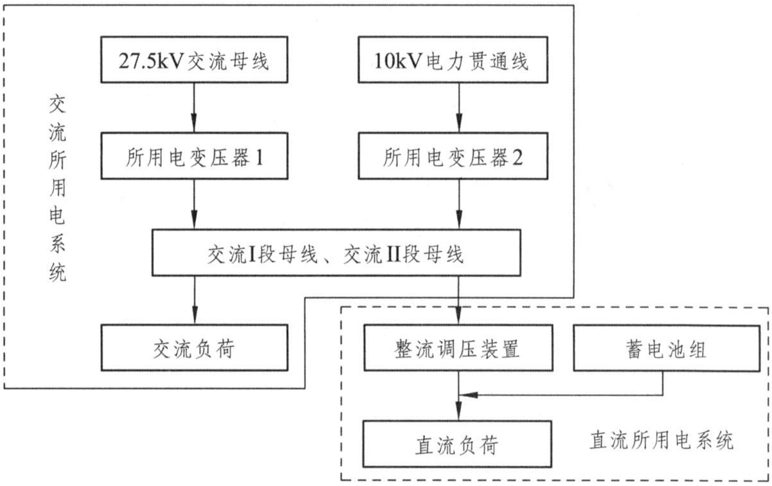

图 6-1　所用电系统结构示意

首先，站内的所用变将一次高压（27.5 kV 或 10 kV 等）变为低压 380 V 交流电源，经过电缆等传输线路引入低压组合开关及隔离开关到低压交流母线（分Ⅰ、Ⅱ段），形成了站内的低压交流系统电源。然后从低压Ⅰ段和Ⅱ段母线上各引下一路交流电源进入整流调压装置上的交流小母线，再分别接入两组交流接触器，形成低压交流互投装置。最后从接触器上口经一系列检测装置接入充电机，从此此路交流电经充电机变换为了直流电，直流电再给直流小母线供电，给蓄电池充电和给工控机供电。再经多组直流小开关供站内各种直流设备（如直流控制、事故照明等回路）用电。

第一节　所用电交流电源系统

变电所的所用电交流电源主要用来提供直流蓄电池的充电电源、一些电气设备的操作电源（如隔离开关的操动机构）、高压室及变压器的通风电源、变压器的调压开关控制及在线滤油机工作电源、设备检修电源、变电所内的空调及照明电源等。这些设备所需的电源对变电所的安全运行有着至关重要的作用，因此变电所的所用电交流电源系统必须安全可靠。

变电所的交流电源由分别接在变电所 27.5 kV 母线和 10 kV 电力贯通线上的两台所用电变压器直接供电。所用电低压系统系统额定电压 380/220 V。380/220 V 电源母线采用按工作变压器划分的单母线分段接线。运行时一般母联断路器断开，两段母线同时供电分列运行，并装设自动投入装置。当任一台所用电变压器退出运行时，另外一台所用电变压器将负担全部的所用电负荷。

如图 6-2 所示，交流电源系统有 3 种运行方式：

（1）1#电源带全所用电负荷运行，即 QF_1、KM_1、QF_3、KM_3 闭合，QF_2、KM_2 断开。

（2）2#电源带全所用电负荷运行，即 QF_2、KM_2、QF_3、KM_3 闭合，QF_1、KM_1 断开。

（3）1#、2#电源同时供电，即 QF_1、KM_1、QF_2、KM_2 闭合，QF_3、KM_3 断开。

现在牵引变电所内均采用站用交流电源系统智能型成套设备，即交流电源柜（交流屏），由 380V 配电屏、自动切换装置、监控单元、数字表计等组成。采用标准的现场总线或其他数字通信方式将具有通信能力的元器件相互连接起来，通过控制器或上位机（站）站内监控主机实现对现场设备、控制器等的遥测、遥调、遥控、遥信。

第二节　所用电直流系统

变电所的直流电源系统由蓄电池、充电装置及监控设备组成。蓄电池是一个独立可靠的直流电源，当交流电源消失后仍能在一定时间内保证可靠供电。因此，变电所中主要的一次设备，如断路器、隔离开关等的操作控制能源大多选用直流电源；几乎所有二次设备，如保护装置、测控装置、自动装置等的工作能源均采用直流电源供电。所以，变电所中的直流电源系统必须保证可靠安全。

直流电源系统由交流输入、充电装置、馈电屏、蓄电池组、监控单元（含馈线状态监测单元）、绝缘监测（含接地选线）、调压电路、蓄电池电压巡检装置、电压电流测量表计等组成。

直流电源系统标称电压为 110 V 或 220 V。直流系统的结构示意如图 6-3 所示。图 6-4 为某高铁牵引变电所的直流系统图。正常时由充电装置和蓄电池组一起对直流负荷供电，同时充电装置对蓄电池组进行充电，蓄电池组处于浮充电运行状态；当整流装置失去交流电源时，由蓄电池组对直流负荷供电。

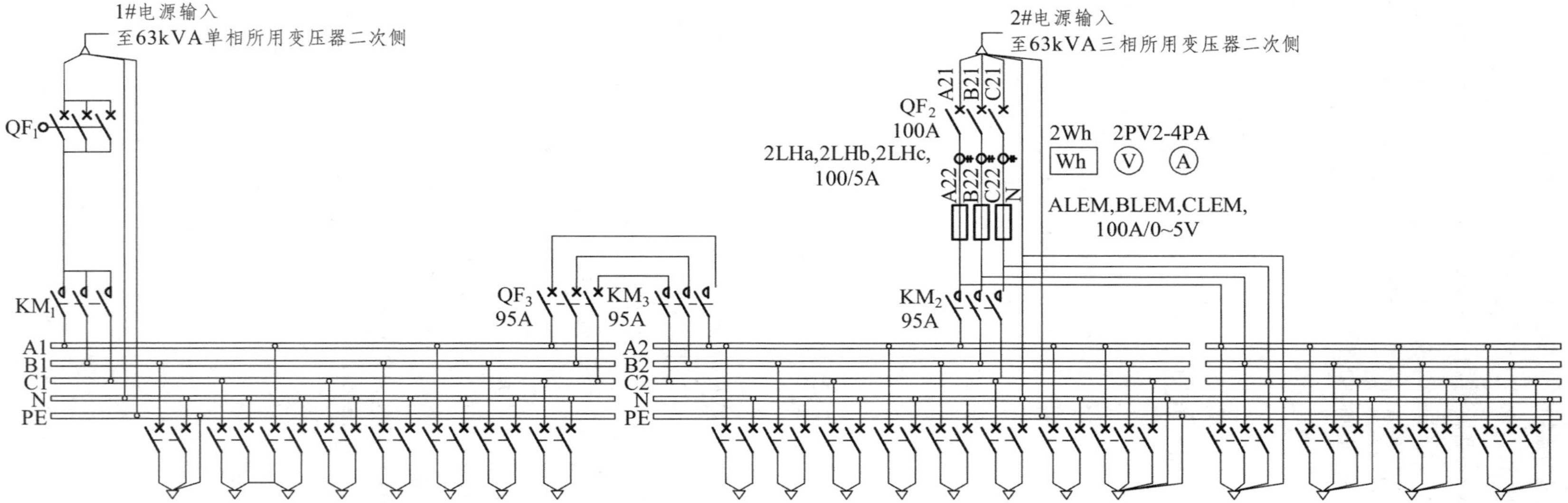

回路编号	JL-101	JL-102	JL-103	JL-104	JL-105	JL-106	JL-107	JL-108
回路名称	火灾报警控制	综自柜内照明	室外隔开、断路器	直流系统	通信设备	GIS开关柜	接触网开关	在线监测系统
开关型号	C65N-C20A/2P	C65N-C10A/2P	C65N-C25A/2P	C65N-C50A/2P	C65N-C20A/2P	C65N-C16A/2P	C65N-C25A/2P	C65N-C20A/2P
电缆型号	NH-BV-3×4	W22-2×4	W22-2×4	W22-2×6	W22-2×4	W22-2×4	W22-4×10	W22-2×4

回路编号	JL-201	JL-202	JL-203	JL-204	JL-205	JL-206	JL-207	JL-208		JL-301	JL-302	JL-303	JL-304
回路名称	备用	通信设备	直流系统	室外隔开、断路器	接触网开关	在线监测系统	GIS开关柜	照明配电箱		主变风机	主变风机	动力配电箱	备用
开关型号	C65N-C16A/2P	C65N-C25A/2P	C65N-C50A/2P	C65N-C63A/2P	C65N-C25A/2P	C65N-C16A/2P	C65N-C16A/2P	C65N-C63A/3P		C65N-C20A/3P	C65N-C20A/3P	C65N-C25A/3P	C65N-C20A/3P
电缆型号		W22-2×4	W22-2×6	W22-2×4	W22-4×10	W22-2×4	W22-2×4	2×25+2×25		W22-4×6	W22-4×6	W22-1W 3×50 2×25	

图 6-2　交流电源系统运行方式

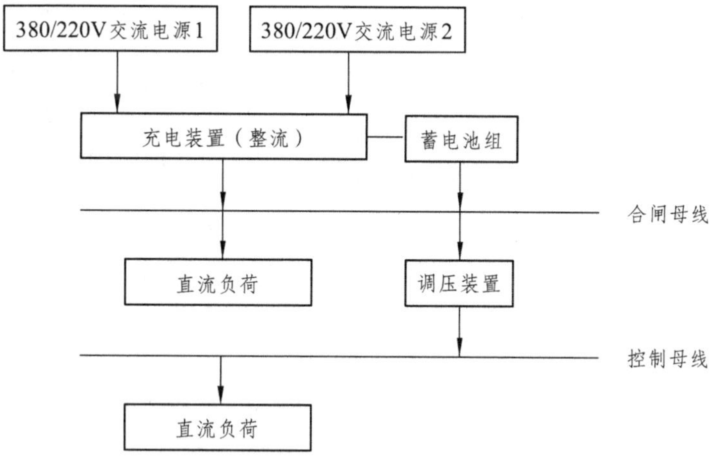

图 6-3 直流系统结构示意

微机控制高频开关直流电源柜可以提供对电源系统的“遥测、遥控、遥信、遥调”的支持，实现无人值守，能满足正常运行和保障在事故状态下对继电保护、自动装置、高压断路器的分合闸、事故照明及计算机不间断电源等提供直流电源，或在交流失电时，通过逆变装置提供交流电源。智能高频开关直流电源装置可分为标准一体柜系统、小型一体柜系统（以上两种充电、馈电在一个柜体中）和分屏柜系统（充电、馈电分离到多个柜体中）3 种组成形式。图 6-5 为分屏柜系统的外观图。

一、充电装置

充电装置由整流和充电两部分组成。整流部分由高频开关构成，将交流电源变为直流电源，充电部分将对蓄电池组进行充电并带直流负荷。

1. 充电方式

充电装置对蓄电池的充电方式有初充电、浮充电、均衡充电、补充充电 4 种。

（1）初充电。

初充电是指新的蓄电池在交付使用前，为完全达到荷电状态所进行的第一次充电。初充电的工作程序应参照制造厂家说明书进行。

（2）浮充电。

浮充电是指在充电装置的直流输出端始终并接着蓄电池和负载，以恒压充电方式工作。正常运行时充电装置在承担经常性负荷的同时向蓄电池补充充电，以补偿蓄电池的自放电，使蓄电池组处于满容量状态。

（3）均衡充电。

为补偿蓄电池在使用过程中产生的电压不均匀现象，使其恢复到规定的范围而进行的充电，通称为均衡充电。

（4）补充充电。

为补偿蓄电池在存放中由于自放电产生的容量减少或大容量放电后的充电称为补充充电。

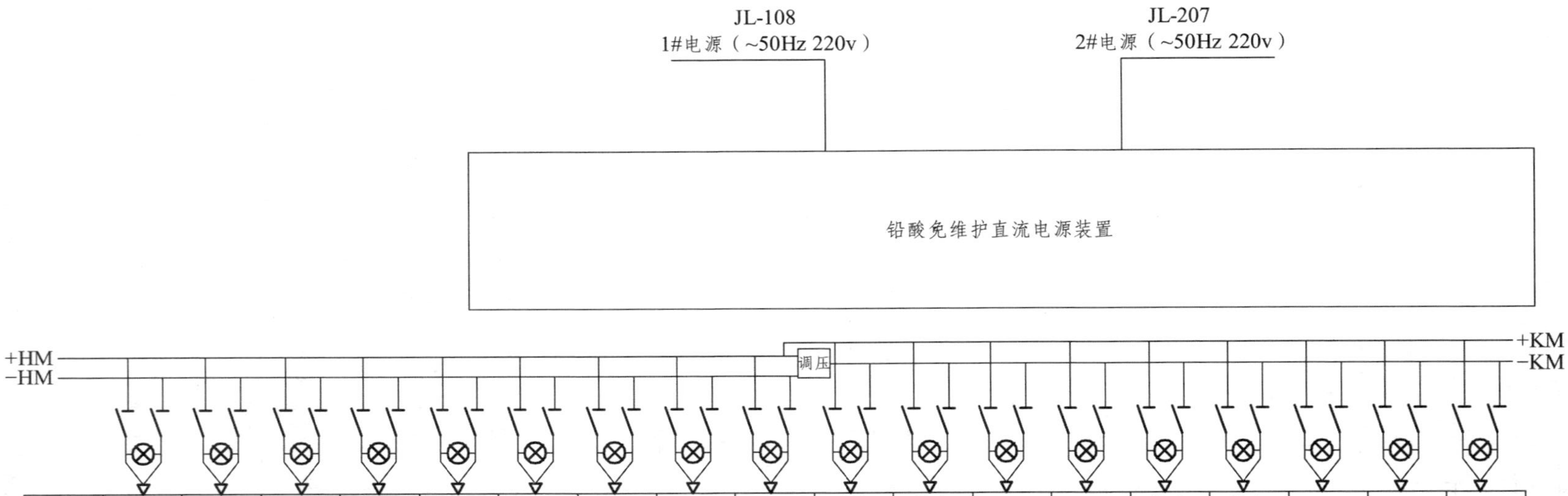

回路名称	事故照明	330kV 断路器1	330kV 断路器1	330kV 隔离开关	330kV 隔离开关	GIS 开关柜	GIS 开关柜	330kV 断路器2	330kV 断路器2	综合自动化装置2	综合自动化装置2	计量屏 N12	交流屏 N13	综合自动化装置1	综合自动化装置1	备用 N16	备用 N17	备用 N18
回路编号	N1	N2	N3	N4	N5	N6	N7	N8	N9	N10	N11	N12	N13	N14	N15	N16	N17	N18
开关型号	C65H-C25A /2P	C65H-C30A /2P	C65H-C30A /2P	C65H-C16A /2P	C65H-C15A /2P	C65H-C20A /2P	C65H-C20A /2P	C65H-C30A /2P	C65H-C30A /2P	C65H-C16A /2P	C65H-C16A /2P	C65H-C16A /2P	C65H-C16A /2P	C65H-C16A /2P	C65H-C16A /2P	C65H-C63A /2P	C65H-C20A /2P	C65H-C40A /2P
电缆型号	NH-BV-2×6	W22-2×6	W22-2×6	W22-2×4	W22-2×4	W22-2×4	W22-2×4	W22-2×6	W22-2×6	W22-2×4	W22-2×4	W22-2×3	W22-2×4	W22-2×4	W22-2×4			
电缆编号	ZL-101	ZL-102	ZL-103	ZL-104	ZL-105	ZL-106	ZL-107	ZL-108	ZL-109	ZL-201	ZL-202	ZL-203	ZL-204	ZL-205	ZL-206	ZL-207	ZL-208	ZL-209

图 6-4 某高铁牵引变电所的直流系统图

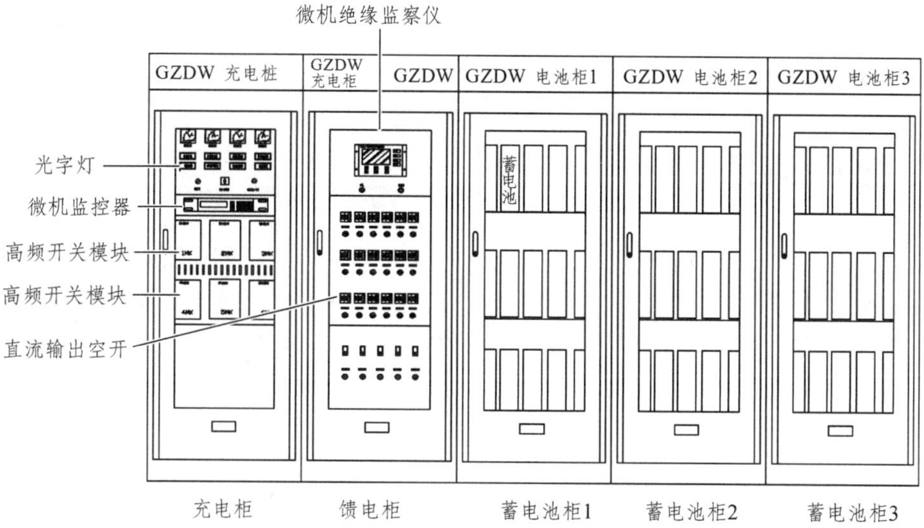

图 6-5　微机控制高频开关直流电源柜

2. 充电原理

充电模块工作原理如图 6-6 所示。三相交流电源经过 EMI 滤波器输入整流电路，将交流整流为脉动的直流输出，通过无源功率因数校正（PFC）电路，将脉动的直流转换为平直的直流电源，DC/AC 高频逆变器将直流转换为高频交流电源，通过高频整流电路将高频的 AC 转换为高频脉动的直流，此直流通过高频滤波输出。

其中 DC/AC 高频变换电路在脉宽调制（PWM）电路的控制下通过调整变换电路的脉冲宽度，以实现电压调整（包括稳压和电压整定）。

整个充电模块在微机系统的监控下工作，包括模块的保护、电压调整等，同时微机实现将充电模块的运行数据上报到监控模块和接受监控模块的控制命令。

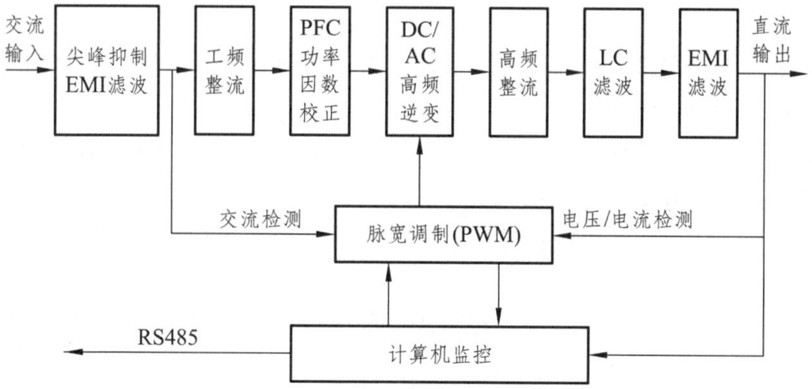

图 6-6　充电模块工作原理

二、馈电屏

馈电屏或称馈电柜，是直流电源系统通过专用的直流断路器对接在合闸母线和控制母线上的直流负荷供电。直流断路器在使用时除额定电压、额定电流的选择外，还应注意开关的极性和上下进线方式不能接错，否则将烧毁开关。

三、蓄电池组

直流电源系统的主要设备是蓄电池，在变电所中常用的是阀控式密封铅酸蓄电池。其优点是：蓄电池在正常使用时保持气密和液密状态，当内部气压超过预定值时，安全阀自动开启，释放气体；当内部气压降低后安全阀自动关闭，同时防止外部空气进入蓄电池内部，使其密封。蓄电池在使用寿命期限内，正常使用情况下无须补加电解液。

四、监控单元

监控系统是整个直流系统的控制、管理核心，其主要任务是：对系统中各功能单元和蓄电池进行长期自动监测，获取系统中的各种运行参数和状态，根据测量数据及运行状态及时进行处理，并以此为依据对系统进行控制，实现电源系统的全自动管理，保证其工作的连续性、可靠性和安全性。

图 6-7 是蓄电池监控系统原理图。监控系统对蓄电池及充电装置的各重要环节进行实时监控。

（1）蓄电池的监控系统可以对每一只电池的电压进行监测，如图 6-7（a）所示，将各电池的电压接入监控系统的电池信息采集装置进行监测。

（2）监控系统可以对充电装置的三相交流电压进行监测，如图 6-7（b）所示，通过交流电压传感器 TV 将交流电压量送到监控装置中进行监测，图中 1TV、2TV 即为三相交流电压传感器。

（3）监控系统可以对蓄电池充电电流进行监测，如图 6-7（c）所示。通过传感器 T 将蓄电池充电电流量送到监控装置进行监测。

（4）监控系统可以对直流母线绝缘进行监测，如图 6-7（d）所示。将控制母线、合闸母线接入监控装置，测量其电压，监视其绝缘状况。

（5）监控系统可以对电池熔断器进行监测，如图 6-7（e）所示。将电池熔断器 1F、2F 的报警触点接入监控装置进行监测。

（6）监控装置的工作电源及故障报警输出，如图 6-7（f）所示。监控系统故障报警输出通过其无源触点接入综合自动化系统公用测控装置。

五、直流绝缘监测装置

监测直流电源系统直流母线对地绝缘状况，反映直流母线正极、负极接地电阻值，能定位接地故障支路并计算故障支路接地电阻值的在线监测与告警装置。

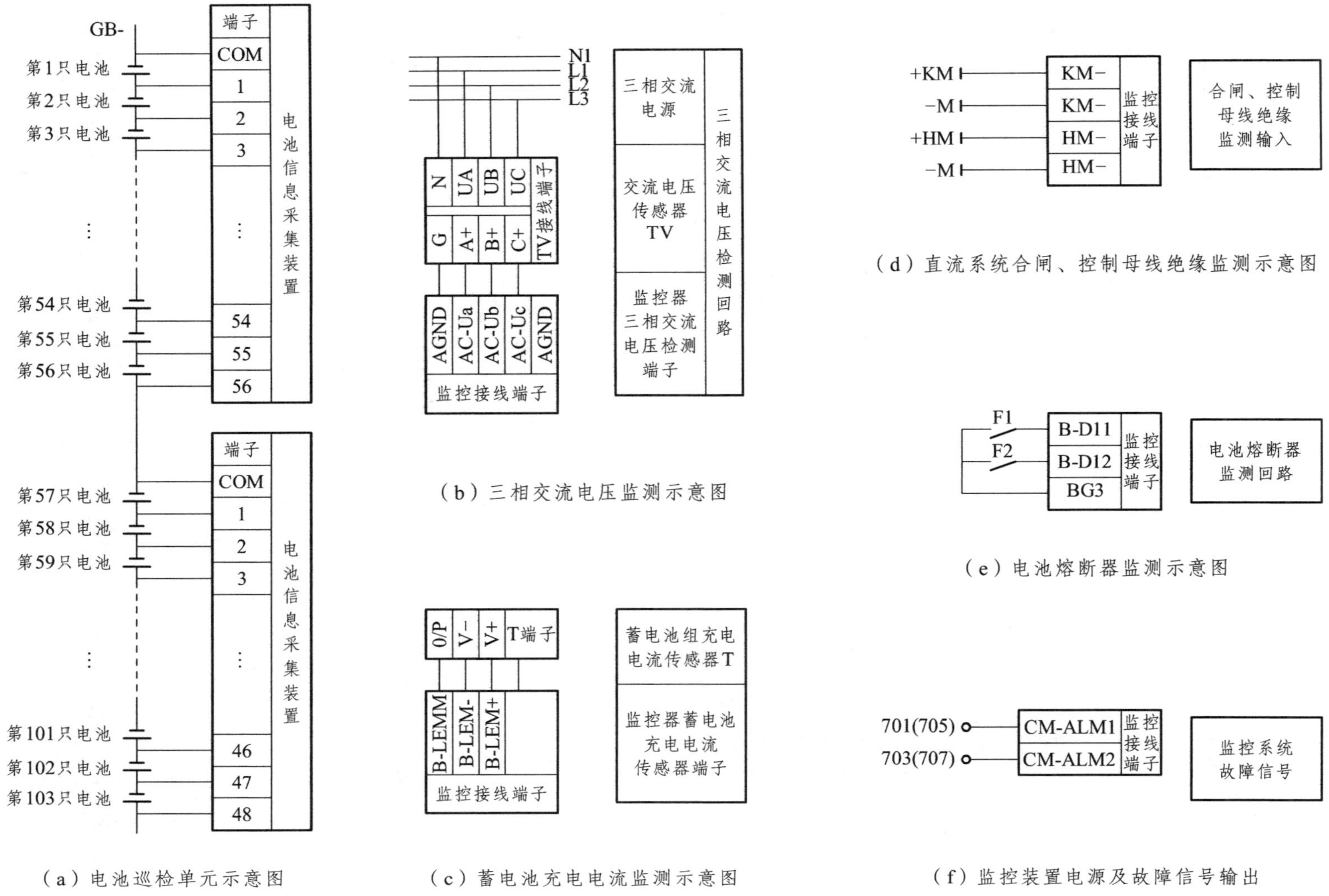

图 6-7　蓄电池监控系统原理图

六、调压电路

因蓄电池组的均充、浮充电压分别为 254 V 和 243 V，通常高于控制电压，为保证控制母电压为（220±22）V，因此需采用硅调压或硅链调压进行调压。如果系统采用 103 只、2 V/只蓄电池的直流柜，则其均充、浮充电压分别为 242 V 和 232 V，能满足控母电压（220±22）V 的范围，可不用电压调整。

图 6-8 是蓄电池调压回路原理图。在直流电源系统中，设置有专供大负荷的合闸母线 HM 和专供控制及保护回路路的控制母线 KM。一般在 HM 上接大负荷或冲击负荷，为防止负荷的突然接入引起电流和电压下降，HM 相对 KM 要求电压较高一些，电压稳定则可稍低一些。

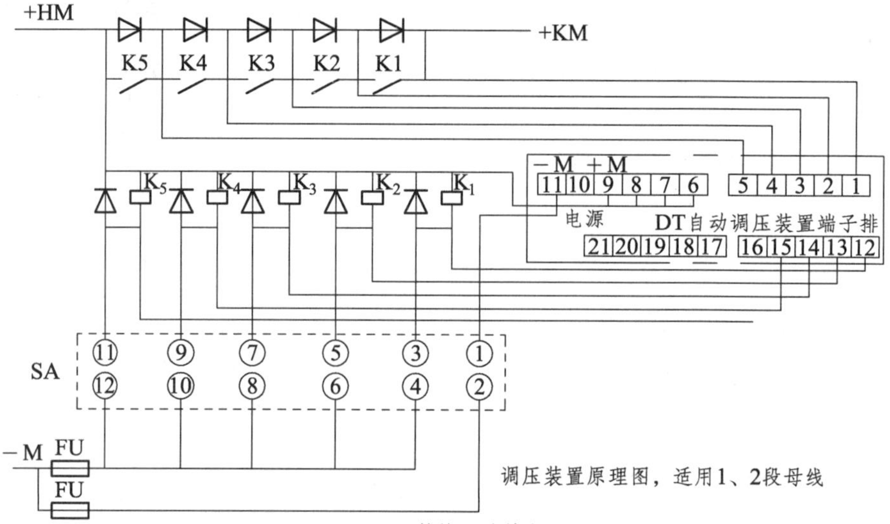

调压装置原理图，适用1、2段母线

1(2)SA转换开关触点状态
LW12-16DT001/3

开关状态	自动	停止	手动				
			Ⅰ	Ⅱ	Ⅲ	Ⅳ	Ⅴ
	−45°	0°	45°	90°	135°	180°	225°
触点位置 1-2	×						
触点位置 3-4			×	×	×	×	×
触点位置 5-6				×	×	×	×
触点位置 7-8					×	×	×
触点位置 9-10						×	×
触点位置 11-12							×

图 6-8　蓄电池调压回路原理

在这里采用 5 只二极管组成的硅链串联在 HM 与 KM 之间，利用二极管的管压降，通过调节接入二极管的个数进行降压。图 6-8 中的 SA 是调压切换开关，它有手动与自动两个位置。手动位置有 5 个挡位。在挡位 I 位置时，3-4 触点接通，继电器 K1 启动，其常开触点闭合，将 1 只二极管短路，有 4 只二极管串联在+HM 与+KM 之间进行降压；在档位Ⅱ位置时，3-4、

5-6 触点接通，继电器 K_1、K_2启动，其常开触点闭合，将 2 只二极管短路，有 3 只二极管串联在+HM 与+KM 之间进行降压；在挡位Ⅲ位置时，3-4、5-6、7-8 触点接通，继电器 K_1、K_2、K_3启动，其常开触点闭合，3 只二极管短路，有 2 只二极管串联在+HM 与+KM 之间进行降压；在挡位 IV 位置时，3-4、5-6、7-8、9-10 触点接通，继电器 K_1、K_2、K_3、K_4启动，其常开触点闭合，4 只二极管短路，有 1 只二极管串联在+HM 与+KM 之间进行降压；在挡位 V 位置时，3-4、5-6、7-8、9-10、11-12 触点接通，继电器 K1-K5 启动，其常开触点闭合，5 只二极管全部串联在+HM 与+KM 之间，+HM 与+KM 电压相同。当 SA 在自动位置时，1-2 触点接通，将电压送至自动调压装置端子，按照设定的电压，自动驱动 K_1 ~ K_5继电器动作进行调压。

七、蓄电池电压巡检装置

电池巡检单元就是对蓄电池在线电压情况巡环检测的一种设备。它可以实时检测到每节蓄电池电压的多少，当哪一节蓄电池电压高过或低过设定时，就会发出告警信号，并能通过监控系统显示出是哪一节蓄电池发生故障。电池巡检单元一般能检测 2 ~ 12 V 的蓄电池和巡检测 1 ~ 108 节蓄电池。

八、电压电流测量表计

电压电流测量表计用来显示直流控制母线、合闸母线的母线电压与电流值。

本章小结

变电所的所用电系统，也称站用电系统或自用电系统，是保证变电站安全可靠地输送电能的一个必不可少的环节。变电所中的一次电气设备和二次设备的操作控制或工作电源由专设的直流电源或交流电源提供。

变电所的所用电交流电源主要用来提供直流蓄电池的充电电源、一些电气设备的操作电源（如隔离开关的操动机构）、高压室及变压器的通风电源、变压器的调压开关控制及在线滤油机工作电源、设备检修电源、变电所内的空调及照明电源等。

变电所的直流电源系统由蓄电池、充电装置及监控设备组成。蓄电池是一个独立可靠的直流电源，当交流电源消失后仍能在一定时间内保证可靠供电。因此，变电所中主要的一次设备，如断路器、隔离开关等的操作控制能源大多选用直流电源；几乎所有二次设备，如保护装置、测控装置、自动装置等的工作能源均采用直流电源供电。直流电源系统由交流输入、充电装置、馈电屏、蓄电池组、监控单元（含馈线状态监测单元）、绝缘监测（含接地选线）、调压电路、蓄电池电压巡检装置、电压电流测量表计等组成。

复习思考题

1. 图 6-2 所示交流电源系统有哪几种运行方式？该电源系统负担了哪些负荷？
2. 变电所的直流电源系统由哪些部分组成？
3. 简述蓄电池调压回路原理。

第七章　牵引变电所常用材料

第七章课件

第一节　绝缘子和套管

牵引变电所内母线、引线等高压设备带电导体对地均存在着数千伏的高电压，因此必须与接地物体之间保证足够的空气间隙和距离。为保证导体在运行时带电体对地间隙和距离满足要求，安装时就要对导体进行支撑和固定，这些安装固定的支持物就必须是绝缘材料。

牵引变电所室内、外配电装置用于固定带电导体的绝缘材料主要为绝缘子和套管。

一、绝缘子

绝缘子主要分为两大类。一类为悬式绝缘子，用于悬吊对刚性要求不高的导线等。悬式绝缘子与带电导体间是软连接，悬式绝缘子受拉力，不适合在受压处所使用。悬式绝缘子可多个连接成一串，供不同的电压等级使用。另一类为支柱绝缘子，用于固定支撑母线和设备的导体等。支柱绝缘子与被固定物为刚性连接，它能够承受一定的压力和拉力，但承受剪切力和弯曲的能力不强。

1. 悬式绝缘子

悬式绝缘子根据使用环境不同分为普通型和耐污型，按照连接方式分为球窝连接和槽型连接两种形式。图 7-1 为普通型槽形连接的悬式绝缘子，图 7-2 为耐污型球窝连接的悬式绝缘子。

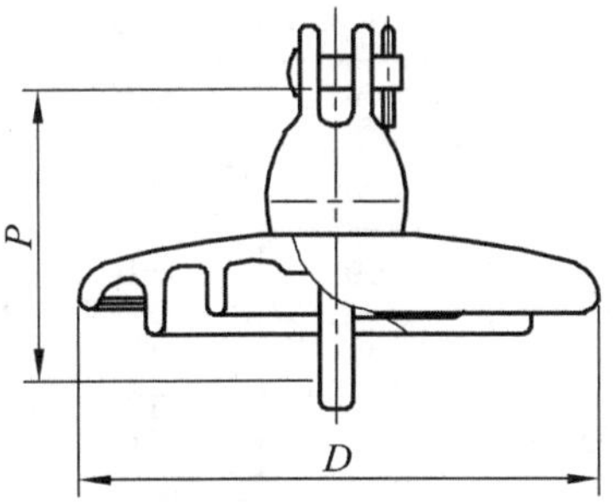

图 7-1　普通型槽形连接悬式绝缘子

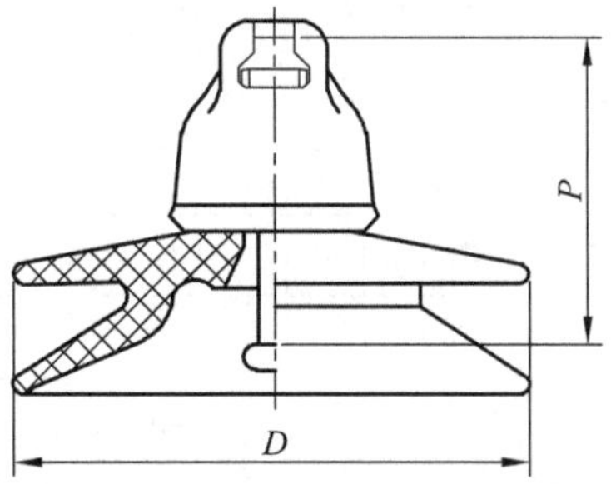

图 7-2　耐污型球窝连接悬式绝缘子

2012 年以前我国悬式绝缘子型号的含义沿用的是 1999 年的标准，2012 年国家颁布新标准对型号含义进行了重新规定，但旧标准现场仍在使用。

（1）新标准悬式绝缘子型号含义：

U　×　×　×　×　×

　1　2　3　4　5

其中：U——悬式绝缘子；

1——破坏负荷，单位 kN；

2——连接形式，B 表示为球窝型连接，C 表示为槽形连接；

3——结构高度，S 表示为短结构高度，L 表示为长结构高度，M 表示为中长，EL 表示为超长结构高度；

4——P 置于最后一位表示大爬距绝缘子，其他不表示。

（2）旧标准悬式绝缘子型号含义：

X　×　P　×　-　×　×

　1　2　3　　4　5

其中：X——悬式绝缘子；

1——结构特征，W 表示双层伞耐污型，普通型不表示；

2——P 表示机电破坏负荷；

3——设计序号，用数字表示；

4——破坏负荷，单位 kN；

5——连接形式，C 表示槽型连接，其他不表示。

悬式绝缘子基本的机械性能和尺寸参数见表 7-1。

表 7-1　悬式绝缘子基本的机械性能和尺寸参数

产品型号		公称结构高度 P /mm	公称盘径 D /mm	公称爬电距离 L /mm	额定机电破坏负荷 /kN	连接标记	参考质量 /kg
新型号	国内通用型号						
U70BS	XP-70	127	255	295	70	16B	5.5
U70BL	XP1-70	146	255	295	70	16B	5.5
U70BLP	XWP2-70	146	280	440	70	16B	5.7
U70BELP	XWP3-70	160	280	450	70	16B	7.1
U70CLP	XWP2-70C	146	280	440	70	16C	6.1
U100BL	XP-100	146	255	295	100	16B	7.1
U100BLP	XWP1-100	146	280	440	100	16B	7.1
U100BELP	XWP2-100	160	280	450	100	16B	7.7
U100CL	XP-100C	146	255	295	100	16C	7.1
U100CELP	XWP2-100	160	280	400	100	16C	7.7
U120BL	XP-120	146	255	295	120	16B	8.3
U120BLP	XWP2-120	155	280	450	120	16B	8.3
U120CLP	XWP2-120C	160	280	450	120	16C	8.3

续表

产品型号		公称结构高度 P /mm	公称盘径 D /mm	公称爬电距离 L /mm	额定机电破坏负荷 /kN	连接标记	参考质量 /kg
新型号	国内通用型号						
U120BP/146D	XWP3-120	146	280	450	120	16B	8.3
U160BS	XP2-160	146	280	330	160	20B	9.2
U160BMP	XWP1-160	160	280	400	160	20B	10.2

2. 支柱绝缘子

支柱绝缘子用来固定载流导电体或设备，使其与大地绝缘，或使配电装置不同电位的导电部分相互绝缘。

支柱绝缘子按其装用场所可分为户内式与户外式两种。其型号含义如下：

Z × × × × - × ×

1 2 3 4 5 6

其中：Z——支柱绝缘子。

1——安装处所和制造形式，N 表示户内内胶装，L 表示户内联合胶装，S 表示户外实心棒形；

2——抗弯破坏负荷，A、B、C、D、E 表示抗弯破坏负荷分别为 3.68 kN、7.36 kN、12.26 kN、19.62 kN、29.48 kN；

3——结构形式，W 表示防污型，普通型不表示；

4——设计序号，用数字表示；

5——额定电压，单位 kV。

6——户内支柱绝缘子下附件形状，Y 表示圆形，T 表示椭圆形，F 表示方形。

牵引变电所常用的支柱绝缘子，其外形见图 7-3 ~ 图 7-5。

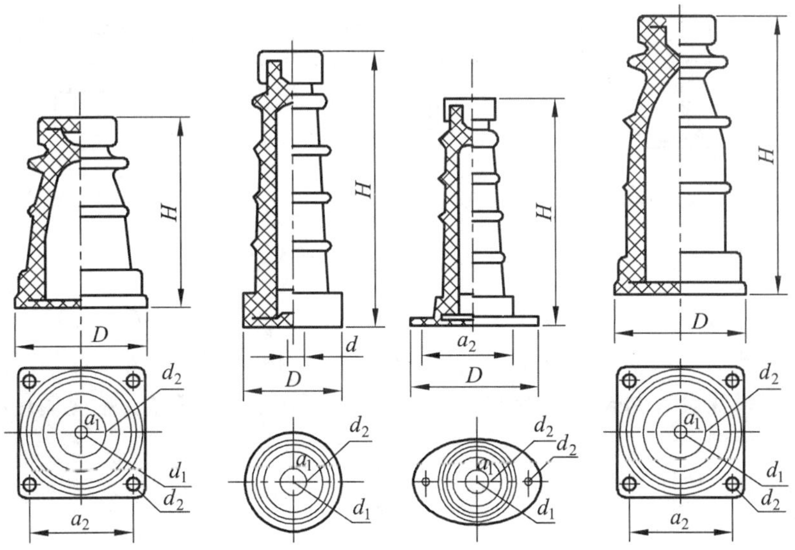

图 7-3 户内外胶装支柱绝缘子

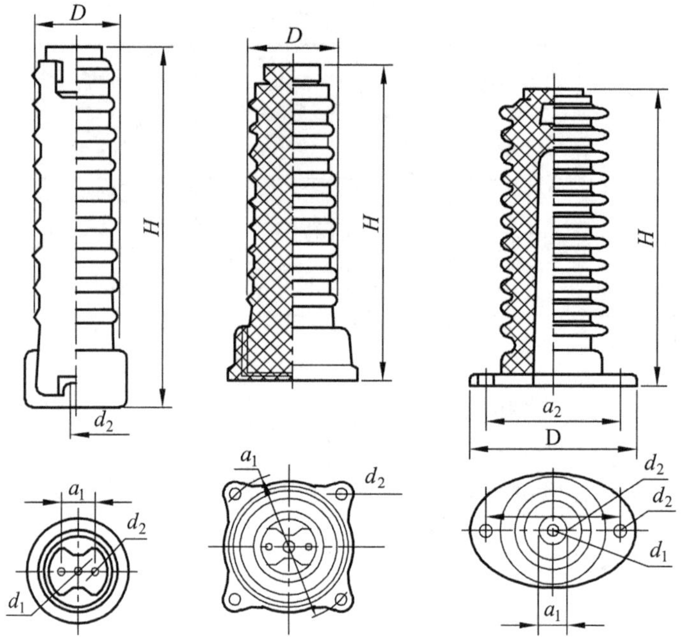

图 7-4　户内联合胶装支柱绝缘子

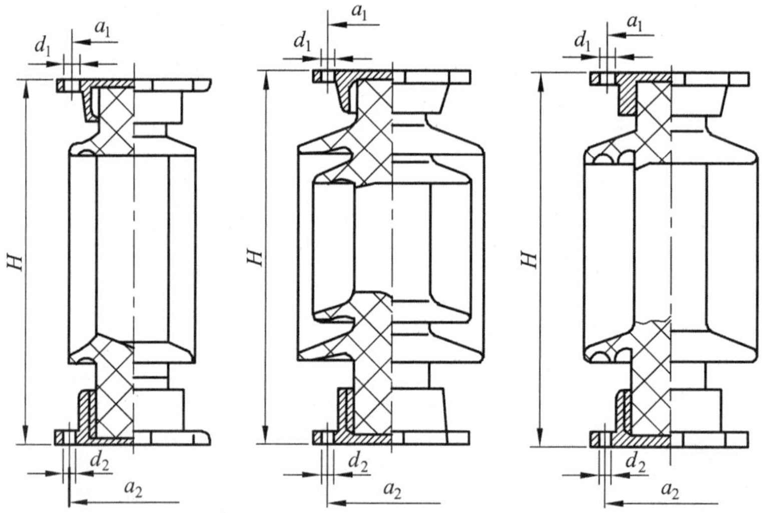

图 7-5　户外实心棒形绝缘子

户内外胶装和联合胶装支柱绝缘子主要用于牵引变电所 27.5 kV 高压室内母线在墙上或支架上的固定和绝缘，系统标称电压 35 kV、电压等级 40.5 kV。户外实心棒形绝缘子主要用于室外母线固定以及设备的安装，220 kV 及以上电压等级单根绝缘子不能满足电压要求时可多个叠装在一起使用。

常用户内支柱绝缘子的技术参数如表 7-2，户外支柱绝缘子的技术参数如表 7-3。

表 7-2　户内支柱绝缘子技术参数

型号	额定电压/kV	绝缘件最大公称直径/mm	总高/mm	上附件安装尺寸				下附件安装尺寸				爬电距离/mm	机械破坏负荷不小于		质量/kg
				中心孔/mm	旁孔			中心孔/mm	旁孔				弯曲/kN	拉伸/kN	
					孔中心距/mm	孔径/mm	孔数/个		孔中心距/mm	孔径/mm	孔数/个				
ZN-12/4	12	85	120	M10	—	—	—	M10	—	—	—	—	4	4	1.8
ZNW-12/4		110	125	M12	—	—	—	M12	—	—	—	300	4	4	2.1
ZAW-12T		120	190	M10	36	M6	2	—	135	M12	2	300	3.75	3.75	3.5
ZAW-12Y								M12	—	—	—				3.2
ZBW-12T		140	215	M16	46	M10	2	—	175	15	2	300	7.5	7.5	6.4
ZBW-12Y								M16	—	—	—				5.4
ZD-24F	24	180	315	M18	76	M12	4	—	175	18	4	—	20	20	17.5
ZL-40.5/4Y	40.5	105	380	M10	36	M8	2	M16	—	—	—	—	4	4	6.4
ZL-40.5/4T								—	145	14	2				6.8
ZBW-40.5F		170	450	M16	46	M10	4	—	155	15	4	1015	7.5	7.5	17
ZAW-40.5T		156	425	M10	36	M6	2	—	175	15	2	1015	3.75	3.75	11
ZAW-40.5Y								M16	—	—	—				10

表 7-3　户外支柱绝缘子技术参数

型号	总高/mm	上附件安装尺寸			下附件安装尺寸			爬电距离/mm	弯曲破坏负荷不小于/kN	1 min 湿工频耐受电压（有效值）/kV不小于	雷电冲击耐受电压（峰值）/kV不小于
		孔中心距/mm	孔径/mm	孔数/个	孔中心距/mm	孔径/mm	孔数/个				
ZSW-12/4-3	210	36	M8	2	130	12	2	300	4	42	75
ZSW-12/6-3	125	36	M8	2	130	12	2	300	6	42	75
ZSW-17.5/4-3	260	36	M8	2	175	15	2	360	4	42	105
ZSW-40.5/4-3	500	140	14	4	140	14	4	1200	4	80	185
ZSW-40.5/8-3	455	140	M12	4	180	14	4	1134	8	80	185
ZSW-40.5/8-4	560	140	M12	4	180	14	4	1260	8	80	185
ZSW-40.5/16-4	560	140	M12	4	225	18	4	1260	16	80	185

二、穿墙套管

高压穿墙套管是引导一个或数个高压导体穿过隔板（例如墙壁或箱壳）并使导体与隔板绝缘的一种结构，还包括固定到隔板上去的部件，如法兰或其他紧固装置。穿墙套管外形见图 7-6 所示。

图 7-6　穿墙套管实物

导体可以是套管的一个部件，使用时其两（接线）端用螺栓与外部引线相连。为了便于安装，有时穿墙套管导体在安装时由施工单位临时配给，制造厂出厂时仅供应绝缘套和套管两端的封端盖板，这种套管称为母线式套管。

1. 穿墙套管的结构特点

纯瓷穿墙套管由瓷套、导体、中间法兰和端部附件组成。瓷套是套管的主绝缘。中间法兰正常接地，导体正常通过高压电流，端部附件起导体和瓷套套管额定电流间的连接作用。套管中间法兰和瓷套间主要以水泥胶装为主。

套管额定电流在 600 A 及以下者，中间法兰由灰铸铁制成；套管额定电流在 1000 A 及以上的由非磁性材料如硅铝合金制成（7.2 ~ 12 kV 级套管 1000 A 者仍可用灰铸铁），以减少铁磁性物质在电磁场中的磁滞和涡流损耗。

24 ~ 40.5 kV 套管瓷套和导体间由于空气间隙较小，导体表面容易产生电晕，且常常造成间隙放电，产生无线电干扰。为此使瓷套内孔壁被覆半导电釉并经接触弹簧片与导体相连，短接了此间隙。

瓷套外表设置有伞棱以增大爬电距离，提高放电特性。为提高 24 ~ 40.5 kV 套管电晕和滑闪电压，瓷套在法兰两侧均设有大伞裙并被覆半导电釉。

穿墙套管载流导体有铜导体和铝导体两种。早期的铜导体穿墙套管载流导体采用圆铜导杆，电流经过铜螺母和铜导杆上的螺纹的接触面，接触面小且接触不紧密，运行中接触部分经常发生温升过高，引起接头烧损现象，甚至由于螺母松动，造成接触部分温度极高，引起瓷壁击穿对地短路。基于此种情况，现生产的穿墙套管不论铜导体与铝导体均采用硬母线作为导电排，已不再使用生产圆铜导杆的穿墙套管。

2. 穿墙套管的分类

（1）穿墙套管按使用场所可分户内普通型、户外-户内普通型、户外-户内耐污型、户外-户内高原型及户外-户内高原耐污型5种类型。

户内普通型一般适用于安装地点海拔不超过1 000 m的地区。

户外-户内普通型一般适用于安装地点海拨不超过 1 000 m 的地区，但安装地点应是无明显污秽地区。

户外-户内耐污型适用于安装地点海拔不超过1 000 m的污秽地区。

户外-户内高原型适用于安装地点海拔为3 000 m以下的地区。

户外-户内高原耐污型适用于安装地点海拔为3 000 m以下的污秽地区。

（2）套管可分为带铝导体、铜导体以及不带导体（母线式）3种类型。

3. 穿墙套管的规格型号

C × - × / × - ×

1 2 3 4

其中：C——穿墙套管；

1——使用环境及导体：WL表示户内-户外铝导体，WWL表示耐污型户内-户外铝导体，L表示户内铝导体，W表示户内-户外铜导体；WW表示耐污型户内-户外铜导体，户内铜导体穿墙套管省略；

2——额定电压，单位kV；

3——额定电流，单位A；

4——户外端外绝缘爬电距离等级。

4. 穿墙套管的安装

穿墙套管安装在时，安装板厚度不大于 50 mm，且不能形成闭合的磁路，将套管法兰主体部分伸入安装板内，减少安装板对电地距离的影响。对于户内-户外式穿墙套管一般由户外往户内穿，爬电距离大的一端必须安装在室外。户内-户外穿墙套管室中心线与水平线有约5°夹角，户内高于户外，安装示意如图7-7。

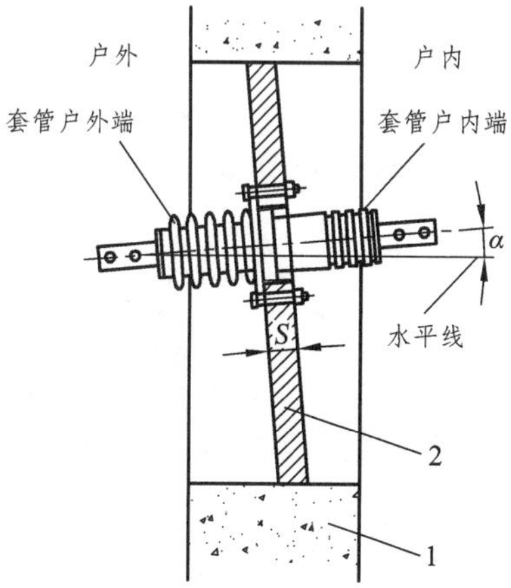

1—建筑物墙；2—安装板；S—安装板厚度；α—中心线与水平线夹角。

图7-7 穿墙套管安装示意

牵引变电所常用的穿墙套管外形见图 7-8，技术参数如表 7-4。

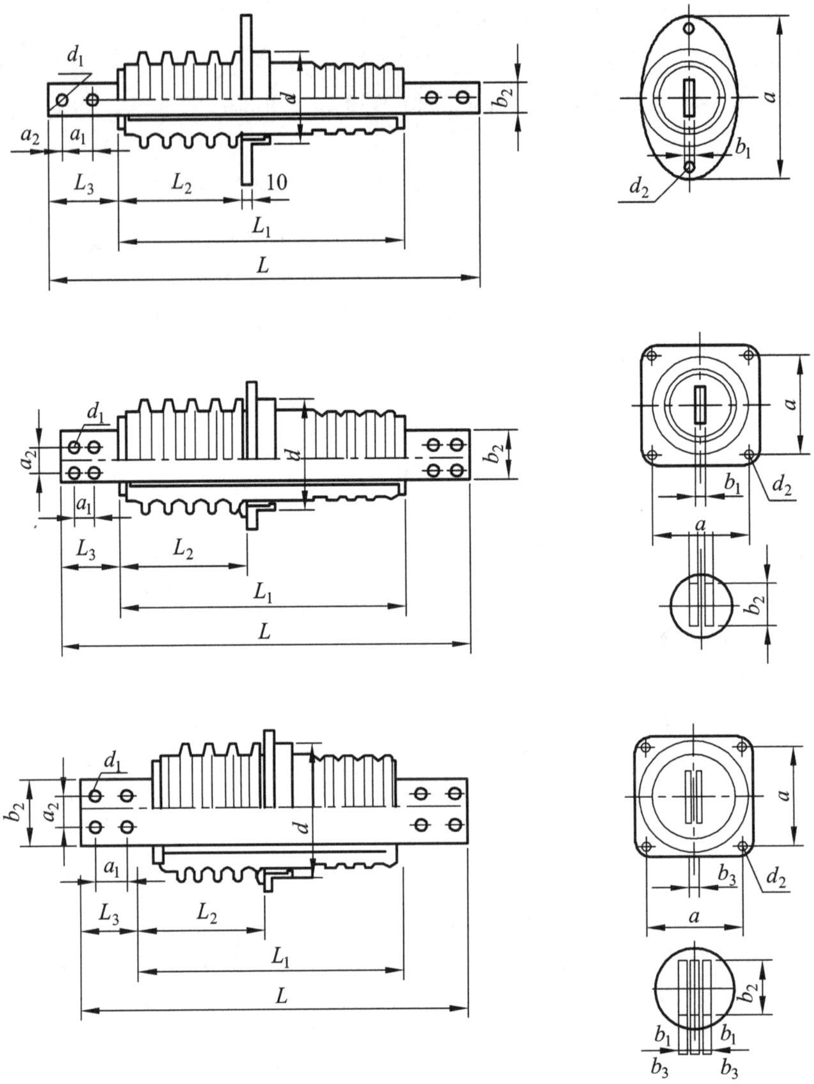

图 7-8　牵引变电所常用穿墙套管外形

表 7-4 常用穿墙套管技术参数

型号	装置场所	额定电压/kV	额定电流/A	总长 L/mm	两端盖间长 L_1/mm	一端长 L_2/mm	导电排				接线端子（每一端）					安装法兰				户外端公称爬电距离/mm	污秽等级	额定弯曲破坏负荷/kN	质量/kg
							排宽 b_2/mm	排厚 b_1/mm	排间距 b_3/mm	片数	孔径 d_1/mm	孔距 a_1/mm	孔距 a_2/mm	孔数个	伸出长不小于 L_3/mm	孔径 d_2/mm	孔距 a/mm	孔数/个	穿入墙洞处最大直径 d/mm				
CWW-12/630-4	户外户内	12	630	720	515	235	40	6.3	—	1	13	20	40	2	95	14	175	2	115	372	Ⅳ	4	12
CWW-12/1000-4			1250	680	515	235	63	10	—	1	14	15	30	4	75	14	150	4	150			4	17
CWW-12/2500-4			2500	710	475	214	80	10	10	2	14	20	40	4	95	14	200	4	200			8	26
CWW-12/3150-4			3150	720	475	214	100	10	10	2	18	25	50	4	115	14	200	4	200			8	29
CWW-12/4000-4			4000	825	530	235	125	12.5	10	3	18	32.5	60	4	140	22	300	4	340			8	35
CWW-40.5/630-4		40.5	630	1125	920	440	40	6.3	—	1	13	20	40	2	95	15	200	4	225	1260	Ⅳ	4	36
CWW-40.5/1250-3			1250	1085	920	440	63	10	—	1	14	15	30	4	75	15	220	4	245	1020	Ⅲ	4	42
CWW-40.5/1250-4			1250	1085	920	440	63	10	—	1	14	15	30	4	75	15	220	4	245	1260	Ⅳ	4	46
CWW-40.5/2500-3			2500	1175	940	480	80	10	10	2	14	20	40	4	115	15	240	4	260	1020	Ⅲ	8	62
CWW-40.5/2500-4			2500	1175	940	480	80	10	10	2	14	20	40	4	115	15	240	4	260	1260	Ⅳ	8	66
CWW-40.5/3150-4			3150	1280	1035	485	100	10	10	3	18	25	50	4	115	15	220	4	260	1260	Ⅳ	8	73
CWW-40.5/4000-3			4000	1360	1120	525	120	10	10	3	18	30	60	4	120	18	240	4	270	1020	Ⅲ	8	80
CWW-40.5/4000-4			4000	1360	1120	525	120	10	10	3	18	30	60	4	120	18	240	4	270	1260	Ⅳ	8	85

第二节　电　缆

牵引变电所使用的电缆主要有两类，分别是电力电缆和控制电缆。电力电缆又可分为高压电缆和低压电缆，高压电缆因结构与低压电缆区别较大，已在前面单独讲述，在此不再重复。

一、低压电力电缆

在牵引变电所中，低压电力电缆主要用于自用电系统和设备的交、直流电源引接处所。

电力电缆型号构成如下：

×	×	×	×	-	×	×
1	2	3	4		5	6

其中：

1——绝缘层，YJ 表示交联聚乙烯，V 表示聚氯乙烯，X 表示橡胶。

2——导体，T 表示铜导体（一般省略），L 表示铝导体。

3——内护套，YJ 表示交联聚乙烯，V 表示聚氯乙烯。

4——外护层，由两位数字构成，分别表示铠装层和外被层或外护套结构。第一位数字，2 表示双钢带，3 表示细钢丝，4 表示粗钢丝；第二位数字，1 表示纤维，2 表示聚氯乙烯，3 表示聚乙烯护套；无铠装层和外被层则不表示。

5——额定电压，单位 kV。

6——线芯，线芯根数×截面积（mm^2）。

如：YJV22-0.6/1 3×25+1×16 表示主绝缘是交联聚乙烯，内护套为聚氯乙烯，使用双钢带铠装层，聚氯乙烯外护套，由 3 根 25 mm^2 相线和 1 根 16 mm^2 中性线构成的铜芯电力电缆。

YJV0.6/1kV 交联聚乙烯绝缘聚氯乙烯护套铜芯电力电缆技术参数见表 7-5。

表 7-5　YJV0.6/1kV 交联聚乙烯绝缘聚氯乙烯护套铜芯电力电缆技术参数

导体标称截面积/mm^2	绝缘厚度/mm	护套厚度/mm	电缆近似外径/mm	电缆近似质量/（kg/km^{-1}）	导体直流电阻/（Ω/km^{-1}）	试验电压/kV	电缆载流量/A	
							在空气中	直埋土壤中
1×50	1	1.5	13	55	≤0.387	3.5	210	225
1×70	1.1	1.5	14	770	≤0.268	3.5	270	280
1×95	1.1	1.5	16.4	1040	≤0.193	3.5	340	335
1×120	1.2	1.5	17.8	1290	≤0.153	3.5	400	380
1×150	1.4	2	20.6	1590	≤0.124	3.5	460	425
1×185	1.6	2	22.5	1944	≤0.0991	3.5	530	480
1×240	1.7	2	24.9	2410	≤0.0754	3.5	625	555
1×300	1.8	2.5	27.3	3076	≤0.0601	3.5	720	630
1×400	2	2.5	34.1	3642	≤0.0470	3.5	815	705

续表

导体 标称截面积 $/mm^2$	绝缘 厚度 /mm	护套 厚度 /mm	电缆 近似外径 /mm	电缆 近似质量/ (kg/km^{-1})	导体 直流电阻/ (Ω/km^{-1})	试验 电压/kV	电缆载流量/A	
							在空气中	直埋 土壤中
2×1.5	0.7	1.8	9.4	103	≤12.1	3.5	25	30
2×2.5	0.7	1.8	10.2	131	≤7.41	3.5	30	35
2×4	0.7	1.8	11.2	168	≤4.61	3.5	40	50
2×6	0.7	1.8	12.2	216	≤3.08	3.5	50	60
2×10	0.7	1.8	15.2	328	≤1.83	3.5	65	80
2×16	0.7	1.8	17.3	461	≤1.15	3.5	85	100
2×25	0.9	1.8	20.4	659	≤0.727	3.5	115	130
2×35	0.9	1.8	22.4	868	≤0.524	3.5	145	155
2×50	1	1.8	20.2	1116	≤0.387	3.5	175	185
3×1.5	0.7	1.5	9.8	145	≤12.1	3.5	25	30
3×3.5	0.7	1.5	10.7	185	≤7.41	3.5	30	35
3×4	0.7	1.5	11.8	250	≤4.61	3.5	40	50
3×6	0.7	1.5	12.9	320	≤3.08	3.5	50	60
3×10	0.7	1.5	14.6	450	≤1.83	3.5	65	80
3×16	0.7	1.5	16.5	640	≤1.15	3.5	85	100
3×25	0.9	2	20.8	940	≤0.727	3.5	115	130
3×35	0.9	2	23.2	1260	≤0.524	3.5	145	155
3×50	1	2	26.4	1670	≤0.387	3.5	175	185
3×70	1.1	2	29.9	2280	≤0.268	3.5	220	225
3×95	1.1	2	33.3	3020	≤0.193	3.5	270	270
3×120	1.2	2.5	37.8	3795	≤0.153	3.5	315	305
3×150	1.4	2.5	41.7	4750	≤0.124	3.5	360	345
3×185	1.6	2.5	44.6	5654	≤0.0991	3.5	420	390
3×240	1.7	2.5	50.1	7243	≤0.0754	3.5	500	455
3×300	1.8	3	55.6	8832	≤0.0601	3.5	580	520
3×4+1×2.5	0.7	1.5	12.5	236	≤4.61	3.5	40	55
3×6+1×4	0.7	1.5	13.7	316	≤3.08	3.5	50	65
3×10+1×6	0.7	1.5	15.4	460	≤1.83	3.5	70	90
3×16+1×10	0.7	1.5	17.5	679	≤1.15	3.5	90	110
3×25+1×16	0.9	2	21.8	1065	≤0.727	3.5	130	150
3×35+1×16	0.9	2	23.8	1368	≤0.524	3.5	165	185
3×50+1×25	1	2	27.4	1901	≤0.387	3.5	200	210

二、控制电缆

控制电缆在牵引变电所使用很多，用于对设备的控制及位置信号的传递。常用的控制电缆导体截面积通常有 1.5 mm^2、2.5 mm^2、4 mm^2、6 mm^2 和 10 mm^2。2.5 mm^2 及以下的控制电缆最多可达 37 芯；4 mm^2、6 mm^2 可达 14 芯；10 mm^2 可达 10 芯。

控制电缆两端在施工中需要制作低压的电缆头，防止潮气、水分进入降低电缆绝缘电阻。

牵引变电所中低压电缆敷设方式一般有直埋、铺沙盖砖、电缆沟敷设三种。电缆敷设施工时要求环境温度不低于 0°C，最小弯曲半径有铠装层的电缆不小电缆外径的 12 倍，其他电缆不小于电缆外径的 6 倍。

控制电缆型号表示如下：

K　×　×　×　×　-　×　×

　　1　2　3　4　　　5　6

其中：K——控制电缆。

1——导体，L 表示铝，铜省略。

2——主绝缘材料，V 表示聚氯乙烯，YJ 表示交联聚乙烯。

3——护套材料，V-聚氯乙烯，Y-聚乙烯。

4——外护层特征，P 表示编织屏蔽，P2 表示铜带屏蔽，P3 表示铝/塑复合薄膜屏蔽，R 表示软结构（移动敷设）。第一位数字，2 表示双钢带铠装，3 表示钢丝铠装；第二位数字，2 表示聚氯乙烯外护套，3 表示聚乙烯外护套。

5——额定电压，单位 V。

6——线芯，芯根数×截面积（mm^2）。

示例：

（1）铜芯聚氯乙烯绝缘聚氯乙烯护套控制电缆，额定电压 450/750 V，4 芯 1.5 mm^2，表示为：KVV-450/750 4×1.5。

（2）铜芯聚氯乙烯绝缘聚氯乙烯护套钢带铠装控制电缆，额定电压 450/750 V，10 芯 1.5 mm^2，表示为：KVV22-450/750 10×1.5。

第三节　母　线

电力系统变电站使用的母线有软母线、硬母线、矩形母线、槽形母线、管形母线等，牵引变电所中常用的母线有软母线和矩形母线两种。

母线的作用与结构

一、软母线

在牵引变电所的一次侧多采用圆线同心绞架空导线，俗称软母线。软母线由多根圆形金属单线绞制造而成。采用这种结构是由于圆形线可以减少电晕发生，而多股绞线较实心线柔韧且机械强度可靠，不致因个别处的缺陷严重影响整根线的机械强度。

软母线一般在一根中心线芯周围螺旋绞上一层或多层单线组成，其相邻层绞向相反。

圆线同心绞架空导线的型号表示方法：

J × / × - × / × - × / ×

1 2 3 4 5 6

其中：J——圆线同心绞架空导线；

1——导电材料材质，L 表示铝，G 表示钢，LB 表示铝包钢，LH 表示铝合金，材质代号后会有一些具体要求规格代号；

2——加强芯材质，L 表示铝，G 表示钢，LB 表示铝包钢，LH 表示铝合金，材质代号后会有一些具体要求规格代号，材质与外层绞线同材质时省略；

3——导电材料标称截面，单位 mm^2；

4——加强芯标称截面，单位 mm^2，同一材质绞线省略；

5——导电材料根数；

6——加强芯根数，同一材质绞线省略。

例：

JL-500-37：由 37 根硬铝线绞制成的铝绞线，其标称截面积为 500 mm^2。

JL/G1A-630/45-45/7：由 45 根铝线和 7 根 A 级镀层 1 级强度镀锌钢绞线绞制成的钢芯铝绞线，铝线的标称截面积为 630 mm^2，钢线的标称截面积为 45 mm^2。

JL2/LHA1-465/210-42/19：由 42 根 2 型硬铝线和 19 根 LHA1 铝合金线绞制成的铝合金芯铝绞线，硬铝线的标称截面积为 465 mm^2，铝合金线的标称截面积为 210 mm^2。

现场中部分人仍在沿用 2000 年以前的标准表示铝绞线和钢芯铝绞线，例如：

标称截面积为 240 mm^2 的铝绞线表示为：LJ-240。

标称铝截面积为 300 mm^2、钢截面积为 50 mm^2 的钢芯铝绞线表示为：LGJ-300/50。

牵引变电所常用的软母线有一般有铝绞线、钢芯铝绞线两种。

铝绞线技术参数如表 7-6，钢芯铝绞线技术参数如表 7-7。

表 7-6 常用铝绞线技术参数

标称截面积/mm^2	导体结构/mm	计算外径/mm	计算拉力/kN	计算面积/mm^2	计算重量/($kg\cdot km^{-1}$)	交货长度/m	20°C 直流电阻（不大于 20°C）/($\Omega\cdot km^{-1}$)	载流量(90°C)/A
120	19/2.85	14.25	20.61	121.21	333.5	1500	0.2373	390
150	19/3.15	15.75	24.43	148.07	407.4	1250	0.1943	454
185	19/3.50	17.75	30.16	182.8	503.0	1000	0.1574	518
210	19/3.75	18.75	33.58	209.85	577.4	1000	0.1371	575
240	19/4.00	20.00	38.2	238.76	656.9	1000	0.1205	610
300	37/3.20	22.40	49.10	297.57	820.4	1000	0.09689	707
400	37/3.70	25.90	64.00	397.83	1103.2	1000	0.07247	851
500	37/4.16	29.12	80.45	502.9	1387.0	1000	0.05733	982
630	61/3.63	32.67	101.3	631.3	1743.8	800	0.04577	1140
800	61/4.10	36.9	128.2	805.36	2213.7	800	0.03588	1340

表 7-7　常用钢芯铝绞线技术参数

标称截面积铝/钢/mm^2	根数/直径/mm		计算截面积/mm^2			外径/mm	直流电阻（不大于）/（$\Omega\cdot km^{-1}$）	计算质量/（$kg\cdot km^{-1}$）	交货长度（不小于）/m	连续载流量/A
	铝	钢	铝	钢	总计					
120/7	18/2.90	1/2.90	118.89	6.61	125.5	24.5	0.2422	379	2000	380
120/20	26/2.38	7/1.85	115.67	18.82	184.4	15.07	0.2496	466.8	2000	390
120/25	7/4.72	7/2.10	122.48	21.25	146.73	15.74	0.2345	526.6	2000	400
120/70	12/3.60	7/3.60	122.15	71.25	196.4	18	0.2364	895.6	2000	505
150/8	18/3.20	1/3.20	444.76	8.84	152.3	16	0.1989	461.4	2000	442
150/20	24/2.76	7/1.85	145.68	18.82	164.5	16.67	0.198	549.4	2000	450
150/25	26/2.70	7/2.10	148.86	21.25	172.11	17.1	0.1939	601	2000	470
150/35	30/2.50	7/2.50	147.2	34.36	181.62	17.5	0.1962	676.2	2000	500
185/10	18/3.60	1/3.60	183.22	10.18	193.4	18	0.1572	584	2000	497
185/25	24/3.15	7/2.10	187.04	24.25	211.29	18.9	0.1542	706.1	2000	525
185/30	26/2.98	7/2.32	181.34	29.59	210.93	18.88	0.1592	732.6	2000	525
185/45	30/2.80	7/2.80	184.73	43.1	227.83	19.6	0.1564	848.2	2000	522
210/10	18/3.80	1/3.80	204.14	11.34	215.48	19	0.1411	650.7	2000	523
210/25	24/3.33	7/2.22	209.02	27.1	236.12	19.98	0.138	789.1	2000	560
210/35	26/3.22	7/2.50	211.73	34.36	246.09	20.38	0.1363	853.9	2000	590
210/50	30/2.98	7/2.98	209.24	48.82	253.06	20.86	0.1381	960.8	2000	600
240/30	24/3.60	7/2.40	244.29	31.67	275.96	21.6	0.1181	922.2	2000	610
240/40	26/3.42	7/2.66	238.85	38.9	277.75	21.66	0.1209	964.3	2000	610
240/55	30/3.20	7/3.20	241.27	56.3	297.57	22.4	0.1198	1108	2000	640
300/15	42/3.00	7/1.67	296.88	15.33	312.21	23.01	0.09724	939.8	2000	650
300/20	45/2.93	7/1.95	303.42	20.91	324.33	23.43	0.0952	1002	2000	655
300/25	48/2.85	7/2.22	306.21	27.1	333.31	23.76	0.09433	1058	2000	690
300/40	24/3.99	7/2.66	300.09	38.9	338.99	23.94	0.09614	1133	2000	705
300/50	26/3.83	7/2.98	299.54	48.82	348.36	24.26	0.09636	1210	2000	725
300/70	30/3.60	7/3.6	305.36	71.25	376.61	25.2	0.09463	1402	2000	740
400/20	42/3.51	7/1.95	406.4	20.91	427.31	26.91	0.07104	1286	1500	800
400/25	45/3.33	7/2.22	391.91	27.1	419.01	26.64	0.0737	1295	1500	800
400/35	48/3.22	7/2.50	390.88	34.36	425.24	26.82	0.07389	1349	1500	810
400/50	54/3.07	7/3.07	399.73	51.82	451.55	27.63	0.07232	1511	1500	815
400/65	26/4.42	7/3.44	398.94	65.06	464	28	0.07236	1611	1500	850
400/95	30/4.16	19/2.50	407.75	93.27	501.02	29.14	0.07087	1860	1500	873

二、硬母线

牵引变电所采用的硬母线通常为抗拉强度较高的、型号为 LMY 的矩形硬扁铝型线和 TMY 的矩形硬扁铜型线。铝材质的矩形母线因性价比较高，在牵引变电所应用最为广泛。

硬母线的尺寸规格，用母线相应截面的标称尺寸 $h \times b$ 表示。

硬母线型号用材质、状态、尺寸规格表示。例：铝母线，厚度为 10 mm，宽度为 100 mm，硬态，表示为 LMY-10×100。铝材质硬母线其载流量如表 7-8。

表 7-8　常用铝材质矩形母线载流量

矩形母线尺寸 $h \times b$	25°C 载流量/A				40°C 载流量/A			
	单条		双条		单条		双条	
	平放	竖放	平放	竖放	平放	竖放	平放	竖放
40×4	465	480	631	665	368	388	515	542
40×5	515	543	719	756	417	248	586	617
50×4	565	594	779	820	456	480	633	666
50×5	637	671	884	930	515	542	718	756
63×6.3	872	949	1211	1319	705	767	985	1070
63×8	995	1082	1511	1644	805	875	1219	1325
63×10	1129	1227	1800	1954	912	992	1444	1570
80×6.3	1100	1193	1517	1649	887	964	1233	1340
80×8	1249	1358	1858	2020	1010	1097	1500	1631
80×10	1411	1535	2185	2375	1141	1241	1756	1910
100×6.3	1363	1481	1840	2000	1100	1197	1492	1622
100×8	1547	1682	2259	2455	1250	1359	1819	1978
100×10	1663	1807	2613	2840	1344	1461	2093	2275
125×6.3	1693	1840	2276	2474	1368	1487	1845	2006
125×8	1920	2087	2670	2900	1550	1686	2144	2330
125×10	2063	2242	3152	3426	1666	1811	2530	2750
注：载流量系按照最高允许温度为 70 °C，无风、无日照条件计算								

第四节　金　具

变配电装置中的设备与导体、导体与导线、输电线路导线自身的连接及绝缘子连接成串，导线、绝缘子自身保护等所用附件均称为金具。金具按照主要使用处所一般分为线路金具和变配电装置金具两大类。金具按照主要性能和用途大致分为悬吊金具、锚固金具、接续金具、防护金具、接续金具、固定金具 6 类。

在牵引变电所中使用的金具主要有以下几种：

一、锚固金具

牵引变电所常用的锚固金具就是耐张线夹。耐张线夹用于支持张紧状态下的软母线或线路导线，并将其张挂于绝缘子串上。锚固金具按结构和安装方法的不同分为螺栓型、压缩型和楔型三大类。

在牵引变电所，通常采用适合于张紧中等截面钢芯铝绞线的螺栓式和液压式耐张线夹。螺栓型耐张线夹安装时，需将导线放在该线夹有波纹槽的本体内，并通过螺栓压紧上部舌型压板而将导线压住。耐张线夹的材质有铝合金和铸铁两种。

螺栓型铝合金耐张线夹外形见图 7-9，技术参数如表 7-9。

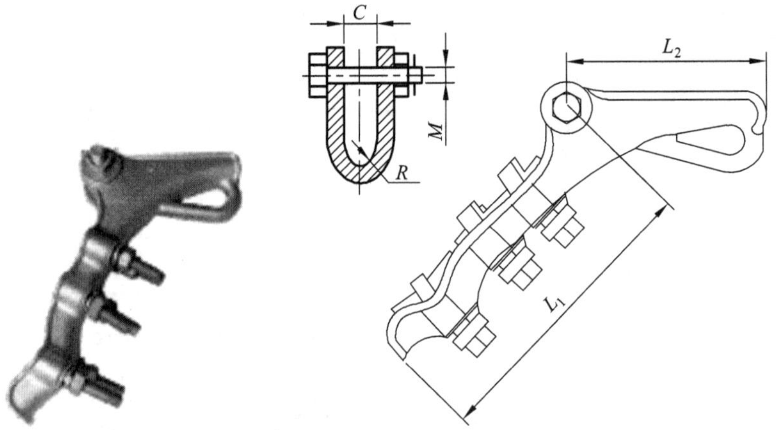

图 7-9　螺栓型铝合金耐张线夹外形

表 7-9　螺栓型铝合金耐张线夹技术参数

型号	适应导线直径（含包缠物）/mm	主要尺寸/mm					U 形螺丝		标称破坏载荷/kN
		M	C	L_1	L_2	R	个数	直径/mm	
NLL-1	5.0 ~ 10.0	12	18	150	120	6.5	2	12	40
NLL-2	10.1 ~ 14.0	12	18	205	130	8.0	2	12	40
NLL-3	14.1 ~ 18.0	16	22	310	160	11.0	3	14	70
NLL-4	18.1 ~ 23.0	16	25	410	220	12.	3	14	90

螺栓型铸铁耐张线夹外形见图 7-10，技术参数如表 7-10。

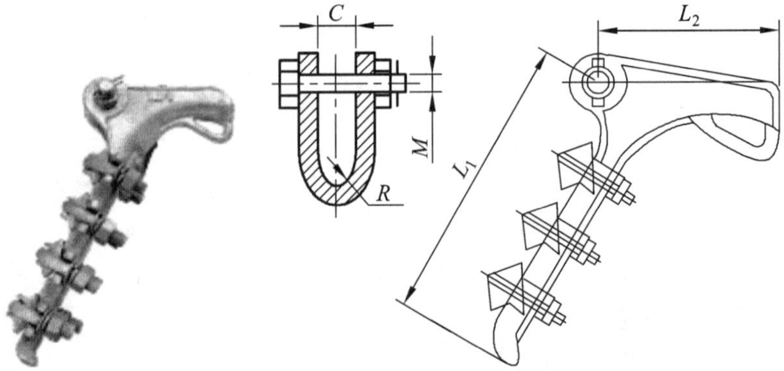

图 7-10　螺栓型铸铁耐张线夹外形

表 7-10　螺栓型铸铁耐张线夹技术参数

型　号	适应导线直径（含包缠物）/mm	主要尺寸/mm					U 形螺丝		标称破坏载荷/kN
		M	C	L_1	L_2	R	个数	直径/mm	
NLD-1	5.0 ~ 10.0	16	18	150	120	6.5	2	12	40
NLD-2	10.1 ~ 14.0	16	18	205	130	8.0	3	12	40
NLD-3	14.1 ~ 18.0	18	22	310	160	11.0	4	16	70
NLD-4	18.1 ~ 23.0	18	25	410	220	12.5	5	16	90
NLD-4B	18.1 ~ 23.0	18	27	370	200	12.5	4	16	90

压缩型耐张线夹主要有钢锚整锻型和钢锚焊接型两种。钢锚整锻压缩型耐张线夹外形见图 7-11，技术参数如表 7-11。

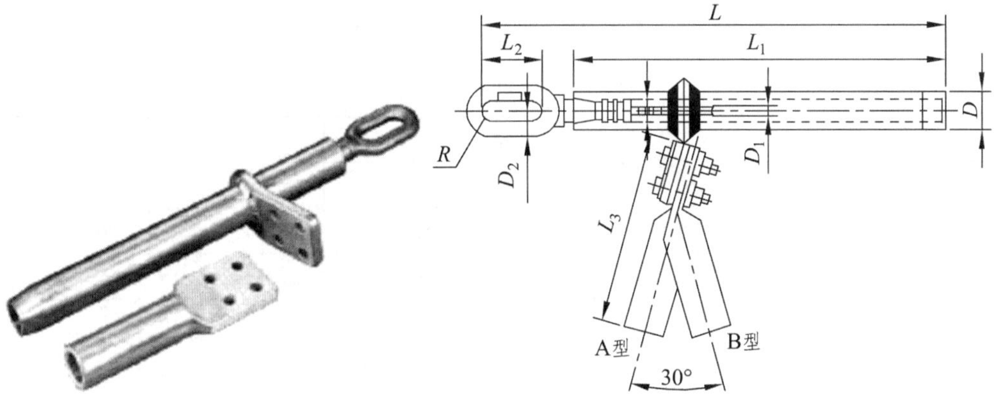

图 7-11　压缩型耐张线夹（钢锚整锻型）外形

表 7-11 压缩型耐张线夹（钢锚整锻型）技术参数

型　号	适应导线	主要尺寸/mm								握力/kN
		L	L_1	L_2	L_3	D	D_1	D_2	R	
NY-500/35	LGJ-500/35	590	480	70	260	52	16	22	13	113.6
NY-500/45	LGJ-500/45	590	480	70	260	52	18	22	13	121.7
NY-500/65	LGJ-500/65	620	510	70	260	52	22	22	13	146.3
NY-630/45	LGJ-630/45	610	490	80	290	60	18	22	15	141.3
NY-630/55	LGJ-630/55	635	510	80	290	60	20	24	15	156.2
NY-630/80	LGJ-630/80	675	550	80	290	60	24	24	15	183.3
NY-800/55	LGJ-800/55	725	580	100	335	65	20	26	17	182.0
NY-800/70	LGJ-800/70	775	630	100	335	65	22	26	17	196.7
NY-800/100	LGJ-800/100	775	630	100	335	65	26	26	17	229.0

钢锚焊接型压缩型耐张线夹外形见图 7-12，技术参数如表 7-12。

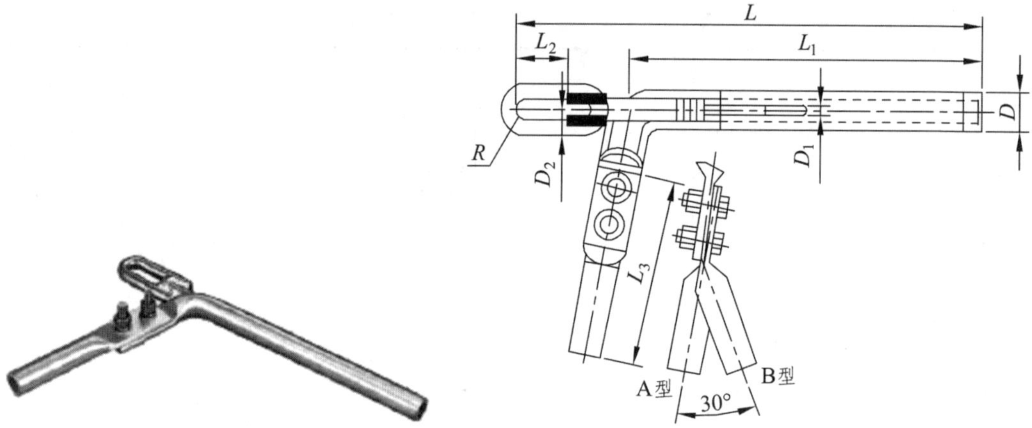

图 7-12　压缩型耐张线夹（钢锚整锻型）外形

表 7-12　压缩型耐张线夹（钢锚整锻型）外形技术参数

型　号	适应导线	主要尺寸/mm								握力/kN
		L	L_1	L_2	L_3	D	D_1	D_2	R	
NY-120/7	LGJ-120/7	385	280	55	205	30	12	16	10	26.2
NY-120/20	LGJ-120/20	405	300	55	205	30	14	16	10	39.0
NY-120/25	LGJ-120/25	425	320	55	205	30	14	16	10	45.5
NY-120/70	LGJ-120/70	535	420	65	215	36	22	18	11	93.5
NY-150/8	LGJ-150/8	400	295	55	210	30	12	16	10	31.3
NY-150/20	LGJ-150/20	425	320	55	210	30	14	16	10	44.3
NY-150/25	LGJ-150/25	435	330	55	210	30	14	16	10	51.4
NY-150/35	LGJ-150/35	455	350	55	210	30	16	16	10	61.8
NY-185/25	LGJ-185/25	455	350	55	230	32	14	16	10	56.5
NY-185/30	LGJ-185/30	455	350	55	230	32	16	16	10	61.1
NY-185/45	LGJ-185/45	475	370	55	230	32	18	18	11	76.2
NY-240/30	LGJ-240/30	495	390	55	230	36	16	18	11	71.9
NY-240/40	LGJ-240/40	495	390	55	250	36	16	18	11	79.2
NY-240/55	LGJ-240/55	540	420	65	250	36	20	20	12	97.0
NY-300/15	LGJ-300/15	485	380	55	250	40	14	16	10	64.7
NY-300/20	LGJ-300/20	485	390	55	265	40	14	18	11	71.9
NY-300/25	LGJ-300/25	505	400	55	265	40	14	18	11	79.3
NY-300/40	LGJ-300/40	525	420	55	265	40	16	18	11	87.6
NY-300/50	LGJ-300/50	550	430	65	265	40	18	20	12	98.3
NY-300/70	LGJ-300/70	585	460	70	265	42	22	22	13	121.6
NY-400/20	LGJ-400/20	545	440	55	270	45	14	18	11	84.4
NY-400/25	LGJ-400/25	545	440	55	270	45	14	18	11	91.2

续表

型　号	适应导线	主要尺寸/mm								握力/kN
		L	L_1	L_2	L_3	D	D_1	D_2	R	
NY-400/35	LGJ-400/35	560	440	65	270	45	16	20	12	98.7
NY-400/50	LGJ-400/50	585	460	70	270	45	20	22	13	117.3
NY-400/65	LGJ-400/65	608	480	70	270	48	22	22	13	128.5
NY-400/95	LGJ-400/95	663	520	80	270	48	26	24	15	162.8

二、悬吊金具

牵引变电所常用的悬吊金具主要是悬垂线夹。

悬垂线夹用于支持不受张力的悬垂绝缘子串下面的导线。在牵引变电所中通常采用 U 形螺栓式悬垂线夹。安装时，需将导线放在该线夹船形本体内，再通过 U 形螺栓压住压板而将导线夹持于压板与线夹本体间。

悬垂线夹外形见图 7-13，技术参数如表 7-13。

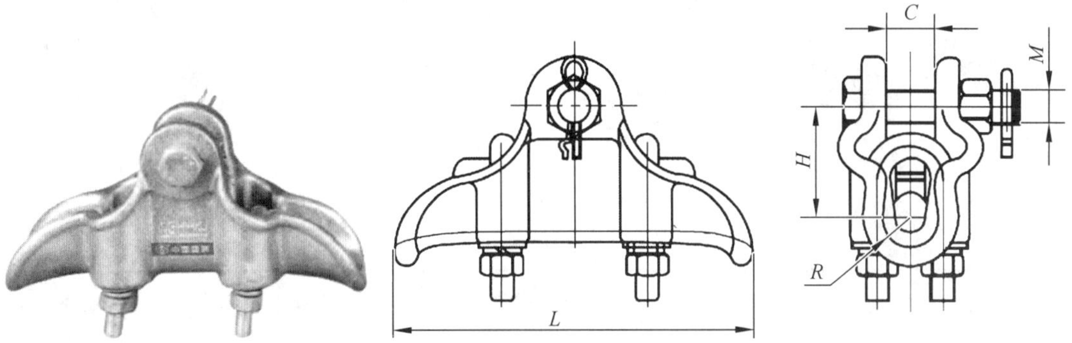

图 7-13　悬垂线夹外形

表 7-13　悬垂线夹技术参数

型　号	适应导线直径/mm	主要尺寸/mm					标称破坏载荷/kN	参考质量/kg
		H	C	M	R	L		
XGH-2	5.1 ~ 12.5	52.5	25	16	18.0	166	40	1.0
XGH-3	12.4 ~ 17	50.5	23	16	11.5	200	40	1.5
XGH-4	19 ~ 23.5	59.5	27	16	13.5	225	40	2.3
XGH-5	24.2 ~ 28	70	32	16	16.0	260	60	4.4

三、连接金具

在牵引变电所中，连接金具用来连接耐张绝缘子串（或悬垂绝缘子串）一端与耐张线夹或悬垂线夹等的轴销件，并将另一端联挂于架构（包括横梁墙壁）的固定件上。常用的连接金具有碗头挂板、球头挂环和 U 形挂环等。

1. 碗头挂板

W 型单联碗头挂板的碗头一端用于与球头形连接件相连，另一端可用于连接耐张线夹或悬垂线夹。WS 型双联碗头挂板一端与金具的球头相连，另一端与耳环型连接件相连。

碗头挂板外形见图 7-14，图片中既有单联碗头挂板，又有双联碗头挂板。单联碗头挂板的技术参数如表 7-14。

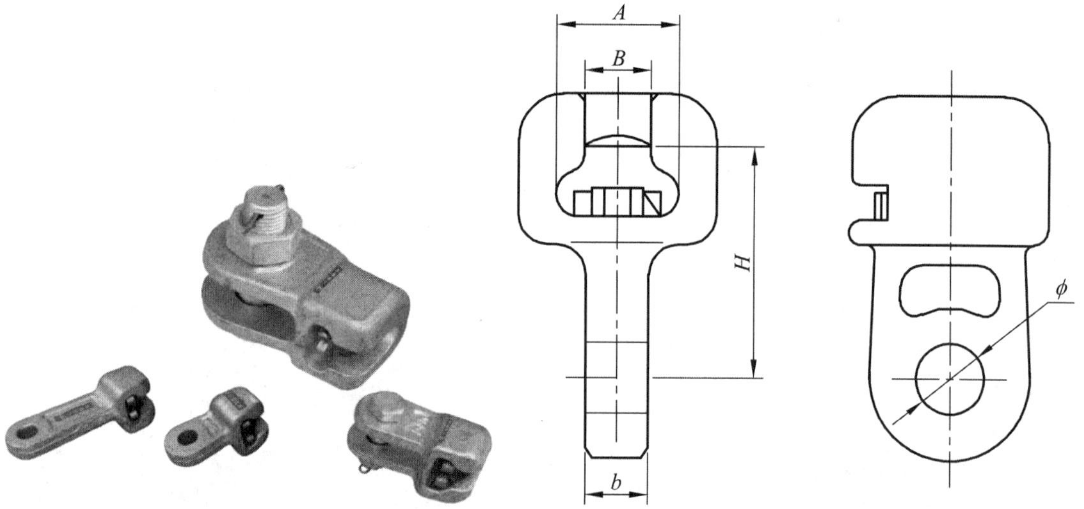

图 7-14　碗头挂板外形

表 7-14　单联碗头挂板技术参数

通用设计型号	型　号	主要尺寸/mm					连接标记	标称破坏载荷/kN	参考质量/kg
		ϕ	b	H	A	B			
W-0770	W-7A	20	16	70	34.5	19.2	16	70	0.80
W-07115	W-7B	20	16	115	34.5	19.2	16	70	0.92
	W_1-10	20	18	85	34.5	19.2	16	100	0.90
W-1085		20	16	85	34.5	19.2	16	100	1.10
W-1290		24	16	90	34.5	19.2	16	120	1.30
	W_1-12	24	20	90	34.5	19.2	16	120	1.30
	W-12 大	24	20	90	42.5	23.0	20	120	1.40
	W-12 小	24	18	85	34.5	1.2	16	120	1.30
W-1695		26	18	95	42.5	23.0	20	160	1.90
	W-30	39	32	110	51.0	27.5	24	300	3.50
W-32110		33	28	110	51.0	27.5	24	320	4.20

2. 球头挂环

QP 型球头挂环的球头一端用于与球形悬式绝缘子的球窝相连，另一端用于与 U 形挂环等的销轴连接件相连。

图 7-15　球头挂环外形

表 7-15　球头挂环技术参数

通用设计型号	型　号	主要尺寸/mm					连接标记	标称破坏载荷/kN	参考质量/kg
		ϕ	b	H	D	D_1			
	Q-7	22	16	50	33.3	17	16	70	0.3
QP-0750	QP-7	20	16	50	33.3	17	16	70	0.3
QP-1050	QP-10	20	16	50	33.3	17	16	100	0.3
QP-1260	QP-12	24	16	60	33.3	17	16	120	0.5
	QP-12G	24	17	60	33.3	17	16	120	0.4
	QP-16	26	20	60	41.0	21	20	160	0.5
QP-1660	QP-16G	26	18	60	41.0	21	20	160	0.5
	QP-20	30	24	80	49.0	25	24	200	1.0
	QP-21D	30	24	70	41.0	21	20	210	0.9
	QP-30	39	28	80	49.0	25	24	300	1.1
QP-2180	QP-2120G	26	20	80	41.0	21	20	210	0.7
QP-3280	QP-3224G	33	28	80	49.0	25	24	320	1.2
	QP-4228G	39	32	100	57.0	29	28	420	1.5

3. U 形挂环

U 形挂环的销轴端连接球头挂环等的耳环端，另一端可直接或通过另一 U 形挂环与构架的铁配件联挂。

U 形挂环外形见图 7-16，技术参数如表 7-16。

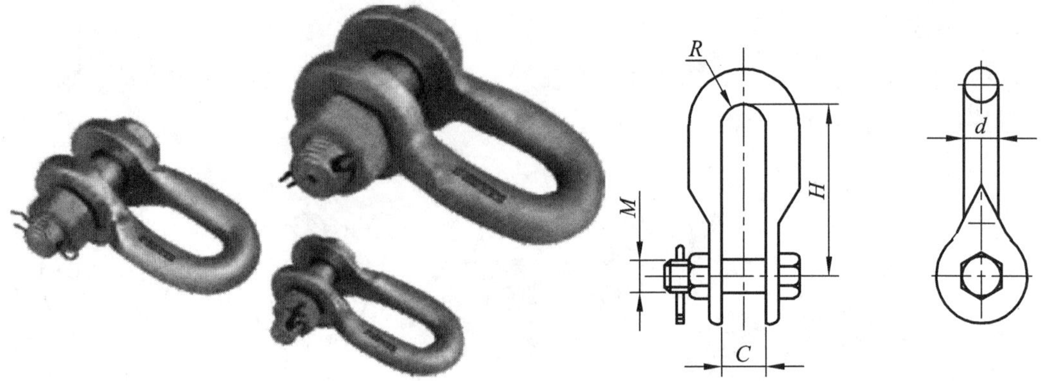

图 7-16　U 形挂环外形

表 7-16　U 形挂环技术参数

通用设计型号	型　号	主要尺寸/mm					标称破坏载荷/kN	参考质量/kg
		C	*M*	*d*	*H*	*R*		
U-0770	U-7	20	16	16	70	10	70	0.44
U-1085	U-10	20	18	16	85	10	100	0.54
U-1290	U-12	22	22	18	90	11	120	0.96
U-1695	U-16	24	24	20	95	12	160	1.47
U-21100	U-21	24	24	20	100	12	210	2.20
U-25110	U-25	28	27	24	110	14	250	2.79
U-32115	U-30	32	30	28	115	16	320	3.75
U-42140	U-40	36	36	32	140	18	420	3.00
U-50150	U-50	36	36	32	150	18	500	6.99
UK-0770		24	16	16	70	12	70	0.5
UK-1085		26	18	16	85	13	100	0.6
UK-1290		26	22	18	90	13	120	1.1
UK-1695		28	24	20	95	14	160	1.5
UK-21100		30	24	20	100	15	210	1.8
UK-32130		36	30	28	130	18	320	3.4
UK-0770T		28	16	16	70	12	70	0.5
UK-1290T		28	22	18	90	13	120	1.1

四、接续金具

接续金具供导线、跳线的接续等用。牵引变电所中常使用的接续金具主要有以下几类。

1. 设备线夹

设备线夹用于软母线与设备上接线端子的连接。

因常用电气设备的出线端子有铜质和铝质两类，而母线引出线分为铝绞线或钢芯铝绞线，故设备线夹从材质上分为铝设备线夹和铜铝过渡设备线夹两个系列。按照安装方法和结构形式的不同，设备线夹分为螺栓型、压缩型两种类型。每种形式的线夹又按引线与安装电气设备端子所成角的不同分为 0°、30°、90° 三种，在型号中用最末位的用 A、B、C 区分。用于设备单个接线端子引出两根导线的，使用双导线设备线夹。

牵引变电所常用的设备线夹主要有以下几种。

（1）螺栓型铝设备线夹，其外形见图 7-17，技术参数如表 7-17。

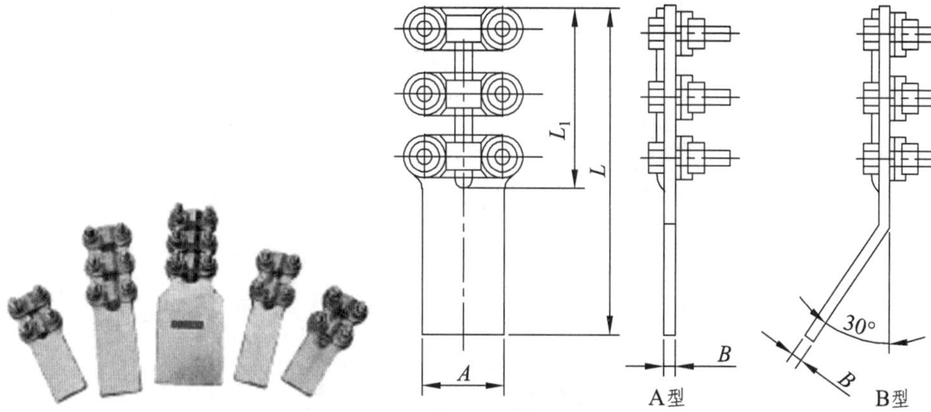

图 7-17　螺栓型铝设备线夹外形

表 7-17　螺栓型铝设备线夹技术参数

型号	适应导线截面/mm²	螺栓个数	主要尺寸/mm			
			A	B	L_1	L
SL-1A/1B	35～50	4	40	6	65	145
SL-2A/2B	70～95	4	40	6	80	175
SL-3A/3B	120～150	6	50	7	125	225
SL-4A/4B	185～240	6	50	7	125	225

（2）螺栓型铜铝过渡设备线夹，其外形见图 7-18，技术参数如表 7-18。

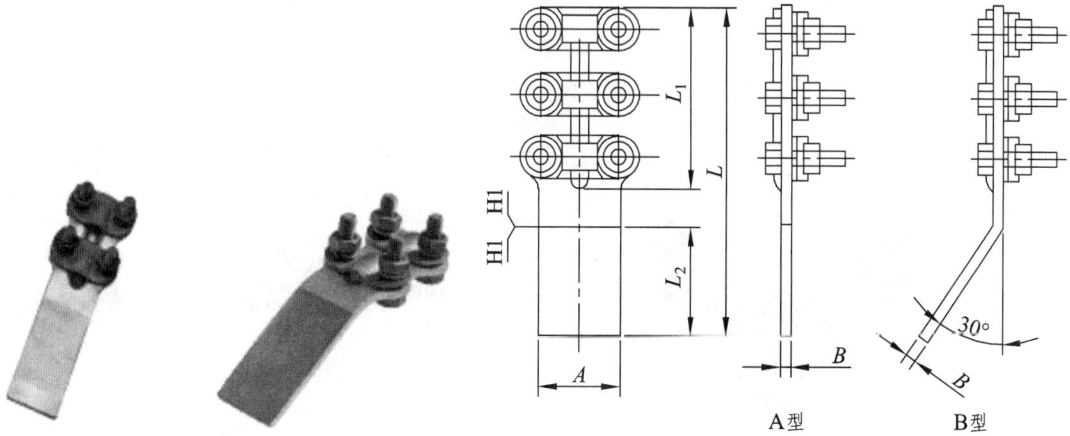

表 7-18　螺栓型铜铝过渡设备线夹外形

表 7-18 螺栓型铜铝过渡设备线夹技术参数

型号	适应导线截面积/mm^2	螺栓个数	主要尺寸/mm				
			A	B	L_1	L_2	L
SLG-1A/1B	35 ~ 50	4	40	5	65	65	145
SLG-2A/2B	70 ~ 95	4	40	5	80	80	175
SLG-3A/3B	120 ~ 150	6	50	6.3	125	85	225
SLG-4A/4B	185 ~ 240	6	50	6.3	125	85	225

（3）螺栓型双导线 A 型设备线夹，其外形见图 7-19，技术参数如表 7-19。

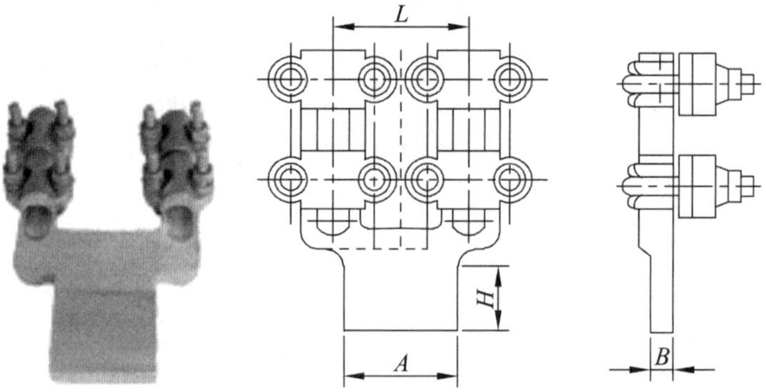

图 7-19 螺栓型双导线 A 型设备线夹外形

表 7-19 螺栓型双导线 A 型设备线夹技术参数

型号	适应导线	主要尺寸/mm				参考质量/kg
		A	B	H	L	
SLS-4A-120	LGJ-185 ~ 240	80	16	85	120	4.5
SLS-5A-120	LGJ-300 ~ 400	100	16	105	120	5.0
SLS-6A-120	LGJ-500 ~ 630	125	20	130	120	5.8
SLS-4A-200	LGJ-185 ~ 240	80	16	85	200	4.7
SLS-5A-200	LGJ-300 ~ 400	100	16	105	200	5.2
SLS-6A-200	LGJ-500 ~ 630	125	20	130	200	6.0
SLS-7A-200	LGJ-800	125	22	130	200	7.4

（4）螺栓型双导线 B 型设备线夹，其外形见图 7-20，技术参数如表 7-20。

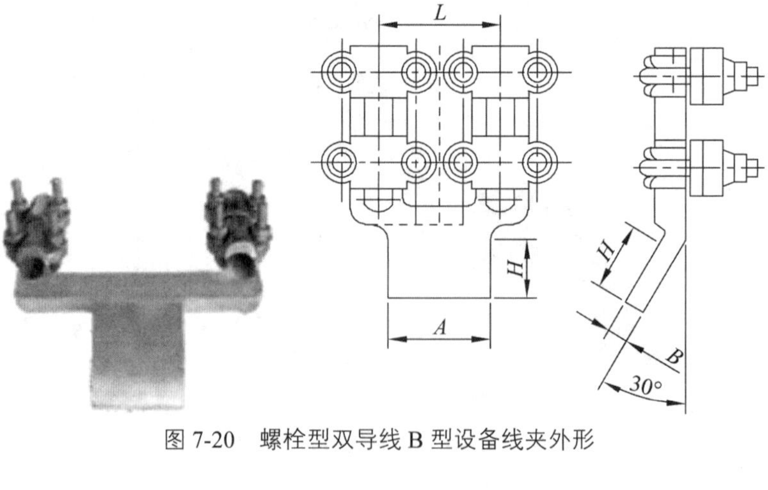

图 7-20 螺栓型双导线 B 型设备线夹外形

表 7-20　螺栓型双导线 B 型设备线夹技术参数

型　号	适应导线	主要尺寸/mm				参考质量/kg
		A	*B*	*H*	*L*	
SLS-4B-120	LGJ-185 ~ 240	80	16	85	120	4.5
SLS-5B-120	LGJ-300 ~ 400	100	16	105	120	5.0
SLS-6B-120	LGJ-500 ~ 630	125	20	130	120	5.8
SLS-4B-200	LGJ-185 ~ 240	80	16	85	200	4.7
SLS-5B-200	LGJ-300 ~ 400	100	16	105	200	5.2
SLS-6B-200	LGJ-500 ~ 630	125	20	130	200	6.0
SLS-7B-200	LGJ-800	125	22	130	200	7.4

（5）螺栓型铜铝过渡双导线 A 型设备线夹，外形见图 7-21，技术参数如表 7-21。

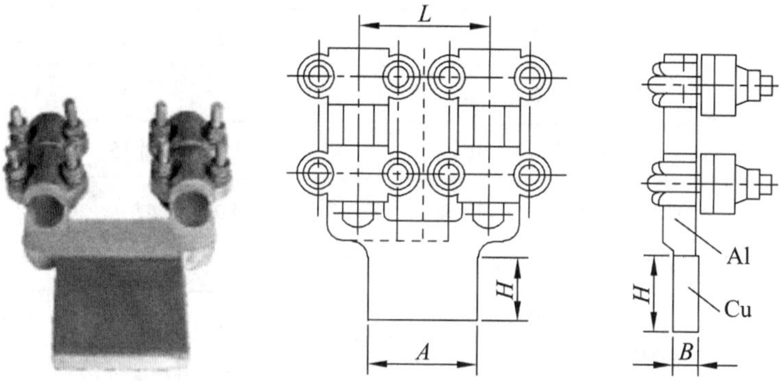

表 7-21　螺栓型铜铝过渡双导线 A 型设备线夹外形

表 7-21　螺栓型铜铝过渡双导线 A 型设备线夹技术参数

型　号	适应导线	主要尺寸/mm				参考质量/kg
		A	*B*	*H*	*L*	
SLSG-4A-120	LGJ-185 ~ 240	80	16	80	120	4.7
SLSG-5A-120	LGJ-300 ~ 400	100	16	100	120	5.7
SLSG-6A-120	LGJ-500 ~ 630	125	20	125	120	6.5
SLSG-4A-200	LGJ-185 ~ 240	80	16	80	200	4.9
SLSG-5A-200	LGJ-300 ~ 400	100	16	100	200	5.4
SLSG-6A-200	LGJ-500 ~ 630	125	20	125	200	6.8
SLSG-7A-200	LGJ-800	125	22	125	200	7.7

（6）螺栓型铜铝过渡双导线 B 型设备线夹，其外形见图 7-22，技术参数如表 7-22。

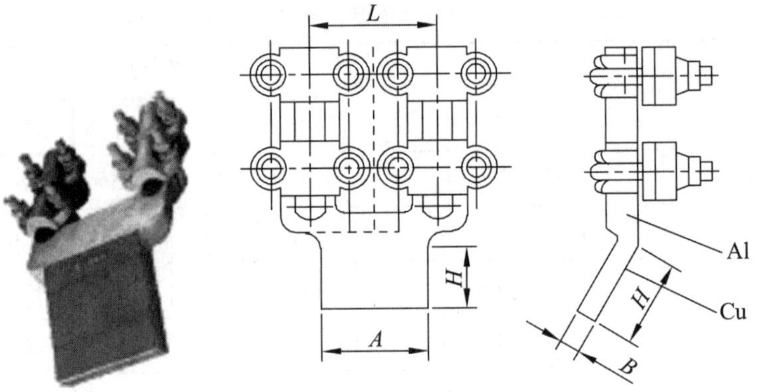

表 7-22 螺栓型铜铝过渡双导线 B 型设备线夹外形

表 7-22 螺栓型铜铝过渡双导线 B 型设备线夹技术参数

型 号	适应导线	主要尺寸/mm				参考质量/kg
		A	B	H	L	
SLSG-4B-120	LGJ-185～240	80	16	80	120	4.7
SLSG-5B-120	LGJ-300～400	100	16	100	120	5.7
SLSG-6B-120	LGJ-500～630	125	20	125	120	6.5
SLSG-4B-200	LGJ-185～240	80	16	80	200	4.9
SLSG-5B-200	LGJ-300～400	100	16	100	200	5.4
SLSG-6B-200	LGJ-500～630	125	20	125	200	6.8
SLSG-7B-200	LGJ-800	125	22	125	200	7.7

（7）压缩型 A 型铝设备线夹，其外形见图 7-23，技术参数如表 7-23。

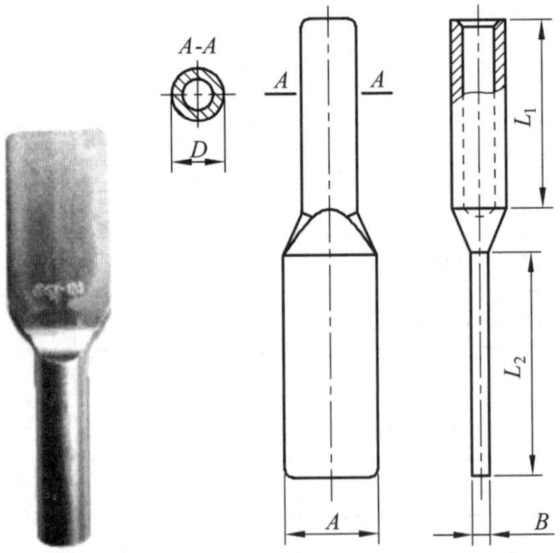

图 7-23 压缩型 A 型铝设备线夹外形

表 7-23　压缩型 A 型铝设备线夹技术参数

型　号	适应导线范围		主要尺寸/mm					参考质量/kg
	型　号	外径/mm	*A*	*B*	*D*	L_1	L_2	
SY-35/6A	LGJ-35/6	8.16	30	8	16	60	60	0.1
SY-50/8A	LGJ-50/8	9.60	30	8	18	60	60	0.1
SY-70/10A	LGJ-70/10	11.40	40	8	22	70	60	0.1
SY-95/15A	LGJ-95/15	13.61	40	8	26	80	60	0.2
SY-120/7A	LGJ-120/7	14.50	50	10	26	80	80	0.3
SY-120/20A	LGJ-120/20	15.07						
SY-150/8A	LGJ-150/8	16.00	50	10	30	90	80	0.3
SY-150/20A	LGJ-150/20	16.67						
SY-185/10A	LGJ-150/10	18.00	50	12	32	90	80	0.3
SY-185/25～30A	LGJ-185/25	18.90						
	LGJ-185/30	18.88						
SY-210/10A	LGJ-210/10	19.00	50	12	34	100	80	0.4
SY-210/25A	LGJ-210/25	19.98						
SY-240/30～40A	LGJ-240/30	21.60	50	12	36	100	80	0.5
	LGJ-240/40	21.66						
SY-300/15A	LGJ-300/15	23.01	63	16	40	110	100	0.6
SY-300/20A	LGJ-300/20	23.43						
SY-300/25～40A	LGJ-300/25	23.76						
	LGJ-300/40	23.94						
SY-400/20～35A	LGJ-400/20	26.91	63	16	45	120	100	0.7
	LGJ-400/25	26.64						
	LGJ-400/35	26.82						
SY-400/50～65A	LGJ-400/50	27.63						
	LGJ-400/65	28.00						
SY-400/35～45A	LGJ-500/35	30.00	80	16	52	130	100	1.0
	LGJ-500/45	30.00						
SY-500/65A	LGJ-500/65	30.96						
SY-630/45A	LGJ-630/45	33.60	100	20	60	150	100	1.2
SY-630/55A	LGJ-630/55	34.32						
SY-800/55A	LGJ-800/55	38.40	125	22	65	170	125	2.1
SY-800/70～100A	LGJ-800/70	38.58						
	LGJ-800/100	38.98						

（8）压缩型 B 型铝设备线夹，其外形见图 7-24，技术参数如表 7-24。

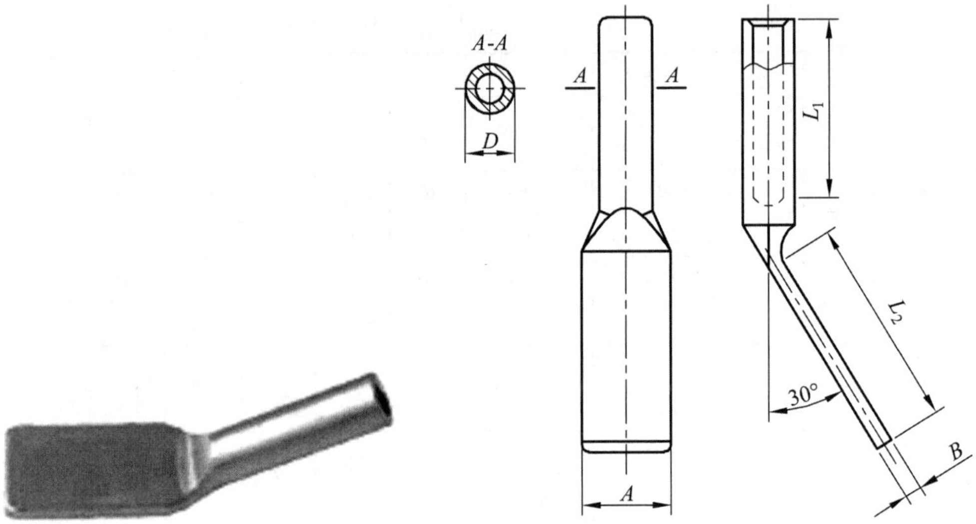

表 7-24　压缩型 B 型铝设备线夹外形

表 7-24　压缩型 B 型铝设备线夹技术参数

型　号	适应导线范围		主要尺寸/mm					参考质量/kg
	型　号	外径/mm	A	B	D	L_1	L_2	
SY-35/6B	LGJ-35/6	8.16	30	8	16	60	60	0.1
SY-50/8B	LGJ-50/8	9.60	30	8	18	60	60	0.1
SY-70/10B	LGJ-70/10	11.40	40	8	22	70	60	0.1
SY-95/15B	LGJ-95/15	13.61	40	8	26	80	60	0.2
SY-120/7B	LGJ-120/7	14.50	50	10	26	80	80	0.3
SY-120/20B	LGJ-120/20	15.07						
SY-150/8B	LGJ-150/8	16.00	50	10	30	90	80	0.3
SY-150/20B	LGJ-150/20	16.67						
SY-185/10B	LGJ-150/10	18.00	50	12	32	90	80	0.3
SY-185/25 ~ 30B	LGJ-185/25	18.90						
	LGJ-185/30	18.88						
SY-210/10B	LGJ-210/10	19.00	50	12	34	100	80	0.4
SY-210/25B	LGJ-210/25	19.98						
SY-240/30 ~ 40B	LGJ-240/30	21.60	50	12	36	100	80	0.5
	LGJ-240/40	21.66						
SY-300/15B	LGJ-300/15	23.01	63	16	40	110	100	0.6
SY-300/20B	LGJ-300/20	23.43						

续表

型　号	适应导线范围		主要尺寸/mm					参考质量/kg
	型　号	外径/mm	A	B	D	L_1	L_2	
SY-300/25～40B	LGJ-300/25	23.76						
	LGJ-300/40	23.94						
SY-400/20～35B	LGJ-400/20	26.91	63	16	45	120	100	0.7
	LGJ-400/25	26.64						
	LGJ-400/35	26.82						
SY-400/50～65B	LGJ-400/50	27.63						
	LGJ-400/65	28.00						
SY-400/35～45B	LGJ-500/35	30.00	80	16	52	130	100	1.0
	LGJ-500/45	30.00						
SY-500/65B	LGJ-500/65	30.96						
SY-630/45B	LGJ-630/45	33.60	100	20	60	150	100	1.2
SY-630/55B	LGJ-630/55	34.32						
SY-800/55B	LGJ-800/55	38.40	125	22	65	170	125	2.1
SY-800/70～100B	LGJ-800/70	38.58						
	LGJ-800/100	38.98						

（9）压缩型 C 型铝设备线夹，其外形见图 7-25，技术参数如表 7-25。

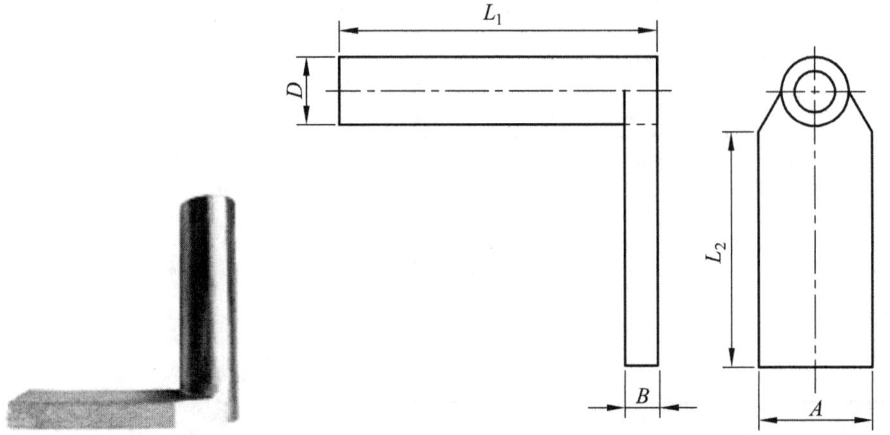

表 7-25　压缩型 C 型铝设备线夹外形

表 7-25　压缩型 C 型铝设备线夹技术参数

型　号	适应导线范围		主要尺寸/mm					参考质量/kg
	型　号	外径/mm	A	B	D	L_1	L_2	
SY-120/7C	LGJ-120/7	14.50	50	10	26	115	80	0.3
SY-120/20C	LGJ-120/20	15.07						
SY-150/8C	LGJ-150/8	16.00	50	10	30	125	80	0.4
SY-150/20C	LGJ-150/20	16.67						
SY-185/10C	LGJ-185/10	18.00	50	12	32	125	80	0.5
SY-185/25～30C	LGJ-185/25	18.90						
	LGJ-185/30	18.88						
SY-210/10C	LGJ-210/10	19.00	50	12	34	135	80	0.6
SY-210/25C	LGJ-210/25	19.98						
SY-240/30～40C	LGJ-240/30	21.60	50	12	36	135	80	0.7
	LGJ-240/40	21.66						
SY-300/15C	LGJ-300/15	23.01	63	16	40	145	100	0.7
SY-300/20C	LGJ-300/20	23.43						
SY-300/25～40C	LGJ-300/25	23.76						
	LGJ-300/40	23.94						
SY-400/20～35C	LGJ-400/20	26.91	63	16	45	155	100	0.8
	LGJ-400/25	26.64						
	LGJ-400/35	26.82						
SY-500/35～45C	LGJ-500/35	30.00	80	16	52	165	100	1.0
	LGJ-500/45	30.00						
SY-630/45C	LGJ-630/45	33.60	100	20	60	185	100	1.7
SY-630/55C	LGJ-630/55	34.32						
SY-800/55C	LGJ-800/55	38.40	125	22	65	210	125	2.5
SY-800/70～100C	LGJ-800/70	38.58						
	LGJ-800/100	38.98						

（10）压缩型 A 型铜铝过渡设备线夹，其外形见图 7-26，技术参数如表 7-26。

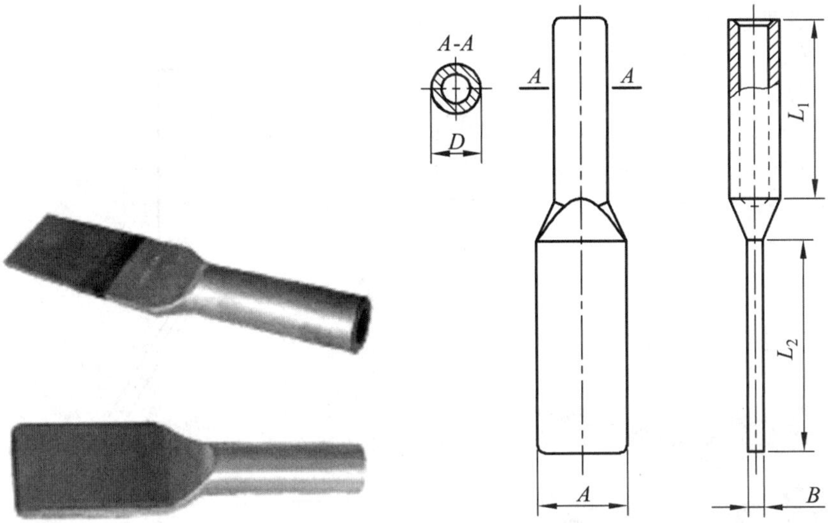

图 7-26　压缩型 A 型铜铝过渡设备线夹外形

表 7-26　压缩型 A 型铜铝过渡设备线夹技术参数

型　号	适应导线	主要尺寸/mm				
		A	B	D	L_1	L_2
SYG-120A	LGJ-120	50	5.0	26	80	80
SYG-150A	LGJ-150	50	5.0	30	90	80
SYG-185A	LGJ-185	50	6.3	32	90	80
SYG-240/30A	LGJ-240/30	50	6.3	36	100	80
SYG-300/15A	LGJ-300/15	63	8.0	40	110	100
SYG-300/20A	LGJ-300/20	63	8.0	40	110	100
SYG-300/25A	LGJ-300/25	63	8.0	40	110	100
SYG-300/40A	LGJ-300/40	63	8.0	40	110	100
SYG-400/20A	LGJ-400/20	63	8.0	45	120	100
SYG-400/25A	LGJ-400/25	63	8.0	45	120	100
SYG-400/35A	LGJ-400/35	63	8.0	45	120	100
SYG-400/50A	LGJ-400/50	63	8.0	45	120	100
SYG-500/35A	LGJ-500/35	80	8.0	52	130	100
SYG-500/45A	LGJ-500/45	80	8.0	52	130	100
SYG-500/65A	LGJ-500/65	80	8.0	52	130	100
SYG-630/45A	LGJ-630/45	100	10.0	60	150	100
SYG-630/55A	LGJ-630/55	100	10.0	60	150	100
SYG-630/80A	LGJ-630/80	100	10.0	60	150	100
SYG-800/55A	LGJ-800/55	125	12.5	65	170	125
SYG-800/70A	LGJ-800/70	125	12.5	65	170	125
SYG-800/100A	LGJ-800/100	125	12.5	65	170	125

（10）压缩型 B 型铜铝过渡设备线夹，其外形见图 7-27，技术参数如表 7-27。

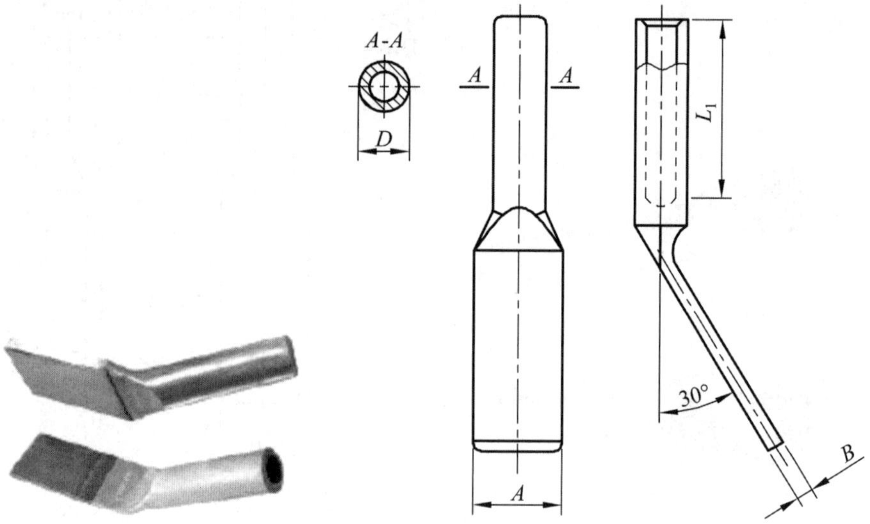

图 7-27　压缩型 B 型铜铝过渡设备线夹外形

表 7-27　压缩型 B 型铜铝过渡设备线夹技术参数

型　号	适应导线	主要尺寸/mm				
		A	B	D	L_1	L_2
SYG-120B	LGJ-120	50	5.0	26	80	80
SYG-150B	LGJ-150	50	5.0	30	90	80
SYG-185B	LGJ-185	50	6.3	32	90	80
SYG-240/30B	LGJ-240/30	50	6.3	36	100	80
SYG-300/15B	LGJ-300/15	63	8.0	40	110	100
SYG-300/20B	LGJ-300/20	63	8.0	40	110	100
SYG-300/25B	LGJ-300/25	63	8.0	40	110	100
SYG-300/40B	LGJ-300/40	63	8.0	40	110	100
SYG-400/20B	LGJ-400/20	63	8.0	45	120	100
SYG-400/25B	LGJ-400/25	63	8.0	45	120	100
SYG-400/35B	LGJ-400/35	63	8.0	45	120	100
SYG-400/50B	LGJ-400/50	63	8.0	45	120	100
SYG-500/35B	LGJ-500/35	80	8.0	52	130	100
SYG-500/45B	LGJ-500/45	80	8.0	52	130	100
SYG-500/65B	LGJ-500/65	80	8.0	52	130	100
SYG-630/45B	LGJ-630/45	100	10.0	60	150	100
SYG-630/55B	LGJ-630/55	100	10.0	60	150	100
SYG-630/80B	LGJ-630/80	100	10.0	60	150	100
SYG-800/55B	LGJ-800/55	125	12.5	65	170	125
SYG-800/70B	LGJ-800/70	125	12.5	65	170	125
SYG-800/100B	LGJ-800/100	125	12.5	65	170	125

2. T 形线夹

T 形线夹主要用于分支连接，常用于软母线的引下线与其软母线的连接。

螺栓型 T 形线夹外形见图 7-28，技术参数如表 7-28。

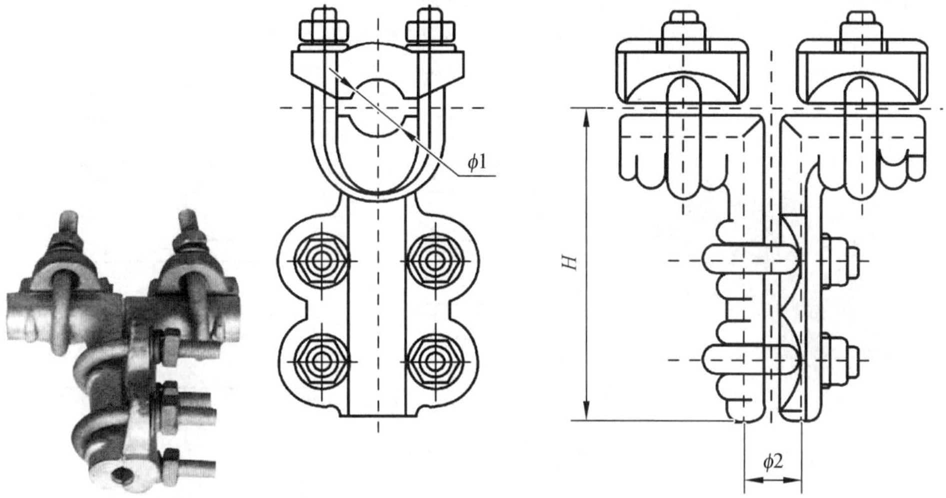

图 7-28　螺栓型 T 形线夹外形

表 7-28　螺栓型 T 形线夹技术参数

型　号	线径/mm		主要尺寸/mm				参考质量/kg
	母　线	引下线	Φ_1	Φ_2	H	L	
TL-11	7.5 ~ 9.6	7.5 ~ 9.6	10	10		118	0.71
TL-21	10.8 ~ 14.0	7.5 ~ 9.6	14	10		118	0.78
TL-22	10.8 ~ 14.0	10.8 ~ 14.0	14	14		120	0.79
TL-31	14.5 ~ 17.5	7.5 ~ 9.6	18	10		118	1.07
TL-32	14.5 ~ 17.5	10.8 ~ 14.0	18	14		120	1.06
TL-33	14.5 ~ 17.5	14.5 ~ 17.5	18	18		120	1.05
TL-41	18.1 ~ 22.0	7.5 ~ 9.6	23	10		118	1.13
TL-42	18.1 ~ 22.0	10.8 ~ 14.0	23	14		120	1.13
TL-43	18.1 ~ 22.0	14.5 ~ 17.5	23	18		120	1.12
TL-44	18.1 ~ 22.0	18.1 ~ 22.0	23	22		120	1.17
TL-51	22.4 ~ 25.2	7.5 ~ 9.6	26	10	118	120	2.60
TL-52	22.4 ~ 25.2	10.8 ~ 14.0	28	14	118	120	2.50
TL-53	22.4 ~ 25.2	14.5 ~ 17.5	28	18	118	120	2.50
TL-54	22.4 ~ 25.2	18.1 ~ 22.0	28	22	118	120	2.50
TL-55	22.4 ~ 25.2	22.4 ~ 25.2	28	28	118	120	2.50
TL-500/500	30.0 ~ 30.9	30.2	31	31	199	146	3.60
TL-630/630	33.6 ~ 34.8	32.5	34.5	34.5	199	146	3.60

3. 并沟线夹

并沟线夹主要用于将两根软母线进行电气连通。使用并沟线夹连接处一般不允许承受线索的张力。

并沟接线夹外形见图 7-29，技术参数如表 7-29。

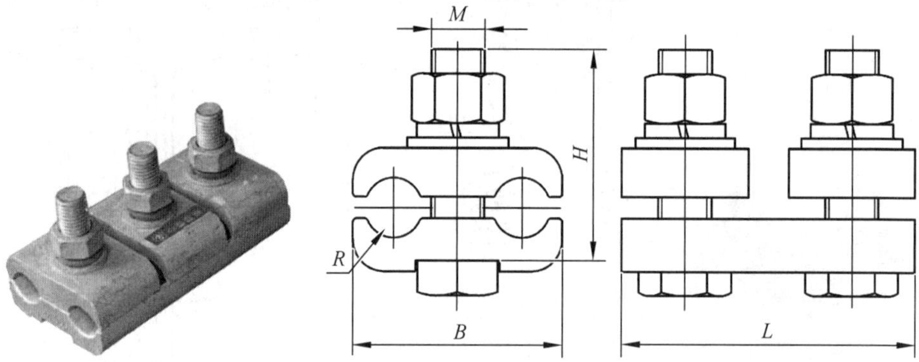

图 7-29 并沟线夹外形

表 7-29 并沟线夹技术参数

型号	适应导线截面积/mm²	主要尺寸/mm					螺栓数量
		L	*B*	*H*	*R*	*M*	
JB-0	16～25	70	37	40	3.5	10	2
JB-1	35～50	78	44	45	5.0	12	2
JB-2	70～95	112	52	55	7.0	12	3
JB-3	120～150	138	62	60	8.5	16	3
JB-4	185～240	142	71	65	11.0	16	3
JB-5	300～400	215	100	80	15.5	20	4
JB-6	500～630	230	110	90	18.5	20	4

五、牵引变电所常用固定金具

变电所母线分为软母线、硬母线、槽形母线、管形母线等，在牵引变电所内一般只使用前两种，所以牵引变电所的母线固定金具就只讲述以下几种。

1. 硬母线固定金具

硬母线固定金具用于在支柱绝缘子顶端固定硬母线，按照硬母线在支持绝缘子顶面的放置方式分为平放和立放两种，大部分在室内使用。

平放式硬母线固定金具外形见图 7-30，技术参数如表 7-30。

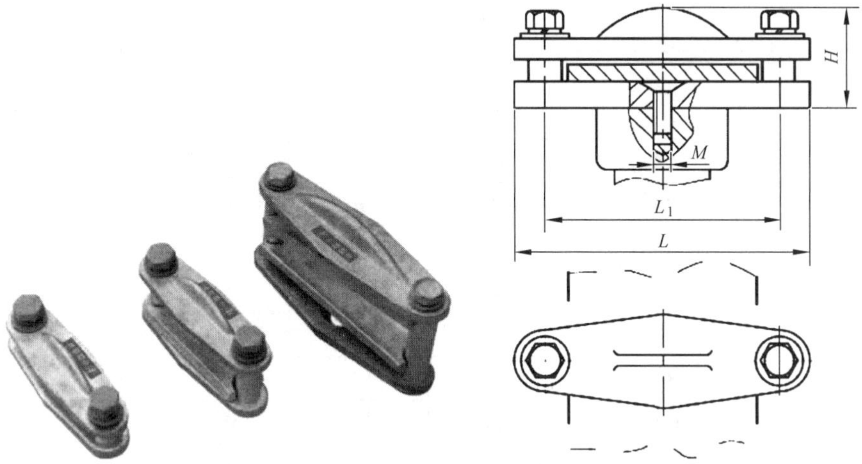

图 7-30　平放式硬母线固定金具外形

表 7-30　平放式硬母线固定金具技术参数

型　号	母线宽度/mm	主要尺寸/mm				参考质量/kg
		H	L	L_1	M	
MNP-100	40	35	90	60	10	0.3
MNP-101	63	38	113	83	10	0.4
MNP-102	80	42	130	100	10	0.5
MNP-103	100	46	150	120	10	0.6
MNP-104	125	48	175	145	10	0.6
MNP-105	63	38	113	83	16	0.4
MNP-106	80	42	130	100	16	0.5
MNP-107	100	46	150	120	16	0.6
MNP-108	125	48	175	145	16	0.6
注：M——母线，N——户内，P——平放，第一位数字为母线片数，第二、三位数字为矩形间隔垫的数字顺序号						

立放式硬母线固定金具外形见图 7-31，技术参数如表 7-31。

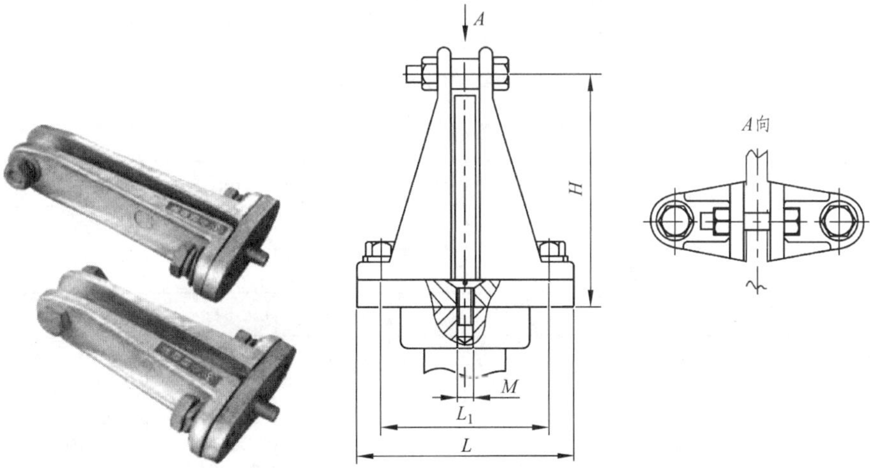

图 7-31　立放式硬母线固定金具外形

表 7-31　立放式硬母线固定金具技术参数

型　号	母线宽度/mm	主要尺寸/mm				参考质量/kg
		H	L	L_1	M	
MNL-101	63	82	90	60	10	0.9
MNL-102	80	100	90	60	10	1.0
MNL-103	100	120	90	60	10	1.1
MNL-104	125	145	90	60	10	1.2
MNL-105	63	82	90	60	16	0.9
MNL-106	80	100	90	60	16	1.0
MNL-107	100	120	90	60	16	1.1
MNL-108	125	145	90	60	16	1.2
注：M——母线，N——户内（W——户内），L——平放，第一位数字为母线片数，第二、三位数字为矩形间隔垫的数字顺序号						

2. 软母线固定金具

软母线固定金具用于在支柱绝缘子顶端固定软母线，按照软母线的数量一般分为单母线固定金具和双母线固定金具。在双根母线安装时，两根导线之间安装间隔线夹。

单母线固定金具外形见图 7-32，技术参数如表 7-32。

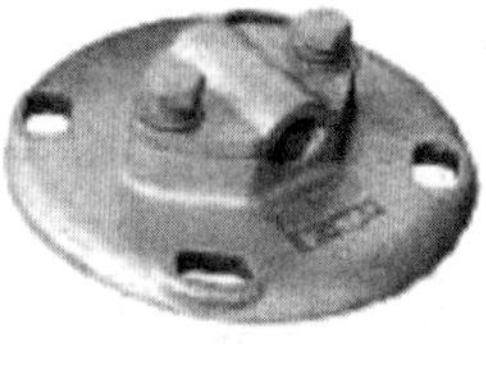

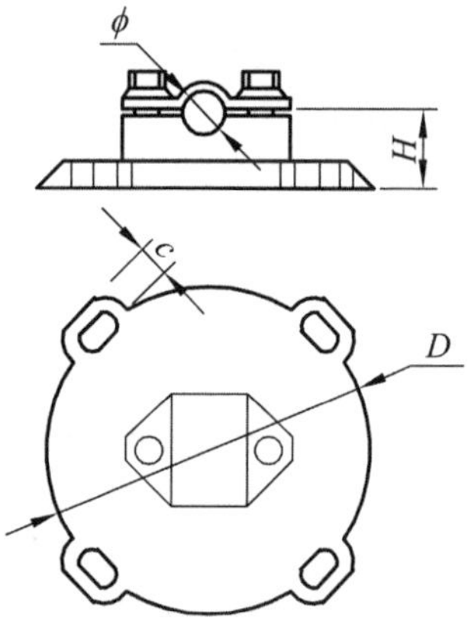

表 7-32　单母线固定金具外形

表 7-32　单母线固定金具技术参数

型　号	导线截面/mm²	主要尺寸/mm				参考质量/kg
		Φ	H	C	D	
MDG-2	70 ~ 95	14	25	14	140	0.98
MDG-3	120 ~ 150	17	30	14	140	0.97
MDG-4	185 ~ 240	22	30	14	140	0.96
MDG-5	300 ~ 400	28	33	14	140	0.94
MDG-6	500 ~ 630	34	36	14	140	0.92
MDG-2-225	70 ~ 95	14	25	18	225	1.50

续表

型　号	导线截面/mm²	主要尺寸/mm				参考质量/kg
		Φ	H	C	D	
MDG-3-225	120 ~ 150	17	30	18	225	1.48
MDG-4-225	185 ~ 240	22	30	18	225	1.45
MDG-5-225	300 ~ 400	28	33	18	225	1.43
MDG-6-225	500 ~ 630	34	36	18	225	1.41
MDG-2-250	70 ~ 95	14	25	18	250	1.90
MDG-3-250	120 ~ 150	17	30	18	250	1.88
MDG-4-250	185 ~ 240	22	30	18	250	1.85
MDG-5-250	300 ~ 400	28	33	18	250	1.83
MDG-6-250	500 ~ 630	34	36	18	250	1.81

双母线固定金具外形见图 7-33，技术参数如表 7-33。

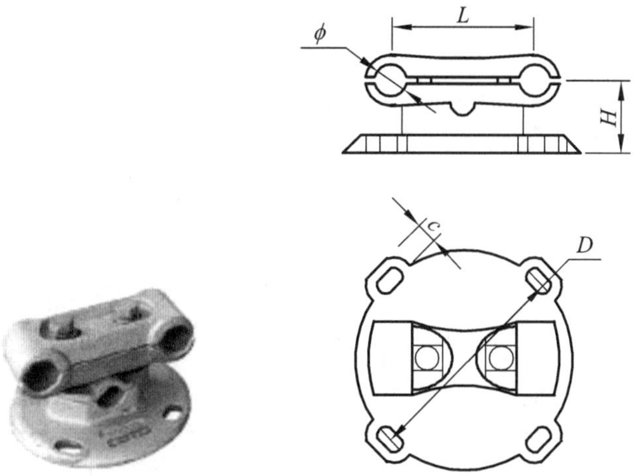

图 7-33　双母线固定金具外形

表 7-33　双母线固定金具技术参数

型　号	导线截面/mm²	主要尺寸/mm					参考质量/kg
		Φ	H	D	L	C	
MSG-4/120	185 ~ 240	22	44	140	120	14	1.64
MSG-5/120	300 ~ 400	28	47	140	120	14	1.84
MSG-6/120	500 ~ 630	34	53	140	120	14	1.91
MSG-4/200	185 ~ 240	22	44	140	200	14	1.55
MSG-5/200	300 ~ 400	28	47	140	200	14	1.68
MSG-6/200	500 ~ 630	34	53	140	200	14	1.82
MSG-4/400	185 ~ 240	22	44	140	400	14	2.75
MSG-5/400	300 ~ 400	28	47	140	400	14	3.11
MSG-6/400	500 ~ 630	34	53	140	400	14	3.48

续表

型　号	导线截面/mm²	主要尺寸/mm					参考质量/kg
		Φ	H	D	L	C	
MSG-4/120-225	185 ~ 240	22	44	120	120	14	2.14
MSG-5/120-225	300 ~ 400	28	47	120	120	18	2.34
MSG-6/120-225	500 ~ 630	34	53	120	120	18	2.41
MSG-4/200-225	185 ~ 240	22	44	200	200	18	2.05
MSG-5/200-225	300 ~ 400	28	47	200	200	18	2.18
MSG-6/200-225	500 ~ 630	34	53	200	200	18	2.32
MSG-4/400-225	185 ~ 240	22	44	400	400	18	3.25
MSG-5/400-225	300 ~ 400	28	47	400	400	18	3.05
MSG-6/400-225	500 ~ 630	34	53	400	400	18	4.98
MSG-4/120-250	185 ~ 240	22	44	120	120	18	2.74
MSG-5/120-250	300 ~ 400	28	47	120	120	18	2.94
MSG-6/120-250	500 ~ 630	34	53	120	120	18	3.01
MSG-4/200-250	185 ~ 240	22	44	200	200	18	2.65
MSG-5/200-250	300 ~ 400	28	47	200	200	18	2.78
MSG-6/200-250	500 ~ 630	34	53	200	200	18	2.92
MSG-4/400-250	185 ~ 240	22	44	400	400	18	3.85
MSG-5/400-250	300 ~ 400	28	47	400	400	18	4.25
MSG-6/400-250	500 ~ 630	34	53	400	400	18	5.58

3. 间隔线夹

一般要求双母线每 2.5 m 安装 1 个间隔线夹，防止两根导线在电动力和风力作用下相互接近产生间隙放电。

双母线间隔线夹外形见图 7-34，技术参数如表 7-34。

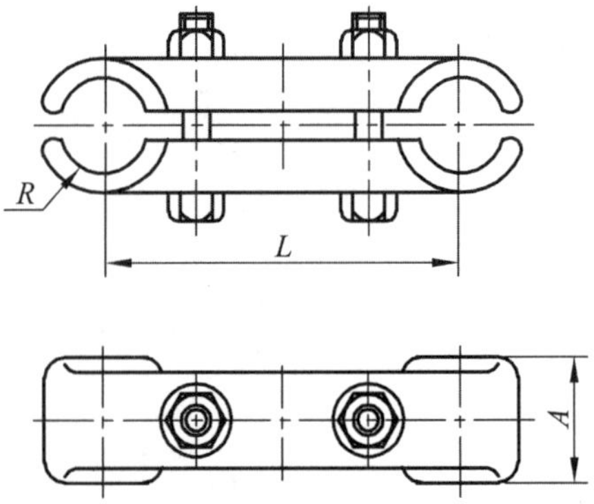

表 7-34　双母线间隔线夹外形

表 7-34 双母线间隔线夹技术参数

型 号	适应导线直径/mm	主要尺寸/mm			参考质量/kg
		A	*L*	*R*	
MRJ-4/120	19.02 ~ 21.28	50	120	11	0.4
MRJ-5/120	23.70 ~ 27.36	60	120	14	0.6
MRJ-6/120	30.16 ~ 33.20	70	120	17	0.7
MRJ-4/200	19.02 ~ 21.28	50	200	11	0.9
MRJ-5/200	23.70 ~ 27.36	60	200	14	1.0
MRJ-6/200	30.16 ~ 33.20	70	200	17	1.2
MRJ-4/400	19.02 ~ 21.28	50	400	11	2.1
MRJ-5/400	23.70 ~ 27.36	60	400	14	2.5
MRJ-6/400	30.16 ~ 33.20	70	400	17	2.8

本章小结

本章介绍了牵引变电所常用材料，主要对材料在现场的使用处所和规格型号及相关技术参数进行了说明，可作为牵引变电所设计和施工的参考，便于初学者对常用材料产生较直观的认识，尽快掌握各种材料选择和使用。

复习思考题

1. 户内-户外穿墙套管在安装时需注意哪些事项？

2. 电缆型号 KVV22-450/750 10×1.5 中各元素的含义是什么？

3. 变电站母线主要有哪些类型？型号为 LMY-8×80 的母线立放时，环境温度 25 °C 允许载流量为多少？

4. 变配电装置金具按照主要性能和用途大致分为哪几类？

5. 牵引变电所主变低压侧一根 JL240 母线通过金具和绝缘子挂在高压室墙壁上的预留安装环上，试选出所需的材料并确定其型号。

第八章课件

第八章　牵引变电所的运行

第一节　牵引变电所运行基本常识

牵引变电所要保证不间断地向动车组（电力机车）输送电能，除安装使用稳定可靠的供电设备外，供电单位还要建立完善的供电设备运行维护管理制度。

随着新技术、新装备不断更新升级，各种在线监测技术、远动控制系统、环境视频监控系统等高科技设备运用于铁路牵引变电所，牵引变电所从有人值班到有人值守、无人值守模式过渡，相应的运行管理规则需要适时更新。

牵引变电所运行管理工作包括运行和检修两个部分。运行工作包括日常值班（值守），设备巡视，技术台账、报表维护填报，设备验收，异常处置，工器具管理，环境安防等工作；检修工作包括电气设备小修、状态修、大修等工作。牵引变电所运行管理人员必须掌握牵引变电所运行基本常识。

一、用电安全

安全电压是指对人体不会引起生命危险的电压，是根据人体电阻确定的。人体电阻一般在 800 Ω ~ 1 MΩ。当流经人体的电流达到 50 mA，持续时间为 1 s 的情况下，人就有生命危险。按照欧姆定律可推知人体安全电压应小于 40 V，我国规定 36 V 以下为安全电压。安全用电的原则是不接触低压带电体，不靠近高压带电体。

低压指对地电压在 250 V 及以下，如 380/220 V 三相四线制居民生活用电线路、直流 220/110 V 电源等。高压指对地电压在 250 V 以上，如 10 kV 电力线路、25 kV 接触网线路、110 kV 输电线路等。

跨步电压是指电气设备或电力系统一相发生接地短路时，电流从接地处四散流出，在地面上形成不同的电位分布，人走近短路点时，两脚之间的电位差。当跨步电压达到 40 V 时，人将有触电危险，特别是人被跨步电压击倒后，人体承受的电压加大，严重时会造成人员死亡。遇有跨步电压危险时，应单足或并双足跳离危险区。

发生高压接地故障时，在切断电源前，任何人与接地点的距离，室内不得小于 4m，室外不得小于 8 m。必须进入上述范围作业时，作业人员要穿绝缘靴，接触设备外壳和构架时要戴绝缘手套。

（一）安全用电常识

牵引变电所的所有电气设备，自第一次受电开始即认定为带电设备。在未确认无电并做好安全措施以前，不能随意接触电气设备外壳或带电部分。

不能盲目认为开关或控制装置显示已断开就确认无电，应通过看到明显的断开点及验电后，才能确认设备已安全停电。不能乱拉损伤电线线缆，二次线缆裸露部分必须绝缘包扎。

尽量避免带电操作，必须带电操作时要有专人监护。作业结束送电前，应将人员、机具全部撤至安全地带后方可送电。在带电设备周围严禁使用金属工具进行测量工作。

（二）供电设备常见异常

1. 短路

短路一般有相间短路和接地短路两种。各相之间接触叫相间短路。相线与接地部分接触叫作接地短路。电气短路会造成回路电流急剧增大，产生电弧，烧损电气设备，同时危及周围设备及人身安全，严重者会缩短上级供电设备寿命，因此要安全供电，减少短路问题的发生。防止短路的措施有：严格执行技术管理规程和施工规范，电气设备带电部分的线路间、对地间距离大于安全规定距离，日常做好设备的检修维护，使用合格电气材料，采用快速动作的继电保护装置和断路器，迅速切除故障回路。

2. 过载

电气线路中允许连续通过而不至于使输电线路过热的电流量，称为线路的安全载流量或安全电流。如线路中流过的电流量超过了安全电流值，就叫线路过载或过负荷。线路长期过负荷运行，回路发热量增大，会加速绝缘层老化，缩短电气设备寿命。防止线路过载的措施有：根据负载情况，选择截面积合适的导线，配置合理的熔丝、空气开关、保护装置等，合理分配调整负荷，能按需切断过载线路，不至于造成线路过载烧损设备。

3. 接触电阻过大

在电气设备的连接处，由于连接不牢或其他原因，使接头接触不良，造成接头处电阻过大，称为接触电阻过大。接触电阻过大会造成接触面处发热。其防止措施有：导线与导线、导线与电气设备的连接必须牢固可靠。铜、铝线相接，宜采用铜铝过渡接头，或在铜线接头处搪锡。要定期检查和检测接头，防止接触电阻增大，对重要的连接接头要加强监视。

（三）电气线路灭火的基本措施

按照燃烧原理，基本灭火方法是将灭火剂直接喷射到燃烧的物体上，或者将灭火剂喷洒在火源附近的物质上，使其不因火焰热辐射作用而形成新的火点。电气线路灭火基本原则是先迅速切断电源再采取措施灭火。

1. 冷却灭火法

将灭火剂直接喷射到燃烧的物体上，以降低燃烧的温度于燃点之下，使燃烧停止。或者将灭火剂喷洒在火源附近的物质上，使其不因火焰热辐射作用而形成新的火点。冷却灭火法是灭火的一种主要方法，常用水和二氧化碳作灭火剂冷却降温灭火。

2. 隔离灭火法

将正在燃烧的物质和周围未燃烧的可燃物质隔离或移开，中断可燃物质的供给，使燃烧缺少可燃物而停止的灭火方法，称为隔离灭火法。

3. 窒息灭火法

阻止空气流入燃烧区或用难燃、不燃物质冲淡空气，使燃烧物得不到足够的氧气而熄灭的灭火方法，称为窒息灭火法。

其具体方法：一是用沙土、水泥、湿麻袋、湿棉被等不燃或难燃物质覆盖燃烧物；二是喷洒雾状水干粉、泡沫等灭火剂覆盖燃烧物，把不燃的气体或液体（如二氧化碳、氮气等）喷洒到燃烧物区域内或燃烧物上；三是密闭起火建筑、设备和孔洞，用阻燃气体（如六氟丙烷等）置换空气中的氧气，使火源因缺氧而窒息。

带电设备着火时，在确认切断电源前不得使用水或泡沫灭火器灭火。

（四）自动灭火装置

1. 装置功能

近年来新建的铁路牵引变电所安装了自动灭火装置。自动灭火系统由火灾报警系统、灭火控制系统和灭火装置三部分组成，有自动、手动、紧急停止三种控制方式。

（1）自动控制方式。将灭火报警联动控制器上的控制方式选择键拨到“自动”位置时，灭火系统即处于自动控制状态。当保护区发生火情时，火灾探测器发出火灾信号，灭火报警联动控制器即发出声、光报警信号，同时发出联动指令，关闭联锁设备，经过延时，发出灭火指令，接通消防电源至灭火装置启动器上的电源，灭火装置喷头上的电子启动器瞬间产生高温引爆感温玻璃球，灭火装置喷头上的压板脱落释放六氟丙烷灭火剂，实施灭火。

（2）手动控制方式。将灭火报警联动器上的控制方式选择键拨到“手动”位置时，灭火系统即处于手动控制状态。当保护区发生火情时，可按下手动控制盒或控制器上启动按钮即可启动灭火系统释放灭火剂，实施灭火。

（3）紧急停止方式。当发出火灾警报，而发现有异常情况，不需启动灭火系统进行灭火时，可按下手动控制盒或控制器上的紧急停止按钮，即可阻止灭火指令的发出。

2. 灭火剂

自动灭火系统采用含氢氟烃的灭火剂，以六氟丙烷（HFC-236fa）和七氟丙烷（HFC-237ea）灭火剂较为普遍。六氟丙烷灭火装置，当火灾报警系统探测到火警后，通过指令启动喷射六氟丙烷灭火药剂，达到灭火效果。六氟丙烷灭火剂是无腐蚀性、不导电、无残留物，并且其臭氧消耗潜能值为零的气体，密度大约是空气密度的 5 倍。六氟丙烷灭火剂在热量很高的环境中分解为氟化氢（HF），有强烈的辛辣味，对人体有危害。

3. 日常管理

自动灭火系统日常检查内容：火灾报警系统设备运行是否正常；灭火控制系统自检、消音、复位、故障报警、巡检、主备电等是否正常；灭火装置是否正常，发现钢瓶的充气压力指示值低于额定值的90%或压力表指针降至红区时，应予重新充装。

二、人体触电急救

（一）触电解救

凡遇有人触电，必须用最快的方法使触电者脱离电源，若救护人离控制电源较近，则应立即切断电源，否则应采用绝缘物强迫触电者脱离电源，不能赤手空拳去拉还未脱离电源的触电者。另外，在触电急救中，还应防止触电者从高处坠落受伤。

（二）紧急救护

在触电者脱离电源后，应立即进行现场紧急救护并及时报告医院，当触电者还未失去知觉时，应将他抬到空气流通、温度适宜的地方休息，不可乱走乱动。当触电者出现心脏停跳、无呼吸等假死现象时，应及时进行人工呼吸或胸外挤压，就是送往医院的救护车上也不可中断。

人工呼吸法适用于有心跳但无呼吸的触电者，其口诀是：病人仰卧平地上，鼻孔朝上颈后仰。首先清理口鼻腔，然后松扣解衣裳。捏鼻吹气要适量，排气应让口鼻畅。吹二秒来停三秒，五秒一次最恰当。

胸外挤压法适用于有呼吸但无心跳的触电者。其口诀是：病人仰卧硬地上，松开领扣解衣裳。当胸放掌不鲁莽，中指应该对凹膛。掌根用力向下按，压下一寸至半寸。压力轻重要适当，过分用力会压伤。慢慢压下突然放，一秒一次最恰当。

当触电者既无呼吸又无心跳时，可同时采用人工呼吸法和胸外挤压法进行急救。其中单人操作时，应先口对口（鼻）吹气两次（约 5 s 内完成），再作胸外挤压 15 次（约 10 s 内完成），以后交替进行。双人操作时，按前述口诀进行。

三、安全用具

牵引变电所运行或检修作业应配备必要的安全用具，主要有：防护类，如安全帽、警示带、警示标牌等；绝缘类，如验电器、接地线杆、打冰杆、放电棒、绝缘靴、绝缘手套等；受力类，如绳子、钢丝套子、滑轮、安全带等。

（一）防护工具

1. 安全帽

安全帽主要用于保护作业人员头部，可以防止头部不受伤害或降低头部伤害的程度。

安全帽的佩戴要符合标准，使用安全帽时必须系好固定绳，一般应注意下列事项：

戴安全帽前应将帽扣调整带按自己头型调整到适合的位置，将帽带系紧。严禁使用帽内无缓冲层的安全帽，调节缓冲衬垫，使头顶和帽体内顶部的空间垂直距离在 25 ~ 50 mm，保证遭受到冲击时，帽体有足够的空间可供缓冲，平时也有利于头和帽体间的通风。不要将安全帽歪戴，或把帽沿戴在脑后方，这样会降低安全帽对于冲击的防护作用。

安全帽要定期检查，检查有无龟裂、下凹、裂痕和磨损等情况，发现异常现象要立即更换，不准再继续使用。任何受过重击的安全帽不论有无损坏现象，均应报废。

由于安全帽大部分是使用高密度低压聚乙烯塑料制成的，具有硬化和蜕变的性质，所以不宜长时间在阳光下曝晒。新领的安全帽，首先检查是否有劳动部门允许生产的证明及产品合格证，再看是否破损、薄厚不均，缓冲层及调整带和弹性带是否齐全有效，不符合规定要求的立即调换。安全帽日常使用过程中应保持整洁，不能接触火源，不要任意涂刷油漆，不要触碰尖锐利器。

2. 防护警示带

在牵引变电所室外进行高压设备停电检修、试验作业应设置防护警示带。

防护警示带应警戒停电作业区域，明显区别作业区域与带电设备。设置时应满足作业组对作业范围的需要，不影响作业组进行正常的检修、试验作业。

设置防护警示带作为作业安全措施，应填入工作票中。作业前由值班人员按工作票要求设置，工作领导人确认。搬动梯子等需要临时移动防护警示带的必须由工作领导人指挥，结束后尽快恢复防护警示带至原位。作业结束，按程序由变电所值班人员撤除。

防护警示带应有效封闭停电作业范围，并预留作业人员出入口，在出入口处悬挂“非工作人员严禁进入”标示牌。作业期间全体作业组员应在警戒区域内进行作业，其他人员不得进入警戒区。

（二）绝缘工具

绝缘工具必须放置在干燥通风的地方，实行定制管理。发现绝缘工具受潮时必须及时进行烘烤。绝缘工具实行专人管理，统一编号、登记，定期检查、维护和保养，定期进行交流耐压试验，试验合格的填写试验卡片。若发现不合格或超试验周期的必须另行存放，严禁使用。不合格的及时更换并进行试验后方准使用。

表 8-1　绝缘受力工器具试验标准

<table>
<tr><th>序号</th><th>名　称</th><th>周期/mon</th><th>电压等级/kV</th><th>试验电压/kV</th><th>试验长度/m</th><th>负荷/N</th><th>时间/min</th><th>泄漏电流/mA</th><th>合格标准及说明</th></tr>
<tr><td rowspan="5">1</td><td rowspan="5">绝缘棒、杆、滑轮</td><td rowspan="5">6</td><td>330</td><td>380</td><td>3.2</td><td></td><td>5</td><td></td><td rowspan="10">无过热、击穿和变形。若试验变压器电压等级达不到试验电压的要求，可分段试验，最多可分 4 段。分段试验电压为整体试验电压除以分段数再乘以 1.2 倍的系数</td></tr>
<tr><td>220</td><td>440</td><td>2.1</td><td></td><td>1</td><td></td></tr>
<tr><td>110</td><td>220</td><td>1.3</td><td></td><td>1</td><td></td></tr>
<tr><td>27.5</td><td>120</td><td>0.9</td><td></td><td rowspan="2">5</td><td></td></tr>
<tr><td>6～10</td><td>44</td><td>0.7</td><td></td><td></td></tr>
<tr><td rowspan="2">2</td><td rowspan="2">绝缘手套</td><td rowspan="2">6</td><td>高压</td><td>8</td><td></td><td></td><td rowspan="2">1</td><td>9</td></tr>
<tr><td>低压</td><td>2.5</td><td></td><td></td><td>2.5</td></tr>
<tr><td>3</td><td>绝缘靴</td><td rowspan="3">6</td><td>高压</td><td>15</td><td></td><td></td><td>1</td><td>7.5</td></tr>
<tr><td>4</td><td>绝缘绳</td><td></td><td>105/0.5 m</td><td></td><td></td><td>5</td><td></td></tr>
<tr><td>5</td><td>绝缘梯</td><td></td><td>2.5/cm</td><td></td><td></td><td>5</td><td></td></tr>
</table>

续表

序号	名　称	周期/mon	电压等级/kV	试验电压/kV	试验长度/m	负荷/N	时间/min	泄漏电流/mA	合格标准及说明
6	验电器	6	启动电压值不高于额定电压的 40%，不低于额定电压的 15%，试验时接触电极应与试验电极相接触						
7	金属梯	12				2205	5		任何一级梯蹬加负荷后不得有裂损和永久变形
8	竹木梯	6				1765	5		
9	绳子	6				2205	5		无破损断股
10	安全带	6				2205	5		无破损

绝缘工具在使用前必须进行外观检查，检查有无损坏、表面是否清洁，有灰尘时应使用干燥的抹布擦拭干净。打冰杆每次使用前必须按照规定进行绝缘电阻测试，状态不良或测试不合格的绝缘工具不得使用。

绝缘工具电压等级必须与使用的电气设备电压等级相符，严禁低电压等级的绝缘工具在高电压等级上使用。绝缘工具不得任意挪作他用，严禁使用其他工具代替绝缘工具。

（三）受力工具

受力工具必须放置在干燥通风的地方，实行专人管理，统一编号、登记，定期检查、维护和保养，定期进行拉力试验，试验合格的填写试验卡片。若发现不合格或超试验周期的必须另行存放，严禁使用。不合格的及时更换并进行试验后方准使用。

受力工具在使用前必须进行外观检查，确保状态良好。对起重用的钢丝绳、套，受力工具上的螺栓，机械连接部位应采取涂油防腐措施。

高空作业必须系好安全带，安全带使用前应检查，严禁使用状态不良的安全带。安全带要高挂低用，高空作业时要将安全带挂在牢固的构件或物体上，要防止摆动或碰撞，绳子不能打结使用。

四、常用工具

牵引变电所必须配备日常检修用仪表等工器具。仪表主要有万用表、兆欧表、钳形电流表、测温仪等；工具主要有螺丝刀、扳手、钳子、吹风机、梯子、手电、望远镜、电烙铁等。

随着电子科技的发展，数字式仪表得到普及，其具有准确度高、分辨率高、测试功能全、显示直观便于读取等优点。但在一些特殊测试情况下，指针式仪表具有其优点，例如在互感器极性测试时观察指针的正反摆动更便于判断极性，因此牵引变电所应常备指针式万用表和数字式万用表各 1 块。

1. 万用表

万用表具有交直流电压、电流测量，电阻值测量等基本功能。功能较全的万用表还具有二极管、三极管、电容值、温度等测量功能。

指针式万用表使用前要校准，测量电压或电流时，先检查表针是否在零位，不在零位时转动表针螺口将表针机械调零；测量电阻时，将表笔触碰到一起，检查表针是否在零位，不在零位时转动表针螺口将表针电气调零。

测量前选好挡位及量程，不清楚时将挡位调至最大，根据测量值再逐级切换量程，不能带电切换量程。

测量直流时要注意表笔极性，红表笔接正，黑表笔接负。

不使用时，指针式万用表应将转换开关打至交流电压最高挡，数字式万用表打至 OFF 挡关闭电源。

2. 兆欧表

兆欧表用于测试线路或电气设备的绝缘电阻。

使用兆欧表前先检查表计状态，将接地端子接地，转动手柄过程中将测试线与接地端触碰，检查表针是否归零。

500 V 及以下线路或电气设备应使用 500 V 或 1000 V 兆欧表，500 V 以上线路或电气设备应使用 2500 V 兆欧表。

测量前必须将被测线路或电气设备的电源全部断开，电缆、电容等设备要放电后测试。测量时要确认线路或电气设备上无人工作，转动手柄要匀速，速度在 120 r/min 左右。测量完毕应先断开测试线，后停止转动手柄，防止反向充电损坏仪表。

3. 钳形电流表

钳形电流表用于不切断电路的情况下直接测量线路中的电流。

测量前选好量程，不清楚时将挡位调至最大，根据测量值再逐级切换量程，切换量程时应断开钳口。

测量前，应检查清除钳口杂物、污垢。测量时，钳形电流表的钳口应紧密贴合，若指针、数字晃动，可重新开闭钳口再测量。

观察表计时，要注意保持头部与带电部分的安全距离，人体任何部分与带电体的距离不得小于钳形电流表的整个长度。

第二节　值　班

牵引变电所值班分为有人值班、有人值守、无人值守三种形式。有人值班模式的牵引变电所是指一般每班两人，分别担任值班员、助理值班员的变电所（开闭所）；有人值守模式的牵引变电所是指在供电调度的管辖范围内，具备接收并执行供电调度下发的遥控、遥调指令等功能，所内不设置固定运行维护值班人员岗位，仅设置值守人员岗位，控制操作主要由供电调度进行，设备采取定期巡检、状态维修等方式的变电所（开闭所）；无人值守模式的牵引变电所是指在供电调度的管辖范围内，能够向供电调度上传相关设备设施运行情况的遥测、遥信、遥视等信息，具备接收并执行供电调度下发的遥控、遥调指令等功能，所内不设置固定运行维护值班和值守人员岗位，控制操作和应急处置由供电调度进行，设备采取定期巡检、状态维修等方式的变电所（开闭所、AT 所、分区所）。值班值守人员应身体健康，有高度的工作责任心和较强的独立工作能力，具有丰富的专业知识和实践经验，熟悉设备的运行、倒闸操作、故障处理等工作。值班值守人员须持职业资格证书和岗位培训合格证书上岗。

一、值班（值守）人员安全规定

从事牵引变电所运行、检修人员安全工作规定：从事牵引变电所运行和检修工作的有关人员，必须实行安全等级制度，经过考试评定安全等级，取得安全合格证之后，方准参加牵引变电所运行和检修工作。从事牵引变电所运行和检修工作的人员，每年定期进行 1 次安全考试。开始参加牵引变电所运行和检修工作的人员、职务或工作单位变更时，仍从事牵引变电所运行和检修工作并需提高安全等级的人员、中断工作连续 3 各月以上仍继续担当牵引变电所运行和检修工作的人员要事先进行安全考试。未按规定参加安全考试和取得安全合格证的人员，必须在安全等级不低于三级（普速二级）的人员监护下，方可进入牵引变电所的高压设备区。牵引变电所的值班人员及检修工，要每 1 年（普速每 2 年）进行 1 次身体检查，对不适合从事牵引变电所运行和检修作业的人员要及时调整。牵引变电所值班员（值守员）的安全等级不低于三级，助理值班员的安全等级不低于二级。当班值班员（值守员）不得签发工作票和参加检修作业；当班助理值班员可参加检修作业，但必须根据值班员的要求能随时退出检修组。助理值班员在值班期间受当班值班员的指导，当参加检修工作时，听从作业组工作领导人的指挥。

二、值班人员值班期间相关规定

（1）坚守工作岗位，不能擅离职守，掌握设备现状，监视设备运行。

（2）按规定进行设备巡视和倒闸作业，办理准许及结束检修作业工作票的相关手续，做好作业安全措施，参加检修设备的验收工作。

（3）及时、正确地填写值班日志和有关记录。

（4）及时发现和准确、迅速处理故障，并将处理情况报告供电调度及有关部门。

（5）清理环境卫生，保持所内整洁。

（6）做好安全防范工作，严禁闲杂人员进入所内，因工作需要进入时必须登记。

三、值守人员值守期间相关规定

（1）坚守工作岗位，不能擅离职守，掌握设备现状，负责重点设备运行状态监测、应急处置、设备设施安保巡守等工作。

（2）按规定进行设备巡视。设备检修时，负责办理工作票。

（3）发现设备运行异常时及时上报。设备发生故障时，根据供电调度的指挥，进行应急处置。当远动倒闸操作不能进行时，由值守人员在供电调度的指挥下进行当地操作。遇有危及人身、设备安全等紧急情况，且远动操作失效时，可由值守人员实行单人操作。

（4）正确填写运行日志、值班（守）记录等技术台账。

（5）清理环境卫生，保持所内整洁。

（6）做好安全防范工作，严禁闲杂人员进入所内，因工作需要进入时必须登记。

（7）在远动系统中断、重要设备故障、设备施工改造、执行重要任务活动、强合风预警、大面积冰雪灾害等期间，恢复有人值班模式，执行有人值班有关管理规定和要求。

四、无人值班模式设备设施技术条件

（1）所内一次和二次设备、综合自动化装置、交直流电源装置、远动装置等达到设计要求，运行状态稳定可靠。

（2）满足相邻变电所远动操作相互越区供电能力。

（3）AT 供电方式下，变电所 F 线及 AT 所具备故障情况下远动操作切除隔离功能。

（4）综合自动化装置应具备远方投切保护、召唤及修改定值、复归信号等功能。

（5）自用电系统应有可靠两路电源，交直流主要馈电回路纳入远动监控，蓄电池组容量应至少满足全所事故停电 2 h 的放电容量和事故放电末期最大冲击负荷容量的要求。

（6）所内建筑物一楼应少设门窗，对于必要的门窗，应装设实体防护措施。

（7）实体围墙高度不宜低于 2.5 m，围墙上部应安装高度不小于 50 cm（其中 20 cm 向外 45°倾斜角）的金属防护网，必要时加装电子围栏。

（8）变电所应安装具有防盗功能（不通透）的院门。

（9）消防设施应符合现行国家标准和行业标准的规定，配置的火灾探测、报警装置和灭火装置应功能完好。

（10）变电所和开闭所应具备必要的待班房屋、厨灶、卫生间等生活设施，以满足日常值守、应急值班、巡检维护以及修理试验等人员基本生活需求。

（11）达到牵引变电所辅助监控系统技术条件中系统构成、功能、配置等技术性能要求。

五、值班（值守）人员交接班

（1）班前、班中严禁饮酒，严格执行交接班制度，坚守岗位，上岗时不做与本岗位工作无关的事情。

（2）上岗时必须佩戴值班员（值守员、助理值班员）胸卡。

（3）保持仪表端庄、仪容整洁。上班期间不得穿奇装异服，不得穿高跟鞋、拖鞋、塑料底鞋、露趾凉鞋。

（4）交接班前，交班人员应认真填好牵引变电所值班日志及相关记录，做好本班工作小结，并将室内外环境卫生打扫干净，做好交班准备。接班人员应提前 15 min 到岗，做好一切接班的准备工作。

（5）由交班人员向接班人员介绍前班值班概况、设备运行情况及有关事项、检修作业情况、发生的故障及处理情况等。

（6）交接班人员交接各种图纸、说明书等技术资料，交接值班（值守）记录、倒闸操作命令记录、作业命令记录等技术台账，交接万用表、兆欧表、接地线等工具、仪表，交接设备钥匙。

（7）交接班人员（值班模式时交班值班员留守控制室，不参与）按日常巡视作业标准规定的巡视线路和项目，共同巡视设备，检查核对值班日志及有关记录是否与实际情况相符，检查各种信号和异常信息是否正常，检查事故照明等是否正常。

（8）交接完毕，由交接班人员分别在值班日志上签字，并注明交班时间，交班人员方可离去。

（9）如果交接班过程中有检修作业，交接班人员要共同检查工作票及其他与作业有关的安全措施和作业进度，并核对接地线数量及编号。

（10）正在进行倒闸作业及故障处理时不得进行交接班。故障处理若需时间过长，可在故障处理告一段落后进行交接班。未办完交接班手续时，交班人员不得擅离职守，应继续担当值班工作。

牵引变电所工作人员安全等级规定见表 8-2。

表 8-2　牵引变电所工作人员安全等级规定

等　级	运行担当的工作	必须具备的条件
一级	普速铁路：进行停电检修较简单的工作。高速铁路：不允许在高速铁路牵引变电所进行工作	新从事牵引变电所作业人员经过教育和学习，初步了解在牵引变电所内安全作业的基本知识
二级	1. 助理值班员。 2. 停电作业。 3. 远离带电部分的作业	1. 担当一级工作半年以上。 2. 具有牵引变电所运行、检修或试验的一般知识。 3. 了解本规则。 4. 根据所担当的工作掌握电气设备的停电作业的工作。 5. 能处理较简单的故障。 6. 会进行紧急救护
三级	1. 值班员（值守员）。 2. 停电作业和远离带电部分作业的工作领导人。 3. 高压试验的工作领导人	1. 担当二级工作 1 年以上。 2. 掌握牵引变电所运行、检修或试验的有关规定。 3. 熟悉本规则。 4. 能领导作业组进行停电作业和远离带电部分的作业。 5. 会处理常见的故障
四级	1. 牵引变电所工长。 2. 检修或试验工长。 3. 工作票发票人	1. 担当三级工作 1 年以上。 2. 熟悉牵引变电所运行、检修或试验的有关规定。 3. 根据所担当的工作，熟悉电气设备的检修和试验。 4. 能处理较复杂的故障
五级	1. 车间主任、供电调度员。 2. 技术主任、副主任、有关技术人员。 3. 段长、副段长、总工程师	1. 担当四级工作 1 年以上，技术员及以上的各级干部具有中等专业学校或相当于中等专业学校及以上的学历者（牵引供电）可不受此限。 2. 熟悉并会解释牵引变电所运行、检修和安全工作规则及检修工艺

五、技术台账填写

（一）运行日志

（1）天气栏：按实际情况填写，如晴、阴、雨、雪、雾、晴间多云等。

（2）交接班时间要连续，不得出现间隔。值班人员签名不得相互替代。

（3）电量计量栏：当日有功电量=（当日有功读数-前日有功读数）×倍率

当日无功电量=（当日无功读数-前日无功读数）×倍率

倍率=电压互感器变比×电流互感器变比

牵引电量=当日有功电量-（非牵引电量+自用变电量）

（4）跳闸统计栏：馈线断路器重合情况有重合成功、重合失败、重合闸未启动、重合闸未投四种，重合失败后的再次强送失败应另起一栏填写；故障指示填写一次短路电流、故障指示距离；设备状态栏在设备可继续运行时填正常，设备有缺陷且影响继续运行时填异常；跳闸原因以供电调度最终确认的为准；复送时间为最终送电时间。

（5）设备停电情况栏：始停时间为分开断路器的时间，终了时间为断路器合闸时间，停电时间=终了时间-始停时间。

（6）最大或最小值：负荷电流为馈线一日中出现的最大值（不含馈线短路电流值），27.5 kV母线工作电压栏填写 27.5 kV 母线电压的最高、最低值。

（7）巡视记录栏：记录对应时间点室温、外温、油温、110（220/330）kV 母线电压、27.5 kV母线电压的实时值。

（8）记事栏：填写 24 h 内变电所设备运行重大事情的简要概况，包括回路倒切、设备异常、变压器分接开关调整、电气设备及主要附件拆除、更新、计量表更换、校验等，还应填写办理工作票票号、工作内容、工作领导人及作业组员姓名、作业起始及结束时间，如果办理和结束时间不在同一班应分别填写，并写明办理与结束时间。办理工作票时注明作业组员姓名，结束时只注明工作领导人姓名，不写作业组员。月底时填写计量表底数。

（二）倒闸操作命令记录

（1）记录供电调度员发布的倒闸操作命令。

（2）要求完成时间：记录供电调度员发布的要求完成时间。

（3）批准时间：记录供电调度员批准的开始倒闸时间。

（4）完成时间：记录供电调度员批准的消除倒闸命令时间。

倒闸操作命令记录见表 8-3。

表 8-3 倒闸操作命令记录

日期	命令内容	发令人	受令人	操作卡片	命令号	批准时间	完成时间	报告人	供电调度员

（三）作业命令记录

（1）记录供电调度员发布的作业命令。

（2）要求完成时间：记录供电调度员发布的要求完成时间。

（3）批准时间：记录供电调度员批准的开始作业时间。

（4）完成时间：记录供电调度员批准的消除作业命令时间。

（5）以上内容同时记录到供电调度员批准的工作票中。

作业命令记录见表 8-4。

表 8-4 作业命令记录

日期	命令内容	发令人	受令人	要求完成时间	命令号	批准时间	完成时间	报告人	供电调度员

（四）代表日负荷

记录每月固定某日，一般为每月 15 日每小时的电量，记录 24 h 内最大负荷。

1. 本日平均负荷

$$\text{本日平均负荷}=\frac{\text{本日有功电量}}{24}$$

2. 本日负荷率

$$\text{本日负荷率}=\frac{\text{本日平均负荷}}{\text{最大小时有功电量}}\times 100\%$$

3. 本日峰谷差

$$\text{本日峰谷差}=\text{本日小时最大有功电量}-\text{本日小时最小有功电量}$$

（五）保护装置动作和断路器自动跳闸记录

（1）该记录填写所内所有保护装置动作及断路器跳闸情况。

（2）跳闸时间：记录设备跳闸动作出口时间。

（3）断路器运行编号：记录保护动作跳闸的断路器编号。

（4）保护名称：记录保护动作出口的名称，如 1#B 差动保护、距离 I 段保护、谐波过流保护、失压保护等。

（5）重合及强送情况：对于馈线断路器有重合成功、重合失败、重合闸未动作、重合闸未投 4 种。强送成功记录强送成功，强送失败保护动作另起一行记录保护动作情况。断路器跳闸次数应累计。

（6）信号显示情况：记录保护及断路器动作、信号显示情况是否正常。

（7）故障点标定指示：馈线保护记录该项目，内容为保护动作时电压、电流、电抗、阻抗角、指示距离。

（8）跳闸原因：以供电调度审核后的为准，应写明故障地点（包括区间、接触网杆号或公里标）、机车型号及编号、车次、所在区间。原因不明的应填原因不明。

（9）复送时间：最终送电时间。

保护装置动作和断路器自动跳闸记录见表 8-5。

表 8-5　保护装置动作和断路器自动跳闸记录

<table>
<tr><td rowspan="2">跳闸时间</td><td rowspan="2">断路器运行编号</td><td colspan="4">保护动作</td><td rowspan="2">跳闸原因</td><td rowspan="2">复送时间</td></tr>
<tr><td>保护名称</td><td>重合和强送情况</td><td>信号显示情况</td><td>故障点标定装置指示</td></tr>
<tr><td></td><td></td><td></td><td></td><td></td><td></td><td></td><td></td></tr>
<tr><td></td><td></td><td></td><td></td><td></td><td></td><td></td><td></td></tr>
</table>

（六）避雷器动作记录

（1）值班人员在交接班时必须核对避雷器动作记录与实际是否相符，雷雨天气过后及发生设备事故、断路器跳闸、自投装置动作后要巡视避雷器是否动作。

（2）避雷器型号、制造厂、设备编号、运行编号：按实际填写，对于一组多台避雷器要按相别分别填写。

（3）读数：填写避雷器计数器的实际指示读数。

（4）差数：本次读数与上次读数的差值。

（5）动作次数：应填写该避雷器实际动作的累计次数，试验计数器的动作次数不计入避雷器动作次数。避雷器更换前动作次数累计填写，更换后重新换页填写动作记录，从零开始累计动作次数。

（6）泄漏电流：对于装有泄漏电流监视仪的避雷器，填写记录时在线监测仪指示的电流值。

（7）记录时间：填写每次发现避雷器计数器动作、年度预防性试验的时间，每月定期检查填写一次。

避雷器动作记录见表 8-6。

表 8-6　避雷器动作记录

<table>
<tr><td colspan="2">避雷器型号</td><td colspan="3"></td><td colspan="2">设备编号</td><td colspan="3"></td></tr>
<tr><td colspan="2">制造厂</td><td colspan="3"></td><td colspan="2">运行编号</td><td colspan="3"></td></tr>
<tr><td>读数</td><td>差数</td><td>动作次数</td><td>泄漏电流</td><td>记录时间</td><td>读数</td><td>差数</td><td>动作次数</td><td>泄漏电流</td><td>记录时间</td></tr>
<tr><td></td><td></td><td></td><td></td><td></td><td></td><td></td><td></td><td></td><td></td></tr>
<tr><td></td><td></td><td></td><td></td><td></td><td></td><td></td><td></td><td></td><td></td></tr>
</table>

（七）蓄电池充放电记录

（1）运行中的牵引变电所蓄电池每年进行核对性充放电一次，对测量曲线可打印时直接打印，不能打印时手绘曲线，并在充放电记录后粘贴。

（2）运行方式：Ⅰ组放电、Ⅰ组充电、Ⅱ组放电、Ⅱ组充电。

（3）电池容量：电池标称容量，如 100 Ah、200 Ah。

（4）充（放）始、终容量：记录充电从开始至结束充入的容量或放电从开始至结束放出的容量。放电时在“充”上画斜线，其他同理。

（5）充（放）起始电压：记录充电或放电开始时的电池组电压。

（6）充（放）终了电压：记录充电或放电结束时的电池组电压。

（7）充（放）起始时间：记录充电或放电开始时的时间。

（8）充（放）终了时间：记录充电或放电结束时的时间。

（9）一般情况下，直流充（放）电装置在条件满足时能自动结束充（放）电，不能自动结束时应手动停止。

（10）禁止两组蓄电池同时放电，两组蓄电池充（放）电间隔时间一般不小于 24 h。

蓄电池充放电记录见表 8-7。

表 8-7 蓄电池充放电记录

____变电所（亭）							室 温：			测量人：						年 月 日				
运行方式			电 池 容 量						充（放）起始电压						充（放）起始时间					
			充（放）始、终容量						充（放）终了电压						充（放）终了时间					
时间	充（放）容量	充（放）电压	充（放）电流																	
				编号																
				电压																

（八）设备检修记录

（1）按修程进行设备小修、状态维修、大修后以及进行日常设备维护后在本记录中填写。

（2）检修负责人：设备检修的工作领导人。

（3）互检人：作业组内互相检查人员。

（4）验收负责人：当班值班员（值守员）。

（5）修前状态：记录设备修前的具体状态，应包含设备的主要技术参数、不合格的技术数据等。

（6）修中措施：检修中进行的相关项目，如维护、检查、调整等具体措施。

（7）修后结语：必须填明修后的具体状态，有技术数据的要填明具体数据，并对设备做出是否合格鉴定结论。

设备检修记录见表 8-8。

表 8-8 设备检修记录

设备名称型号及出厂编号		承修班组		检修负责人	
				互检人	
安装地点及运行编号		修 程		验收负责人	
		检修日期	年 月 日 至 年 月 日		
修 前 状 态		修 中 措 施		修 后 结 语	

（九）供电月报

1. 总受电量

受电量=供电量+损失电量

供电量=牵引电量+非牵引电量+自用电量

W_P=（当月计量表有功读数-上月末计量表有功读数）×倍率

W_Q=（当月计量表无功读数-上月末计量表无功读数）×倍率

倍率 $=n_{LH}\times n_{YH}$

其中：W_P——有功电量；

W_Q——无功电量；

n_{LH}——电流互感器变比；

n_{YH}——电压互感器变比。

2. 平均功率因数

$$\cos\phi=\frac{W_P}{\sqrt{{W_P}^2+{W_Q}^2}}=\cos[\arctan(W_Q/W_P)]$$

3. 主变利用率

$$A\%=\frac{W_P}{S_e\times T}\times 100\%$$

其中：$A\%$——主变利用率；

S_e——主变容量；

T——运行时间。

4. 损失电量

$$\Delta A_T=\Delta A_K+\Delta A_0$$

$$\Delta A_K=\Delta P_K\times(A\%)^2\times T$$

$$\Delta A_0=\Delta P_0\times T$$

其中：ΔA_T——变损电量；

ΔA_K——铜损电量；

ΔA_0——铁损电量；

ΔP_K——额定短路损耗；

ΔP_0——额定空载损耗。

六、技术资料

（1）图纸。应配备一次接线图、室内外设备平面布置图、室外配电装置断面图、保护装置及交直流自用电系统图、二次接线展开图及安装图、各种屏柜的背面接线图、电缆手册、防雷接地图。

（2）规程。应配备牵引变电所安全工作规程、牵引变电所运行检修规程、技术规程以及相关管理文件、细则等。

（3）资料。应配备变压器、断路器、隔离开关、电压互感器、电流互感器、GIS柜、保护装置、交直流系统、远动装置等电气设备说明书、操作维护手册、试化验报告、检修维修记录等。

（4）设备履历。应建立牵引变电所概况、电气设备基本资料的履历台账，每年更新一次。

七、设备质量鉴定

设备质量鉴定在于掌握牵引变电所设备整体质量，是编制年度检测、维修及大修计划的重要依据。每年应组织一次设备质量鉴定。

质量鉴定范围一般应包括所有牵引变电所设备，但已封存的设备、本年度新（改）建或已列入当年大修计划的设备可不作鉴定。对本年度新（改）建或大修设备的质量状况，可按工程竣工验收质量评定结果统计。

单项设备主要依托设备状态评价结果，对质量等级进行评定。质量等级分为优良、合格、不合格。本年度牵引变电所设备的预防性试验和化验结果可作为设备质量鉴定依据。质量鉴定发现缺陷在鉴定期间已处理的，可按处理后的质量状态进行评定。变压器质量鉴定标准适用于牵引变压器、自耦变压器、自用变压器、动力变压器及充油电容器、电抗器。互感器质量鉴定标准适用于电流互感器、电压互感器、放电线圈、抗雷圈。低电压盘系指控制盘、保护盘、计量盘、中央信号盘、交直流电源盘、远动盘及综合自动化测控盘等。高压柜内一次设备参照相应高压设备进行鉴定，盘体以及二次设备参照低电压盘进行鉴定。优良：主要项目达到优良标准，次要项目全部达到合格以上标准者。合格：主要项目全部达到合格以上标准，次要项目多数达到合格及以上标准者。不合格：主要项目其中有一项不合格或次要项目多数不合格者。

设备质量鉴定时，将牵引变电所不同类型设备统一换算成接触网条公里进行评定。质量鉴定按优良率、合格率、不合格率评定。

牵引变电所设备换算系数见表8-9。牵引变电所设备质量鉴定标准见表8-10。

表8-9 牵引变电所设备换算系数

序号	设备名称	单位	换算系数
1	接触网隔离开关远动控制系统	套	5
2	牵引变电所	座	50
3	开闭所	座	32
4	分区亭（所）	座	32
5	箱式分区所（箱式开关站）	个	15
6	AT所	个	5
7	主牵引变压器	台	3
8	110 kV及以上断路器	台	1
9	110 kV及以上避雷器	台	0.2
10	110 kV及以上GIS间隔	间隔	3

续表

序　号	设备名称	单　位	换算系数
11	27.5 kV 断路器	台	0.3
12	55 kV 断路器	台	0.5
13	手动隔离开关	台	0.12
14	电动隔离开关	台	0.2
15	互感器	台	0.25
16	55 kV/27.5 kV 避雷器	台	0.1
17	55 kV/27.5 kV GIS 间隔	间隔	1.5
18	55 kV/27.5 kV 电抗器	台	0.25
19	55 kV/27.5 kV 电容器	组	0.4
20	27.5 kV/10 kV 自用变压器	台	0.3
21	低压盘	面	0.2
22	配电箱	面	0.1
23	高压、低压、控制电缆	公里	0.48
24	避雷针	座	0.1
25	接地装置	所	0.5
26	远动调度端（含复示终端）	座	32
27	视频监控系统	套	2
28	自动消防系统	套	2
29	综合自动化系统	套	3

表 8-10　牵引变电所设备质量鉴定标准

类　别	序　号	项　目	标　准	
			优　良	合　格
变压器	1	预防性试验	项目齐全，结果符合规定要求	同左
	2	套管	清洁，无裂纹，无破损，无渗油	瓷釉脱落面积不大于 300 mm^2，漆点面积不大于 200 mm^2，其他同左
	3	运行状态	油温升不超过 45 °C；无异常音响；冷却装置正常	油温升不超过 55°C；无异常音响，但声音较大；冷却装置正常
	4	绝缘油	油量适当，试验和化验结果合格	同左
	5	本体保护	瓦斯继电器无积水，其他保护完整无损，功能良好；本体接地良好	同左
	6	本体、散热器、油枕、呼吸器	清洁，无锈蚀，不渗油，硅胶无变色	有锈斑或有轻微渗油，硅胶变色量不超过总量 3/5，其他同左
	7	油位计、温度计	清洁，无雾，无锈蚀，准确，刻度清晰	清洁，无锈蚀，准确，刻度不够清晰
	8	引线	导电杆无串动；引线连接牢固，弛度符合规定要求，无松股、断股和烧伤	导电杆无串动；引线连接牢固，弛度偏大，有松股但不影响安全运行

续表

类别	序号	项目	标准	
			优良	合格
SF_6断路器	1	预防性试验	结果符合规定要求	同左
	2	套管	清洁，无裂纹，无破损	瓷釉脱落面积不大于300 mm^2，漆点面积不大于200 mm^2，其他同左
	3	操作机构	机构箱密封严实，机构动作灵活可靠，位置指示正确，连锁装置良好，接触器无烧损；活动部件涂油	位置指示有偏差或接触器触头有轻微烧损；活动件未涂油；其他同左
	4	SF6 气体	气压符合规定要求	气压不超过额定值的±2%
	5	本体	清洁，无损，无锈，本体接地良好；引线连接牢固无松股、断股和烧伤	本体有轻微锈蚀，其他同左
真空断路器	1	预防性试验	结果符合规定要求	同左
	2	灭弧装置	灭弧室内屏蔽罩内无氧化变色，真空度符合要求，开距及行程符合规定	同左
	3	绝缘套管	清洁，无放电痕迹，无裂纹和破损，瓷釉无脱落	瓷釉脱落面积不大于300 mm^2，漆点面积不大于200 mm^2；其他同左
	4	操作机构	机构箱密封严实，机构动作灵活可靠，位置指示正确，连锁装置良好，接触器无烧损；缓冲器作用良好	位置指示有偏差，接触器触头有轻微烧损，但不影响安全运行；其他同左
	5	其他	本体接地良好，小车灵活可靠	同左
隔离开关	1	预防性试验	试验项目齐全，结果符合规定要求	同左
	2	绝缘子	清洁，无放电痕迹，无裂纹和破损，瓷釉无脱落	瓷釉脱落面积不大于300 mm^2，漆点面积不大于200 mm^2，其他同左
	3	操作机构	电动隔离开关的操作机构箱密封严实，机构动作灵活可靠，连锁装置良好，接触器接点无烧损；手动操作机构灵活，无卡滞、加锁、锁无锈蚀	位置指示有偏差或接触器触头有轻微烧损，但不影响安全运行；手动隔开未加锁或加锁锁锈；其他同左
	4	本体	本体接地良好无锈蚀，合闸时触头接触密贴，同期符合规定；分闸时符合规定要求；各部螺栓紧固涂油	本体接地良好，但有轻微锈蚀；其他同左
	5	引线	连接牢固，无松股、断股和烧伤，弛度符合规定要求	连接牢固，有松股但不影响安全运行；其他同左
互感器	1	预防性试验	试验项目齐全，结果符合规定要求	同左
	2	绝缘子	清洁，无放电痕迹，无裂纹和破损，瓷釉无脱落	瓷釉脱落面积不大于300 mm^2，漆点面积不大于200 mm^2；其他同左
	3	本体	不渗油，油位正常，油位指示器窗口清晰，指示正确；基础无破损，支撑部件无锈蚀	有轻微渗油；支撑部件有微锈；其他同左
	4	其他	本体接地良好无锈蚀，引线连接牢固，无松股、断股和烧伤	接地良好，但接地体有轻微锈蚀；其他同左

续表

类别	序号	项目	标准	
			优良	合格
避雷器	1	预防性试验	试验项目齐全，结果符合规定要求	同左
	2	绝缘子	清洁，无放电痕迹，无裂纹和破损，瓷釉无脱落	瓷釉脱落面积不大于 300 mm^2，漆点面积不大于 200 mm^2；其他同左
	3	其他	引线连接牢固，弛度适当无松断股；本体接地良好无锈蚀；各部螺栓紧固涂油；动作指示器刻度清晰，作用良好；泄漏电流监测装置指示正常	引线连接牢固，弛度适当无松断股；本体接地良好，但有轻微锈蚀；各部紧固螺栓未涂油；动作指示器刻度不够清晰，但作用良好；其他同左
避雷针	1	本体	塔体无锈蚀，无倾斜和弯曲；各部连接螺栓紧固、涂油；避雷针尖无熔化和断裂	塔体无弯曲和倾斜，但有轻微锈蚀；各部连接螺栓连接固牢无锈蚀，但未涂油；其他同左
	2	接地体	基础良好无破损；接地体连接牢固；接地电阻符合规定要求	基础轻微锈蚀；其他同左
蓄电池	1	本体	蓄电池外壳密封良好，外壳无异常变形、裂纹及污迹，上盖及端子无损伤，正常工作时无酸雾及有害气体逸出；蓄电池容量在 25 °C 时应不低于额定值的 95%	在 25 °C 时容量不低于额定值的 80%；其他同左
	2	外观	蓄电池表面清洁，各单体电池间连接牢靠；碱性电池无爬碱，酸性电池表面未酸化	表面有轻微污秽，如爬碱或酸化等；其他同左
电容器	1	预防性试验	试验结果符合规定要求	同左
	2	个体	清洁不渗液，壳体无膨胀变形；瓷瓶清洁无破损；外熔丝良好；引线连接牢固，驰度适当	个别（数量不超过数量的 1/10）有轻微渗液，或壳体有轻微膨胀，但不影响安全运行；其他同左
	3	支撑装置	安装牢固、端正，无变形，接地良好，铁件无锈蚀	铁件有轻微锈斑；其他同左
	4	其他	放电间隙、阻尼电阻、引线、穿墙套管等完整无损，作用良好	同左
低压盘	1	盘体	安装端正、牢固，排列整齐，盘间缝隙不大于 5 mm，清洁，漆饰良好	盘体有轻微锈蚀；其他同左
	2	盘上（内）设备	灯具、开关、继电器、熔断器、仪表、接触器等设备安装牢固，状态良好；标志齐全、清晰、正确；配线整齐美观	标志不全或不够清晰，布线不美观；其他同左
	3	预防性试验	试验结果合格	同左
	4	保护	有可靠的选择性和灵敏度，整组动作性能良好	同左

续表

类别	序号	项目	标准	
			优良	合格
电缆	1	绝缘状态	绝缘水平符合规定要求	绝缘水平符合规定要求
	2	电缆	排列整齐，固定牢靠且不受张力，铠装无松散，无锈蚀和断裂，弯曲半径符合规定要求，接地良好，涂刷防腐剂；电缆外露部分要有保护管且固定牢靠	同左
	3	其他	电缆头、套管不渗油，引线相间和距接地物的距离符合规定	套管有轻微渗油，或间距不合规定
	4	电缆沟	沟内无积水、杂物；支架完好，固定牢固；盖板齐全无破损	沟内有杂物，或支架锈蚀或有少量积水，盖板破损不超过10块（按所、亭计）
母线	1	绝缘子	清洁，无损，无放电痕迹。	瓷釉脱落面积不大于300 mm^2，漆点面积不大于200 mm^2；其他同左
	2	母线	硬母线固定牢靠，漆膜良好，相色鲜明；软母线张力适当、不松股、断股和烧伤	同左
	3	金具	符合规定要求，无锈蚀，固定连接牢靠，接触良好	有轻微锈蚀；其他同左
	4	杆塔及架构	杆塔无破损，架构无弯曲无锈蚀	架构有轻微锈蚀或弯曲
端子箱	1	箱体	清洁，无损，安装牢固，密封良好；接地良好；箱体内无凝露或积水	本体有轻微锈蚀；其他同左
	2	箱内设备	保险压板符合规定，接触紧密；开关操作零活，电气接头无损，布线整齐，端子排整洁，标志齐全	布线较零乱或端子标志不太清晰；其他同左
接地装置	1	接地电阻	接地电阻符合规定要求	同左
	2	接地线	完整无锈蚀、损伤、断裂及其他异状，与设备连接牢固，接触良好；接地网与回流线连接牢固，接触面符合规定	接地线有轻微锈蚀；其他同左

第三节 巡 视

设备巡视是发现变电所设备缺陷或异常的重要手段，是确保变电所安全运行的主要措施。

一、巡视分类

根据巡视范围和周期的不同，设备巡视可分为正常巡视和特殊巡视。正常巡视包括交接班巡视、班中巡视、夜间熄灯巡视。

（1）交接班巡视：在交接班时，按照巡视标准对变电所一、二次设备运行方式、运行状态、运行中发现的缺陷现场进行核对性巡视检查，便于接班人员掌握设备现状。

（2）班中巡视：在值班过程中，巡视设备有无异常状态，如充油充气设备有无渗漏现象、线索弛度是否符合要求、交直流系统有无异常告警、综合自动化保护设备有无异常动作告警信息等。设备巡视后，应将巡视情况记入运行日志。

（3）夜间熄灯巡视：每周至少一次，重点检查各电气接点的发热情况和电气设备外绝缘是否存在放电现象。

（4）特殊巡视：遇有下列情况，应进行特殊巡视。

① 设备过负荷或负荷有显著增加时要增加巡视。

② 正在运行的设备有重要缺陷的要特别巡视。

③ 新安装投运和大修后投运的设备，投入运行 24 h 内每 2 h 巡视 1 次。

④ 恶劣天气时，如雨、大雾、冰雪、高温等时要增加班中巡视次数，大风、雷电天气后及时巡视。重点检查：绝缘件有无破损、放电现象；基础、支柱、房屋有无下沉倾斜；端子箱、电缆沟有无进水，高压室屋面有无渗漏；充油、充气设备油位、气压是否正常；母线有无过紧或过松；电气设备有无异物搭挂；避雷器有无动作、避雷针针尖有无放电熔化现象。

⑤ 事故跳闸后，应对有关电气设备进行全面巡视。重点巡视：所内高压设备有无放电现象，导线有无断股、断线现象；隔离开关、断路器动作是否正常，断路器储能是否良好；避雷器有无动作；保护装置及信号显示是否正常。

二、巡视检查相关规定

除有权单独巡视的人员外，其他人员无权单独巡视。有权单独巡视的人员是：牵引变电所值班员（值守员）和工长；安全等级不低于四级的检修人员、技术人员和主管的领导干部。值班员（值守员）巡视时，要事先通知供电调度或助理值班员（另一值守员）；其他人巡视时要经值班员（值守员）同意。在巡视时不得进行其他工作，禁止移开、越过高压设备的防护栅，并与带电部分保持足够的安全距离。在有雷、雨的情况下必须巡视室外高压设备时，要穿绝缘靴、戴安全帽，并不得靠近避雷针和避雷器。在检查室内设备时应随即关门，严防小动物入内。当高压设备发生接地故障时，室内不得接近故障点 4 m 以内，室外不得接近故障点 8 m 以内。每次巡视后，应将查得的缺陷立即记录在设备缺陷记录簿中，并按要求上报。巡视检查时，应按“巡视路线图”进行。

设备带电部分距作业人员距离见表 8-11。

表 8-11　设备带电部分距作业人员距离

电压等级/kV	无防护栅/mm	有防护栅/mm
330	4000	—
220	3000	2000
55 ~ 110	1500	1000
27.5 和 35	1000	600
10 及以下	700	350

三、设备巡视

（一）一般项目及要求

（1）电气设备音响正常，无异味。

（2）电气连接部分（引线、二次接线）连接牢固，接触良好，无过热、断股和散股，无过紧或过松现象。

（3）电气绝缘状态良好，绝缘件清洁、无破损和裂纹、无放电痕迹及现象，瓷釉剥落面积不超过 300 mm^2，复合绝缘子无变形、龟裂等现象。

（4）充油设备油位、油温、油色正常，充气设备气压正常，无渗漏现象。

（5）设备在线监测、SF_6气体监测装置运行状态良好，数据显示正常、无告警信息。

（6）自用变、电压互感器高压熔断器应完好。

（7）电缆进出口及箱体密封良好，防小动物措施完备。

（8）各种仪表、信号指示正常，保护装置无告警。

（9）设备安装牢固，无倾斜，外壳无严重锈蚀，接地良好，基础、支架无破损、变形、锈蚀。设备室和围栅完好并锁住。各种运行标志齐全，固定牢固。

（10）加热、通风、照明、消防、安防设施完好。

除上述共同的巡视内容外，各种电气设备还应注意其特殊点。

（二）变压器

（1）压力释放阀密封良好，无渗漏。

（2）呼吸器内干燥剂颜色正常。

（3）瓦斯继电器内无气体。

（4）冷却装置、风扇电机齐全，运行正常。

（三）GIS 高压开关柜

（1）开关柜屏上指示灯、带电显示器指示正常；操作方式选择开关、机械操作把手投切位置正确；控制电源及电压回路电源分合闸指示正确。

（2）分合闸指示器应与实际运行方式相符；分合闸计数器指示正确。

（3）气压表（或气体密度表）指示应正确；无残压检测记录仪显示正常。

（4）储能状态显示正常。

（5）屏面表计工作正常。

（6）柜内应无放电声、异味和不均匀的机械噪声。

（四）气体断路器

（1）气压表（或气体密度表）、弹簧储能指示正确。

（2）分合闸指示器与实际状态相符。

（3）分合闸计数器指示正确。

（五）真空断路器

（1）动静触指接触良好，无发热现象。
（2）闭锁杆位置正确，止轮器良好。
（3）分合闸位置指示器应与实际情况相符。
（4）储能状态显示正常。

（六）隔离开关

（1）刀闸位置正确，分闸角度或距离符合规定。
（2）触头接触良好，无严重烧伤。
（3）电动操作机构分合闸指示器与实际状态相符，机构箱密封良好。
（4）闭锁电磁锁无异常，手动操作机构加锁。
（5）消弧装置状态良好。

（七）接地保护放电装置

（1）放电电容器无渗漏油、膨胀、变形。
（2）放电间隙光滑，无烧损现象。
（3）动作次数计数器应指示正确。

（八）电容补偿装置

（1）电容器外壳无膨胀、变形、接缝无开裂、无渗漏油。
（2）熔断器、放电回路及附属装置完好。
（3）空心电抗器线圈本体及附近铁磁件无过热现象；油浸式电抗器油位正常符合要求，无渗油现象。
（4）室内温度符合规定，通风良好。

（九）高压母线

（1）多股线无松股、断股。
（2）硬母线无断裂、无脱漆。
（3）连接母线的设备线夹完好，无松脱、断裂。

（十）电缆、电缆沟及电缆夹层

（1）电缆沟盖板齐全、无严重破损，沟内无积水、无杂物。
（2）电缆外皮无断裂、无锈蚀、无明显鼓包现象，其裸露部分无损伤。电缆头及接线盒密封良好，无接头发热、放电现象。
（3）电缆测温传感装置状态良好。
（4）电缆夹层照明、通风设施良好。
（5）电缆沟、电缆夹层孔洞封堵良好，无明显积水、杂物以及水浸探头状态良好。

（十一）端子箱、集中接地箱

（1）箱体清洁、牢固，不倾斜，密封良好，箱体内外无严重锈蚀。

（2）箱内端子排应完好、清洁、连接整齐、牢固、接触良好。闸刀接触良好、无烧伤，熔断器不松动。空气开关状态良好。

（十二）避雷器

（1）各节连接正直，整体无严重倾斜，均压环安装水平。

（2）放电记录器完好。

（3）带有监测装置的放电记录器泄漏电流显示正常。

（十三）避雷针

避雷针无倾斜、无弯曲，针头无熔化。避雷针上照明灯具状态良好，电缆保护管良好无破损。

（十四）交直流电源装置

（1）装置及风扇工作正常，无异音、异味和过热。

（2）两路交直流电源及各交直流馈线空开供电方式正确、充电模块工作正常。自动调压装置、交流接触器工作状态正常。

（3）直流输出电压值和电流值，正、负母线对地的绝缘（电压）值等显示正常；装置信号、指示显示及声响报警等显示正常；分、合位置指示正确。

（4）UPS 电源工作正常。

（5）接触器及继电器等元器件无冒烟异味现象；回路接线端子无松脱，无氧化或锈蚀。

（6）监控装置与充电装置通信状况良好。

（十五）蓄电池组

（1）蓄电池完好，无外伤、变形和渗液现象，表面清洁。

（2）电池极柱间连接片及连接线安装牢固，接触良好，无腐蚀现象。

（3）蓄电池均浮充电压和电流、放电电流正常。

（十六）控制室设备

（1）各种盘（台）上的设备清洁，锈蚀面积不超过规定，安装牢固。

（2）模拟盘和监控盘与实际运行方式相符。

（3）继电器无异响，接点无抖动。转换开关、继电保护和自动装置压板以及切换开关的位置、标示牌正确，并与记录相符。

（4）开关、熔断器、端子安装牢固，接触良好，无过热和烧伤痕迹。

（5）综自测控屏设备工作及后台主界面信息显示正常。保护装置运行指示灯正常、无异常告警。音响试验正常。后台机主机、显示器清洁，打印机运行正常，鼠标、键盘操作灵活。

（6）二次回路熔断器（或空气开关）位置正确，端子排的连片、跨接线正常。

（7）事故照明切换正常。

（8）远动通信系统显示正常无告警显示。电缆光纤光栅在线监测系统、火灾报警系统、接触网开关监控装置、试验信号装置等各种显示装置指示正常。视频监控系统传感器、显示器、摄像头运行正常。

第四节　倒闸作业

运行中的电气设备分为运行、热备用、冷备用、检修 4 种工作状态。运行状态是指设备回路的隔离开关、断路器均在合闸位置、设备带电的一种状态；热备用是指隔离开关已闭合，断路器小车在推入位，断路器受电侧已带电，但未向外供电的一种状态，随时可以投入运行；冷备用是指设备回路的隔离开关、断路器均在分闸位置，设备高压不带电，投入运行需经过倒闸，闭合回路隔离开关、断路器方能向外供电的一种状态；检修状态是指设备所有来电方向的隔离开关、断路器均已断开，并装设了接地线及临时防护栅和标示牌，正在进行检修（试验）的一种状态。

牵引变电所的倒闸作业按操作方式分为远方位倒闸操作和当地位倒闸操作，按倒闸目的分为正常计划检修（试验）倒闸操作、设备定期倒切倒闸操作、非正常情况下故障处理倒闸操作。

一、倒闸作业安全规定

牵引变电所当地位倒闸操作时，自用电变压器、额定电压为 27.5 kV 及以上的设备，其倒闸作业及撤除或投入自动装置、远动装置和继电保护，除特殊情况外，均必须有供电调度的命令方可操作。

供电调度员对一个牵引变电所一次只能下达一个倒闸作业命令，即一个命令完成之前，不得发出另一个命令。

当地位倒闸作业必须由助理值班员（另一值守员）操作，值班员（值守员）监护。在接到倒闸命令后，要立即进行倒闸。操作前应先进行模拟，确认无误后，方可进行倒闸。当地手动操作时操作人和监护人均必须穿绝缘靴，戴安全帽，同时操作人还要戴绝缘手套。隔离开关的倒闸操作要迅速准确，中途不得停留和发生冲击。

倒闸命令执行过程中不得做与命令无关的事情。与断路器并联的隔离开关，只有当断路器闭合时方可操作隔离开关。拆装高压熔断器必须由助理值班员（另一值守员）操作，值班员（值守员）监护。操作人和监护人均要穿绝缘靴、戴防护眼镜，操作人还要戴绝缘手套。带电更换低压熔断器时，操作人要戴防护眼镜，站在绝缘垫上，并要使用绝缘夹钳或绝缘手套。

在正常情况下，不应操作脱扣杆进行断路器分闸。电动操作的断路器，除操作机构中具有储能装置者外，禁止手动合闸送电。

需供电调度下令进行倒闸作业的断路器和隔离开关，遇有危及人身安全的紧急情况时，值班人员可先行断开有关的断路器和隔离开关，再报告供电调度，但再合闸时必须有供电调度员的命令。设备操作过程中发现异常，必须再次认真确认，查找原因，不得强行操作。

倒闸作业完成后，电气设备操作后的位置确认原则是：远动操作，供电调度确认；当地操作，操作人和监护人现场确认。电气设备操作后的位置确认应以设备实际位置为准，无法看到实际位置时，可通过设备的机械指示位置、电气指示、带电显示装置、仪表及各种遥测、遥信等指示信号的变化来确认。确认时，应有两个及以上的指示信号均已同时发生变化，才能确认该设备已操作到位。检查确认完毕，值班员（值守员）立即向供电调度报告，供电调度员及时发布完成时间，至此倒闸作业结束。

倒闸作业按倒闸操作卡片或供电调度命令执行，普速电气化铁路区段牵引变电所倒闸作业，没有操作卡片的，值班员编写倒闸表经过供电调度员的审查同意后下令执行；高速铁路区段牵引变电所倒闸作业，没有操作卡片的，由供电调度编写倒闸卡片。

二、当地倒闸操作程序

（一）准备倒闸

供电调度根据倒闸项目及安排，提前通知值班员准备倒闸，值班员根据倒闸目的准备相应的操作卡片（倒闸表）、倒闸操作命令记录，助理值班员准备需用的安全用具和钥匙。

（二）发布倒闸命令

供电调度确认处所、受令人，加发令冠语“操作命令”后，发布发令时间、命令内容、倒闸卡片编号及发令人姓名。

值班员接受供电调度发布的倒闸操作命令后，受令复诵，认真记录，有疑问时，应问清楚，助理值班员要监听值班员复诵。

供电调度员确认无误后，给予命令编号和批准时间，无命令编号和批准时间的命令无效。每个倒闸命令，发令人和受令人双方均要认真填写倒闸操作命令记录。

（三）倒闸操作

值班员接受命令并正确记录后，操作前要先在模拟盘（后台机主接线图）上进行模拟操作，确认操作条件无误后方可进行设备倒闸。

值班员手执倒闸卡片（倒闸表）或倒闸操作命令记录本与助理值班员共同核对设备位置，按倒闸卡片（倒闸表）中的“倒闸程序”或倒闸操作命令记录中的命令内容逐项进行呼唤应答，每一步操作由监护人手指应操作设备，操作人手指复诵确认后操作。

操作时，应观察机械指示、位置信号灯、表计指示等的变化情况，确认开关分合是否正常，操作目的是否达到。一项操作确认完成后，方可执行下一项操作。

（四）消令

倒闸操作完成后，应立即消令。值班员确认发令人与己对话后，报告所名称、命令编号及消令人姓名。

供电调度员确认消令人无误后，发出消令时间、发令人姓名。值班员复诵确认，至此倒闸作业结束。

三、远动倒闸程序

远动设备正常的牵引变电所电动设备的停/送电倒闸操作、改变运行方式、事故应急处置由供电调度远动倒闸操作。开关位置状态通过遥信、遥测信息判断、确认。发生设备远动操作失败或开关位置无法确认等问题时，供电调度通知值守人员配合确认或处理。

四、倒闸注意事项

值班员接受调度命令时，电话使用免提功能，助理值班员在旁监听。值班员接受调度命令，在《倒闸作业命令记录》中完整记录命令内容后，对照记录进行复诵。值班员接受命令后告诉助理值班员倒闸作业的具体内容，助理值班员进行复诵，明确倒闸目的，然后进行模拟。模拟时必须对照倒闸命令（卡片），值班员唱票指位，助理值班员复诵回示。

倒闸作业每步必须呼唤应答，做到“三准、两清、一稳”，即：操作卡片看得准、设备编号对得准、操作位置站得准；唱票指位清、复诵回示清；操作设备稳。

五、编写倒闸卡片

（一）编写操作卡片及倒闸表要遵守的原则

停电时先断开负荷侧后断开电源侧，先断开断路器后断开隔离开关。送电时，与上述操作程序相反。

隔离开关分闸时，先断开主闸刀，后闭合接地闸刀；合闸时，与上述程序相反。

禁止带负荷进行隔离开关的倒闸作业和在接地闸刀闭合的状态下强行闭合主闸刀。

与断路器并联的隔离开关只有当断路器闭合时方可操作。当回路中未装设断路器时可用隔离开关进行开、合电压互感器、避雷器的操作，开、合母线和直接接在母线上的电容电流，开、合变压器中性点的接地线。用室外三联隔离开关开、合 10 kV 及以下、电流不超过 15 A 的负荷，开、合 10 kV 及以下、电流不超过 70 A 的环路均衡电流。

编写倒闸程序中，所有电动操作的断路器、隔离开关，均用“分”或“合”表述；所有手动操作的隔离开关，均用“拉开”或“合上”表述，二次空气开关使用“断开”或“合上”表述，转换开关使用“打至××位”表述。

（二）倒闸卡片编制

倒闸卡片分为标题、编号、倒闸目的和倒闸程序四部分。

标题为“××变电所倒闸操作卡片”。

倒闸操作卡片的编号遵循从馈线侧到线路侧，编号从小到大，“停电”“撤除”等操作编写为奇数，“送电”“投入”等操作编写为偶数的原则进行。主变、进线倒切的倒闸操作卡片可顺序编号。倒闸操作卡片中，编号冠以字母简称，馈线简写为 KX，牵引变压器简写为 QB，自用变简写为 ZB，动力变压器简写为 DB，电容补偿装置简写为 DR，进线简写为Ⅰ回 JX、Ⅱ回 JX。字母后边即为卡片的数字编号。如 1 号馈线停电倒闸操作卡片编号为 KX-01，送电倒闸操作卡片编号为 KX-02。

倒闸目的栏应用简明、准确语言表述本次操作目的，并明确运行开关号。如：211 开关带 1#馈线运行需停电时，倒闸目的为 1#KX（211）停电（** – **）；21B 开关带 1#馈线运行需停电时，倒闸目的为 1#KX（21B）停电（** – **）。** – **为供电臂的起始名称。

第五节　设备检修

一、电气设备的检修作业

电气设备的检修作业分 5 种。

高压设备停电作业：在停电的高压设备上进行的作业及在低压设备和二次回路上进行的需要高压设备停电的作业。

高压设备带电作业：在带电的高压设备上进行的作业。

高压设备远离带电部分的作业：当作业人员与高压设备带电部分之间保持规定的安全距离时，在高压设备上进行的作业。

低压设备停电作业：在停电的低压设备上进行的作业。

低压设备带电作业：在带电的低压设备上进行的作业。

二、工作票

根据作业性质不同，工作票分 3 类。

第一种工作票，用于高压设备停电作业。

第二种工作票，用于高压设备带电作业。

第三种工作票，用于远离带电部分的作业、低压设备上作业以及在二次回路上进行的不需高压设备停电的作业。

三、工作票安全规定

工作票是在牵引变电所内进行作业的书面依据，填写要字迹清楚、正确，不得用铅笔书写。工作票要 1 式 2 份，1 份交工作领导人，1 份交牵引变电所值班员。值班员据此办理准许作业手续，做好安全措施。

事故抢修、情况紧急时可不开工作票，但应向供电调度报告概况，听从供电调度的指挥；在作业前必须按规定做好安全措施，并将作业的时间、地点、内容及批准人的姓名等记入值班日志中。

在必须立即改变继电保护装置整定值的紧急情况下，可不办理工作票，由当班的供电调度员远程更改下令，值班员（运行检修人员）更改定值，事后供电调度员和值班员（运行检修人员）应记录上述过程。

第一种工作票的有效时间，以批准的检修期为限。若在规定的工作时间内作业不能完成，应在规定的结束时间前，根据工作领导人的请求，由值班员向供电调度办理延期手续。第二种、第三种工作票有效时间最长为 1 个工作日，不得延长。

发票人在工作前要尽早将工作票交给工作领导人和值班员，使之有足够的时间熟悉工作票中内容及做好准备工作。工作领导人和值班员对工作票内容有不同意见时，要向发票人及时提出，经过认真分析，确认正确无误，方准作业。工作票中规定的作业组成员，一般不应更换，若必须更换时，应经发票人同意，若发票人不在，可经工作领导人同意，但工作领导人更换时必须经发票人同意，并均要在工作票上签字。工作领导人应将作业组成员的变更情况及时通知值班员。

四、工作票办理

（一）第一种工作票办理

1. 申请作业命令

检修负责人提前一天向变电所提报作业计划，变电所值班（值守）员向供电调度提报作业计划并做好记录。作业开始前，值班（值守）员向供电调度宣读工作票，申请作业命令，经供电调度审核不需倒闸可开始的作业，供电调度直接发布作业命令及要求完成时间；需设备倒切方能开始的作业，通过供电调度远方倒闸或发布倒闸命令由值班（值守）员当地位操作后发布作业命令及要求完成时间。

2. 办理安全措施

对停电的设备必须从可能来电的各个方面切断电源，并要有明显的断开点。运行中的星形接线设备，其中性点应视为带电部分。对于可能送电至停电作业设备上的有关部分均要装设接地线，对可能产生感应电压危及人身安全时，应增设接地线，接地线的位置应明确地点。

工作票中所断开的断路器和隔离开关的操作把手均应悬挂“有人工作，禁止合闸”的标示牌。高压设备停电作业时，在作业地点附近带电设备与停电设备之间要用警示带隔开。在室内设备上作业时，在与作业地点相邻的四周分间栅栏上要悬挂“止步，高压危险!”的标示牌。在禁止作业人员通行的过道处要装设防护栅，并悬挂“止步，高压危险!”的标示牌。当作业人员与带电设备之间的安全距离较近时，在被检修的设备与带电设备间加装防护挡板。工作票中应将作业区附近可能引起作业人员误触、误碰的带电设备标注清楚，使全体作业人员熟知作业附近有电设备。断开断路器和隔离开关的操作电源，断开电压互感器二次空气开关或小保险。自用变停用后还应断开其二次自动空气开关。可远动操作的开关检修时，将“远动/当地”有关转换开关打至“当地”位。线路、主变回路检修时撤除自投回路。

高压设备验电接地作业必须由两人进行，一人操作、一人监护，按规定穿戴劳保防护用品。验电接地前，先模拟操作。验电前先试验电器声、光确认良好，然后在有电设备上检验，确认验电器正常后，方可对停电设备的进、出线验电，雷雨天气时，严禁验电器验电。装设接地线前先检查接地线状态，确认接地线无断股、散股，接头连接部位接触良好后，方可按规定的装设接地线程序对验明已停电的设备装设接地线。装设接地线时先装接地端，后装设备端。

按要求悬挂设置警示标志、警示带等，在作业结束前，任何人不得拆除或移动防护栅、警示带和标示牌。

3. 开始作业

每次开工前，工作领导人要在作业地点向作业组全体成员宣讲工作票，布置安全措施。工作领导人主要负责监护作业组成员的作业安全，不参加具体作业。当作业人员较多或范围较广，工作领导人监护不到时，可另设监护人。牵引变电所工长或值班（值守）人员要随时巡视作业地点，发现不安全情况要及时指出，若属危及人身、行车、设备安全的紧急情况时，有权制止其作业，令其撤出作业地点；必须继续进行作业，要重新办理准许作业手续，并记录中断作业的地点、时间及原因。

4. 作业结束

当作业全部完成时，由作业组负责清理作业地点，工作领导人会同值班（值守）员检查作业中涉及的所有设备，确认可以投入运行后，工作领导人在工作票中填写结束时间并签字，值班（值守）员拆除所有的接地线，点清其数目，并核对号码，拆除临时防护栅和标示牌，恢复常设的防护栅和标志，必要时应测量设备状态。

当办完结束工作票手续后，值班（值守）员向供电调度请求消除停电作业命令。供电调度员确认该作业已经结束，具备送电条件时，给予消除作业命令时间，双方记入作业命令记录中。同一个停电范围内有几个作业组同时作业时，对每一个作业组，值班（值守）员必须分别向供电调度请求消除停电作业命令。

（二）第二种工作票办理

高压设备带电作业需办理第二种工作票。带电作业按作业方式分为直接带电作业和间接带电作业。直接带电作业是用绝缘工具将人体与接地体隔开，使人体与带电体的电位相同，从而直接在带电设备上的作业；间接带电作业是借助绝缘工具，在带电设备上的作业。牵引变电所由于设备布局影响，开展直接带电作业，作业范围与接地体间距难以保证，作业人身设备安全风险大，另外由于绝缘工具以及等电位装备要求高等，一般不应采用高压设备直接带电作业。对于搭建的鸟窝、挂网的风筝、线路结冰等异物，可以采用间接带电作业清除，但考虑清除物可能会短接供电设备时，应采用高压设备停电作业清除。

1. 工具准备

带电作业前，工作领导人组织作业组员准备带电作业工具，包括绝缘杆（打冰杆）、绝缘靴、绝缘手套等，仔细检查其外观是否损坏、变形、失灵等。用清洁干燥的抹布擦拭绝缘杆（打冰杆）有效绝缘部分，用 2500 V 兆欧表分段测量（电极宽 2 cm，极间距 2 cm）有效绝缘部分的绝缘电阻，不得低于 700 MΩ。

2. 申请作业命令

除有权自行倒闸的设备外，属供电调度管辖的设备，带电作业前，由值班（值守）员向供电调度申请带电作业命令，申请时要说明作业地点、内容、时间、安全措施、班组和工作领导人姓名。供电调度员审查符合条件后发布带电作业命令，受令人复诵，经确认无误后给予命令编号和批准时间。发令人和受令人同时填写作业命令记录。值班（值守）员将作业命令编号和批准时间填写在工作票中。

3. 开始作业

值班（值守）员向工作领导人讲解安全注意事项及工作要求后，将工作票交给工作领导人，工作领导人填写开始作业时间。每次开工前，工作领导人要在作业地点向作业组全体成员宣讲工作票，布置安全措施。工作领导人主要负责监护作业组成员的作业安全，不参加具体作业。作业过程中不得短接设备有效绝缘部分，不得损坏绝缘部件，并防止清除物掉落伤人。

4. 作业结束

当作业全部完成时，由作业组负责清理作业地点，工作领导人会同值班（值守）员检查作业中涉及的所有设备，确认设备安全良好后，工作领导人在工作票中填写结束时间并签字，值班（值守）员向供电调度请求消除带电作业命令。供电调度员确认该作业已经结束，给予消除作业命令时间，双方记入作业命令记录中。

（三）第三种工作票办理

对于远离带电部分的作业、低压设备上作业，以及在二次回路上进行的不需高压设备停电的作业采用第三种工作票，第三种工作票由当班值班（值守）人员办理。远离带电部分的作业，例如清扫外壳、更换整修附件、更换硅胶、整修基础、取油样以及能保证人身和设备安全的简单作业，作业人员和监护人员安全等级分别不低于二级和三级；集中接地装置、N 线、回流线上作业以及低压设备作业时，一般应停电进行，但对不断开回流线的作业且经确认回流线各部分连接良好时可带电进行；对断开作业的回流线，要有可靠的旁路线。在低压设备上作业时，严禁 1 人单独作业。低压带电作业的人员安全等级不得低于三级。

1. 工具准备

作业前，工作领导人组织作业组员准备作业工具，包括螺丝刀、刷子、万用表、绝缘靴、绝缘手套、绝缘垫等。作业用的工具手柄要绝缘包扎，作业人员穿紧袖口的工作服，戴工作帽、手套。

2. 办理安全措施

值班（值守）员根据工作票要求设置绝缘挡板、警示标志等，办理完安全措施后填写准予作业时间。

3. 开始作业

工作领导人检查安全措施后无误后填写开始作业时间。每次开工前，工作领导人要在作业地点向作业组全体成员宣讲工作票，布置安全措施。作业过程中要注意附近带电设备，随时与带电部分保持足够的安全距离，作业过程中直流回路不得接地或短路，电压互感器二次回路严禁短路，电流互感器二次回路严禁开路。

4. 作业结束

当作业全部完成时，由作业组负责清理作业地点，工作领导人会同值班（值守）员检查作业中涉及的所有设备，确认设备安全良好后，工作领导人在工作票中填写结束时间并签字，值班（值守）员填写工作票结束时间并签字。

本章小结

本章介绍了牵引变电所运行管理基本知识，对牵引变电所值班、巡视、倒闸、检修工作票办理期间相关规定做了详细的说明，从事牵引变电所运行检修的值班、值守人员以及技术人员应熟练掌握。

复习思考题

1. 简述触电紧急救护的方法？
2. 电气作业安全用具主要有哪些？万用表使用注意事项有哪些？
3. 牵引变电所主要技术资料有哪些？
4. 电气设备巡视一般项目及要求有哪些？
5. 电气设备倒闸卡片编写的原则是什么？
6. 电气设备检修工作票分几类，各用于哪些作业？

第九章　牵引变电所故障分析和处理

第九章课件

第一节　事故处理原则

在牵引变电所中，当发生电气设备事故（故障）时，值班人员应迅速报告供电调度，除按规定进行现场防护外，还应在力所能及的范围内采取措施，防止事故的发展，尽可能消除事故根源，减少事故损失。在危及人身安全或设备安全的紧急情况下，值班人员可先行断开有关的断路器和隔离开关，然后再报告供电调度。

在事故发生后，供电调度要与行车调度加强联系、密切配合，采取有效措施，适当调整运行方式，尽可能减少对行车的影响，及时安排抢修或处理时间，尽快恢复对接触网的供电和正常行车秩序。

事故抢修可不要工作票，但必须有供电调度的命令，并按规定做好安全措施后才可进行。事故抢修时，牵引变电所所长应尽速赶至现场并担任事故抢修工作领导人，如所长不在即由当班值班负责人自动担任抢修领导工作。事故抢修工作领导人应沉着冷静，首先根据断路器、保护及自动装置动作情况，各种信号及表计显示、信息报文以及异常现象进行综合分析判断，然后组织值班人员以及在变电所的检修人员共同进行检修。切忌慌乱匆忙或未经慎重考虑即行处理，以免事故扩大，造成不应有的损失。事故抢修时应有明确的分工，并指定专人负责与供电调度保持联系。各级领导及有关技术人员应通过供电调度了解现场情况和下达指示，不宜分别直接与发生事故的变电所联系，以免造成混乱。

事故处理后，应将事故发生及处理经过详尽如实地记录下来，并及时组织有关人员分析事故原因，讨论处理措施是否得当，同时制定预防措施等。

交接班时发生事故，按值班制度有关规定执行，一般应由交班人员处理，当处理告一段落后，方可进行交接。

断路器自动跳闸后，不论是什么原因造成，值班人员均应按“断路器自动跳闸后处理的作业程序”进行。

上述一般原则在牵引变电所的事故处理中是普遍适用的，下面就断路器自动跳闸、失压的处理原则分别进行讲述。

一、断路器自动跳闸后的处理原则

断路器自动跳闸后应全面检查跳闸断路器及所在系统内的有关设备，查明跳闸原因，保护和自动装置动作情况、信号动作情况，采取措施尽快恢复供电。跳闸后应逐台统计自动跳闸次数，跳闸后处理的程序如下所述。

1. 确认跳闸断路器及各种信号

在值班员监护下，助理值班员按倒闸操作有关规定进行下列各项并确认、复诵及操作：

（1）解除事故音响及预告音响信号。

（2）确认跳闸时间及断路器。

（3）确认和复归其他信号。按馈线侧、主变压器低压侧、主变压器高压侧、220 或 330 kV 线路侧：先 A 相后 B 相：先 1#系统后 2#系统等顺序进行以下作业：

① 确认并记录断路器运行编号，将后台机断路器位置闪烁信号消除。

② 检查打印机是否自动打印有关事故报告，若未打印时，通过后台管理机调取事故报告进行打印，确认跳闸断路器保护装置运行正常，复归动作信号。

③ 若为 27.5 kV 馈线断路器跳闸，还应打印或调取故障测距装置报告。

2. 向供电调度汇报跳闸情况

由值班员汇报，助理值班员复核，其内容为：按信息发出时间的先后顺序，依次汇报跳闸时间、跳闸断路器的运行编号、动作的保护名称、自动装置动作情况、保护动作时的电压、电流参数、故障测距装置指示值：事故信号、预告信号的音响和灯光动作的情况。

汇报格式举例如下：

【例 1】××变电所，×时×分，211 断路器××保护动作、重合成功，27.5 kV 电压 10.2 kV，短路电流 2500 A，阻抗角 70°，故障测距×千米，对应线路××千米××米，信号正常。

【例 2】××变电所，×时×分，201、203、101 断路器跳闸，1 号主变压器 330 kV A 相过流保护动作、330 kV 电压 U_{AB}：40.2 kV，U_{BC}：85.2 kV，U_{CA}：68.2 kV，330 kV 电流，A 相：230 A，B 相：80 A，C 相：140 A，101 绿灯不亮，其他信号正常。

3. 检查本所内有关的一次设备

由值班员确认能否恢复安全供电。检查的范围和重点如下：

（1）逐一检查跳闸断路器的状态。即气压正常，灭弧室无放电、辉光，触头有无严重烧损；绝缘部件有无破损和放电；操作机构储能是否正常等。

（2）检查保护动作范围内各一次设备。重点为绝缘部件有无破损和放电：连接部件有无变形过热：确认有无因断路器跳闸而出现危及送电的故障设备。

（3）如发现有喷油、喷气、部件爆裂以及电弧放电痕迹的设备和绝缘件时，还应该检查故障设备周围的其他设备有无受此影响，以致危及安全送电的情况。

上述检查后发现有不能继续运行的设备或已发生异常的设备时，应随即向供电调度汇报，必要时根据供电调度命令，组织人员进行临时处理。

4. 检查有故障的二次回路

如在跳闸的同时根据信号显示情况判断出二次回路有故障时，在完成上述三项工作后，由值班员带领助理值班员按控制、保护、信号及其他回路的顺序进行故障的检查、判断及处理。经确认或排除二次回路故障达到不致危及安全运行后，方可投入与发生故障回路有关的设备。

5. 根据供电调度命令进行必要的倒闸作业

为尽快恢复向接触网供电，可在确认可保证安全送电时进行倒闸。此项工作可在 3、4 项未全部完成前进行。

6. 做好记录

值班员在向供电调度汇报以及处理故障后，应分别将跳闸情况和发现的设备异状及处理经过，记录在运行日志、断路器跳闸及保护动作记录，故障缺陷记录等有关记录簿上。

反映主变压器内部故障的瓦斯保护动作跳后，一般不应该继续投入运行，只有确认保护误动作或经过试验排除内部故障后，方可再投入运行。

差动保护和主变高压侧过电流保护动作跳闸后，应首先检查主变压器，如未发现异常则需进一步检查该主变压器所在系统其他外部设备及二次回路。当确认是因外部故障引起保护动作并跳闸时，可将故障设备隔离后继续将该主变压器投入运行。

27.5 kV 过电流保护动作后，由于 27.5 kV 过电流保护保护范围不是变压器本身，而是变压器以外的设备，故只需检查该保护所配置的电流互感器至馈线断路器间支持绝缘子及母线所连设备即可，当确认此范围内无故障或已将故障隔离后，该主变压器系统便可继续投入运行。

二、失压后的处理原则

1. 进线电源失压

当运行中的主变压器不发出正常“嗡嗡”声时，即可判断为进线电源进线母线失压。此时应该自投装置动作倒切至另一路进线运行。

失压原因可以是电力系统事故引起，也可能是本所设备故障或误操作造成电力系统电源侧断路器跳闸引起停电。

进线电源失压自投装置动作成功后值班人员应迅速巡视本所运行设备是否正常，确认运行无异常后，巡视另一路进线电源设备是否有异常情况，并将巡视情况汇报供电调度。

进线电源失压自投装置动作未动作或动作失败时，值班人员应立即将情况汇报供电调度，确认另一路进线电源电压正常时，在供电调度指挥下按照失压自投动作的倒闸程序进行电源倒切倒闸作业。

若两路进线全部失压时，值班人员立即汇报供电调度，供电调度根据掌握的停电信息联系电力系统尽快恢复一路电源供电，同时启动越区供电程序，组织向接触网送电。

进线电源失压若是由于本所设备故障造成时，值班人员应立即汇报供电调度，双 T 接线、线路变压器组接线主变高压断路器电源侧的隔离开关、电流互感器、电压互感器、避雷器、母线等发生事故或误操作引起短路时，会致使电力系统电源侧断路器跳闸，从而引起牵引变电所进线失压。发生此类故障时，供电调度应立即组织对故障设备进行有隔离后，联系地方调度恢复牵引变电所进电源供电。

2. 27.5 kV 母线失压

主变压器高压侧有电而 27.5 kV 侧无电，一般称为 27.5 kV 母线失压。

27.5 kV 母线失压多是由于主变压器 27.5 kV 侧断路器至馈线断路器之间的设备事故或误操作引起短路所致，也可能是牵引网事故而馈线保护或断路器拒动造成主变压器 27.5 kV 侧过电流保护动作跳闸引起。

由于主变压器 27.5 kV 侧断路器至馈线断路器之间的设备事故造成主变压器 27.5 kV 侧断路器的跳闸，若能够通过母线分段或采取隔离措施恢复供电时，应立即组织进行倒闸作业或抢修恢复供电，若短时不能隔离故障时，应及时启动越区供电程序，组织向接触网供电。

由于牵引网事故而馈线保护或断路器拒动造成 27.5 kV 母线失压，应将故障的馈线断路器断开后，再恢复母线及其他馈线的送电。

需要注意的是，牵引变电所 27.5 kV 侧多采用单相断路器，若 27.5 kV 三相自用电变压器为交流自用电系统的主用电源，所以常因发生 27.5kV 单相母线失压而造成自用电变压器的缺相运行。若牵引变电所无 10kV 自用电变压器或交流自用电未进行自动倒切时，应立即手动断开交流盘 27.5 kV 自用变交流进线空气开关或倒切至 10 kV 自用电运行。

3. 馈电线失压

牵引变电所 27.5 kV 母线有电而馈线无电，一般称为馈线失压。

馈线失压是由馈线保护范围内的设备（即供电线、接触网等）事故或误操作引起短路所产生。它必然造成馈线断路器跳闸，这时值班人员应按前述断路器自动跳闸的处理原则处理。

供电调度在接到有关断路器自动跳闸的报告后，应根据保护动作情况、故障测距的指示、行车和检修以及气候等情况进行综合分析，查找跳闸原因，排除故障，尽快恢复供电。

自动重合闸装置投入运行的馈线断路器自动跳闸后如重合闸不成功，供电调度经初步查找未排除故障时，一般可以试送一次，若故障性质为 F 线故障时，试送电前可断开变电所 AT 所，AT 分区所 F 线隔离开关。若自动重合闸装置未投入或未动作时，一般可试送两次。如试送不成功或试送成功后几分钟内又再次自动跳闸时，则应通知有关接触网工区进行事故巡线查找故障，不宜再盲目试送。

采用 AT 供电全并联供电方式供电时，若发生上下行馈线断路器均重合失败时，应检查 AT 所，AT 分区所上下行并联断路器或隔离开关是否断开，若未断开应分闸后根据跳闸数据进行分析，分行别组织试送电。

第二节　变压器的事故分析和处理

一、变压器的事故

变压器与其他电气设备相比，它的事故机率是较低的，这是因为它是静止的电器，且其主要部件浸在绝缘油中，故有一个可靠的工作条件。只要对变压器的运行加强监视，定期进行检修和预防性试验，事故是可以避免的。但是在运行中，因操作不当、检修质量不良、设备缺陷未及时消除等原因，也可能会引起事故。由于牵引网短路事故频繁，使该主变压器承受穿越性短路电流次数比一般电力系统多得多，因巨大电动力多次冲击，造成牵引变压器容易发生故障。因此牵引变压器不仅在制造时结构上较普通电力变压器需要加强，运行中还需要制定可行的应急预案，减少事故的影响。

二、变压器运行中的异常现象

牵引变电所主变压器的事故主要发生在线圈、铁芯、分接开关、套管、引出线和油箱等部位。线圈匝间短路引致变压器的损坏在变压器的事故中所占比例是比较大的。线圈的匝间短路是指相邻几个线匝间绝缘损坏，构成闭合短路回路，并使该相线圈匝数减少。由于其短路回路中会产生过热，从而引起变压器绝缘进一步损坏。

造成匝间短路的原因有工厂生产时不慎留下绝缘的机械损伤，或某些铜刺、铁刺将绝缘损伤留下隐患；因运行年久或长期频繁过负荷致使绝缘老化；由于穿越性短路频繁发生，线圈在巨大电动力作用下发生变形而将绝缘损坏；水分进入变压器内粘附于匝间，使绝缘受潮等等。

铁芯主要是硅钢片间绝缘损坏，涡流增大；穿心螺杆绝缘及其阙端绝缘垫损坏，在铁芯和螺杆间产生短路环生事故或误操作引起短路时，因本所断路器不会跳闸而使电生事故或误操作引起短路时，因本所断路器不会跳闸而使电流；接线错误或残留焊渣形或铁芯多点接地，因此产生环流使铁芯局部过热，严重时甚至会使铁芯发生熔焊现象。

分接开关接触不良的产生，主要是由于其切换后接触面压力不够；分接开关接触处因有油泥、毛刺使动、静触头间形成油泥膜或空隙；因接触面过小而使触头熔伤；分接开关的定位指示与其实际位置不对应，指示虽到位而开关却未接触等等。分接开关接触不良将造成放电和局部过热。

套管闪络和爆炸事故主要因套管密封不严进水使绝缘受潮损坏；电容芯子制造不良，内部发生游离放电；套管表面积垢严重或有裂纹，外部引线与套管连接不良渗漏油，造成表面闪络放电。引线机械损伤、与套管中导电杆连接不良、引出线与线圈焊接不牢等在多次短路冲击后使引出线断线。

油箱及散热器等的故障主要是渗、漏油，常发生在焊缝、阀门以及箱盖（钟罩式则为底盘）的法兰连接处等等。

在变压器运行中发现异常时值班人员均应报告供电调度，并适当增加巡视次数，密切监视表计指示情况，以便及时采取应急措施，但不能轻易将发生异常现象的主变压器停止运行。尤其是只有一台主变压器投入运行，而另一台正在检修或待修时更应慎重，以免造成全所停电。对于变压器在运行中可能出现的异常现象，以及对这些异常现象所进行的分析与处理，兹分述如下。

1. 音响异常

根据运行经验，产生异音的因素很多，发生部位也不尽相同，只要不断地总结经验，细心辨析变压器的声音，并与正常音响比较，便能作出合乎实际的判断。

（1）过电压、过电流引起的异音。此声音仍是“嗡嗡”声，应无杂音，但突然增大且沉重，或随负荷急剧变化呈现“喀、喀、喀”突出的间歇响声。由于铁磁谐振，发出“嗡嗡”

声和尖细的“哼哼”声，并且忽粗忽细。

出现上述异音时，值班人员应迅速观察该变压器的电流表和电压表。若指针与声音同时摆动，一般可认为正常。为了确认判断正确与否，还可进一步通过供电调度了解供电臂内机车运行情况以及查问所内动力负荷使用情况。大功率的电机（如滤油泵、电焊机、电力机车）起动；电力机车过分相绝缘器换相；馈线短路等均会出现上述异音。

（2）安装在变压器上的附件撞击外壳或振动引起的异音——杂音。这是由变压器内部铁芯振动引起其他附件振动，或在两部件接触处相互撞击造成。如穿控制线的轴管与外壳或散热器撞击；起吊环的穿杆、温度计、通风电机及其扇叶、气体继电器中间端子盒颤动等。此时如变压器各部运行正常，各种表计指示亦符合规定，值班人员仍应认真寻找声源，在最响的一侧用手或木棒按住可能发出声响的部件，再听声音有何变化。如按住后不再发生异音，可稍改变该部件安装位置或进行局部加固，以便尽量消除这种干扰性杂音音响。

（3）外部放电引起的异音。在雨、雾、雪天气下，因套管电晕放电或辉光放电；套管与引线连接不良，测试介损用的引出小套管损坏或与地间的连线连接不良等造成放电，这些放电均为“嘶嘶”、“嗤嗤”声。在进行夜间熄灯巡视时，可发现蓝色小火花，外部引线连接不良处还可能有过热发红的现象。对此现象值班人员应及时向供电调度提出停电申请，将该主变压器解列进行清扫及紧固等处理。在未处理前应密切监视放电的发展。

（4）变压器内部接触不良或短路而放电的异音。这时产生“噼啪”声或“嗤嗤”声，伴之有变压器油局部沸腾的“咕噜咕噜”声。通常还会随之出现轻瓦斯动作的信号或油色加深等外部现象。

发生上述现象时，值班人员应将耳紧贴变压器外壳，或通过管子按在外壳上仔细分辨声音，并结合轻瓦斯动作后应采取的措施进行必要的检查。有条件的可立即进行红外线测温，以及用超声波探测局部放电等，以确定是否存在局部放电和过热的部位。经检查和综合分析确认有异常时，应停止运行并进行吊心检查。

（5）变压器内部固定用的个别零件松动而引起的异音，可有“叮叮”声、“当当”声、“咚咚”声、“突突”声，甚至有惊人的“叮叮当当”锤击声和“呼呼呼”的似刮狂风声。但一般情况下初发现时声音多呈间歇性，逐渐发展至频繁出现以至持续的声音，且声响逐渐增大，但是油色、油温、油位均正常。

此时值班人员除加强巡视认真辨别外，在负荷较大时或发生穿越性短路时应有意识地注意声音的变化。经过一段时期的观察，排除外部声源的可能，确认为内部异音或异音已频繁出现时，应请求将发生内部异音的主变压器停止运行并吊心检查。

运行经验表明，变压器器身上穿心螺杆的螺母、铁芯与基座间的固定螺栓、线圈间的绝缘垫块等经过长时间的运行振动及多次电动力的冲击，发生松动甚至脱离而产生上述异常音响的现象是有很多记录在案的。

2. 油温不断急剧地升高

当变压器油温超过定值时，值班员要检查原因，采取措施降低油温。为此要进行下列工作。

（1）检查变压器负荷和温度，并与正常情况下油温核对。

（2）核对油温温度计运行是否正常，指示是否正确。

（3）检查冷却装置及通风情况，如散热器阀门是否全部开启，通风电机是否全部开动，叶片安装位置及转动方向是否正确等。

经上述检查未发现异常时，应增加巡视次数，密切监视变压器的负荷和温度。一旦发现油温比相同条件下高出 10 °C 以上，且仍继续上升或油温已达 75 °C 及以上超过 20 min 时，一般可认为变压器有内部故障。若油温持续升高，变压器油色转暗，这预示着油有燃着的危险，应及时将其退出运行等待检查。

3. 轻瓦斯保护动作

轻瓦斯保护动作常在滤油、加油后，空气进入变压器内部；温度下降或漏油使油面缓慢降低；外部穿越性短路引起油流冲动；变压器内部有轻微故障或局部发热；直流回路绝缘老化、各种触点连接不良、接线错误等情况下出现。

当轻瓦斯保护动作给出信号后，值班人员除准确记录每次动作时间及动作次数外，还应根据动作时的情况进行分析判断。

首先应确认本所当时是否发生穿越性短路以及 24 h 前该变压器是否曾加油、滤油或更换热虹吸过滤器。如属上述情况可在气体继电器放气嘴上将气排尽，使动作信号复归，然后对变压器作外观检查并加强监视。如不属上述情况则应依次作如下处理：

（1）对变压器进行全面外观检查。检查其油位、油色、油温；电流、电压表指示：音响是否正常；有无严重漏油等。

（2）检查二次回路有无显故障。

（3）检查气体继电器内是否有气体。如有气体时值班人员应根据气体的多少、颜色、是否可燃等，参照表 9-1 初步判断故障性质。

表 9-1　气体性质与故障性质关系表

气体性质	故障性质
无色、无臭、不可燃	油中进入空气
黄色、不易燃	木质材料故障
浅灰色、有强烈臭味、可燃	绝缘纸或纸板故障
灰、黑色、易燃	油质故障

如气体无色、无臭、不可燃，则变压器可继续运行。如气体可燃则必须停止运行，以便作进一步检查。如气体不可燃又不是空气时，则必须检查油的闪点，若闪点较过去记录低 5°C 以上时，变压器应停止运行。如难以判断，可在作气相色谱分析后确定。

4. 油位异常

变压器油枕内油位的正常变化（排除渗、漏油）决定于变压器油温变化，影响油温变化的因素为负荷、环境温度冷却装置运行情况。

一般情况下，在气温变化显著的冬、夏之初，随着油温显著的变化，随之出现油枕（即储油柜）油位过高或过低后，均应及时通知检修人员加油或放油。若由于渗、漏油严重使油位过低，则在加油同时采取堵漏、防渗措施。若因突然降温，油位已低至看不见，在未处理前，值班人员应适当关闭部分散热器，以免油温降得太快而暴露线圈。

如果油温变化正常，而油标管内油位不变或变化异常，应考虑是否油标管、吸湿器、防爆管气孔堵塞造成的假油面，此时不应加油或放油，而应安排检查和处理。

5. 冷却装置失常

油浸风冷式变压器通风电机全停或拆除两台以上，在排除故障的同时，应密切监视油温。若故障前油温已超过 55 °C 通风电机在运行中失常，则当变压器发出过热信号时，单台主变压器运行的牵引变电所应投入备用变压器。若无备用变压器，当变压器油温达到 85°C 及以上时，则应报告供电调度，此时应减少列车对数以减轻负荷。

6. 变压器着火

运行的变压器在发生内部短路故障时，若保护装置或断路器失常，不能迅速断开电源，这时由于绝缘油过热达到燃点会引起变压器着火。此时常伴随着大量喷油，更严重者有可能引起外壳的爆破。这种事故显然是极其严重的，也是绝对不该发生的。但是一旦发生这种情况，值班人员应首先切断电源。若变压器顶盖上部着火，应立即打开事故放油阀，将油放至低于着火处。救火时应采用四氯化碳灭火机或砂子，严禁用水灭火，并应注意油流方向，防止火灾扩展到其他设备上。

三、变压器立即停止运行的情况

当运行中的变压器出现下列情况之一者，均应立即停止行：

（1）变压器音响很大且不均匀或有爆裂声。

（2）油枕或压力释放阀喷油。

（3）冷却及油温测量系统正常，但油温较平常相同条件运行时高出 10 °C 以上，或不断上升时。

（4）套管严重破损和放电。

（5）由于漏油使油位不断下降或低于下限。

（6）油色不正常（隔膜式油枕者除外），或油内有碳质杂物。

（7）变压器着火。

（8）重瓦斯保护动作。

（9）因变压器内部故障引起纵差动保护动作。

其中发生（2）、（4）、（7）、（8）、（9）项中的某一项，且主变压两侧断路器未跳闸时，值班人员可立即手动使该变压器系高、低压侧断路器跳闸，然后再报告供电调度。出现其他一项时，应经供电调度批准后，根据其下达的命令将该变变压器退出运行。

第三节　断路器的事故分析和处理

当发现断路器在运行中有声音、气压、气色、气味异常，误动作或拒绝动作、套管闪络放电，喷油，断路器爆破、着火等事故时，值班人员应及时向供电调度报告，并根据信号及设备动作情况采取措施。断路器出现下列情况之一者，须立即停止使用，手车式断路器还应拉出手车至试验位置。

（1）断路器误动作或拒绝动作。

（2）自动跳闸次数已达到规定检修的数值。

（3）SF_6气体断路器中气体浑浊、变色或有臭味，白色沉淀物多，气压低于下限值，主触头严重烧伤，动弧触头铜钨合金部分脱落或烧损及以上，动主触头接触面上银触点未全部与静主触头平面接触，动、静弧触头不对位。

（4）真空断路器的真空汞弧室出现红色或乳白色辉光，内部零件脱落、氧化变色或失去铜的光泽，玻璃壳内有大片金属沉积物。

（5）绝缘套管严重破损和放电。

（6）断路器爆破或着火。

下面分类叙述断路器各种事故的分析、判断与处理。

一、断路器误动作和拒绝动作

未发出指令断路器即自动分、合闸称为误动作，发出分、合闸指令后断路器未完成动作，称为拒绝动作。拒绝合闸的断路器在确实无备用断路器的紧急情况下，可先投入然后再查找故障：拒绝跳闸及误跳的断路器在未排除故障前不得投入运行。

查找断路器误动作和拒绝动作原因时，首先应确定是机械部分还是电气部分故障。若系电气部分故障则应进一步确定是在电源部分或在控制回路。

（1）误动作的判断。

在未给出动作指令，或保护装置未动作且断路器位置信号显示正常又未发出预告信号的情况下断路器动作，假如此时电网无故障，变电所内也无其他倒闸操作时，可判断为断路器机械部分故障。否则考虑为因电网故障或所内其他倒闸操作，造成直流电源有较大波动或干扰引起，或为电气回路故障。若保护装置动作，但保护范围内并无故障时即可判断为保护装置及其回路故障。

（2）拒绝动作的判断。

断路器拒绝动作时，与电源可靠隔离后，可手动操作（若有故障拒绝跳闸时可先操作控制开关）使其分、合闸，若仍不成功可认为是机械部分故障。若分、合闸指示牌已转换，但未能开断或接通电路则是传动装置故障，否则多是操作机构故障。

当断路器合闸时，合闸铁芯虽能动作但出现卡滞或机构挂不牢等现象，此多属机构故障。有时由于跳跃闭锁继电器或断路器的辅助触点打开过早，这些则是机构与电气部分的故障。若合闸铁芯不动作，但合闸接触器已动作时，则是合闸操作回路故障；若合闸接触器也不动作则是合闸控制回路故障。

当断路器跳闸时，跳闸顶杆不动作乃为跳闸控制回路故障。当断路器拒动而引起越级跳闸时，如本级保护装置未动作而通过控制开关操作却可以跳闸时，则为保护装置及其回路故障。

（3）常见的电气部分故障。

断路器误动或拒动所常见的电气部分故障列于表 9-2。

表 9-2　常见的电气部分故障一览表

故障部位	故障情况	故障现象
电源部分	直流电源电压过低，低到断路器最低动作电电源压下限值以下。	拒绝动作
电气回路	① 二次接线错误（常在新安装或运行中变更、检修二次接线后，首次投人运行时出现）。 ② 回路中的熔断器及各元件（如线圈、触点，电阻、连片、切换片等）按触不良或断线，触点调整不良、卡滞、脱落、粘连等。 ③ 保护整定值不正确或有关保护回路接入的仪用互感器极性反接、变比接错，使保护装置误动作或拒绝动作。 ④ 操作不当，如控制开关手柄在跳、合位时停留时间过短。 ⑤ 直流系统元件或线路绝缘降低，成人员误碰、误动使直流两点接地。 ⑥ 分、合闸线圈绝缘不良，产生层间短路。 ⑦ 操作机构分、合闸线圈最低动作压不合格（高于上限值），而直流电源电压又较低。 ⑧ 储能电机控制回路故障，弹簧未储能	误动作或拒绝动作。 误动作或拒绝动作。 误动作或拒绝动作。 拒绝动作。 误动作或拒绝动作。 拒绝分、合闸。 拒绝动作。 误动作。 拒绝合闸

（4）当检查确认电气部分无故障而断路器出现误动作或拒绝动作时，一般是由于机械故障造成，需检修人员进行现场故障处理。

二、声音异常和严重过热

运行中的断路器如果有放电声，可能是触头损坏、触头不对位或六氟化硫气绝缘性能下降或气体压力不足引起内部放电，也可能是套管或支持绝缘子污秽、破损引起闪络。还有可能是引线松股、断股、连接线夹松动、手车式断路器隔离动、静触指接触不良或不对位引起外部放电。若存在内部持续放电，必定导致断路器过热，然而有些情况虽没有放电异音，但由于负荷电流超过规定，或断路器达不到铭牌容量，或泄漏电流增大及触头长时间接触不良等原因造成断路器过热。另外，SF_6断路器灭弧室压力不够，使灭弧效果欠佳、灭弧时间拖长等原因，也会造成断路器的过热。伴随过热出现的是气压升高、有焦臭味等。

放电和过热如不及时消除可能会引起断路器的“爆破”，因而在运行中应注意监视，若发现断路器放电声持续不断且温度持续上升时，应使之退出运行，并进行检查以排除故障。

断路器出现其他异音的原因有操作机构或传动装置等连接松动、提升杆损坏、部分零件脱落等。出现这些现象的断路器在动作时会发出金属撞击声或除铁芯跳动以外的冲击声，有可能造成断路器分、合闸不到位或短路接地。对此类异音亦应仔细观察、辨认发音的部位，以便及时处理。

断路器因气体等冲破安全阀（膜）或箱体破裂、变形均称为断路器爆破。以下几点原因均可能引起断路器的爆破。

（1）存在着内部放电及过热的潜伏性故障，因切断大电流次数较多，触头严重烧损以及受潮等原因使绝缘介质绝缘强度大大下降，逐渐发展成接地故障或在断路器动作时不能迅速灭弧。

（2）合闸时触头不对位，致使跳闸时灭弧室不起作用。如 SF_6 气体断路器动弧触头未插入静弧触头内，则在切除短路跳闸时，因活塞行程小且无封闭空间以致气体无压力而不能灭弧。

（3）跳闸动作缓慢（跳闸时间超过规定），使电弧延续时间过长，或断流容量不足引起。

（4）气体断路器气压过高超过上限值。

（5）真空断路器因漏气致使真空度降低，从而造成灭弧性能差。

断路器爆破大多发生在跳闸的同时，这是因为该断断路器内部已潜伏着故障，在其跳闸过程中又往往产生大电弧从而进一步使故障激化造成总爆发。运行经验表明，尤其在事故跳闸后重合不成功时，由于短时间内连续两次切断短路电流，灭弧室的绝缘性能未得以恢复，而燃弧过程中金属触头又迅速气化甚至脱落，因不能及时灭弧而引起爆破。

当断路器发生爆破后，值班人员应在爆破断路器与电源可靠隔离、且采取了必要的安全措施后，才可靠近设备进行检查。在处理爆破事故时，为保证安全供电和准确地查明事故原因，应注意以下几点：

（1）在多台断路器给出跳闸位置信号时，应先确认爆破断路器及其跳、合指示牌的指示。手车式断路器应取下闭锁杆拉出手车。

（2）断路器爆破时，由于冲出安全阀的气体极可能污染附近的尤其是本分间内的绝缘件，爆破的碎片也可能打坏其他设备，因此必须排除其他危及安全送电的因素，必要时在进行局部清扫后，方可中请投入备用断路器。

（3）爆破断路器与欲受电的母线间应有明显的断开点隔离。手车式断路器应拉出手车至试验位置或分间外。

（4）SF_6 气体断路器爆破后，值班人员应开启高压室通风电机及两端大门，尽快排除有毒气体。

三、其他故障

1. 气体断路器气压过低

气体断路器的气压指示值已低于告警值时，称为气压过低，发气压降低信号，此时应及时组织处置漏气点，并进行补气。当气压持续降低至闭锁值时，断路器分、合闸回路均被闭锁，运行中断路器不能分闸，供电调度应及时与行车调度联系，对通过断开上一级断路器停电后，将该断路器退出运行。检修和补气至正常压力，并经检漏合格后，方可组织投入运行。在未操作断开断路器之前，应先断开其操作电源，禁止分闸，不让已有故障的断路器切断短路电流，以免酿成更严重的事故。

2. 辅助开关、接点转换不到位

在断路器分闸控制回路中串有断路器辅助开关，合闸控制回路中串有断路器辅助开关和储能辅助接点，当这些接点转换未到位正常，一般会发出“控制回路断线”信号，此时组织将断路器退出运行，应按照处理二次回路故障的原则，查找故障原因，进行处置。

第四节　其他电器设备的事故分析和处理

一、互感器的事故分析和处理

电压互感器和电流互感器在变电所中起着测量、保护和监视电气设备正常运行的作用。由于工作在静止状态，所以故障机率较低，一般故障有绝缘损坏和熔断器熔断等。

1. 电压互感器故障

电压互感器在运行中常出现断线故障。这时综合自动化系统会发出“PT 断线”告警信息，有关电压指示不正常等现象，部分有低电压保护的设备故障跳闸等。

三台单相电压互感器组成一组的互感器，当某一相互感器高压熔断器熔断、二次侧空气开关跳闸以及二次回路发生断线时，熔断或断线相的电压表显示为零，其他相指示正常或偏低。

接入 27.5 kV 母线上的单相电压互感器高压熔断器熔断或二次回路断线时，其对应相电压指示为零，该相所有断路器保护同时给出母线失压或 PT 断线信号，此时馈线保护装置阻抗保护被闭锁或定值缩小。

处理电压互感器回路断线故障时，值班人员应首先采取措施，防止该电压互感器所带的继电保护和自动装置产生误动。然后检查电压互感器原边和副边的熔断器是否熔断。如果是高压熔断器熔断，应查明原因进行更换；如果是二次侧熔断器熔断或空气开关脱扣应立即更换或合上空气开关。换上更换熔断器后若再次熔断或合上空气开关后再次脱扣，就应查明原因，不可任意把熔断器熔体的截面增大。如果熔断器完好，则应检查电压互感器回路接头有无松动及断头现象，切换回路有无接触不良现象。在检查时要切实作好安全措施，保障人身安全。

若电压互感器内部有异音或冒烟时，对 35 kV 及以下的电压互感器应确认其一次侧熔断路已熔断，然后才能拉开隔离开关，以避免由隔离开关切断故障电流。对 110 kV 及以上电压互感器则应立即报告供电调度。请求下令或与电力系统调度联系联系，断开有关电源回路的断路器，值班人员确认电压互感器电源侧无电后才可拉开其隔离开关。

牵引变电所未发生跳闸而发出 27.5 kV 某相母线失压或该相所有保护发 PT 断线信号告警信号时，若 27.5 kV 自用变电压、接触网供电正常，应立即组织倒切至备用互感器。若互感器无备用时，应组织查找、处理故障，主变负荷较重的变电所同时应退出运行，相邻所越区供电，主变负荷较轻的变电所可监视运行，但应做好主变过流跳闸的应急准备。

2.电流互感器故障

电流互感器在运行中常见的故障有：二次侧开路、电流互感器本体发热、冒烟、线圈螺丝松动、声音异常、严重漏油等。对这些故障现象要正确判断及时处理。一般可用试温蜡片检查发热程度，从声响和表计指示情况判别是否二次侧开路。当发生二次侧开路故障时，有关表计指示发生变化或为零，电流回路端子排螺丝松动时还会出现打火花、表针摇摆现象。如果是在互感器本体处开路，处理时人员不能靠近，只能停电处理。若是主控制室内的配电屏端子排上的螺丝松动，可不停电处理。此时运行人员应站在绝缘垫上，戴上绝缘手套，穿上绝缘靴，用有绝缘的螺丝刀，动作果断地迅速拧紧螺钉。

无论电压互感器或电流互感器，当出现下列情况之一时，应立即停止运行。

（1）高压侧熔断器连续熔断二次（对电压互感器而言）。

（2）音响很大且不均匀或有爆裂声。

（3）有异味或冒烟。

（4）喷油或着火。

（5）由于漏油使油位不断下降并低于下限。

（6）严重的火花放电。

互感器着火时，应先切断电源，然后用砂子或干式灭火器灭火。

二、隔离开关的事故分析和处理

隔离开关常见的故障有接触部分过热、动作失常、支持绝缘子裂纹、破损、放电及爆炸等。现就这些故障现象进行分析并给出临时处理措施。

1. 接触部分过热

隔离开关的接触部分严重过热时，将造成闸刀刀口烧红，甚至发生熔焊现象，这是运行所不允许的。导流部分的连接螺栓、固定螺栓、弹簧等松动致使接触压力不足；刀口合得不严，接触面偏小，以及因烧伤或氧化而接触不良；过负荷超过额定值等均有可能造成接触部分的过热。

发现隔离开关过热时，应采取相应的降温措施，如尽力降低该开关的负荷，并在运行中加强监视。当发热情况不断恶化，威胁安全供电时，应立即停电，进行临时处理。临时处理可针对发热原因，紧固螺栓，调整接触面或接触压力等。

2. 动作失常

拒分、拒合、以及分合不到位均称为动作失常。

手动操作隔离开关动作失常的原因主要是机械部分故障，电动操作隔离开关动作失常则还有可能是电气回路故障。电气回路故障可在运行中查找处理。当电动操作隔离开关电气回路故障出现拒绝分合闸时，可先用手动操作。

当隔离开关拒绝分闸时，如系机构冻结或锈住，可用手握住手动机构操作手柄轻轻摇动，若是电动机构可用管钳或扳手夹住隔离开关垂直连杆轻轻摇动。摇动时应注意支持绝缘子和机构的每个部位，寻找出故障点。如故障点在接触部分，注意不要强行拉开，以免支持绝缘子遭到破坏。

隔离开关拒绝合闸多由轴销脱落、楔栓退出、铸铁断裂、刀杆与操作机构脱节等引起。

分合不到位以及合闸时发生旁击，主要是由于机械上的调整不当引起，有时也可能因闸刀扭曲、中心线不正引起。在确保人身安全的情况下可用管钳或扳手转动主轴，使隔离开关合闸或使其动作至正常分、合位置。但事后均应在允许停电时检查并处理。

3. 支持绝缘子破损、裂纹、放电、爆炸

隔离开关发生这些故障时均应尽可能改变运行方式，使其退出运行并进行检修。若支持绝缘子表面出现龟裂、掉釉、放电不严重时，可暂不停电，但应加强监视直至停电处理完毕。如不允许立即停电检修，而故障已威胁安全供电时，可短时停电并在短接该隔离开关后迅速恢复送电。如系馈线隔离开关故障，可用推上及拉出手车式馈线断路器来代替该隔离开关的倒闸操作。

三、GIS 柜的事故分析和处理

GIS 柜主要故障有 SF_6 气体泄漏，柜内绝缘击穿和设备拒动。

当发生 SF_6 气体泄漏时，柜内气体压力降低，压力低于报警值后，就会发出报警信号，提醒运行人员进行检查和补气。若气体泄漏严重或未及时补气，压力继续降低，低于闭锁值时，通过串联在控制回路的继电器接点断开柜内开关设备的控制回路，闭锁开关设备分合闸操作。对于运行的 GIS 柜断路器气室，应尽快组织通过断开上级电源断路器，再将故障柜退出运行，并检查和补气。若 GIS 柜母线室发生泄漏时，应先行进行补气，维持运行，等待停电进行查漏和补气。

GIS 柜内设备绝缘击穿若能通过拉开母线气室内隔离开关对故障进行隔离时，应拉开隔离开关对故障设备进行隔离，通过使用备用设备等恢复对接触网或重要设备供电。

GIS 柜内断路器、隔离开关出现拒动时，可按照断路器、隔离开故障进行检查处理。

处理 GIS 柜 SF_6 气体泄漏故障时，在进入高压室或电缆夹层等低位区域前，应开启通风装置进行强制通风 15 min 以上，并对 SF_6 和 O_2 含量进行检测，SF_6 含量低于 1000μL/L 且含氧量不低于 18%时，方可进入。

四、避雷器的事故分析和处理

避雷器在运行中出现的故障，通常有瓷套破裂或爆炸以及雷击放电后连接引线或动作计数器严重烧伤或烧断等。

当瓷套有裂纹或复合外护套破损时，如天气正常，应将该避雷器退出运行并予以更换。短时无备品而需临时处理时，可在裂纹或破损处涂敷环氧树脂以防受潮，但须安排短期内予以更换。

如正值雷雨天气，应尽可能不使避雷器退出运行，待雷雨过后再进行处理。如因瓷套裂纹或复合外护套破损已造成闪络时应立即停用。

当避雷器发生爆炸时应立即停用。

在切断有故障的避雷器前，应检查有无接地现象。若有接地现象，则不能直接用隔离开关或拆开带电装卸线夹的办法使避雷器退出工作，而应断开其电源侧断路器后方可拉开隔离开关或拆卸避雷器的引线。

五、电力电缆的事故分析和处理

电力电缆在运行中常见的故障有机械损伤、电缆终端头放电闪络、接线端子断裂、接地不良等。

电缆放电闪络多发生在终端头或中间接头处，其原因多系制作时密封不严造成绝缘受潮，或由于机械损伤将绝缘损坏，以及终端头或中间接头的接地线与铠装层或屏蔽层之间焊接不牢等。

在牵引变电所中由于牵引变压器一相接地运行，所以地中工作电流或故障电流除通过钢轨及接地装置构成回路外，还通过电缆外皮及支架等构成回路，使上述部分带电。在集中接地箱处，又因回流集中，电缆也较多，当铠装层电缆靠近上述导电部分但又未直接接触时会产生电位差，从而导致放电而将电缆烧伤。

在运行中发现有电缆放电时，应加强监视以查明放电部位和原因，并采取临时措施制止继续放电，当放电有所发展时应减小负荷运行。放电情况严重以至出现闪络或短路时应立即停电处理。

电缆绝缘受潮后，可利用红外线烘烤等方法进行干燥。经过处理绝缘电阻仍不合格，或仍有放电以及烧伤严重者，应将故障的电缆终端头、中间接头或受潮、烧伤的一段电缆切掉，重新制作电缆终端头及中间接头。电缆铠装层与其他导体之间放电时，应重新敷设并改变电缆走向，使之与其他导电物体保持足够距离，也可用绝缘物进行隔离。

六、高压母线的事故分析和处理

高压母线常见的故障有母线及连接金具发热、烧熔和放电，绝缘件放电闪络，短路电流引起的机械损伤等。

引起母线及金具发热、烧熔和放电的原因主要是过负荷，多股软母线松股或断股，连接处的紧固件过紧或过松，铜铝接触面氧化等。

引起绝缘件闪络放电的原因是表而脏污、裂纹，釉质老化等使绝缘降低所致。高压母线的穿墙套管放电，除了上述原因外还有两端密封胶垫老化或密封胶脱落使得内部受潮，以及套管内部为使电阻分布均匀而涂敷的银粉脱落等。穿墙套管除导体与法兰接地处通过套管表面放电外，也会在套管内腔发生放电现象。

当高压母线发生上述故障但尚未造成短路接地时，一般只须加强监视，仔细观察以确认故障部位。若危及安全供电时，应立即停电进行检修或临时处理。然而，由于母线停电涉及面广，因此务必慎重从事。

高压母线故障停电后，应针对故障原因进行处理。如对软母线可进行捆扎、补强，对连接螺栓给予紧固或更换滑扣的螺栓，对轻微放电、闪络的绝缘件表面进行清扫或涂以快干型有机硅树脂，以提高其绝缘水平；在不影响母线与接地部分之间安全距离的条件下，敲掉已严重烧伤或爆破的支持绝缘子，也可用拆卸连接部等办法将故障段与必须受电的母线有效地隔离，然后尽快恢复供电，直至允许停电时再作更换故障零件的永久性处理。

第五节　直流系统故障处理

一、直流母线电压消失或电压降低

产生直流母线电压消失的原因有直流两点接地造成熔断器熔断或空气开关跳闸、整流模块故障同时蓄电池输出空气开关跳闸等。产生直流母线电压降低的原因是交流电源失压或整流模块故障无输出电压，蓄电池容量降低，故障未及时发现，长时间运行造成。牵引变电所交流自用电可靠，失压机率极少，所以出现直流母线电压消失或降低的故障不多。AT 所、分区所两路自用电在“天窗”时间会出现全部停电情况，易发生直流母线电压消失或降低故障。

当出现直流母线电压消失时，应首先检查直流系统母线是否发生短路，造成整流模块故障以及蓄电池输出空开跳闸，若发生短路时，母线能够分段运行时，立即对故障母线隔离，将故障母线段所供重要负荷转移到另一段母线上运行，然后对故障母线进行检修。若直流母线无明显故障，应在断开该组直流母线所带的全部负荷后，向空载母线试送电。当试送电成功后，可按先重要后次要的顺序依次向直流负荷送电，一旦送至某支路出现故障时则应对该支路停电检修。

当出现直流母线电压降低时，应立即恢复直流系统的交流电源，恢复整流模块工作，由整流模块向直流母线供电。若整流模块恢复数量不足时可暂时不向蓄电池充电，但应确保直流系统交流电源供电正常。

二、直流接地

直流接地故障按性质可分为绝缘降低和直接接地；按极性可分为正极接地和负极接地，按接地点数目可分为一点接地和多点接地。只要是直流监控装置发出预告信号即可认为出现了直流接地的故障（装置误动作除外）。

由于断路器的跳、合闸线圈和继电保护装置的出口中间继电器线圈一般均直接接于负极电源，如果这些回路正极发生接地就容易引起继电保护及自动装置或断路器误动作，如果负极发生接地则有可能造成继电保护及自动装置或断路器的拒动。

现以图 9-1 为例进行说明。

在图 9-1 中，当出现 A、B 两点接地时，断路器合闸控制部分被短接，断路器若在分闸位置，会立即合闸，若断路器在合闸位置人为操作或保护动作分闸后就会立即合闸；若 B、C 两点接地断路器就会拒绝合闸；若 A、D 两点接地断路器就会误分闸；若 A、C 两点接地时发生直流短路，控制电源空气开关跳闸，断路器失去控制电源；若 E、C 两点接地时断路器合闸位置灯常亮；若 A、E 两点接地时，断路器合闸后控制电源空气开关跳闸，断路器失去控制电源。

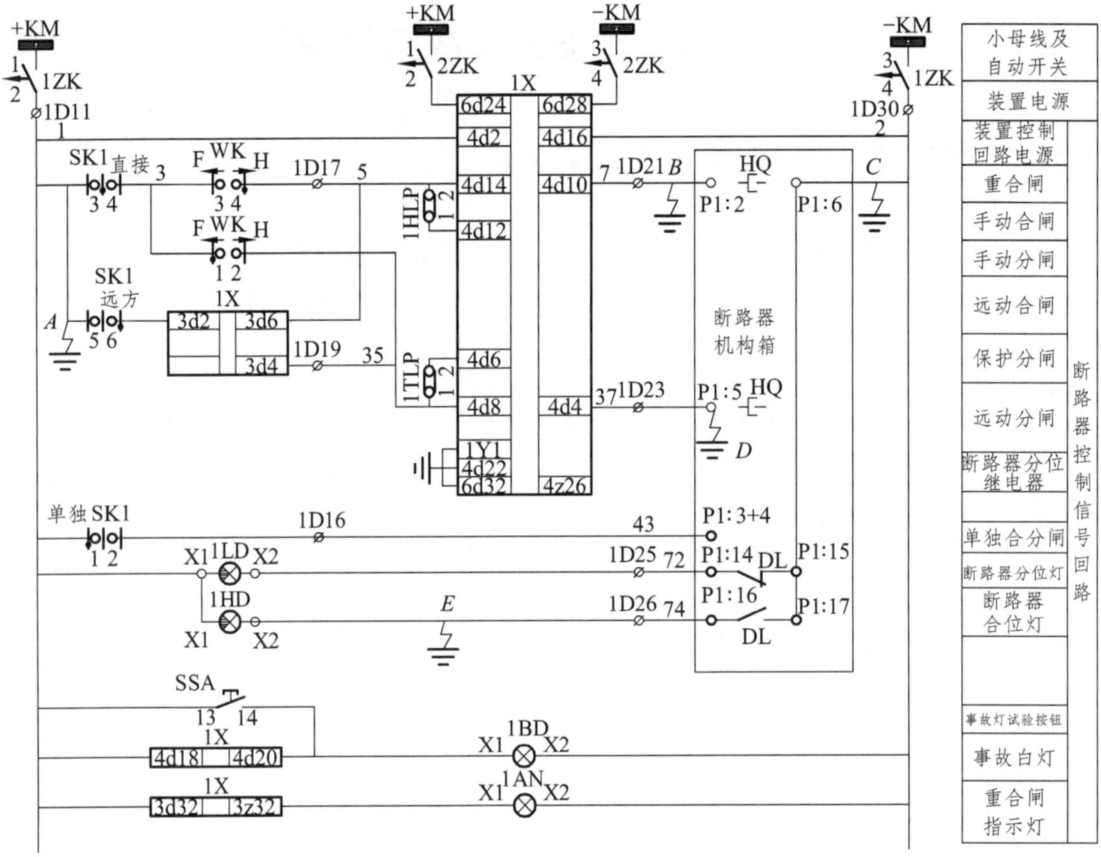

图 9-1　直流接地造成危害示意图

直流接地故障主要由于直流系统中的设备或回路绝缘不良，以及检修，试验中的误操作造成。例如运行或检修中线芯绝缘被损坏，变压器瓦斯继电器、温控器、压力释放阀受潮、进水等均易发生直流接地。室外端子箱内上安装的各种转换开关的接线端子或引线裸露的金属部分过长而触碰面板、箱内受潮或出现凝露等、直流回路中各种线圈特别是长时间带电的线圈而过热等都是引致绝缘不良的原因。

鉴于直流接地给牵引变电所的运行安全带来极大的危害，因而一旦出现这种故障时，应迅速查找并排除之。

（一）查找直流故障的方法

查找直流接地故障应根据直流系统当时的运行方式，操作、检修以及气象情况等综合分析。按先室外后室内，先低压后高压，先备用设备后运行设备的原则进行。

（1）出现直流接地信号后，首先查看监控装置，并判断出属那一极接地，进而分析接地性质并判断出故障范围，若能判断接地支路时，将故障范围缩小到具体支路。

（2）根据故障范围，查看正在进行的倒闸和检修作业，了解有无误操作的情况。

（3）根据天气情况检查室外设备、端子箱、机构箱等是否存在进水或凝露等情况。

（4）检查直流母线、整流装置、蓄电池等有无明显的接地。

（5）进行各回路的拉、合试验。若监控装置能判断接地支路时，瞬时断开该支路检查接地就会消失，若不能消失说明判断有误。若不能判断接地支路时，逐一进行拉路查找，依次瞬间拉、合事故照明回路、信号回路、充电回路、户外合闸回路、户内合闸回路、断路器的控制回路、直流母线、蓄电池等。由于合闸回路一般采取环路供电方式，因此在拉开该回路前，应首先拉开环路开关。

设有直流母线分段联络开关的牵引变电所，在检查直流母线、蓄电池时应拉开联络开关并转移直流负荷后分段查找，以缩小直流负荷停电的范围和时间。

（6）在确定了发生接地的回路后，应在这一回路内再分别拉、合各支路的熔断器或拆线，以进一步缩小故障范围。

（二）注意事项

为保证人身及设备安全，在查找直流接地故障时应注意以下事项：

（1）查找故障前通知供电调度，尽可能避免倒闸操作。凡拉、合回路涉及供电调度管辖范围时，还应取得供电调度的同意。

（2）查找和处理故障时，至少须有两人同时进行，即须有专人监护并监视信号。注意不得造成短路或另一点接地，同时还应停止其他二次回路上的所有工作。

（3）应尽量不切断或少切断直流回路，以使电气设备不脱离保护。当必须切断专用直流支路时，事先应采取必要施防止直流失压后的保护误动。无论该直流回路或支路是否接地，拉开后均应尽快合上，其切断时间不应超过 3 s。无论是哪一极接地，在断开直流电源时，均应按先正极后负极的顺序操作，恢复时顺序相反，以免由于寄生回路的影响造成误动作。

（4）通常用内阻不小于 2 000 Ω/V 的直流电压表进行测量，使用万用表时必须确认档位，不得错误使用电流档位测量电压。

第六节　二次回路的故障处理

一、二次回路故障处理的一般原则

牵引变电所的二次回路如果出现故障，有可能引起继电保护和自动装置以及断路器的误动或拒动，也可能引起各种信号显示、表计指示失常，从而难以监视一次设备的运行情况。在出现二次回路故障后，应尽快查找，经过处理使其恢复正常工作状态。

当然，前节所述直流接地的故障也会造成上述异常现象，因而在具体回路故障查找时应予综合分析。以下简要介绍二次回路故障查找的一般原则。

（1）根据故障现象、事故及预告信号显示情况、有关表计指示情况等进行综合分析，以确定故障范围。

在断路器动作发生异常，同时也发现二次回路或设备冒烟、有异味以及熔断器熔断、空气开关跳闸等现象时，一般可认为该二次回路发生了短路。这时应首先进行外观检查，以判断有无元件或触点烧损或熔接等。发现有烧损时，要进一步检查该元件所在回路的各种设备，如未发现故障点，应对每一支路进行检查，直到发现故障点为止。若对所有支路检查完毕，仍未发现故障，则应考虑是否不同回路之间，或正、负极之间有直接短路。通过外观检查不能确认元件的绝缘是否损坏时，可在断开电源后用兆欧表进行测量，以判断短路地点和范围。

（2）各种回路的故障兼而有之时，应分清主次，从主要回路入手。例如断路器拒绝跳闸的同时，又未给出事故音响信号时，应先查找断路器拒绝跳闸的原因，后查找事故音响信号回路的问题。又如断路器拒绝合闸的同时，信号显示也不正常时，应按合闸、控制、信号的顺序查找各回路。

（3）查找某一具体回路故障时，应首先检查并排除电源部分的故障。具体来说就是先检查直流母线电压及熔断器等，然后再检查容易发生故障的元件。

由于二次回路故障的种类较多而且隐蔽，仅靠外观检查往往难以发现，故通常应用万用表进行检查。若使用万用表查找故障，在有电回路中检查时可选用电压档，对取下熔断器后的回路检查时可用电阻档。查找继电保护和自动装置回路的故障时可进行模拟事故的整组试验，以检查回路的正确性及各继电器的动作情况。

二、故障查找的方法

牵引变电所二次回路查找的方法应结合设备安装位置等情况灵活运用，下面介绍三种常见的查找二次回路故障方法。

1. 对地电位法

牵引变电所直流系统中均设有绝缘监察装置，其原理接线如图 9-2 所示。

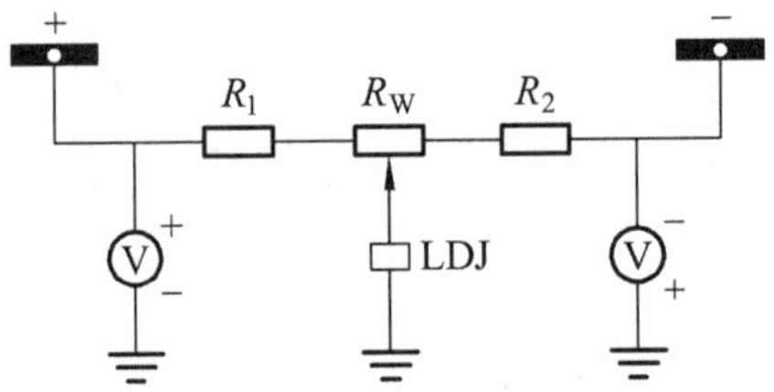

图 9-2　直流系统绝缘监察装置原理图

图中 $R_1=R_2=1\ 000\ \Omega$，继电器 LDJ 的电阻较小，一般为 5 000 Ω，若使用内阻较高的电压表时，则 $R_V>>R_{LDJ}$ 电压表指示值应为电源电压的一半。“对地电位法”查找故障正是基于这一原理进行的，即用万用表电压档测量各点对“地”（金属外壳）的电位是否正常来判断有无故障。如被测点正常时应为正极性，则将万用表“-”表笔接“地”，“+”表笔试触该点，此时如果电压表指示值为直流电源电压的一半，则表明该点至该回路正电源间良好；如电压表指示相反或指示值相差很大，则说明该点至正电源间存在故障。如被测点正常时应为负极性，则将“+”表笔接“地”，“-”表笔试触该点，判断方法与上述相同。

应用“对地电位法”查找二次回路故障的方法和步骤如下所述：

（1）首先确认回路的电源正常。即测量空气开关下端电压应正常。

（2）万用表选用直流电压档，量程与本所直流系统额定电压（即 220 V 或 110 V）相符。

（3）按图纸判定欲测回路各点在正常时的电位极性。

若回路正常情况下为通路状态，则在线路断线点到正电源之间中为正电位，断线点到负电源之间均负电位。回路中各类触点两端电位的极性与数值均相同，未发生断线时线圈、信号灯、电阻等元件两端的电位数值不同，极性根据元件安装位置和回路分压也有不同。

（4）测量和判断从正、负电位分界处开始，分别向电源两极进行各点的极性测量。或者从不同盘之间、控制室与高压室间、不同高压设备间的电缆处查找，当发现极性异常时，与应逐步缩小故障范围，直至找出故障点。

现以图 9-3 为例，正常时，断路器分闸后该回路在正电源 ZK 的 2 端子 1 号线—1X 的 4d2—4z26—4d10—控制屏端子排 1D18 端子—P1：11 端子—DL 常闭接点—合闸线圈 HQ—2 号线—负电源 ZK 的 4 端子接通，1X 内 4d2 至 4z26 间接分闸位置继电器受电，保护装置给后台管理机发出分闸位置信号，分闸位置继电器与合闸位置继电器不会出现同时失电，也不会发出“控制回路断线”告警信号。同时，WK4 端子和 1X 的 3d6 端子连接后通过 1X 的 4d14—4d10 与 1D18 端子导通，合闸控制回路良好，后台管理机控制 1X 的 3d2—3d6 接通或操作 WK 使 WK3—4 接通电源全电压作用于合闸线圈 HQ 使断路器合闸，分闸位置继电器返回。

由于 1X 内 4d2 至 4z26 间接分闸位置继电器线圈电阻远大于合闸线圈电阻，继电器线圈分得电压远大于合闸线圈，正常时 4z26—4d10—控制屏端子排 1D18 端子—P1：11 端子—DL 常闭接点—合闸线圈 HQ—2 号线—负电源 ZK 的 4 端子间、WK 的 4 端子和 1X 的 3d6 端子连接后通过 1X 的 4d14—4d10—4z26 各点均为“－”电位，ZK 的 2 端子 1 号线—1X 的 4d2 间各点为“+”电位，根据 SK 选择的不同位置 1X 的 3d2 或 WK 的 3 端子为“+”电位。

假设该回路在断路器分闸后，后台管理机断路器位置信号“不定态”，同时发“控制回路断线”告警信号，操作 WK 合闸时不能合闸，故障是由于 1D18 端子处端子与保护装置 1X 接线未导通所致，查找方法如下。

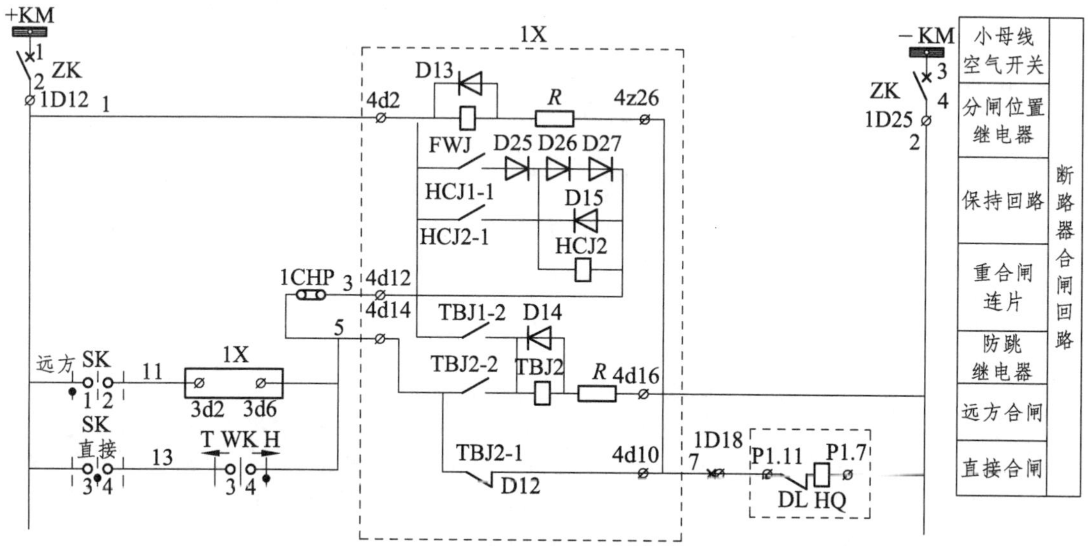

图 9-3　断路器合闸回路故障示例

查找故障时，先将万用表黑表笔接地，测量高压室与控制室的分界点“1D18”端子的电位，便于将故障范围定在控制室或高压室。按照前述故障，在“1D18”端子上测量时 1D18 端子为“-”电位（数字万用表使用黑表笔接地，红表笔接端子显示电压值为负数），说明 1D18 端子与负电源之间导通，故障不在高压室，应在控制室内。再次测量 1X 的 4d10 端子发现 4d10 为“+”电位，1D18 与 4d10 是用导线连接的同电位的端子，电位发生变化说明连接的导线或端子排的压接处存在问题，再通过松开端子排取出端子排内接线测量，缩小电位变化点位置，最终便可发现故障。

2. 电压法

电压法查找回路故障原理与“电位法”基本相同，主要是将电压的基准点选择在电源的正极或负极，通过测量回路各点对基准点电压情况，分析判断故障点的位置。

以图 9-4 为例，该回路正常时正电源与 WK 的 2 端子、1TLP、1X 的 3d4、4d8、4d6、4d4 端子及端子排 1D21 端子间电压接近电源电压，当操作分闸时，WK1-2 接通或 1X 的 3d2-3d4 接通，电压作用于分闸线圈 TQ，断路器分闸，合闸位置继电器失电返回。

假设断路器在远方、直接位均不能分闸，故障点在 WK 的 2 端子和 1X 的 3d4 端子与保护分闸连片 1TLP 连线上，查找故障过程如下：

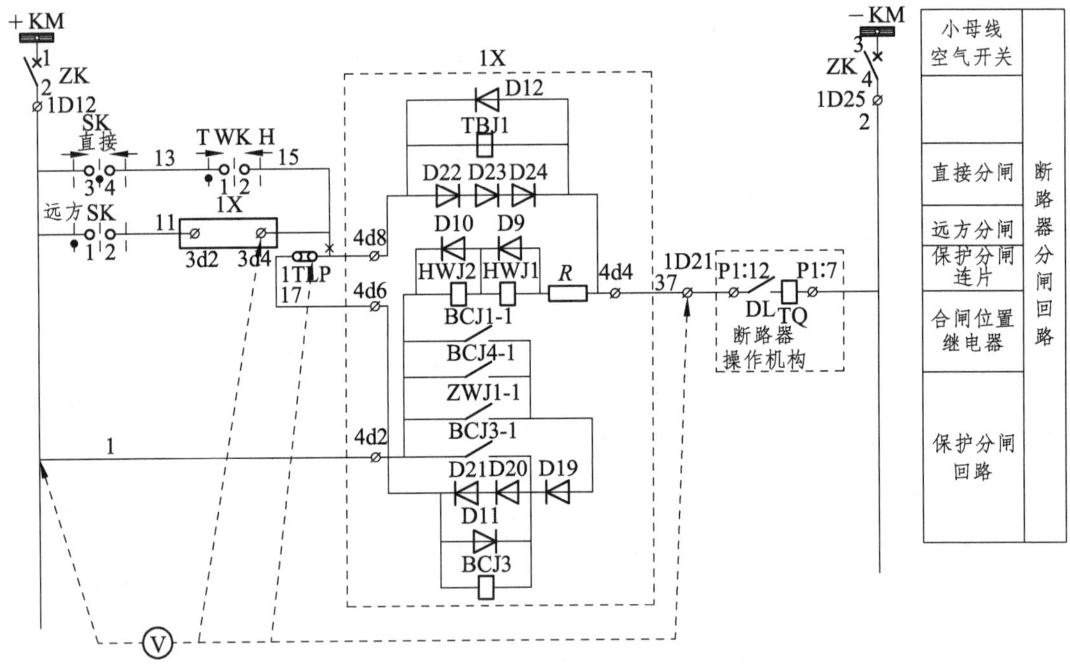

图 9-4　断路器分闸回路故障示例

首先将万用表红表笔接在正电源 ZK 的 2 端子，黑表笔测量分界点控制屏 1D21 端子电压接近电源电压，再将黑表笔依次向正电源方向移动，依次分别测量 1TLP、1X 的 3d4 端子，测量 1TLP 时电压未发生变化，测量 3d4 端子时无电压，则说明 1TLP 与 3d4 端子间存在开路，再逐步对照接线图和线号，缩小故障范围找出断开点。

无论是使用“电位法”还是“电压法”查找故障时，必须先排除电源故障，确认直流电源电压正常，方可进行测量查找。

3. 导通法

导通法就是直接使用仪表测量不带电的回路是否导通，以此判别回路有无故障。

应用“导通法”查找二次回路故障的方法和步骤如下所述。

（1）首先断开所查回路的电源，即断开电源空气开关或拆除端子接线。

（2）万用表选择电阻档，量程一般可选择为 1 kΩ。

（3）按图将表笔一端固定在正电源侧或负电源侧，另一表笔由近及远触及各段线路中的连接端子，检查是否导通。当遇有应断开的触点时，可将表笔移至触点两端，以确认是否断开。以后，跳过触点继续检查。需要注意的是，如被测点有导通的旁路支路时，应拆开旁路点处的连接端子，将导通的旁路甩开，然后再进行导通的检查，以避免误判断。

下面以图 9-5 为例，设断路器在合闸位置，合闸位置指示灯红灯不亮，回路断开点在分闸位置指示灯 LD 的 X1 端子与合闸位置指示灯 HD 的 X1 端子接线上。

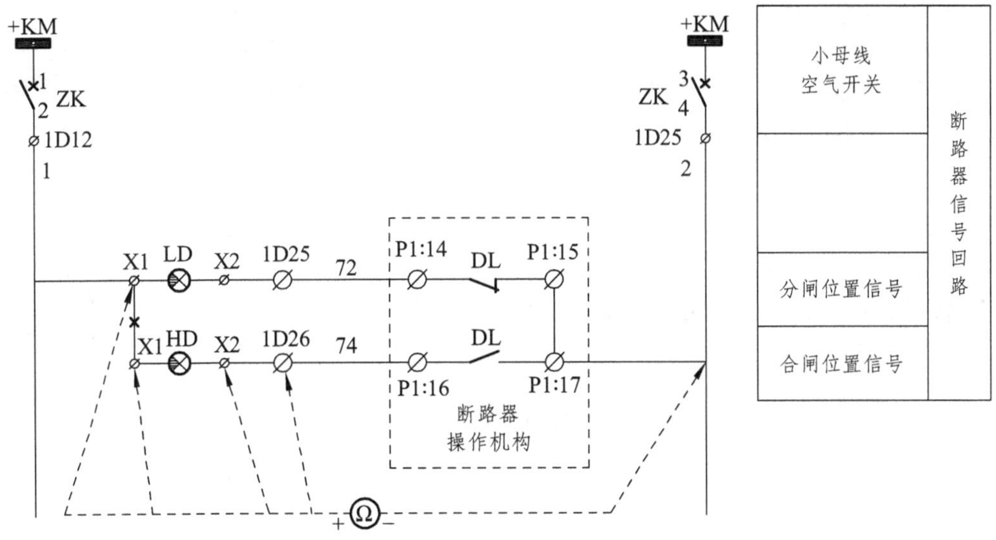

图 9-5　断路器信号回路故障示意图

先将图中所示电源空气开关 ZK 断开，将万用表打至 1kΩ 档，如图所示红表笔（电源“-”）接在 ZK 的 4 端子，黑表笔（电源“+”）依次测量 1D26 端子、HD 的 X2 发现电阻为零，在测量 HD 的 X1 端子时有电阻值增大，当测量 LD 的 X1 端子时电阻为“∞”，此时就可判断 HD 的 X1 端子与 LD 的 X1 端子之间存在断开点。为查找是否还有其他故障，可将红表笔移动接至 LD 的 X1 端子，黑表笔继续测量 1D12 端子、ZK 的 2 端子，如果电阻为零可认为 LD 的 X1 端子与 ZK 的 2 端了间无故障。

导通法可以准确测量出回路各段的电阻，被经常用来查找交流电流回路故障。

三、交流回路的故障

交流二次回路出现故障时会导致测量仪表、继电保护及自动装置异常及故障，对此应给予足够的重视。

（1）互感器二次接线错误。在互感器新安装或检修后初次投运时，若发生仪表反转、指示或计度不准以及保护误动或拒动等情况时，应检查有关的交流二次回路。其常见的原因是互感器的极性接错。这时应核对设计图和竣工图中互感器各相的极性与实际接线是否相符。对主变压器计量的表计还应检查极性配置与220或330 kV电源进线的相序是否相符。运行中带电流互感器的手车式断路器在更换后也常发生保护误动或拒动的故障。因此在更换手车式断路器时，应注意须测量所用电流互感器的极性，确认正确后方可投入运行。

（2）交流电压回路断路。如电压互感器二次侧接空气开关脱扣、电压回路接线端子或连片接触不良等均使有关表计无指示或使计量表转动变慢。这时如果线路有较大负荷电流通过时，还会造成阻抗保护或主变压器的低电压启动过电流保护、失压保护等的误动作。

（3）交流电流回路短路或开路。出现这种故障时将会造成保护拒动、测量仪表无指示及因开路产生的过电压使得二次设备烧损等。这种故障常见于交流电流回路中的试验端子或连接端子接触不良、二次接线接触不良。这时由于接触不良，在电流通过时不断放电，使端子或连线烧损，从而导致回路开路或邻近端子间短路。经验证明在交流电流回路中应采用螺栓式压接端子，不得使用弹簧式压接端子。

（4）交流电流回路多点接地。为了电流互感器安全运行，其二次侧应设有接地点，但不能有多点接地。当因绝缘降低或接线错误造成交流电流回路多点接地时，若接地点短接了保护装置电流元件就会使保护拒动（电流和阻抗保护）或误动（差动保护），若短接计量回路或测量回路，就会造成计量、测量不准确。

本章小结

本章先讲述了牵引变电所故障处理的原则，再按照高压设备、直流系统、二次回路三部分介绍了牵引变电所故障的分析和处理。通过学习旨在使读者能够对牵引变电所的易发故障有初步了解，能够将本书所讲知识更好地与现场实际相结合，准确分析和处理故障，提升应急处置能力。

复习思考题

1. 牵引变电所故障处理的原则有哪些？
2. 出现哪些情况会发出变压器轻瓦斯动作信号？
3. 为什么说断路器爆破大多发生在跳闸的同时？

4. 发生 GIS 柜 SF_6 气体泄漏故障处理故障时有哪些安全注意事项？

5. 查找直流接地故障时应注意哪些事项？

6. 对照图 9-4，试叙述故障的现象及使用“对地电位”查找的具体步骤？

第十章　变电设备安装

第十章课件

变电所设备的安装是关系到变电所正常运行的关键要素。变电所安装流程比较复杂，一般如下：

1. 筹备阶段

确认设备清单、准备安装场地、制定安装图纸和方案，并确认相关安全标准，确定具体的进度计划和施工方案。

2. 地基和土建工程

根据设计和图纸要求开展土建工程，包括地面平整、基础和支撑墙的搭建等。

3. 设备安装

进行变电站主要设备的机械安装，包括变压器、开关柜等变电设备的安装、电缆敷设、钢结构支架加固和安装等。

4. 接线和保护装置的安装

对设备进行接线，包括母线的接线和安装、保护装置的安装与接线等，此步骤是变电站安装的重中之重，必须精准、无差错。

5. 测试与调试

安装完成后，测试和调试设备，完成电路图和电子监控等相关维修配置的设置，以确保变电站能正常运行。

6. 安全检查

进行最后的安全检查和性能测试，确认所有设备物品都经过测试，并满足所有相关检查和法规要求。

这些流程顺序可能根据实际情况和地方的不同而不同，但都必须制订完整的计划和预案，以确保安装工作的正常进行和变电站投入使用后的正常运行。同时，需要严格按照相关的安全规定及工程质量的管理，确保变电站安装质量，提高其安全性和稳定性。变电设备安装过程中需要注意以下事项：

1）安全问题

变电站是高压设备，安全问题是安装中最重要的考虑因素。必须严格按照操作规程，切勿违规操作，确保施工人员安全，并保证变电站运行的安全性。

2）设备和配线的可靠性

一旦安装就不易修改，因此在安装过程中要确保设备的可靠性和稳定性，如各种连接线的正确连接、设备油水的标准化、开关、电缆等的准确敷设。

3）防止环境污染

要使用符合环保要求的材料和设备，在设备安装过程中要注意场地环境的清洁和卫生，并避免产生噪声、扬尘和其他可能污染环境的问题。

4）遵守相关法规

在安装过程中必须遵守相关的法规，如防静电、防雷击等国家标准，确保安装合法、合规。

5）设备和参数的检查

安装完成后，必须进行设备和参数的检查和测试。例如，变压器的耐压试验、保护装置的试验和设置、电缆的局部放电检测等，确保设备能稳定运行。

当电气设备运抵到现场，施工方应组织有关专业人员共同进行设备的开箱验收。在验收时有关人员要按照订货合同上注明的型号、数量等仔细核对，并记录是否有不符合要求的物件，验收完毕好要保管好这些物品。在做准备工作时，要将相关的资料准备充分，充分的准备可以便于及时根据现场突发情况做出安排，并且管理人员也可以做好现场监督，防止出现安装与图纸出现差异的状况。

在正式开工前，技术人员必须根据工程的进展编制施工图纸的交付进度，在这个基础上，做好一系列的计划，使工程可以有序进行。如果准备工作到此还是不够的，技术人员还应根据相关施工质量、安全等文件的要求，编制一套符合规定的工艺安装标准和效果图，制定好工艺细则以便实施。进场员工虽然可能会出现交叉施工，但必须保证安装效果达到统一标准，尽量缩小和避免工艺水平上的差距。

第一节　高压设备安装

一、油浸式变压器的安装

（一）油浸式变压器安装流程

油浸式变压器安装流程如图 10-1 所示。

1. 施工准备

（1）技术准备。

① 制造厂家技术文件如说明书、试验报告、图纸等应齐备。

② 安装人员应熟悉施工设计图纸和制造厂家技术文件，掌握变压器的参数、性能特征。

③ 编制施工方案。

（2）工器具、材料准备。

（3）人员组织。安全员、质量员、安装负责人、安装人员、起重指挥、试验人员、电焊等特殊工种人员必须持证上岗。

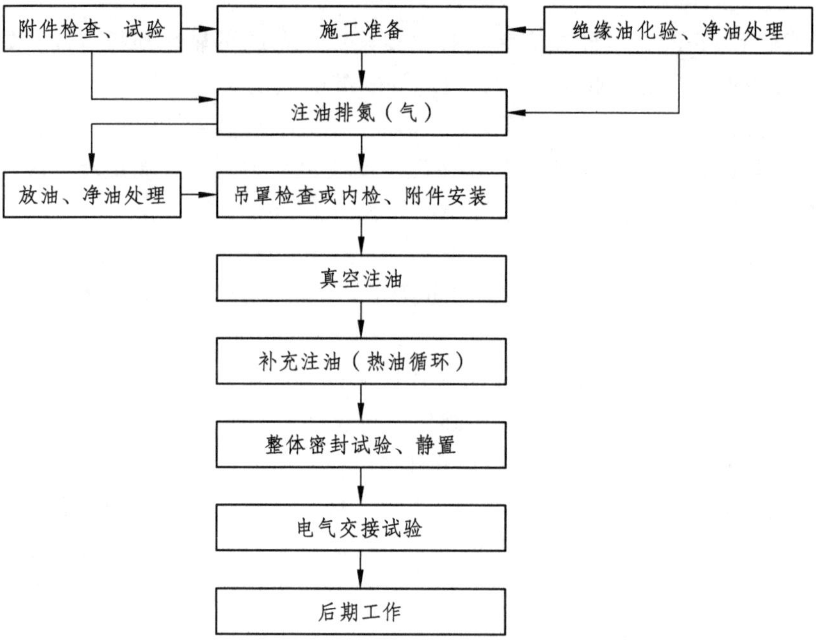

图 10-1　油浸式变压器安装流程图

（4）现场布置。

2. 附件检查、试验

（1）安装前应按照装箱单检查零部件及附件、备件是否齐全。
（2）检查制造厂家技术文件是否齐全。
（3）散热器冲洗、密封试验。
（4）储油柜密封试验。
（5）套管及套管 TA 特性试验。

3. 绝缘油化验、净油处理

（1）取油样进行化验。
（2）油务系统清洁、布置。
（3）绝缘油净化处理。

4. 注油排氮（气）

（1）充干燥空气运输的变压器，制造厂家规定可直接进行内检的，无须进行该工序。
（2）充氮运输的变压器通常采用注油排氮，也可采用抽真空后 充干燥空气排氮。
（3）充油运输的变压器，无需进行该工序。

5. 放油、净油处理

注油排氮的变压器，在吊罩检查或内检前需进行放油处理，放出的绝缘油需进行净油处理。

6. 吊罩检查或内检、附件安装

（1）变压器器身内部各部件检查、试验。

（2）套管、储油柜、保护装置、冷却装置、二次回路电缆等附件安装。

7. 真空注油、热油循环

（1）变压器在持续抽真空的情况下，通过真空滤油机将已处理合格的绝缘油从注油口注入变压器。

（2）为排除安装过程中器身绝缘表面吸收的潮气，必须进行热油循环。

8. 整体密封试验、静置

（1）进行变压器整体密封性试验，应维持 24h 无渗漏。

（2）密封性试验结束后，变压器油必须进行静置。

9. 电气交接试验

变压器油静置结束后，按照《电气装置安装工程电气设备交接试验标准》（GB 50150—2016）进行电气交接试验。

10. 后期工作

（1）检查是否有渗漏油现象。

（2）检查各阀门处于工作状态。

（3）设备补漆。

（4）变压器本体、铁芯和夹件接地。

（5）施工现场清理。

（6）工程自验收。

（7）竣工资料整理。

（8）备品备件、专用工具移交。

（二）油浸式变压器的附件安装

1. 组装前的准备工作

1）套管检查及试验

（1）用白布擦净瓷件及导电管内壁，检查套管瓷釉应无脱落、伤痕、裂纹现象，均压球内无积水。

（2）升高座外观应无变形、渗油，二次绕组小套管不破损，且固定牢固，二次端子绝缘良好，TA 固定件无移位、跌落。

（3）升高座 TA 线圈露空时间与本体相同，试验后及时注满变压器油。

2）储油柜、胶囊检查及试验

安装前打开观察孔，检查胶囊上有无损伤；检查后卸下法兰的盖板放掉气体，检查浮子及连杆上有无损伤；进行胶囊漏试验，检漏充气压力和时间按制造厂家规定，当厂家无规定时可向胶囊内充以 0.02 ~ 0.03 MPa 干燥氮气，并维持 30 min 应无漏气，充气时应缓慢进行。

3）清洗管道及其他附件

（1）组装前应彻底清理冷却装置（散热器），储油柜，压力释放装置（安全气道）油管，升高座，套管及所有组、部件，并用合格的变压器冲洗与油直接接触的组、部件。清洗后的管道应及时封盖，不允许灰尘及异物再进入管道内部。

（2）其他附件安装前应检查、清洁、试验，并加以妥善保管。

4）冷却装置检查及试压检漏

（1）安装前打开散热器两头封板时有气体从冷却装置内跑出，说明散热器密封良好，现场不需另外充气检漏。否则，按《电气装置安装工程电力变压器、油浸电抗器、互感器施工及验收规范》（GB 50148）规定，散热器在安装前应按制造厂规定的压力值进行 30 min 密封试验。

（2）检查风扇、油泵电机绕组及控制回路的绝缘，其绝缘电阻应符合规程要求。风扇电机和叶片应安装牢固，转动灵活无卡阻。叶片方向正确，无扭曲、碰壳现象。

（3）取下散热器的进出口法兰端盖，用合格的变压器油经滤油机对散热器管道进行循环冲洗，并将残油排尽。恢复散热器的进出口法兰端盖并密封好，以免潮气及异物侵入。

5）分接开关检查

（1）在装套管前必须检查分接开关连杆是否已插入分接开关的拨叉内，调整至所需的分接位置上。

（2）有载分接开关与本体应安装连通管，以便与本体等压。

6）气体继电器、温度表校验

（1）变压器轻、重气体继电电器保护按照设备管理单位正式定值单整定。

（2）气体继电器、温度表检检验合格后，于本体安装前送回现场。

（3）温度表座内应注入适量变压器油。

2. 套管的安装

变压器套管安装应结符合变压器器身检查进行，作业环境要求多照器身检查作业环境要求。套管安装时应注意：

1）穿缆电容型套管及引线安装注意事项

（1）严禁使用棉纱擦拭下瓷套，防止纤维带入器身。

（2）检查套管密封，发现密封圈损伤、扭曲、开裂、变形、与密封槽不匹配的必须更换。

（3）检查套管瓷套及黏合面，应无裂纹、渗油。

（4）升高座安装前，应做 TA 验收试验（变比、绝缘、伏安特性和密封试验），重检查是否进水，垫块是否松动、TA 二次多股引出线是否断股，焊接或压接是否可靠（引线脱落会引起 TA 二次开路或接地短路）。

（5）升高座放气塞应在最高处。

（6）引线不应扭曲、断股，应力锥应进入均压球。

2）导杆式套管及引线安装注意事项。

（1）导杆式套管连接后应测量接触电阻，以免注油后，整体接触电阻不合格。

（2）分解导电杆底部法兰螺栓时，防止导电杆晃动，损坏瓷套。

（3）绝缘筒应洁净无起层、漆膜脱落和放电痕迹，绝缘良好。

（4）套管安装螺栓紧固均匀，胶垫压缩不得超过 1/3。

（5）防止工具、螺栓、螺母、垫片滑入油箱。

3. 储油柜安装

1）胶囊式储油柜

（1）检查储油柜、连接管内部清洁情况，用干净白布擦拭，必要时用干燥的变压器油冲洗，外表面无机械损伤。

（2）用充气法进行胶囊袋检查试漏。充气压力 0.02 ~ 0.025 MPa，冲气后的胶囊袋，应保持舒展状态，保持 30 min，无失压现象。

（3）打开储油柜端盖，将已检查完好的胶囊平整地放入储油柜内，将胶囊口安装好。

（4）起吊储油柜，离地 1 m 左右安装储油柜支架，按照制造厂装配图纸吊装至安装位置。

（5）安装储油柜注油管道、呼吸管道、排气管道、气体继电器连接管道。

2）隔膜式储油柜

（1）安装前先检查隔膜是否干净，有无损伤或裂纹，检查合格后装入柜内，拧紧放气塞。

（2）用充气法检查试漏。从气体继电器连管蝶阀充气，充气压力为 0.02 MPa，持续 30 min 应无漏气现象。

（3）起吊储油柜，离地 1 m 左右安装储油柜支架，按照制造厂装配图纸吊装至安装位置。

（4）安装储油柜注油管道、呼吸管道、排气管道、气体继电器连接管道。

3）金属波纹储油柜

（1）安装前检查波纹储油柜是否处于充压状态，没有充压的波纹储油柜不能安装使用。

（2）从呼吸口向波纹内腔充气，使波纹囊伸展一次，检查波纹伸展是否正常。

（3）起吊储油柜，离地 1 m 左右安装储油柜支架，按照制造厂装配图纸吊装至安装位置，应使排气一侧支架略高，以便注油后储油柜内气体排净。

（4）安装储油柜注油管道、呼吸管道、排气管道、气体继电器连接管道。

4）磁力油位表安装

（1）打开油位表安装盖板，将安装好浮球的连杆放入储油柜胶囊下部。

（2）检查油位表动作是否灵活，有无卡阻现象。

（3）浮球连杆与油位表连接。

（4）检查限位报警装置动作是否正确。

4. 保护装置的安装

1）气体继电器

气体继电器安装前应检验其严密性、绝缘性能并做流速整定，常规整定范围：自然风冷却变压器为 0.8 ~ 1.0 m/s，强迫油循环风冷却变压器为 1.0 ~ 1.3 m/s，偏差不大于 0.05 m/s；有载调压开关气体继电器流速整定为 1.0 m/s 以上。

将校验合格的气体继电器安装在变压器油箱和储油柜之间的油管上，检查气体继电器安装坡度满足 1% ~ 1.5%，盖上的箭头应指向油从变压器油箱向储油柜流动的方向。取出气体继电器芯体，拆除挡板绑扎线，检查干簧触点，检查气体继电器动作是否正常。

2）压力释放装置

将校验合格的压力释放装置安装在箱盖法兰上，并安装定向排油的导油管。

3）温度表

温度表安装前必须经校验合格。将温度表探头完全插进并固定在专用管座里，管座内注入 2/3 容积的变压器油。温度表金属细管不许急剧弯曲（弯曲半径不小于 75 mm），否则会导致金属细管堵塞损坏密封性。

5. 冷却装置安装

1）潜油泵安装

（1）检查潜油泵，绝缘电阻应不低于 0.5 MΩ。试转上端口叶轮是否灵活，有无刮壳现象。

（2）连接导油管。将潜油泵的进油侧和散热器导油管相连，出油侧和变压器本体底部导油管相连。

（3）安装潜油泵电缆管，连接潜油泵电机电源线。

2）散热器安装

（1）同时使用起重机大勾与小勾，在散热器上下吊环各设置一个吊索（大勾吊索在散热器上端），将散热器平稳抬高，距离地面高度大于散热器高度，上升起重机大勾，将散热器缓慢竖立，完全竖立后拆除小勾吊索。

（2）缓慢将散热器移至安装位置。

（3）先安装散热器下部法兰，再平稳安装散热器上部法兰。

（4）检查散热器法兰与蝶阀的配合良好，密封圈无移位，然后紧固螺栓。

3）风扇安装

（1）安装之前检查风扇电动机和叶片。长时间存放的，应检查电动机轴承润滑油和测量定子绕组的电阻。电动机受潮时要进行干燥。

（2）按照制造厂家装配图纸，将风扇安装到位，连接电源线。

（3）风扇安装后，先用手转动一下，然后试验性地投入电动机，检验风扇的运行情况。风扇出现振动时必须校正叶片平衡。

4）吊装后检查

（1）冷却装置管道安装后，表面应清洁、完好、无渗油，并涂有流向标志。

（2）油泵密封良好，无渗油或进气现象；转向正确，无异常噪声、振动或过热现象。

（3）风扇转向正确，无异常噪声、振动或过热现象。

6. 吸湿器安装

（1）安装吸湿器需在注完油后进行，安装前检查玻璃筒是否破损，硅胶是否呈蓝色，若变色及时更换。

（2）拆除吸湿罐中的储运密封垫圈，在吸湿器连管的下端安装吸湿器。

（3）在吸湿罐（玻璃筒）中应加满干燥的变色硅胶。

（4）在油封杯内注入清洁的变压器油，油位应浸没挡气圈，使大气经过油后才进入硅胶罐。

7. 二次回路电缆安装

连接变压器保护装置和套管 TA 二次电缆，所有二次电缆均应放入电缆槽盒或保护管内，并顺着油箱引到端子箱内。

8. 变压器接地

（1）变压器本体油箱应在不同位置分别有两根引向主接地网不同地点的水平接地体。每根接地线的截面应满足设计的要求，油箱接地引线螺栓紧固，接触良好。

（2）110 kV（66 kV）及以上绕组的中性点接地引下线的截面应满足设计的要求，并有两根分别引向主接地网不同地点的水平接地体。

（3）铁芯接地引出线（包括铁轭有单独引出的接地引线）的规格和与油箱间的绝缘应满足设计的要求，接地引出线可靠接地。引出线的设置位置有利于监测接地电流。

二、干式变压器的安装

干式变压器安装流程如图 10-2 所示。

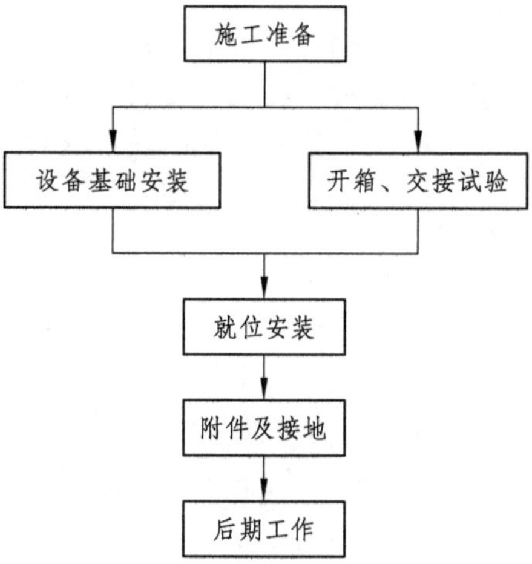

图 10-2　干式变压器安装流程图

1. 施工准备

（1）技术准备。制造厂家技术文件如说明书、试验报告、图纸等应齐备。

（2）材料、工器具准备。根据施工图纸和材料清册，核定干式变压器安装所用材料的数量和规格，材料的数量和规格应满足安装要求。

（3）人员组织。安全员、质量员、安装负责人、安装人员、起重指挥、试验人员、电焊等特殊工种人员必须持证上岗。

（4）现场布置。

① 安装前设备、材料、工器具在指定位置统一堆放。

② 吊装区域必须进行安全隔离，并放置起重作业区的标识牌。

2. 基础复测

基础的标高、尺寸及位置应符合设计及有关标准。

3. 设备开箱

（1）干式变压器开箱检查人员应由建设单位、监理单位、施工安装单位、供货单位代表组成，共同对设备开箱检查，并做好记录。

（2）开箱检查应根据施工图、设备技术资料文件、设备及附件清单，检查干式变压器及附件的规格型号，数量是否符合设计要求，部件是否齐全，有无损坏丢失。

（3）按照随箱清单清点干式变压器的安装图纸、使用说明书、产品出厂试验报告、出厂合格证书、箱内设备及附件的数量等，与设备相关的技术资料文件均应齐全。同时设备上应设置铭牌，并登记造册。

（4）检查干式变压器外观，应无机械损伤，无裂纹、变形等缺陷，油漆应完好无损。高压、低压绝缘瓷件应完整无损伤、无裂紋等。所有附件应齐全，干式变压器轨道距离应与设计相符。

4. 设备基础的安装

（1）按照设计基础配制图安装槽钢金属构架。

（2）槽钢基础构架与接地扁钢连接不宜少于两点，在基础槽钢构架的两端，用不小于 40 mm×4 mm 的扁钢相焊按，焊接扁钢时，焊缝长度应为扁钢宽度的 2 倍，焊接三个棱边，焊完后去除氧化皮，焊缝应均匀牢靠，焊接处做防腐处理后再刷两遍灰面漆。

5. 试验

按照相关规程进行干式变压器的电气交接试验。

6. 设备就位

（1）准备好索具，根据干式变压器自身重量及吊装高度，决定果用何种方式进行就位。

（2）如干式变压器室在首层则可直接装进室内，如在地下室，可采用预留孔吊装干式变压器或预留通道运至室内就位到基础上。

（3）配电盘就位安装。

7. 附件及接地

（1）温度控制器安装。用螺栓将温度控制器固定在干式变压器防护罩外侧，将热敏电阻的温度信号引出线接入，将交流电源线接入温度控制器，检查无误后，进行温度控制器的设定和调试。

（2）一次、二次引线连接。

（3）干式变压器接地。通过接地标志的专用接地螺栓接地，干式变压器外壳也应接地；低压侧采用三相四线制时，中性线也应接地。

8. 后期工作

（1）紧固螺栓，清洁设备表面。

（2）相色标志正确、清晰。

（3）通风设施安装，消防设施齐备。

（4）分接挡位检查，操作及联动试验正常。

（5）清理施工工器具、归库。

三、互感器的安装

互感器的安装流程如图 10-3 所示。

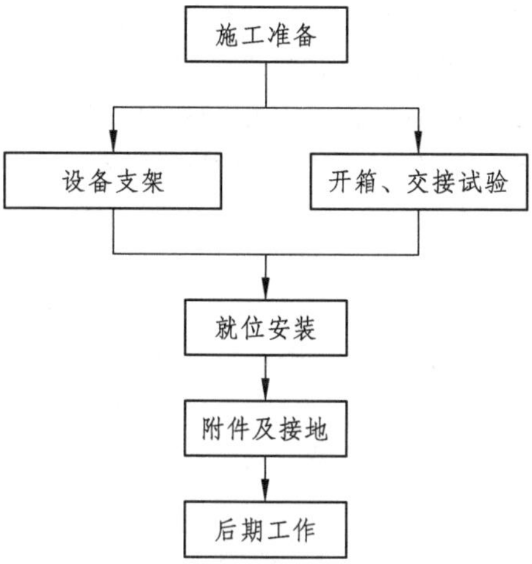

图 10-3　互感器的安装流程

1. 施工准备

（1）技术准备。制造厂家技术文件如说明书、试验报告、图纸等应齐备。

（2）材料、工器具准备。根据施工图纸和材料清册，核定互感器安装所用材料的数量和规格，材料的数量和规格应满足安装要求。

（3）人员组织。安全员、质量员、安装负责人、安装人员、起重指挥、试验人员、电焊等特殊工种人员必须持证上岗。

（4）现场布置。

① 安装前设备、材料、工器具在指定位置统一堆放。

② 吊装区域必须进行安全隔离，并放置起重作业区的标识牌。

2. 基础复测

基础的标高、尺寸及位置应符合设计及有关标准，设备支柱接地极应统一朝向。

3. 设备开箱

（1）附件数量、规格应该与设计相符，出厂文件、试验报告齐全。

（2）核对互感器型号、规格应符合设计要求，互感器外观应完整，无锈蚀或机械损伤。

（3）外观检查。

① 油浸式互感器油位应正常，油位指示器、瓷件法兰连接处、放油阀、接线板引线处应密封良好，无渗漏油现象。带膨胀器的互感器，应检查垫片封闭是否正常，垫片应在安装后

投运前取出，金属膨胀器应完整无损，顶盖螺栓应紧固。一次端子及其连接片应清理干净，除去氧化层（镀银端子除外），涂以电力复合脂。电流互感器应按要求的变比进行连接，螺栓紧固，等电位片连接完好。

② 气体互感器的储运气压应符合制造厂家的技术规定，带冲击记录仪运输的互感器，应会同建设单位、监理、制造厂家检查冲击记录仪并做好记录。

4. 设备支架安装

（1）设备支架垂直放入设备基础中，校正、找平互感器设备杆。

（2）核对电缆穿管口朝向，在封顶板上预留电缆穿管口位置。

（3）封顶板焊接。根据接线端子及设备基础的相对位置，将封顶板置于设备支架上，用水平尺找平并点焊定位。核实无移位后焊牢，焊缝应符合设计要求，焊接结束后，对封顶板进行校正。

5. 互感器交接试验

互感器及 SF_6 气体的交接试验项目和标准应符合规范要求，同时应参照有关合同的技术规定结合执行。

6. 互感器本体安装

（1）先将互感器底座安装在设备支架上，校正后用螺栓固定。

（2）电容式电压互感器的安装应按照产品成套供应的组件编号进行组合，不得随意互换。电容分压器元件间有电气连接的，应先进行连线，再拧紧机械连接螺栓。

（3）安装互感器接线板和均压环，三相接线板方向一致，均压环不得歪斜、变形，在最低处打滴水孔。

（4）调整三相互感器垂直度，要求其中心在同一直线上。

（5）用力矩扳手紧固所有螺栓。

7. 二次电缆安装

连接互感器二次电缆，所有二次电缆均应放入电缆槽盒或保护管内，并顺着电缆管引到端子箱内。

8. 接地施工

（1）互感器本体按照设计要求采用扁铁或铜绞线两点分别与主接地网可靠相连。

（2）互感器二次回路的接地端与主接地网可靠相连。

9. 后期工作

（1）油位调整。

（2）紧固螺栓，清洁设备表面。

（3）相色标志正确、清晰。

（4）清理施工工器具、归库。

四、高压断路器的安装

（一）110 kV 及以上 SF_6 断路器的安装

110 kV 及以上 SF_6 断路器安装流程如图 10-4 所示。

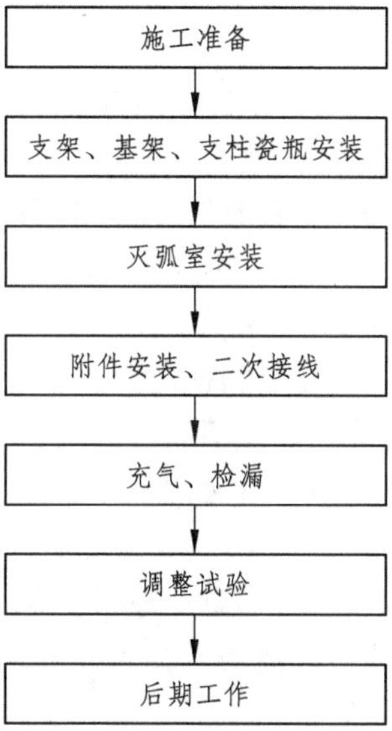

图 10-4　110 kV 及以上 SF_6 断路器的安装流程

1. 施工准备

（1）技术准备。

① 新型断路器应根据产品说明书及合同有关要求编制安装调试方案。

② SF_6 断路器安装前，技术人员应熟悉施工设计图纸和制造厂的技术文件，按施工方案或工艺标准进行技术交底，施工人员应领会和掌握交底内容，明确断路器的参数、性能特征。

（2）材料准备。

根据施工方案准备好材料，材料必须由专人负责管理，并建立登记账单。

（3）人员组织。技术人员，安全、质量负责人，安装、试验人员（含厂家服务人员）；起重指挥、吊机驾驶员等特殊工种人员必须持证上岗。

（4）机具准备。吊车、汽车、吊装机具（包括专用吊具），专用工具、真空注气设备、SF_6 气体微水测量仪、检漏仪等。

（5）现场布置

① 工器具使用专用工具台摆放。

② 绝缘子、均压电容器等瓷件堆放使用专用支架。

③ 吊装区域必须进行安全隔离，并放置起重作业区的标识牌。

2. SF_6 断路器支架及支持绝缘子安装

（1）地脚螺栓预埋：用水准仪测量开关基础，按设计及厂家要求预埋好断路器的地脚螺栓（每相4只）。

（2）支架柱安装：支架应按制造厂家技术说明书要求进行组装，组装后的支架应校正水平，并用规定的力矩紧固螺栓连接件。

（3）基架吊装（包含操作机构）：断路器基架按制造厂家编号及标志进行组装。

（4）支柱绝缘子安装

① 拆除极座上的顶罩，拿掉装着干燥剂的纸袋，清洁极座并涂上润滑剂。

② 根据产品技术说明书要求，按制造厂编号及标志进行组装，组装用的螺栓、密封垫、密封脂、清洁剂和润滑脂等材料的规格和数量必须符合产品的技术规定。

③ 将定位板插在SF_6。连接点气管一侧的两个螺纹孔内，旋入三根作为安装助件的支撑杆，使绝缘子可以稳定地安放在上面。将新的圆形密封圈放入槽内，利用手动装置调节传动杆至合适的安装高度。通过起重机利用合适的传动装置垂直吊起绝缘子，放在支撑杆上拧紧。

④ 在支柱绝缘子内装入对中心的导向装置，对中心环和密封环；从操作杆两端取下运输用的保护塞，并从螺栓取下保护盖，将操作杆作标记的一端向下插入对中心导向装置与支柱绝缘子中，一直到底落在驱动杆上为止，用组装表计调整操作杆，保证操作杆上的导向环不会被中心导向装置向上推起，分阶段地对称紧固螺栓，直达到额定的拧紧矩为止；连接操作杆后，向上起吊支柱绝缘子少许并取下间隔棒，落下支柱绝缘子并用螺栓将它固定在极支座上。

⑤ 操作杆的调整。用专用工具将操作杆转到断开状态（操作杆的最低位置，使操作杆与上部支柱绝缘子的法兰面间的距离必须调整至±0.25 mm，必要时需在操作杆法兰上加补偿垫片。

3. 灭弧室安装

（1）灭弧室现场检查整体组装。

（2）灭弧室内部组装

（3）选择合适的吊装器具（一般使用吊带），按产品技术规定的吊点及吊装程序将灭弧室安装于支柱绝缘子上面，按产品技术规定进行机械连接和气管连接。

（4）将每个驱动箱法兰上3只M16的六角螺母逐一松开，卸下吊装板后重新拧紧螺母，吊装板保存以便以后使用。

4. 附件安装、二次接线

（1）吸附剂安装：吸附剂必须避免与空气中的水分接触，因此不允许超过2h直接暴露在空气中。断路器安装完毕后，在抽真空和极柱充气之前安装吸附剂，按要求在过滤器中装入吸附剂。

（2）密度继电器的安装：应按产品技术说明书要求安装到规定的位置。

（3）气体管路和动力的安装：要求管路密封良好，走线美观，弯曲半径符合规定。现场制作的命令管宜基本等长，以保证断路器动作的同步性。

（4）其他附件的安装应符合产品说明书和设计文件的要求。

（5）电缆敷设和二次接线及屏蔽接地应符合产品说明书和设计文件的要求。

5. 充气、检漏

（1）断路器本体安装就位后，应及时充气、检漏。

（2）断路器本体抽真空必须有人监视，及时处理抽真空过程中的异常情况。充入断路器的气体压力应符合制造厂家规定。

6. 断路器的调整规定

（1）检查操作机构元件：机构零部件齐全，电动机转向应正确，各接触器、继电器、微动开关、压力开关和辅助开关的动作准确可靠，触点接触良好，无烧损，分合闸绕组铁芯动作灵活、无卡阻。

（2）辅助开关检查：安装牢固：辅助开关触点转换灵活、切换可靠、性能稳定；辅助开关与机构间的连接应松紧适当、转换灵活，并满足通电时间要求。

（3）断路器位置指示器的调整：应使指示器指示正确。

（4）具有慢分、慢合功能的断路器，应在快速操作前进行慢分、慢合操作。

（5）具有其他功能的断路器的调整：应按制造厂规定进行调整。

7. 后期工作

（1）对断路器外观进行检查、清洁。

（2）做好断路器及机构的接地工作。

（3）检查液压、气压管路有无漏油、漏气现象。

（4）清理施工工器具、归库。

（5）工作结束后及时完成安装记录。

（二）35 kV 及以下真空断路器安装

1. 安装要求

（1）安装前的各零件、组件必须检验合格。

（2）安装用的工位器具、工具必须清洁并满足装配要求。紧固件拧紧时应使用呆扳手或梅花、套筒扳手。

（3）安装顺序应遵守安装工艺规程，各元件安装的紧固件规格必须按设计规定采用。

（4）调整试验合格后应清洁抹净，各零部件的可调连接部位均应用红漆打点标记，

2. 安装作业前的开箱检查

产品到达目的地后，应将其放在干燥通风场所，不宜倒置，并尽快进行验收检查。如检查中发现异常情况应及时做好记录、报告并及时与制造厂家联系，尽快处理更换或补给。

（1）检查厂家提供的安装使用说明书、合格证、出厂试验报告、安装图纸等文件资料是否齐全，并妥善保管，不得丢失。

（2）检查零部件、附件及备件应齐全。

（3）核对产品铭牌、产品合格证中技术参数是否与订货单相符，装箱单内容是否与实物相符。

（4）打开包装箱后，产品外表面无损伤、胶装处无松动。

（5）检查断路器各紧固件是否牢靠、传动件是否灵活。

（6）填写开箱检查记录和设备验收清单。

3. 真空断路器的整体安装

（1）整体安装应按产品的技术规定和重量选用吊装器具、吊点及吊装程序。吊装应注意：

① 使用吊车必须有安全检验合格证，特殊工种人员证件齐全，持证上岗。

② 吊车的使用由专人负责指挥，起重臂下严禁站人。

③ 起吊物件应绑扎牢固，保证起吊点在物件的重心垂线上。

（2）其他部件安装工艺要求如下：

① 按制造厂家的部件编号和规定进行组装，不可混装。

② 所有部件的安装位置正确，并按制造厂家规定要求保持其应有的水平或垂直误差。

③ 设备接线端子的接触面应平整、清洁、无氧化膜（用 120 号纱布去除，并用无毛纸擦净表面），并涂以电力复合脂；镀银部分不得搓磨、折损、表面凹陷及锈蚀。

④ 传动机构箱盖主轴的轴向窜动不应大于 1.2 mm，转动要灵活。

⑤ 竖拉杆和横拉杆伸进各接头长度不应小于 19 mm。

⑥ 相间拉杆铜套内孔的槽应充满润滑脂。

⑦ 各平行杆件无歪斜，轴同心，滚轮及轴套应无损伤。

⑧ 检查各轴销、垫、开口销等齐全。

4. 后期工作

（1）本体和机构安装工作结束后，应连接引线。引线连接应紧密，组装时螺钉连接牢固、可靠，导电接触面涂电力脂，螺孔内注入中性凡士林，确保接触良好。

（2）对支架、基座、连杆等铁质部件进行除锈防腐处理，对导电适当部分涂以相应的相序标志（黄、绿、红）。

（3）清点工器具，整理清扫工作现场，检查接地线。

（4）提交安装的技术文件资料，并存档保管。

5. 注意事项

（1）检查真空断路器各紧固件是否牢靠、传动件是否灵活、外表是否清洁完整。

（2）检查储能电动机是否能在规定时间内范围可靠储能。

（3）检查机构机械操作（10 次）应动作可靠，分、合闸指示正确，辅助开关动作应准确可靠，触点无电弧烧损。

（4）检查电气连接是否可靠且接触良好。

（5）检查绝缘部件、瓷件应完整无损。

（6）检查油漆应完整、相色标志正确，接地良好。

（7）电气试验符合要求。

（8）提供相关的施工技术联系单、设计变更文件、会议纪要、厂家书面证明文件，关键工序质量控制卡、安装调整记录、断路器试验报告。

（9）根据实际施工，完成竣工图制作。

（10）提供施工过程的相关影像资料。

（11）提供备品备件、专用工具移交清单。

五、隔离开关的安装

隔离开关的安装流程如图 10-5 所示。

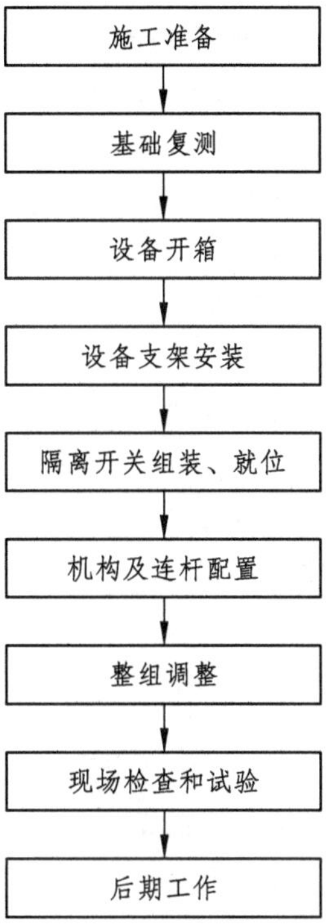

图 10-5　隔离开关的安装流程

1. 施工准备

1）技术准备

（1）新型隔离开关应根据制造厂家说明书及相关要求编制安装调试方案。

（2）制造厂家技术文件如说明书、试验报告、图纸等应齐备。

（3）安装人员应熟悉施工设计图纸和制造厂家技术文件，掌握隔离开关的参数、性能特征。

2）材料准备

根据施工图纸和材料清册核定隔离开关安装所用材料的数量和规格。

3）工器具准备

隔离开关的安装按照工器具清单准备。

4）人员组织

应配置安全员、质量员、安装负责人、安装人员，起重司索、起重指挥、测工、电焊工等，相关人员及特殊工种人员必须持证上岗。

5）现场布置

（1）隔离开关安装前设备、材料、工器具应在指定位置统一堆放。

（2）吊装区域必须进行安全隔离，并放置起重作业区的标识牌。

2. 基础复测

复测基础的标高、轴线及杯口符合设计及有关标准，设备支柱接地极朝向致。

3. 设备开箱

（1）开箱前检查设备包装箱外观是否完好。

（2）按照装箱单检查零部件及附件、备件是否齐全。

（3）检查铭牌数据是否与设计文件一致。

（4）检查产品外表面有无损伤，检查每只绝缘子是否有破损、胶合部位是否松动。

（5）检查各紧固件是否牢固。

（6）检查接线端子及载流部件是否清洁、接触是否良好。

（7）检查制造厂家技术文件是否齐全。

（8）检查底座安装孔尺寸是否与设计图纸相符。

4. 设备支架安装

（1）校正、找平隔离开关设备杆。

（2）安装隔离开关支架铁件。

5. 隔离开关组装、就位

（1）隔离开关的底座转动部分应灵活，没有卡阻现象，并应涂以适应当地气候的润滑脂。

（2）检查隔离开关触头，触头镀银层无脱落，触指弹簧良好，清洗后加涂中性凡士林。

（3）清洁接线端子及载流部位，接触面良好，载流部位无夹渣、气孔、裂纹。

（4）按照设计图纸将隔离开关安装在墙上或钢构架上。

6. 机构及连杆配置

（1）安装操动机构和制作连杆，调整连杆长短，保证隔离开关合、分闸时带电部位符合安全净距要求。

（2）配置连杆应先点焊，待调整到位后再满焊。需要配制延长轴、支持轴承、联轴器及拐臂等其他传动部件时，安装位置要准确可靠。

7. 整组调整

（1）将隔离开关本体和机构调整至合闸位置，紧固垂直连杆，确保带电部位安全净距满足要求。

（2）将隔离开关三相调整至合闸位置，连上水平连杆，水平连杆连接方式和垂直连杆相同。调节水平连杆使三相同步，三相同期值应符合产品技术规定。

（3）隔离开关手动调整完毕，紧固螺栓、拐臂等转动部位，涂抹润滑脂。

（4）电动调试隔离开关，合闸时触头间的相对位置、备用行程和分闸时触头间的净距或打开角度符合产品的技术规定。

8. 现场检查与试验

（1）电动机构、转动装置、辅助开关及加热闭锁装置应安装牢固，动作灵活可靠，位置指示正确，机构箱密封良好。

（2）隔离开关合闸后检查动静触头的相对位置应满足制造厂家要求，触头接触紧良好，且每片触指均应接触。三相同期满足要求。隔离开关分闸时动、静触头距离满足制造厂家要求。

（3）隔离开关分、合闸限位螺栓外露长度满足制造厂家要求。

（4）进行二次传动试验，

对设计有远方操作的进行远控试验，应检查其动作和闭锁情况，以及各信号按点的联动作情况。操作机构 80% ~ 110%额定电压可靠动作。合闸电阻测量合格。

9. 后期工作

（1）设备接地。

（2）检查所有螺栓，清洁设备表面。

（3）配合完成电气交接试验。

（4）相位标识正确。

（5）清理施工现场。

六、避雷器的安装

避雷器的安装流程如图 10-6 所示。

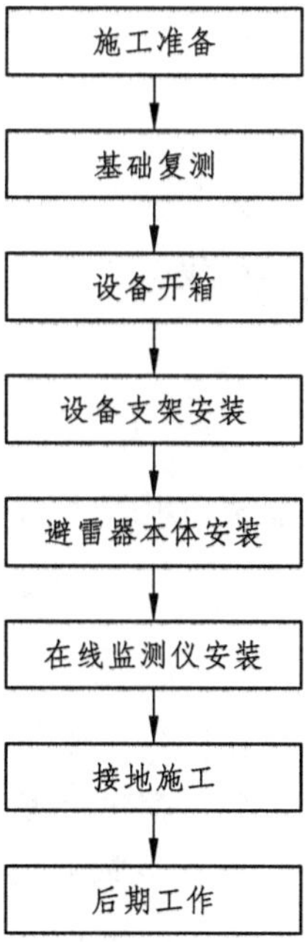

图 10-6　避雷器的安装流程

1. 施工准备

1）技术准备

（1）制造厂家技术文件如说明书、试验报告、图纸等应齐备

（2）安装人员应熟悉施工设计图纸和制造厂家技术文件，掌握避雷器的参数、性能特征。

2）材料准备

根据施工图纸和材料清册核定避雷器安装所用材料的数量和规格。

3）工器具准备

避雷器的安装按照工器具清单准备。

4）人员组织

应配置安全员、质量员、安装负责人、安装人员、起重司索、起重指挥、测工等，相关人员及特殊工种人员必须持证上岗。

5）现场布置

（1）安装前设备、材料、工器具应在指定位置统一堆放。

（2）吊装区域必须进行安全隔离，并放置起重作业区的标识牌。

2. 基础复测

基础的标高、尺寸及位置应符合设计及有关标准，设备支柱接地极应统一朝向。

3. 设备开箱

（1）开箱前应检查包装箱是否有破损。

（2）按照装箱单检查零部件及附件、备件是否齐全。

（3）检查铭牌数据是否与设计文件一致。

（4）检查产品外表面有无损伤，检查每只绝缘子是否有破损、胶合部位是否松动。

（5）检查制造厂家技术文件是否齐全。

（6）检查底座安装孔尺寸是否与安装图相符。

（7）每个避雷器单元不得任意拆开，破坏密封和损坏元件。

（8）安装前，放置在干燥环境中，不得放倒。

4. 设备支架安装

（1）校正、找平避雷器设备杆。

（2）设备杆采用两次灌浆，第一次灌浆后混凝土高度距基础杯口 10-20cm， 24h 后进行第二次灌浆，用混凝土填平基础杯口。

5. 避雷器本体安装

（1）先将绝缘合格的避雷器底座安装在设备支架上，校正后用螺栓固定。

（2）依次安装试验合格的组合单元，喷口朝向合理。

（3）安装避雷器接线板和均压环，三相接线板方向一致，均压环不得歪斜、变形，最低处打滴水孔。

（4）调整三相避雷器垂直度，要求其中心在同一直线上。

（5）用力矩扳手紧固所有螺栓。

6. 在线监测仪安装

（1）检查在线监测仪的额定电压、型号与避雷器配套，符合设计要求。

（2）检查在线监测仪外壳无破损、密封良好，动作可靠。
（3）安装在线监测仪，位置朝向致便于观察，接地可能，计数器调至同一值。

7. 接地施工

（1）避雷器本体按照设计要求采用扁铁或调绞线，两点分别与主接地网可靠相连。
（2）避雷器在线监测仪的接地端与主接地网可靠相连。

8. 后期工作

（1）检查所有螺栓，清洁设备表面。
（2）配合完成电气交接试验。
（3）相位标识正确。
（4）清理施工现场。

七、高压开关柜的安装

高压开关柜的安装流程如图 10-7 所示。

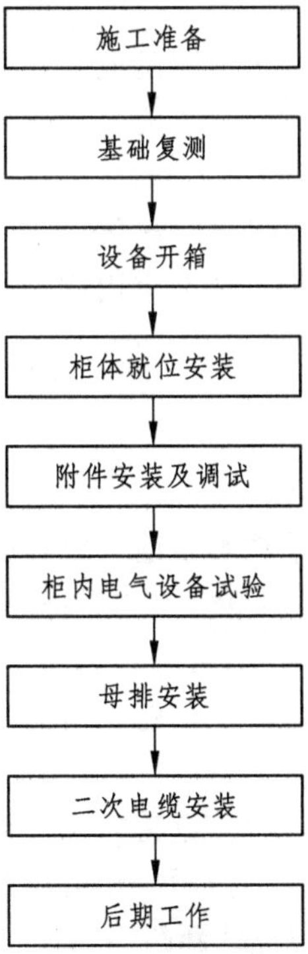

图 10-7 高压开关柜的安装流程

1. 施工准备

1）技术准备

组织施工人员学习施工设计图纸和厂家技术文件，掌握高压开关柜的安装流程、安装方法及工艺要求。

2）材料准备

根据施工图纸和材料清册核定高压开关柜安装所用材料的数量和规格。

3）工器具准备

高压开关柜的安装按照工器具清单准备。

4）人员组织

应配置安全员、质量员、安装负责人、安装人员，起重司索、起重指挥、测工等，相关人员及特殊工种人员必须持证上岗。

5）现场布置

（1）安装前设备、材料、工器具应在指定位置统一堆放。

（2）吊装区域必须进行安全隔离，并放置起重作业区的标识牌。

2. 基础复测

高压开关柜基础应符合以下要求：

（1）与柜安装有关的建筑物、构筑物土建工程已结束并验收合格。

（2）可能影响已安装设备或设备安装后不能再进行修饰的工作全部结束。

3. 设备开箱

（1）高压开关柜的规格和型号、柜内配套的电气元件、设备的规格型号应符合设计的要求，元件、设备完好，附件、备品备件齐全，充气设备压力正常，无漏气现象，仪表、继电器外观完好。

（2）制造厂设备技术文件及合格证明文件齐全。

（3）开箱检查工作结束后。开关柜存放在室内或干燥、能避风沙的场所，对有特殊存放要求的柜内电气元件，应按要求妥善保管。

4. 柜体就位安装

（1）开关柜基础测量满足安装要求。

（2）开关柜就位前，对室内地面采取敷设地胶板等措施，做好土建成品的保护工作。并将本期不安装的空柜的孔洞用临时盖板封住，临时盖板的承重力应满足承受安装过程中人员的质量。

（3）开关柜就位过程中，应根据现场土建施工情况，采用中心向两边或单侧起立方式，确保成套柜的整齐排列。

（4）开关柜开箱后搬驳运就位过程中，避免大幅晃动冲撞，对需垂直运输的开关柜不得横抬，质量较大时，可在柜底用“溜滚”拖运，在运输过程中注意避免柜变形、元件受损，对重心较高的柜采取防倾倒措施，不得抓住断路器的接线端子搬运断路器。

（5）开关柜与基础的固定用螺栓连接，柜间采用螺栓连接。柜体在基础型钢上安装前，按实际尺寸画印、开孔、攻丝后再用螺栓固定。制造厂家有特殊要求时按制造厂家要求进行。

（6）开关柜就位后调整其垂直度、水平度及柜面不平度，在柜与基础型钢间垫入调整用垫片，最多不超过三片，垫片与垫片间、垫片与型钢间用电焊固定。

5. 附件安装及调试

（1）手车推拉应轻便、灵活，无卡阻、无碰撞现象，相同型号的手车（含接地手车）能互换。

（2）动触头与都触头的中心线成一列，触头接触紧密，手车推入工作位置后，动触头部与静触头底部的间隙符合产品技术要求。

（3）调整辅助开关、切换开关、限位开关，使其触点动作可靠，接触良好。

（4）防止电气误操作的“五防”装置齐全，动作灵活可靠。

（5）柜内照明应齐全。

（6）安全隔离板开启灵活。

（7）触头先接触，拉出时顺序相反。

6. 柜内电气设备试验

（1）各电气元件能单独拆装更换，不得影响其他电气设备的固定。

（2）发热元件与导线及其他元件有一定的距离，发热元件散热不得影响其他元件的使用和运行。

（3）电流试验端子及切换压板装置接触良好，相邻压板间有足够距离，切换时不碰及相相邻压板，对一端带电的切换压板，使其在压板断开的情况下，活动端不带电。

（4）继电器、信号灯、光字牌等设备应安装牢固，并有防震措施，在柜内电气设备操作时不应误动或失灵。

7. 母排安装

（1）母排安装按有关硬母线、电力电缆安装工艺标准进行，进出线母排弯制方法宜统一。每个母线的连接螺栓必须按要求力矩紧固。

（2）成套柜母排安装还应符合下列规定：

① 与各柜内引下线的搭接紧密，不得使柜内引线及电气设备端子受扭力。

② 主母线及柜与柜间连接线安装时，满足最小安全净距的要求，同时不影响柜内电气设备的拆卸。

③ 主母线的相位与设计及户内、外电气设备相符。

④ 主母线与主变压器母线桥搭接时，按设计要求加工、安装母线桥钢支架，在与成套柜框架连接时，宜用螺栓连接，如用焊接，应有防止框架变形及柜内设备受损的措施。

⑤ 电力电缆进入柜内，电缆终端有单独固定支架，电缆与设备连接时，不得使设备承受拉力。

8. 二次电缆安装

（1）二次线、控制电缆安装应符合有关安装工艺标准。

（2）成套柜上二次线及控制电缆的安装还应符合下列规定：

① 使用于连接可动部位的导线应用多股软导线，敷设时不宜太紧，有适当余度，可动部分有加强绝缘层，并用卡子将两端固定。

② 柜内控制电缆位置不应妨碍手车的进出，并固定牢固，电器闭锁装置切换可靠，动作

正确。

③ 监控一体成套柜内的软光缆应有护套保护共与控制电缆分开固定。

9. 后期工作

（1）基础型钢与接地网可靠连接，连接处明显可见，避雷器柜的避雷器接地与主接地网引上线可靠连接。

（2）柜的接地牢固、良好。装有电器的可开启柜门，用软导线与接地的金属框架可靠连接，成套柜应装有供便携式接地线使用的固定接地设施（手车式配电柜除外）。

（3）安装结束，及时收集、清点、整理安装工具和与成套柜不相干的零件，对施工现场、柜内电气设备及母线进行清扫，所有孔洞应进行封堵。

（4）对开关柜进行整体耐压试验。

第二节　二次设备安装

变电站电气二次设备在变电站的安装是保证其正常运行的关键，安装过程中出现的操作失误或调试失败，会影响变电站电气系统的运行质量和效率，严重的还会引起系统的崩溃，给社会的生产生活带来巨大损失。因此，在施工过程中，应注意电气二次设备的安装调试，严格按照规范和标准操作，尽量减少人为失误，减少电气二次设备运行中的各种问题，确保系统安全稳定运行。

一、主控及直流设备安装

1. 屏柜安装

（1）屏、柜基础平行预埋槽钢垂直度偏差、平行间距误差、单根槽钢平整度及平槽钢整体平整度误差复测，核对槽钢预埋长度与设计图纸是否相符，检查电缆孔洞与盘柜匹配，复查槽钢与接地网是否可靠连接。

（2）屏、柜安装前，依据设计图纸核对每面屏、柜在室内安装位置，与预埋槽钢间螺栓连接（不得与基础预埋槽钢焊死），第一面屏、柜安装后调整好屏、柜垂直和水平紧固底部与槽钢连接螺栓。

（3）相邻配电屏、柜以每列以已组立好第一面屏、柜为齐，使用厂家专配并柜螺栓连接，调整好屏、柜之间缝隙后紧固底部连接螺栓和相邻屏、柜连接螺栓。紧固件经防腐处理，所有安装螺栓紧固可靠。

2. 端子箱、就地控制柜安装

（1）复测基础面平整度、埋件位置应分布在基础四角，尺寸与设计图纸相符，与电缆沟之间预留有喇叭口或预埋管道，复测同间隔串内或出线间隔同位置端子箱基础是否在同一轴线上。

（2）端子箱安装前检查外观无变形、划痕。并有可靠的防水、防尘、防潮措施。如端子箱材质采用镜面不锈钢，建议出厂保留板材覆膜，安装完成后及时撕除，加强成品保护，以确保表面光洁度。

（3）端子箱（就地控制柜）与基础埋件可自加工框架放置在端子箱与基础面之间，就地控制柜也可以采用螺栓与 GIS 本体槽钢可靠固定，该框架底部尺寸应与端子箱底座相匹配，与端子箱采用螺栓连接的时，采用不小于 4 mm^2 多股铜芯线跨接，确保底座框架可靠接地。底座框架与基础埋件焊接，如无预埋件可采用膨胀螺栓固定，膨胀螺栓定位参照端子箱底部安装孔尺寸在基础上定位。

3. 二次回路接线

（1）芯线接线应准确、连接可靠，绝缘符合要求，盘柜内导线不应有接头，导线与电气元件间连接牢固可靠。

（2）宜先进行二次配线，后进行接线。每个接线端子每侧接线宜为 1 根，不得超过 2 根。对于插接式端子，不同截面的两根导线不得接在同一端子上；对于螺栓连接端子，需将剥除护套的芯线弯圈，弯圈的方向为顺时针，弯圈的大小与螺栓的大小相符，不宜过大，当接两根导线时，中间应加平垫片。

（3）引入屏柜、箱内的铠装电缆应将钢带切断，切断处的端部应扎紧，钢带应在端子箱一点接地，至保护室的控制电缆屏献层在始末两端分别接地，其余短电缆屏蔽层一端接地。

（4）备用芯应满足端子排最远端子接线要求，应套标有电缆编号的号码管，且线芯不得裸露。

（5）间隔 10 个及以上端子排的二次配线应加号码管。

4. 蓄电池安装

（1）蓄电池的安装顺序必须按照设计图纸或厂家图纸及提供的连接排（线）情况进行。

（2）蓄电池组各级电池之间连接线搭接处清洁后涂电力复合脂，并用力矩扳手紧固，力矩大小符合厂家要求。

（3）蓄电池充放电应按产品的技术要求进行。

二、全站电缆施工

1. 电缆保护管配置及敷设工程

（1）材质要求。保护管宜采用热镀锌钢管、金属软管或硬质塑料管。

（2）保护管制作。

① 保护管的管口应进行钝化处理，无毛刺和尖锐棱角，弯曲时宜采用机械冷弯。

② 镀锌保护管管口、锌层剥落处也应涂以防腐漆。

（3）电缆管的安装。

① 金属电缆管不宜直接对焊，宜采用套管焊接方式，连接时两管口应对准、连接牢固、密封良好，套接的短套管或带螺纹的管接头的长度不应小于电缆管外径的 2.2 倍，两端应封焊；

采用金属软管及合金接头做电缆保护接续管时，其两端应固定牢靠、密封良好。

② 保护管敷设采取明敷和直埋两种方式。在易受机械损伤的地方和在受力较大处直埋时，应采用强度足够的管材。

③ 保护钢管接地时，应先焊好接地线，再敷设电缆。

2. 电缆沟内支架制作及安装

（1）材质要求：电缆支架宜采用角钢制作或复合材料制作，工厂化加工，热镀锌防腐。通长扁铁应采用镀锌扁钢。

（2）电缆沟土建项目验收合格（电缆沟内侧平整度、预埋件）。

（3）通长扁铁焊接前应进行校直，安装时宜采用冷弯，焊接牢固。

（4）金属电缆支架必须进行防腐处理。位于湿热、盐雾以及有化学腐蚀地区时，应做特殊的防腐处理。

（5）金属支架焊接牢固，电缆支架焊接处两侧 100 mm 范围内应做防腐处理。复合材料支架采用膨胀螺栓固定。

（6）在电缆沟十字交叉口、丁字口处宜增加电缆支架，防止电缆落地或过度下垂。

（7）金属支架（吊架）全长均应有良好接地。

3. 电缆层内吊架制作及安装

（1）对预埋件位置进行检查、复测。

（2）电缆层架（吊架、桥架）到场后进行检验，检验合格后方可安装。

（3）电缆吊架宜根据荷载大小选用角钢或槽钢，焊接后做整体防腐处理。或采用热镀锌材料，焊接后在焊接处局部做防腐处理。

4. 直埋电缆敷设

（1）合理规划电缆走向路径。

（2）直埋电缆沟开挖深度宜大于 700 mm，宽度宜大于 500 mm。

（3）直埋电缆的上、下部应铺以不小于 100 mm 原的软土砂层，并加盖保护板，其覆盖宽度应超出电缆两侧各 50 mm，保护板可采用混凝土盖板或砖块。软土或砂子中不应有石块或其他硬质杂物。

（4）直埋电缆回填土前，应经隐蔽工程验收合格，并分层夯实。

（5）平行排列的 10 kV 以上电力电缆之间间距不小于 250 mm。

5. 穿管电缆敷设

（1）电缆管在数设电缆前，应进行疏通，清除杂物。

（2）穿入管中的电缆的数量应符合设计要求。

（3）交流单芯电缆不得单独穿入钢管内。

（4）穿电缆时，不得损伤护层。

6. 支、吊架上电缆数设

（1）确定电缆路径和教设顺序。

（2）电缆数设时，电缆应从盘的上端引出，不应使电缆在支架上及地面摩擦拖拉，电缆上不得有铠装压扁、电缆绞拧、护层折裂等未消除的机械损伤。

（3）机械敷设电缆的速度不宜超过 15 m/min。

（4）高、低压电力电缆，强电、弱电控制电缆应按顺序分层配置，一般情况宜由上而下配置，但在含有 35 kV 以上高压电缆引入柜盘时，为满足弯曲半径要求，可由下而上配置。

（5）控制电缆在普通支吊架上不宜超过 1 层，桥架上不宜超过 3 层；交流三芯电力电缆在普通支吊架上不宜超过 1 层，桥架上不宜超过 2 层。

（6）交流单芯电力电缆应布置在同侧支架上，呈品字形敷设。

（7）电力电缆与控制电缆不宜配置在同一层支吊架上。

（8）电缆敷设后应及时装设标识牌。

7. 电力电缆终端制作及安装

（1）严格按照产品技术要求采用热缩、冷缩绝缘材料制作电缆头。

（2）电缆芯线规格与接线端子规格配套，压接面清洁光滑、压接紧密，接线端子面平整洁净。

（3）制作电缆终端与接头，从剥切电缆开始应连续操作直至完成，缩短绝缘暴露时间。

（4）电缆终端和接头应采取加强绝缘、密封防潮、机械保护等措施。

（5）塑料绝缘电缆在制作终端头和接头时，应彻底清除半导电屏蔽层。

（6）电缆线芯连接时，应除去线芯和连接管内壁油污及氧化层。压接模具与金具配合恰当。

（7）三芯电力电缆终端处的金属护层应接地良好，单芯电缆应按设计要求接地，必须接地良好；塑料电缆每相铜屏蔽和钢铠应锡焊接地线。电缆通过零序电流互感器时，电缆金属护层和接地线应对地绝缘。电缆接地点在互感器以下时，接地线应直接接地。接地点在互感器以上时，接地线应穿过互感器接地。

（8）单芯电缆或分相后的各相终端的固定，不应形成闭合的铁磁回路，固定处应加装符合规范要求的衬垫。

（9）电缆终端上应有明显的相色标识，且应与系统的相位一致。

8. 电缆沟内阻火墙

（1）在重要的电缆沟和隧道中，按设计要求，分段或用软质耐火材料设置阻火墙。

（2）防火涂料应按一定浓度稀释，搅拌均匀，并应顺电缆长度方向进行涂刷，涂刷厚度或次数、间隔时间应符合材料使用要求。

（3）封堵应严实可靠，不应有明显的裂缝和可见的孔隙。

9. 孔洞管口封堵

（1）在封堵电缆孔洞时，封堵应严实可靠，不应有明显的裂缝和可见的孔隙，孔洞较大者应加耐火衬板后再进行封堵。

（2）封堵电缆沟壁上电缆孔洞时，沟内壁宜用有机堵料封堵严实，沟外壁用水泥砂浆封堵严实。

（3）电缆管口封堵采用有机堵料，封堵严密。

（4）电缆管口封堵时应在管内加入挡板，防止封堵油泥掉落管内。

三、接地装置安装

（1）屏柜（箱）框架和底座接地良好。

（2）有防振垫的屏柜每列屏有两点以上明显接地。

（3）屏柜（箱）应装有接地端子，并用截面面积不小于 4 mm^2 的多股铜线和接地网直接连通。

（4）屏柜（箱）内应分别设置接地母线和等电位屏蔽时线，并由厂家制作接地标识。

（5）屏柜（箱）可开启门应采用多股软铜导线可靠连接接地。

（6）电缆屏蔽接地线采用 4 mm^2 黄绿相间的多股软铜线与电缆屏蔽层紧密连接，接至专用接地铜排。

（7）接地线采用多股软铜线连接时应压接专用接线鼻。每个接线鼻子最多压 5 根屏蔽线。

四、标准工艺施工重点介绍

（1）保护钢管接地时，应先焊好接地线，再敷设电缆。

（2）穿管电缆数设时，交流单芯电缆不得单独穿入钢管内。

（3）固定电缆时，垂直敷设或超过 45°倾斜的电缆每隔 2 m 固定。水平敷设的电缆每隔 5～10 m 进行固定，电缆首末两端及转弯处、电缆接头处必须固定。交流单芯电力电缆固定夹具或材料不应构成闭合磁路。当按紧贴正三角形排列时，应每隔一定距离用绑带扎牢，以免其松散。

（4）电缆沟阻火墙宜预先布置 PVC 管，以便日后扩定。

（5）静态保护和控制装置的屏柜下部应没有截面面积不小于 100 mm^2 的接地铜排。屏柜上装置的接地端子应用截面面积不小于 4 mm^2 的多股领铜线和接地铜排相连。接地铜排（屏柜内的接地铜排）应用截面面积不小于 50 mm^2 的铜缆与保护室内的等电位接地网相连。开关场地的就地端子箱内应设置截面面积不小于 100 mm^2 的裸铜排，并使用截面面积不小于 100 mm^2 的铜缆与电缆沟道内的等电位接地网连接。

本章小结

本章第一节内容介绍了变压器、互感器、断路器、隔离开关、避雷器等变电一次设备的安装流程及工艺，第二节内容介绍了主控屏柜及直流设备、二次电缆等变电二次安装工艺，可作为变电所施工参考。

复习思考题

1. 油浸式变压器基础复测检查有哪些要求？
2. 油浸式变压器的吸湿器如何安装？
3. SF_6断路器安装流程是什么？
4. 避雷器本体如何安装？

参考文献

[1] 陈海军. 电力牵引供变电技术[M]. 北京：中国铁道出版社，2008.

[2] 林永顺. 牵引变电所[M]. 北京：中国铁道出版社，2008.

[3] 方彦. 基于工作过程的牵引变电所运营与维护教程[M]. 成都：西南交通大学出版社，2013.

[4] 国家铁路局. 高速铁路设计规范：TB 10621—2014[S]. 北京：中国铁道出版社，2014.

[5] 王国光. 变电站二次回路及运行维护[M]. 北京：中国电力出版社，2011.

[6] 郑新才，蒋剑. 怎样看 110 kV 变电站典型二次回路图[M]. 北京：中国电力出版社，2011.

[7] 张全元. 变电运行现场技术问答[M]. 北京：中国电力出版社，2013.

[8] 中国铁路总公司. 高速铁路牵引变电所运行检修规程、高速铁路牵引变电所安全工作规程[Z]. 北京：中国铁道出版社，2014.

[9] 国家电网有限公司. 变电一次安装[M]. 北京：中国电力出版社，2020.

[10] 国家电网有限公司. 变电二次安装[M]. 北京：中国电力出版社，2020.